The New Introduction to Education

최신

교육학 개론

강기수 · 김희규 · 이규은 · 차춘희 공저

동 문 사

머리말

일찍이 독일의 교육철학자 볼르노(O. F. Bollnow)는 '만남은 교육에 선행한다(Begegnung geht Erziehung)'고 주장하였다. 이것은 교육에 있어서 만남의 중요성을 역설한 것으로서, 교육이 단순히 지식을 전수하는 것이 아니라, 인간의 가치와 인격, 그리고 인간 그 자체를 변화시키는 만남이어야 함을 말한 것이다. 이런 맥락에서 저자들은 '교육은 인간 대 인간의 만남을 통한 인간 변화'로 보고, 이 책이 이러한 교육적 만남을 창출하는 데 조금이나마 기여하기를 기대하면서 집필하였다.

이 책은 교육학에 입문하는 학생들을 위한 개론서로서 이 분야에 입문하는 학생들을 위해 쓴 것이다. 따라서 이 책에서는 교육학의 전문 지식이나 이론을 소개하기보다는 장차 교육학을 공부할 학도와 예비 교사들에게 '교육이 무엇인가?', '교육학은 어떤 학문적 성격을 갖고 있는가?'를 소개하고 이해할 수 있도록 하는 데 중점을 두었다. 즉 교육의 본질을 규명하고, 교육의 목적과 방향에 중점을 둔 이론적 배경을 제시하고, 교육현장의 실제 활동에 응용되는 기본원리를 제공하려는 데 초점을 맞추었다.

그러나 여러 저자가 공동으로 집필하는 과정에서 체계성이나 논리성에 있어서 부족한 부분이 있는 것도 사실이다. 뿐만 아니라 교육학의 전 영역의 기본적인 내용을 가능한 한 쉽게 쓰려고 노력하였으나, 본래의 의도와는 달리 여러 면에서 미흡한 점이 많을 줄로 사료된다. 부족한 부분은 앞으로 시간을 두고 계속 수정 보완하여 보다 나은 책이 될 수 있도록 독자 여러분의 질정(叱正)을 기대하는 바이다.

끝으로 이 책의 출판을 쾌히 허락하시고 좋은 책이 될 수 있도록 애써 주신 동문사 사장님과 직원 여러분께 감사드린다.

2012년 8월
저자 일동

차 례

CHAPTER

01

교육의 개념적 이해

개 요

교육이란 무엇인가?
왜 교육을 하는가?
이러한 물음은 교육에 대한 가장 기본적이고 본질적인 질문이면서도 한마디로 답하기 어려운 질문이다.
그러나 교육에 대한 이러한 물음은 참으로 중요하다. 왜냐하면 교육을 어떻게 보느냐에 따라 교육의 이념과 목적이 달라지고 교육과정, 교육내용, 교육방법이 달라지며, 나아가 교사의 교육관이 달라지기 때문이다.
이 장에서는 이러한 교육의 기본적인 문제, 즉 교육의 개념과 교육의 가능성 및 한계, 그리고 교육의 본질, 교육의 목적, 교육의 유형을 탐색해 보고자 한다.

학습목표

교육의 개념을 알고 정의할 수 있다.
교육의 가능성과 한계를 알고 이해한다.
교육의 본질을 알고 이해한다.
교육의 목적이 무엇인지 알고 이해한다.
교육의 유형을 알고 구분할 수 있다.

01 교육의 정의

1. 교육의 의미

'교육이 무엇인가?'라는 물음에 대해서 지금까지 많은 학자들이 정의해 왔지만 아직 일치된 견해를 찾기 어렵다. 왜냐하면 교육은 복잡한 사고과정과 내면세계를 가진 인간을 대상으로 하기 때문에 일의적으로 정의하기 어려울 뿐더러 모든 정의가 나름대로의 타당성을 지니고 있기 때문이다. 따라서 교육에 대한 정의는 시대적·사회적 배경과 환경에 의해 영향을 받을 수밖에 없으며, 시대와 장소, 그리고 학자들의 전공 영역에 따라서 다르게 정의될 수밖에 없기 때문이다.

그러나 교육을 어떻게 정의하느냐의 문제는 참으로 중요하다. 왜냐하면 교육을 어떻게 보느냐에 따라 교육의 이념이나 목적이 달라지고 교육과정, 교육내용, 학습방법이 달라지며, 나아가 교사의 교육관(교육철학)과 학급경영관도 달라지기 때문이다.

결국 교사가 교육을 어떻게 이해하느냐의 문제는 교사가 어떠한 교육관을 가지고 어떻게 교육할 것인가를 결정한다고 할 수 있으며, 이런 점에서 교사의 교육에 대한 이해는 매우 중요하다고 할 수 있다. 교육은 다음과 같은 의미를 지닌다.

첫째, 교육은 도야와 연마를 통한 가능성의 계발이다. 교육(敎育)을 우리말로 풀어 보면 '가르치다'와 '기르다'가 합쳐진 말이다. 가르치다는 '지식을 가지게 하다', '할 수 있도록 지도하다'라는 뜻으로 본래는 '가리키다'와 어원이 같다. 그런데 '가르치다'는 '갈다'와 '치다'의 합성어로 풀이할 수 있다. 우리말 '갈다'는 새것으로 바꾸다, 닳게 문지르다, 가루로 만들다, 경작하다, 논밭을 갈다 등의 의미를 지니는데, 주로 쓸모없는 것을 갈아 쓸모있게 하는 '연마' 또는 '도야'를 의미한다. 또 '치다'는 목적물에 닿도록 세게 움직이다, 남을 타박하다, 가지를 잘라내다. 고운 가루를 뽑아내다, 땅을 파거나 골라 논밭이 되게 하다, 길러 번식하다 등의 의미를 지니는데,

'치다'는 일반적으로 제거하다, 구분(분리)하다의 의미를 지닌다. 이런 의미에서 교육은 '쓸모없는 것은 잘라내고 쓸모있는 것만 자라게 한다'는 의미를 지닌다. 결국 우리말에서의 교육은 쓸모없는 것은 잘라내고 쓸모있는 것을 도야시키는 것으로, 교육은 도야와 연마를 통하여 가능성을 계발(자라게)하는 것이 된다. 물론 여기서도 기본 전제는 인간은 도야할 가능성을 지닌 존재라는 점이다.

서양권에서의 교육의 의미를 살펴보면 'education'은 라틴어 'educare'에서 유래하는데, 이는 'e(out)'와 'ducare(duce=bring up=draw out)'의 합성어로서 밖으로 '끌어내다'의 의미를 지니고 있다. 독일어로 교육의 의미인 'Erziehung'은 동사 'erziehen'에서 명사화한 단어로서 'er(ous=auf)'와 'ziehen'의 합성어에서 유래하였는데, 역시 그 의미는 밖(위)으로 '끌어내다', '위로 향상시키다'의 의미를 지닌다. 이것을 교육학에 적용해 보면 교육은 인간 속에 있는 능력을 끌어내는 것, 다시 말하면 교육은 인간 내면에 잠재되어 있는 무한한 가능성을 계발하는 것을 의미한다.

결국 우리말 교육의 의미와 서양에서의 교육의 의미를 종합해 보면 교육은 우선 인간이 무한한 가능성을 지닌 존재라는 것을 전제하고, 이러한 인간의 내면에 잠재되어 있는 무한한 가능성을 도야와 연마(제거의 의미도 포함)를 통하여 계발하는 것이라고 할 수 있다. 이때 중요한 것은 아동의 가능성에 대한 부모나 교사의 신뢰가 단순히 교육학적 이론에 근거한 지식적인 신뢰가 아니라 명확한 이론과 경험적 실증에 근거한 신뢰, 아동에 대한 전인격적으로 느끼는 신뢰여야 한다는 것이다.

둘째, 교육은 인간 대 인간의 만남을 통한 인간 변화이다. 실존주의 계열의 교육학자들은 교육을 대체로 만남의 지평에서 파악한다. 즉 인간 대 인간의 실존적인 만남을 중시한다. 실존철학을 교육학에 전용한 볼르노(O. F. Bollnow)는 "만남은 교육에 선행한다"고 하여 교육 이전에 참다운 만남이 선행되어야 한다고 주장했으며, 진정한 교육은 교사가 자신의 권위를 포기하고, 아이들과 인간 대 인간으로 만날 수 있을 때 가능하다고 하였다.

만남의 철학자라 불리는 부버(M. Buber) 역시 "교육은 인간 대 인간의 만남"이라고 하였다. 부버는 『*Ich und Du*』라는 저서에서 인간의 만남을 대화적 관계와 비대화적 관계로 분류하고, 대화적 관계, 만남의 관계가 가능할 때 상호 영향을 주고받을 수 있는 교육이 이루어질 수 있다고 하였다.

이처럼 교육이란 행위가 단순한 지식전달이 아니라 인간을 변화시키고, 인간의 가치를 변화시키는 것이라면 거기에는 참다운 만남이 전제되어야 한다. 교사와 아이들 간에 참다운 만남의 관계가 형성될 때 교육은 아이들의 인격을 변화시키고, 영혼을 변화시키며, 아동 그 자체를 변화시킬 수 있는 것이다. 그러기에 교육은 만남을 통한 변화, 즉 인간 대 인간의 만남을 통한 바람직한 변화인 것이다.

그런데 이러한 '만남의 교육'은 기존의 전통적인 교육학으로는 이해가 불가능하다. 즉 기존의 교육학에서 주장해 온 교육에 대한 관점이나 아동관, 교육의 방법, 교사의 역할로서는 새로운 교육의 지평을 열기 어렵다는 것이다. 여기서 교육에 대한 발상의 전환, 패러다임의 전환이 요구되는 것이다.

1980년대 후반부터 1990년대 우리 교육계를 지배했던 열린교육이 성공적으로 정착되지 못한 것은 결국 정책입안자, 교육부 및 교육청 관계자, 그리고 현장 교사들의 발상이 전환되지 못했고, 단지 정책적인 물리적인 환경의 변화에만 그쳤기 때문이다. 교육의 새로운 패러다임, 새로운 교육이 이루어지기 위해서는 교사들의 사고, 교사들의 관점이 바뀌어야 한다. 교사들의 생각이 바뀌고, 교사들의 교육관이 변할 때 교육의 틀도 달라질 수 있다. 한 나라의 교육의 수준은 교사의 질적 수준에 의해 결정된다는 진리 역시 이러한 맥락에서 이해될 수 있다.

2. 아동관

지금까지 교육을 '인간 행동의 계획적인 변화'라고 정의해 왔듯이 인간의 행동은, 특히 아동의 행동은 기계적으로 쉽게 변화되고 조작 가능하다고 생각해 왔다. 다시 말하면 교육은 인간을 대상으로 공장에서 기계적인 공정절차를 거쳐 하나의 완성된 제품을 생산하듯이 교사나 부모가 원하는 대로 조작하고 변화시킬 수 있다고 믿어 왔던 것이다(공작 모델). 물론 이러한 주장은 타당한 경우도 있지만 아동을 그러한 기계적인 변화의 대상으로만 인식하고 거기에다 몇 가지 기능적인 방법들을 적용하려는 것은 매우 위험한 일이라고 할 수 있다.

교육이 곧 삶인 것처럼 교육 또한 교사의 삶으로부터 시작된다. 가르치는 기술도 중요하긴 하지만 교육이란 그 자체는 결코 기술이라고 할 수 없다. 그러기에 교육에서 '키운다'라는 용어는 적절하지 않다고 생각된다.

'키운다'를 사전에서 찾아보면 타동사로서 특정 대상을 '크게 하는 것'인데, 여기에는 반드시 키우는 사람의 의도와 목적이 수반될 수밖에 없다. 키운다는 것은 인간이 동물이나 식물을 키우는 것처럼 키우는 사람 쪽의 의지와 전략이 키움을 받는 대상인 아동에게 가해질 수 있다는 점에서 문제가 있다. 물론 부모나 교사가 아이들의 능력을 충분히 파악하여 바람직한 방향으로 키운다면 다행이겠지만 문제는 교사나 학부모가 아이들의 능력이나 의사를 정확하게 파악하기가 쉽지 않다는 데 있다.

여기서 제기되는 또 하나의 문제는 아동은 키워지거나 길러져야 할 수동적인 존재가 아니라 스스로 자란다는 점이다. 이러한 견해는 자연주의 교육학자나 계발주의 교육학자들이 주로 주장해 온 것으로 루소로부터 시작된다. 루소는 성선설에 근거하여 아동을 무한한 가능성을 지닌 독립된 인격체로서 스스로 자란다고 보고, 교사는 인위적인 나쁜 환경을 제거하고 스스로 자라도록 도와주어야 한다고 보았다.

루소나 니일의 주장처럼 아동은 스스로 자란다. 인간의 신체가 상처를 입었을 때 스스로 회복하는 자생력이 있듯이 아동 역시 선한 방향으로 스스로 자라려는 경향성이 있다. 지금은 미성숙하지만 점차 성장하여 성숙한 인간으로 자라 나간다. 달리 말하면 아동은 성숙한 한 인간으로 스스로 '되어간다'는 것이다(유기체 모델).

여기서 유의해야 할 점은 아동이 스스로 자란다고 해서 교사가 방관자가 되어서는 곤란하다. 교육은 물건을 만들거나 식물을 기르는 것과는 달리 아동과 교사가 상호 작용하는 가운데 이루어진다(상호작용 모델). 따라서 교사의 의도나 지도 및 기술이 아동의 자람에 어느 정도 영향을 줄 수 있으며, 성장을 촉진시킬 수 있는 것도 사실이다. 중요한 것은 교사는 아동은 스스로 자란다는 전제하에 아동이 바람직한 방향으로 잘 자랄 수 있도록,

가지고 있는 능력을 최대한 발휘할 수 있도록 도와주어야 한다. 이러한 의미에서 교사는 안내자, 조장자, 지원자, 협력자로서의 도우미인 것이다.

오늘날 교육 실제에서는 이러한 아동관이 혼재해 있으며, 이들은 각각 장단점을 가지고 있다. 따라서 우리는 각각의 아동관을 상호 대립적인 관점으로 이해하기보다는 상호 보완적인 관점에서 이해하고 적용해야 할 필요가 있다.

02 교육의 가능성과 한계

1. 교육의 가능성

교육은 어떻게 정의하든지 간에 의도한 바대로 될 것이라는 기대를 전제, 즉 변화의 가능성을 전제한다. 따라서 교육은 피교육자의 교육가능성을 전제로 하고 그것을 신뢰하고, 그것을 기초로 성립한다. 이처럼 교육은 인간의 변화가능성을 전제로 하며, 인간의 변화가능성은 교육 성립의 전제조건이 된다.

이러한 교육가능설의 입장에서 보면 인간 유기체는 고정불변의 실체가 아니라 지성(知性)의 작용으로 끊임없이 자기에게 적합한 환경을 선택하고 거기에 적응해 나가는 가변적인 존재다. 날개는 없지만 독수리보다 빨리 날 수 있고, 지느러미 없이도 물고기보다 더 빨리 바다를 건널 줄 안다. 다른 동물들처럼 수동적으로 어쩔 수 없이 본능에 따라 순응하는 것이 아니라 적극적으로 환경을 개조하고 능동적으로 자기를 변화시켜 나간다. 이것은 인간이 환경이 어떻게 변하든 그 환경에서 오는 자극에 대해 이처럼 능동적으로 반응하여 부단히 자기를 갱신시킬 수 있는 성질을 지닌 가소성(可塑性 : plasticity) 또는 도야성(陶冶性 : bildsamkeit)을 지닌 존재이기 때문이다. 이러한 가소성이나 도야성은 인간의 교육 가능성을 의미한다.

인간의 교육 가능성은 여러 관점에서 말할 수 있지만, 생물학적 관점, 사회 존재론적 관점, 인격주의적 관점 등에서도 드러난다.

우선 인간은 생물학적 관점에서 가장 불완전하고 미숙한 존재로 태어난다. 하등한 동물일수록 완벽한 개체로 태어나는 반면에 인간은 완성인으로 자라는 데 약 30년 정도가 걸린다. 이처럼 불완전한 상태로 태어난다는 것은 인간이 미숙한 존재이기도 하지만, 한편으로는 무한한 가능성을 가지고 있다는 의미이기도 하다. 인간은 다른 동물보다 미숙한 존재로 태어나기에 교육 가능적 존재인 동시에 교육필연적인 존재인 것이다.

둘째로, 사회 존재론적 관점이다. 일찍이 아리스토텔레스는 인간을 사회적 동물이라고 규정하였다. 이것은 인간이 사회 속에서 태어나 사회화 과정을 통해서 그 사회에 적응하고, 나아가 사회를 위하여 공헌할 수 있는 한 사람의 성원이 될 수 있는 성질과 가능성에서 교육의 가능성을 파악한 것이다. 사람은 누구나 개인으로 태어나지만 사회를 떠나서 살아갈 수는 없고 좋든 싫든 사회에 적응하므로 사회화된다. 결국 인간은 교육을 통하여 사회화되는 존재이며, 사회적 존재로서의 인간은 달리 말하면 교육적 존재로서의 인간인 것이다.

셋째, 인간은 인격적 존재이기 때문에 교육이 가능하다. 다른 동물과는 달리 인간은 가치지향적인 존재이며, 따라서 인간세계에는 도덕과 윤리가 존재한다. 이것은 인간 개체가 자유스러운 창조적 행위의 능력을 가진 존재이며, 자율적인 판단에 의해 자발적으로 인격적 세계의 주체자가 되어가는 가능적 존재임을 의미하는 것이다. 인간은 이성적 동물로서 지성의 작용에 의해 스스로 가치를 판단하고 선택하는 인격적인 존재이다. 따라서 인간의 이러한 본성적 욕구와 자율적·창조적 행위성향은 인간 교육의 가능성을 확신하게 해주는 가장 견고한 바탕이 된다. 이처럼 인간이 가치를 지향하고 가치판단을 행하는 존재라는 것은 인간은 윤리적·도덕적 존재인 동시에 인격적 존재라는 것을 의미하는 것이다.

교육가능설은 인간의 능력은 후천적인 요인(가정환경, 교육 등)에 의해 변화가능하다는 변화관에 근거하고 있으며, 인간이 가진 지위, 자질, 능력 등의 격차는 자연법에 의한 필연적인 것이 아니라 인간이 인공적으로 만들어낸 결과에 지나지 않는다는 환경론적인 입장이다. 결국 교육가능설은 교육을 통하여 인간을 변화시킬 수 있다는 신념에 근거한 것으로, 교육 성립의 근거가 된다.

2. 교육의 한계

교육이 인간의 변화가능성을 믿는 데서 출발했고, 또 비록 교육의 가능성이 인정됐다 하더라도 교육의 힘이 무한하고 전능한 것은 아니다. 교육에도 분명히 한계가 있는 것이 사실이다. 즉 교육의 결과로 나타난 효과면에서 따져 볼 때 그 효과에 대해 회의를 느끼게 하는 몇 가지 요인을 발견할 수 있다. 첫째의 요인은 지능, 소질, 체질, 체형 등과 같은 개인이 선천적으로 타고난 유전적 영향이고, 둘째는 후천적 교육적 환경의 조건이다. 아무리 지능이 높고 환경이 완벽하다 해도 인간은 전지전능한 신에 미칠 수 없고, 정신박약자에게는 교육의 효과를 거의 기대할 수 없다. 따라서 교육은 유전과 환경이라는 두 요인에 의해 그 한계성을 갖는다.

1) 유전

모든 생물은 각기 그 종(種)에 따라 부모로부터 이어받는 특별한 성질을 가지고 있다. 이러한 선천적인 어떤 특성이 생식활동을 통해 후대에게 전해져서 나타나는 경향을 유전(heredity)이라고 한다. 사람에 있어서도 선대의 여러 가지 신체적 특성이나 소질 등이 자손에게 재현되어 모습이나 활동 면에 많은 영향을 미치고 있다. 한 번 부모로부터 물려받은 유전형질은 고정적인 영향으로 변화가 불가능하다.

교육에 있어서도 유전의 힘을 더 강조하는 학자들 사이에는 한 인간의 인간상을 결정지어 주는 것은 그가 타고난 소질이나 지능 등의 선천적인 요인들이라 하여 후천적 영향력으로서의 교육을 거의 부인하는 경우도 있다. 1860년대 Mendel(1822~1884)의 유전법칙 이후 Galton의 누대(累代)유전의 법칙, Beloff, Blewett, Cattell, Eysenck 등의 쌍생아(twins)연구, Edward, Max Juke, Goddar 등의 가계 연구 등이 있었다. 여기서 중요한 것은 교육이 그 효과를 기대함에 있어서 유전의 영향력을 과신하여 낙관적 내지 비관적 결정론에 젖을 것이 아니라 오히려 인간 역할의 다양성을 성립시켜 주는 하나의 원동력이라고 보아야 한다는 점이다.

결국 유전론은 인간의 능력은 선천적으로 갖고 태어나는 항구적인 것으로서 후천적으로 변화 불가능하다는 입장이다.

2) 환경

인간이 성장 발달하고 자기를 실현시켜 나가는 데는 유전의 힘만이 아니라 환경(environment), 즉 자연적 환경, 사회적 환경, 문화적 환경 등의 후천적 영향의 힘도 그 못지않게 중요한 구실을 한다. 아무리 높은 지능을 가졌어도 그것을 바람직한 방향으로 계발시켜 줄 수 있는 교육과 환경이 갖춰지지 않는 한 무력한 것이 되고 만다. 우리나라 옛 속담에 "자식은 나면 서울로 보내고, 말은 나면 제주도로 보내라"는 말은 환경의 중요성을 잘 표현해 주고 있다. 즉 맹자의 어머니가 아들의 교육을 위해 세 번이나 이사했다는 맹모삼천설(孟母三遷說)의 교훈과 같이 인간은 어떤 환경과 상호작용 했느냐에 따라 그 결과가 크게 달라지며 동시에 교육의 효과를 제한하는 요인이 되는 것이다.

이러한 환경의 중요성은 늑대 어린이[1]와 아베롱의 야생아[2] 등에서 잘

1) 1920년 10월 17일에 Amala라는 2세 된 여아와 Kamala라는 8세의 여아가 인도의 Bengal주의 한 숲 속의 늑대 굴에서 발견되어 그 지방에서 고아원을 경영하던 Singh 목사 부부가 맡아 양육하였다. 동생 Amala는 1년도 못되어 죽고 Kamala는 9년간이나 살았다. Kamala가 고아원에서 생활하기 시작한 지 얼마 되지 않은 무렵의 사진을 보면 개나 고양이처럼 입으로 땅바닥에 있는 냄비에서 음식을 물어내는 장면이 있다. 그는 특히 고기를 와삭와삭 씹어 삼켰는데, 그 고기는 훔쳐온 것인데도 양심의 가책 같은 것은 거의 느끼지 않았다. 먹고 있을 때 접근하면 으르렁거렸다. 2년쯤 경과한 후에도 마당에 죽은 병아리를 발견하면 입으로 물고 네 발로 숲 속으로 도망쳤다가 몇 분 후에 피 묻은 깃털을 입가에 묻힌 채 어슬렁어슬렁 나타나곤 했다. 또 야생조(野生鳥)의 내장을 열심히 먹고 있는 장면을 들킨 일도 있다. 수년 후에야 옷을 입는다든가 양손을 써서 접시의 음식물을 먹고 두 발로 서서 걷고 하였으나 달릴 때는 네 발로 뛰었다고 한다. 점차 동물적 행위를 하지 않게 되었고 다른 아이들에게 이를 드러내고 으르렁거리지 않고 어울려 놀기도 하였으며, 심부름도 하고 어린애도 보고 말도 백 마디 정도는 구사하였다고 한다.

2) 1795년 남부 프랑스에 있는 아베롱 숲 속에서 야생 소년이 발견되었다. 나이는 11세 정도로

드러난다. 단적으로 말하면 환경론은 인간의 능력은 선천적이고 항구적인 것이 아니라 후천적으로 제공되는 환경적 요인에 의하여 얼마든지 변화 가능하다는 입장이다.

결국 인간은 교육이 가능한 존재이면서 동시에 교육적 한계를 지닌 존재이기도 하다. 이를 구체적으로 제시하면 인간은 사회적·문화적 환경 안에서만이 인간으로 성장할 수 있으며, 또한 인간은 인간 특유의 기능을 잃으면 다른 어느 동물보다 연약한 동물이라고 할 수 있다. 또 소질이나 지능 등 생득적인 어떤 것도 환경의 도움이 없이는 너무나도 무력한 존재이며, 모든 신체적·정신적·지적 인간기능의 발전과 성장에는 적합한 시기와 단계가 있고 이것을 놓쳤을 때는 정상을 회복하기가 극히 어려워진다는 점이다. 그리고 인간의 모든 행위는 개인의 것이 아니라 문화의 결실이며 사회의 것이다. 즉 한 사람의 인간상은 그를 둘러싼 사회와 문화의 혜택으로 형성되어진 산물에 불과하다.

이처럼 환경은 인간형성을 좌우하는 필요불가결의 조건이면서도 그 질적인 면에서 볼 때, 차이가 많고 좋은 환경일수록 양적으로 한정되어 있어서 모든 사람이 공평하게 혜택을 누릴 수 없다는 모순성에서 교육의 한계성이 있는 것이다.

3) 유전 및 환경과 교육의 관계

유전의 힘이나 환경의 힘이 모두 교육적인 면에서 인간의 성장발달에 지

풀·나무의 뿌리나 꿀밤을 먹고 마치 동물의 모습을 하고 있었다. 파리로 끌려온 그는 정신의학자인 Itard에게 맡겨져서 문명의 혜택을 입게 되었으나, 교육하는 일은 절망적인 것처럼 보였다고 한다. 소년은 정신박약처럼 보였고 경련이나 발작으로 몸을 덜덜 떨었고 감각은 둔했다. 가끔 짐승처럼 으르렁거리며 이상한 소리를 지르는 것뿐 사회적 행동은 아무것도 하지 않았고, 주의력이라든가 관찰력 등은 전혀 볼 수 없었다. Itard의 말을 빌리면 "그의 생활 전체가 완전히 동물의 생활 그대로였다"

5년간 Itard가 그를 교육한 덕택에 소년은 진보하기는 했으나 결코 정상을 회복하지는 못했다. 판별력이 발달하여 'Victor'라는 자기의 이름을 부르면 대답을 할 수 있게 되었고, 간단한 것을 말하고 읽기도 하였으며, 특히 우유(lait)라는 낱말의 뜻을 기억하여 철자를 순서대로 정확하게 배열할 수 있었다고 한다. Itard와 같이 자기를 돌보아주는 사람에 대해서는 점차 애정을 품게 되었으나, 놀이나 생활에 있어 정상 소년과 같은 행동은 하지 못했다고 한다.

대한 역할을 하며, 두 요인이 상호 역동적으로 작용하는 가운데 개인의 신장(伸張) 발전이 이루어진다. 따라서 교육은 개인이 선천적으로 타고난 잠재능력을 기초로 하여 환경에 적응하고, 자기에게 적합하도록 환경을 개조하는 등의 상호작용을 통하여 각자의 가능성을 최대한으로 실현시켜 가는 과정이라 할 수 있다.

과거 전통적인 관념에서는 유전과 환경을 개별의 독자적인 영향력으로 구분해서 보려는 경향도 있었다. 쇼펜하우어(Schopenhauer, 1788~1860)는 "인간은 소질이 지배하는 것이며, 미래의 발전도 소질에 의해서 결정된다. 납(鉛)을 금으로 변화시킬 수 없듯이 인간도 그 성격이 고정불변하여 모든 행위가 고정불변하게 나타나므로 교육으로는 어찌할 도리가 없다"고 하여 유전만을 주장한데 반하여, "인간의 성장은 환경과의 상호작용에 의해서만 가능하다"고 한 브룩카버(Brookover)나, "인간은 제 아무리 탁월하게 태어났다 해도 그가 성장하는 물질적·문화적 환경이 좋지 않으면 자기의 잠재능력을 충분히 발달시킬 수 없다"고 한 나쉬(Nash, 1966)와 "인간은 교육에 의해서만 인간이 될 수 있으며, 인간이란 교육이 만들어 낸 것에 불과하다"고 한 칸트(Kant, 1724~1804) 등은 환경이나 교육을 더 강조하고 있다. 오늘날에 있어서는 대부분의 학자들이 유전보다는, 환경의 영향력이 상대적인 의미에서 비중이 더 크다는 입장으로 의견이 집중되는 경향이다. 어느 쪽이든 한쪽에만 치중하는 극단론은 매우 위험하다.

인간은 선천적·숙명적으로 능력이 한정되어 어떤 교육을 시킨다고 하더라도 될 만큼밖에 안 된다고 주장하는 소질만능론·숙명론·교육부정론에 빠져서는 안 되며, 또 교육에 의한 인간 개조가 강조되고 환경에 의한 소질의 개조 가능성을 주장하는 환경만능론·교육만능론만을 고집해서도 안 될 것이다. 교육현실에 있어서 중요한 것은 선천적 소질과 후천적 환경, 내적인 가능성과 외적인 실현성, 자극과 유도하는 힘, 이 두 가지 힘이 상호 제약하면서 상호작용한다는 사실이다(김태오, 1960).

지금까지 유전적인 것으로만 단정해 오던 지능도 환경을 달리하면 다소의 변화를 가져온다는 것을 오늘날의 많은 연구에서 증명하고 있다. 빈민촌에 살던 아이가 고급 아파트로 이사한 후 지능(IQ : 지능지수)이 상승했다

듣지 농촌에 살던 아이들이 도시에 오면 높은 지능지수를 나타낸다는 사실은 양 지역 간에 유전적인 차이가 있어서가 아니고 문화적인 환경의 차이에서 오는 결과라고 하겠다. 이러한 경향은 특히 성인에게서보다 감수성이 예민하고 발달이 왕성한 성장기의 아동들에게서 두드러지게 나타나는 것이므로 요즈음 자주 거론되고 있는 문화실조(文化失調 : cultural deprivation)가 교육상 크게 문제시되는 것은 이러한 이유에서라고 하겠다.

결국 지능이나 소질도 고정불변의 것이 아니라 그것을 계발해 주는 환경과의 관계는 여러 가지 방법으로 설명될 수 있겠으나 우드워스(Woodworth)는 유전과 환경과의 관계에 의한 인간의 능력을 다음과 같이 설명하고 있다.

우드워스는 그림과 같이 유전을 밑변으로 하고 환경을 높이로 하여 두 요인이 밑변과 높이의 관계로 이루어지는 사각의 내부 면적을 개인의 발달로 보았다.

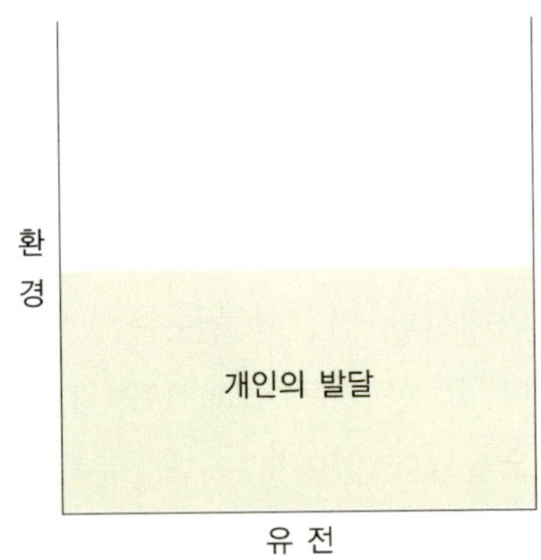

교육과 유전과 환경과의 관계

즉 두 변 중 어느 한 변이 없어도 사각형은 성립되지 않는다. 마찬가지로 인간발달에 있어서 환경과 유전도 상호 불가결의 요인이다. 또한 밑변은 고정되어 있는 반면에 높이는 상향적·유동적이다. 따라서 일정한 유전을 가지고 나온 개인은 높이를 각자의 능력에 따라 최대한으로 상향시킴으로써 자기발달의 면적을 확대할 수 있다. 이런 점에서 유전과 환경 두 요소는 모두 100% 작용하며, 교육 실제에 있어서 매우 중요한 요소이다.

인류는 지금까지 교육을 한 번도 포기해 본 적이 없다. 그것은 교육의 가능성을 믿었기 때문이다. 그러나 교육에 의하여 모든 것을 다 해결할 수 있다는 교육만능설은 그것이 실제 가능하다 할지라도 교육 부정론처럼 위험하다. 즉 교육만능론이나 부정론은 교육의 현실인 한계를 무시한 극단론이기 때문이다.

결론적으로 유전적 요인과 환경적 요인은 각각 독립적으로 개체의 발달에 영향을 미친다고 할 수 없고 두 요인이 역동적으로 상호작용하는 가운데 개인의 발달이 이루어지는 것이다. 내적 요인으로서의 유전과 외적 요인으로서의 환경에 의해 인간의 능력이 결정된다. 그러나 교육은 제한적인 유전론의 측면보다는 변화 가능한 환경에 의해, 환경을 통하여 인간의 능력을 개발하고자 하는 것이다. 다시 말하면 인간의 능력이 99%의 유전적 요인과 1%의 환경적 요인으로 결정된다고 하더라도 교육은 1%의 환경의 힘으로 99%의 유전적 요인을 극복하려는 노력이기 때문이다.

특히 교사는 유전론적 입장보다는 변화관에 근거한 교육가능설의 입장에 근거한 교육관을 가지는 것이 바람직하다. 왜냐하면 어차피 타고난 유전적 요인은 어쩔 수 없다고 볼 때 변화 가능한 후천적 요인에 기대를 걸고 한계를 극복하고자 하는 노력이 교육이기 때문이다.

03 교육의 본질

1. 교육적 존재로서의 인간

교육은 인간 세계의 가장 근원적이고 밀착된 현상으로서 인간의 역사와 더불어 시작되었다. 따라서 인류는 발생 이래 지금까지 교육이란 작용을 중지해 본 적이 없으며, 앞으로도 없을 것이다. 왜냐하면 교육은 인류가 좀 더 나은 생활을 하기 위해 반드시 필요한 삶의 존재방식이기 때문이다. 신체적·생물학적 견지에서 가장 연약한 인간이 만물의 영장으로서 세계를 지배할 수 있는 것은 인간의 탁월성이 현저한 데 그 이유가 있으며, 이 탁월성이 현저한 까닭은 부모가 자녀에게 이 탁월성을 전수하고 자녀는 이것을 교육활동을 통하여 한층 더 발전시켜 왔기 때문이다.

교육이 무엇이냐는 물음이 오래된다는 것은 교육이란 현상 및 작용이 우리 인간의 존재와 생활에 지극히 근원적인 현상임을 말해 준다. 교육이란 현상이 지극히 오래되며, 인간 삶의 가장 본질적인 현상이라는 것은 인간은 교육에 의해서 인간이 된다는 것, 교육이 없으면 인간이 될 수 없다는 것과 같다. 우리들 인간은 태어나서 1년 가까이 아무것도 하지 못한다. 이렇게 인간의 생육에 많은 시간을 요하는 것은 인간에게 교육이 얼마나 필요하며, 얼마나 중요한가를 말해 준다. 즉 인간은 교육적 배려 없이는 생물로서의 생육과 성장도 어려우며, 만물의 영장으로서 지능과 덕성에 뛰어나는 일도 불가능하다. 그리하여 일찍이 칸트는 인간은 교육에 의해서만이 비로소 인간이 될 수 있다고 했던 것이다.

이처럼 교육 가능적 존재인 동시에 교육 필연적 존재인 인간에 대하여 김정환(1992)은 인간을 교육적 동물로 파악하고 그 특징으로 ① 출산 시의 미숙성, ② 장기간의 준비성, ③ 인간의 행동양식과 문화의 재획득성, ④ 인간 경험의 전달성, ⑤ 인간의 가치 지향성 등 다섯 가지를 들고 있다. 즉 인간은 출산 시에 미숙하게 태어나기 때문에 장기간의 준비인 교육이 필요한 것이다. 특히 인간의 모든 행동양식과 문화는 선천적으로 타고나는 것이 아니라 재획득되는 것이라고 할 수 있으므로 교육의 역할은 더욱 중요해진다. 다시 말하면 인간이 동물과 달리 고도의 문명과 문화를 누릴 수 있는 것은 동물과는 달리 선대의 쓰라린 실패의 경험과 성공의 경험이 후대에 전달될 수 있기 때문에 가능했던 것이다.

또 인간은 동물이나 신과는 달리 윤리적·도덕적 존재라고 할 수 있다. 이것은 인간이 가치를 지향하는 존재이기 때문이다. 이러한 측면은 신체적·생물학적 측면에서는 연약한 존재인 인간이 교육에 의해서 자신의 한계를 극복하고 비로소 인간이 될 수 있다는 점을 의미한다고 하겠다. 그러므로 결국 인간은 인간이기 때문에 교육 가능적 존재이며, 인간이기 때문에 교육 필연적 존재인 것이다.

2. 교육의 본질적 기능

교육은 인간을 대상으로 하고 인간을 위하는 인간의 행위이기에 교육학의 일차적인 관심은 인간에게 있다. 즉 교육은 인간에게만 관계된 본질적인 어떤 것으로서 인간 행위의 특수한 측면이므로 인간 이해의 문제는 교육에 있어서의 기본 전제임과 동시에 항상 근원적으로 다루어져야 할 문제이다. 다시 말하면 동물은 개체로서 비교적 서로 영향이나 도움을 필요로 하지 않고 생존할 수 있는 생명체인 반면에 인간은 교육을 통해서 그들의 삶을 폭넓게 지배할 수 있고 변화시킬 수 있다. 이러한 의미에서 교육은 인간을 형성하는 것이다.

교육의 보편적인 본질은 인간을 '인간답게' 하는 것으로서, 바람직한 인간을 형성하는 것이다. 칸트는 '인간은 교육에 의해서만 인간이 될 수 있다', '인간이라는 존재는 교육이 만들어 낸 존재에 불과하다'고 언급했는데, 여기서의 '인간'이란 두 가지 의미로 해석할 수 있다. 즉 '인간으로부터 만들어 낸다'는 것은 인간은 태어난 대로는 미성숙한 존재임을 의미하고, '인간이 된다'는 것은 성숙된 이상적 인간임을 뜻한다. 따라서 태어난 대로의 자연인을 이상적인 인간으로 성장시키는 것이 교육이라는 것이다.

이러한 맥락에서 교육은 몇 가지 요소로 성립된다는 사실을 알 수 있다. 앞에서 언급한 '어떠한 인간이 어떤 상태에 있는 인간을 가르쳐 기른다'고 하는 교육 작용에 있어서 '어떠한 인간'이란 성숙한 인간, 즉 부모와 교사를 의미하고, '어떠한 상태에 있는 인간'이란 미성숙자인 아동을 의미한다. 이 양자 간의 관계에 있어서 미성숙자의 내재적인 힘, 즉 자생력과 성숙자의 조성능력인 교육력과의 상호작용이 교육의 본질을 형성한다. 따라서 여기서는 '어떠한 인간(성숙자)'이 무엇으로써, 어떻게 미성숙자를 육성할 것인가의 문제와 성숙자가 미성숙자를 '어떠한 인간'으로 무엇으로써, 어떻게 육성할 것인가의 문제가 중요한 문제로 제기되어진다. 바꾸어 말하면 이것은 사회라고 하는 인간집단 내에서 어떤 인간이 교육을 행해야 하느냐의 문제와 어떤 인간을 형성해야 하느냐의 문제, 즉 성숙자인 교사와 미성숙자인 아동에 관한 문제라고 할 수 있다.

교육의 본질은 인간을 인간답게 하는 작용으로서 개인의 발전·조성 기능 및 사회의 존속과 혁신의 기반을 조성하는 기능을 갖는다. 즉 교육은 수천 년의 역사를 통해 축적되어 온 여러 영역의 좋은 경험 즉 문화유산을 다음 세대에 계승·유지시키고 나아가서 그들의 창의적 활동을 통해서 확장·발전시키려는 것으로서 인간 삶의 근원적인 문제와 관련된다고 볼 수 있다. 그러므로 교육은 인간의 삶 그 자체라고 할 수 있으며, 삶의 방편이라고 할 수 있다.

그런데 이러한 통념을 벗어나 교육이 무엇이냐 하는 문제나 교육 작용에 있어서 근본적인 요인이 무엇이냐는 물음은 어떤 공통성을 지니는 명제라고 할 수 있다. 교육의 본질이 무엇이냐에 따라서 교육 작용의 본질도 명백해지며, 교육 작용의 본질에 근거한 가치척도도 발견될 수 있는 것이다. 이와 같이 교육의 본질, 교육 작용의 본질, 가치의 본질을 규명하는 과정에 있어서 교육현실과 인간을 어떠한 관점에서 보느냐에 따라서 교육자와 피교육자의 역할이나 기능도 현저하게 달라질 수 있는 것이다.

이처럼 교육의 본질은 관점에 따라 조금씩 달라질 수 있지만 일반적으로 인간형성으로서의 교육, 가치형성으로서의 교육, 문화전달 및 창조로서의 교육, 사회화 과정으로서의 교육으로 구분할 수 있다. 여기서는 이러한 교육의 본질에 대하여 좀 더 구체적으로 살펴보고자 한다.

첫째, 인간(인격)형성 작용으로서의 교육을 들 수 있다. 교육의 보편적인 본질은 '인간을 인간답게 하는 일'로서 이것은 교육을 개인 완성 또는 개인의 신장작용이라고 보는 관점이다. 이러한 인간형성 작용으로서의 교육은 교육의 본질을 사회와의 관련보다는 한 개체로서의 인간의 완성에 두고 교육을 자아실현, 자아완성, 인간형성, 조성작용 등의 개념으로 파악한 것이다.

일반적으로 인간의 성장 발달과정에는 두 가지 힘이 작용하고 있다고 볼 수 있는데, 하나는 생물학적 유기체인 인간에게는 무한한 잠재적 가능성을 발전시킬 수 있는 내재적인 힘이 있다는 관점이다. 즉 인간은 선천적으로 타고난 소질인 발달가능성을 자발적·창조적·계속적으로 발달시키려는 힘인 자생력이 있다는 것이다. 그리고 또 다른 하나는 이러한 잠재가능성을 전제로 적절한 환경을 제공해 줌으로써 그들의 잠재가능성을 최대한으로 성장시켜 주고 또한 지향하는 이상이나 방향에 방해되는 것을 제거해 주는 작용인 교육력이 있다는 것이다. 이것은 성숙자가 미성숙자를 도와주고 방해하는 요인을 제거하는 조성능력으로서의 교육력을 의미하는 것이라고 할 수 있다.

따라서 교육의 본질은 인간이 가지고 있는 잠재적 가능성이 충분히 발휘될 수 있도록 성숙한 자가 미성숙한 자를 도와주는 작용이며, 그것을 우리는 '인간형성 작용'이라고 한다. 그러므로 교육은 인간이 타고난 소질을 기초로 적절한 환경에 따라 이루어지는 조성작용인 것이다.

'인간형성'이란 인간을 인간답게 형성한다는 뜻이기 때문에 가치를 포함한 개념이며, 따라서 '인간답다'라는 개념도 상대적인 개념으로서 시대와 문화의 영향 하에서 달라진다. 그리고 시대와 문화에 의해 결정된 인간형성의 실체는 곧 교육적 인간상으로 나타나게 된다. 현대에 들어서 인간형성의 개념은 특정 행동형으로 규정하지 않고 있으며, 자아실현이나 이상적 인간, 자유인 등으로 열어 놓고 있다. 자아실현은 유기체의 자발적 행동을 표현한 개념으로 그 자발적 행동은 목적 지향적이며 상위질서로 발달한다. 즉 이것은 유기체가 그 능력과 본성을 최대한 실현하려는 욕구를 의미한다고 할 수 있다.

매슬로우(Maslow)는 성숙한 사람은 무엇보다도 자아실현을 하려는 사람이며, 자아실현의 특징으로 지각의 탁월성과 자아·타아 및 자연에 대한 수용적 자세, 자발성, 문제 지향성, 민주적 인격, 창의성 등을 들고 있다. 결국 민주사회에서의 교육적 이상은 자아실현으로 표출되고 이것은 인간형성과 관계되며 이것을 돕는 것이 민주사회에서의 교육의 본질적 과제이다. 또한 이러한 자아실현은 개인 단독으로 이루어질 수 있는 성질의 것이 아니라 끊임없는 환경과의 상호작용을 통하여 이루어지는 것이다. 이러한 의미에서 소크라테스(Socrates)는 "사람은 먹기 위해서 사는 것이 아니고 살기 위해서 먹으며, 또 그저 사는 것이 아니고 올바르게 살기 위함이다"라고 하였으며, 칸트는 "인간은 교육을 통해서만 인간이 되며, 교육이란 현실적 존재를 이상적 당위로 끌어올리는 일"이라고 하였던 것이다.

결국 교육이란 미성숙한 인간이 성숙한 인간이 되어 천부의 내재적 소질을 조화롭게 발전시킴으로써 이상적 인간이 되도록 사랑의 힘으로 돕는 일이며, 가정, 학교, 사회를 통한 오랜 기간의 교육을 통하여 이상적인 인간형성을 이룩하는 과정이라 하겠다.

둘째, 가치형성 작용으로서의 교육이다. 인간형성 작용에서 중심이 되는 것은 무엇보다도 신체적 성장이나 지적 발달보다도 정신적 성장, 즉 사람으로서 갖추어야 할 이상적인 가치를 형성하는 것이다. 이러한 맥락에서 교육은 가치를 형성하는 과정이며, 가치 기업인 것이다. 그리하여 슈프랑거(Spranger)는 교육을 가치와의 만남이라고 하였다. 이러한 가치의 형성은 진선미, 즉 기존의 가치와 같은 보편타당한 가치를 체득하는 것도 중요하지만 주위 환경과의 상호작용, 즉 생활경험을 통하여 자신의 가치를 정립하는 것이 더 중요하다. 특히 가치형성에 있어 중요한 것은 무엇을 가르칠 것인가의 문제보다는 어떠한 생활경험을 쌓게 해야 할 것인가가 더 중요하며, 자기 자신의 체험이나 타인과의 만남을 통하여 자기 자신의 가치를 정립해 나가는 것이 중요하다고 할 수 있다. 따라서 교육은 아동이 자신의 가치를 형성할 수 있도록 다양한 경험을 통하여 기존의 가치를 체험하고 체득케 하며, 나아가 자신의 가치를 정립할 수 있도록 도와주어야 한다. 여기서 유의해야 할 것은 교육은 아동이 올바른 가치판단과 가치형성을 할 수 있도록 도와주는 과정이어야 하며, 특정한 가치나 이데올로기의 주입이 되지 않도록 해야 한다.

셋째, 문화전달 및 문화형성 작용으로서의 교육이다. 교육은 사회생활의 필요에 의하여, 사회 존속의 수단으로 시작되었다. 사회의 존속이란 성인세대가 생물학적으로 사멸하면 다음세대가 그 사회의 성원이 되어 생명을 이어간다는 의미뿐만이 아니라, 그 사회의 문화유산을 다음 세대에 전달하고 또 그 다음 세대는 그것을 계승함으로써 사회는 정신적으로 존속하여 간다는 것이다. 즉 교육은 인류의 수천 년의 역사를 통해 축적되어 온 여러 영역에 걸쳐 좋은 경험, 즉 문화유산을 다음세대에 계승 유지시키고 나아가서 그들의 창의적 활동을 통해서 발전 확장시키는 기능이다. 이런 의미에서 슈프랑거는 “교육을 문화의 번식작용”으로 보았으며, 파울젠(F. Paulsen)은 “교육활동은 선대가 후대에 문화재를 전달·계승시키는 행위”로 이해했던 것이다.

여기서 중요한 것은 문화 역시 학습을 통해서 획득된 결과물이며, 그러기에 문화의 형성, 전수, 계승, 전달은 교육을 통해서만이 가능하게 되므로 교육의 역할은 그만큼 중요한 것이다. 결국 한 개인이 문화의 내용을 학습하지 못하면 인간다운 인간으로서의 사회생활은 불가능하게 된다. 따라서 교육은 현존하는 문화와 사회적 질서를 유지함과 동시에 문화향상과 사회진보의 도구로서 보다 나은 사회를 건설하기 위한 수단이 되는 것이다. 이렇게 문화유산을 전달함으로써 사회를 존속하고, 유지·발전시키는 것이 교육의 역할이라는 관점이 문화형성 작용으로서의 교육이다.

결국 교육은 문화를 전달하고 발전시키며, 그 발전된 문화 속에서 인간은 교육되고, 교육된 인간은 다시 새로운 변화를 창조하는 것이 문화형성의 과정이다. 다시 말하면 교육은 문화전달의 기능을 발휘하고 나아가서 새로운 문화를 창조하는 역할을 수행하는 것이다.

넷째, 사회화의 과정으로서의 교육이다. 교육의 의미를 사회나 국가라고 하는 전체적인 틀 안에서 찾으려는 사회적 관점에서의 교육은 그 사회의 성원을 사회화함으로써 우선 그 사회에 적응할 수 있는 자질을 갖추게 하고, 나아가서 이런 성원의 사회적인 참여를 통해서 새로운 가치, 새로운 체제, 새로운 문화의 창출을 꾀하여 사회혁신을 위한 기반을 조성한다는 것이다. 여기서 교육은 아동으로 하여금 기존의 사회에 무리 없이 적응할 수 있는 능력을 길러 주어야 하며, 나아가 기존 사회의 문제점에 근거하여 보다 나은 사회를 건설할 수 있는 안목과 능력을 길러 주어야 한다. 사회화 과정으로서의 교육은 인간형성을 목적으로 한다고 하더라도 개인의 완성에 두기보다는 민족이나 국가의 발전과 사회개조에 공헌하는 인간형성을 중시한다. 그러므로 개인의 자아실현은 오직 사회와 국가 전체의 번영 속에 흡수되어야 한다는 입장이다. 이러한 사회화 과정으로서의 교육 본질관에는 기존 사회의 이념에 맞게 개인을 적응시키려는 교육의 사회 적응 기능과 교육을 통하여 기존 사회를 보다 나은 사회로 개혁하려는 교육의 사회 개혁적 기능 혹은 사회 개조적 기능이 있다.

교육의 사회적응 기능이란 두 가지로 구분할 수 있는데 그 하나는 사회변화에 순응하는 교육기능이고, 다른 하나는 교육을 받는 아동으로 하여금 능동적으로 변화하는 사회에 적응할 수 있는 능력을 길러 주는 개인의 사회적응 능력으로서의 기능이다. 여기서 교육은 사회 구성원들이 집단의 행동양식, 가치관, 규범 등을 따르도록 요청함으로써 사회질서를 유지하는 데 공헌하며 일탈된 행동에 대해서는 비정상으로 간주하여 통제한다. 학교가 사회변화에 따라 그 제도를 정비하고 교육목표를 수정하고 교육과정을 개편하며, 새로운 교육방법을 개발해 가는 일련의 작업들이 다름 아닌 사회 적응적 기능의 한 모습이다. 또한 교육은 아동들에게 변화하는 사회에 능동적으로 적응할 수 있는 능력을 길러 준다. 학교교육은 아동으로 하여금 사회변화에 수동적으로 적응만 하는 삶이 되게 하는 것이 아니라 능동적·창조적으로 적응할 수 있는 사람이 되게 한다. 따라서 교사는 아동으로 하여금 기존의 가치·태도·신념·제도 등을 무리 없이 받아들이게 하여 기존의 질서를 유지하게 하며, 또한 주어진 기존의 행동양식·가치관·규범을 창조적으로 발전시켜 나가는 주도자가 될 수 있도록 해야 한다.

또한 교육은 기존 사회의 문화를 계승하고 유지하는 기능이 있는가 하면 다른 한편으로는 사회를 개혁하고 새로운 문화를 창조해야 하는 기능을 가지고 있다. 즉 교육은 그 사회 구성원을 사회화함으로써 우선 그 사회에 적응할 수 있는 자질을 갖추게 하고, 이런 성원의 사회참여를 통해서 새로운 가치, 새로운 체제, 새로운 문화의 창출을 도모하며, 사회개조를 위한 기반을 조성하게 한다. 따라서 교사는 아동들에게 현존하는 사회질서의 비판 및 새로운 가치규범과 가치관을 추구함으로써 사회개혁을 할 수 있는 지식·기능·태도·신념 등을 형성해 주어야 한다.

또한 학교의 사회개혁적인 다른 일면은 학교가 중심이 되어 직접적으로 현대 사회를 개혁하는 데 주도적 역할을 담당하는 일이다. 현대 사회의 문제점을 발견하고 지역사회 주민과 협력하여서 이를 시정하고 개발하는 일 또한 학교에 맡겨진 기능의 하나라고 할 수 있다. 학교가 중심이 되어 성인교육을 실시하는 일, 학교의 시설과 설비를 개방하여 지역사회 주민에게 이용하도록 하여 그들의 제반 활동을 돕는 일, 학생과 교사들이 향토개발 사업에 직접적으로 참여하여 봉사하는 일 등이 이에 속한다.

오늘날 교육이 사회변화의 원동력이 된다는 점에 대해서는 대부분 공감하고 있다. 이러한 생각은 많은 경제학자들이 교육을 통한 인력자원 생산의 중요성, 즉 교육투자의 중요성을 강조하면서 사회과학 제 분야에서 교육에 대한 관심으로 나타나게 되었고, 이젠 교육이 국가발전의 원동력 중에서도 가장 중요한 요인의 하나라는 점에서 이론을 제기하는 사람이 없게 되었다. 그러나 사회개조를 위한 수단으로서의 교육도 중요하지만 더 중요하고 본질적인 것은 인간형성, 인격완성으로서의 교육이므로 개개인의 인간 변화를 통한 사회개조가 바람직하다고 할 수 있다. 결국 교육을 통하여 바람직한 인간이 형성되고 바람직한 인간들을 통하여 사회와 국가가 변화되어야 한다는 것이다.

그러므로 교육은 인간에게 가장 근원적이고 본질적인 현상으로서 자라나는 아동들에게 기존의 문화유산을 전달하고 계승·발전케 하며, 교육을 통하여 아동들이 무리 없이 현 사회와 문화에 적응하게 할 뿐만 아니라 현재의 문화를 바탕으로 하여 새로운 문화를 창출하고, 새로운 가치규범과 가치관을 추구함으로써 사회의 변화를 촉진하는 중요한 기능을 수행하는 것이다.

04 교육의 목적

1. 교육목적의 개념

어떤 일을 효과적으로 수행하기 위해서는 먼저 하고자 하는 일에 대한 목적을 명확하게 인식하고 있어야 하며, 목적이 명확하고 구체적일수록 일의 효과는 커지게 된다. 따라서 교육에 종사하는 사람에게도 교육활동을 통하여 달성하려는 바가 무엇이며, 어떠한 인간을 길러낼 것인가에 대한 분명하고도 확고한 의식이 필요하다. 이처럼 교육이라는 활동을 통해서 성취하고자 하는 모든 것을 교육적 가치라고 할 수 있으며, 이는 교육이념 또는 교육목적과 직접적으로 관련되어 있다.

교육이념이 가장 넓은 의미로서 교육이 나아가야 할 기본적인 방향을 추상적으로 서술해 놓은 단계라면 교육목적은 교육이념을 실현하기 위한 보다 구체적인 방향으로 교육이 나아가고자 하는 기본적인 방향을 제시해 주는 지표라고 할 수 있다. 교육목적은 교육이 실현하고자 하는 이상적인 인간상 또는 이러한 인간상이 갖추고 있어야 할 행동 특징을 나타내는 것으로서, 교육활동의 추진력이 되고 교육평가의 기준이 되며, 모든 교육의 실천과정에서 중핵적인 힘을 가지고 있다. 그러므로 교육목적은 어떤 교육활동에서 결과적으로 무엇을 성취하려는지에 관한 추상적인 견해로서 일정한 가치관에 따라 의도하는 인간상을 형성하는 것이라고 할 수 있으며, 자연적인 인간(sein)에서 이상적인 인간(sollen)으로 형성시키는 작용이라고 할 수 있다. 즉 홍익인간, 민주적인 인간, 주체적 한국인 등이 교육이념에 해당된다면 이를 실현하기 위한 인격완성, 시민적 책임, 민주적 생활능력 육성 등은 이상적 인간이 갖추고 있어야 할 행동특성에 해당되므로 교육목적이 되는 것이다. 또한 이러한 교육목적은 그 사회가 추구하는 가치관에 따라 결정된다는 특징을 지니고 있다.

2. 교육목적의 여러 차원

교육의 목적을 어떤 측면이나 차원에서 파악하느냐에 따라 여러 가지 유형으로 구분할 수 있다. 교육의 목적을 개인적인 측면에서 파악하느냐 아니면 사회적 측면에서 파악하느냐에 따른 구분이 있으며, 교육의 목적을 교육활동 그 자체에 내재해 있는 가치로서 설명하느냐 아니면 교육 외의 어떤 것으로 설명하느냐에 따른 구분이 있다. 또한 교육의 목적을 포괄적이고 추상적인 차원에서 진술하느냐 아니면 지엽적이고 구체적인 차원에서 진술하느냐에 따라 구분할 수도 있으며, 시간적으로 보아 장기적으로 실현해 나갈 것이냐 아니면 단기적으로 성취해 나갈 것이냐에 따른 구분이 있을 수 있다(이돈희, 1991). 여기서는 교육의 목적을 개인적 목적과 사회적 목적, 그리고 내재적 목적과 외재적 목적을 중심으로 살펴보고자 한다.

1) 개인적 목적과 사회적 목적

교육이 근본적으로 개인을 위한 것이냐 아니면 사회나 국가 전체를 위한 것이냐 하는 문제로서 교육의 목적이 개인적인 것이라면 사회적 목적은 수단적 혹은 부차적인 것일 수밖에 없고, 교육의 목적이 사회적인 것이라면 개인적 목적은 단지 미시적인 관점에서만 성립할 뿐이다.

우선 개인적 목적의 차원에서는 교육의 궁극적 목적은 개인의 성장과 자기완성에 있다고 보고 개인의 완성을 교육의 목적으로 보는 관점이다. 따라서 교육은 개인의 자아실현, 자기완성, 또는 개인의 모든 능력을 계발하는 데 그 목적을 두며, 개인의 내면적 계발을 위한 내용과 방법을 존중하게 된다. 따라서 개인의 완성을 통하여 사회나 국가의 발전을 도모하게 되므로 정치, 경제, 문화, 사회 등 어떤 분야의 발전도 개인의 발전이 선행되지 않으면 의미가 없다.

이러한 개인적 목적의 대표적인 예가 페스탈로치의 인격 계발적 교육학이다. 페스탈로치는 인간을 국가나 사회의 기능적인 존재로서보다는 개인으로서 존중받아야 할 목적적인 존재로 이해하였다. 따라서 그는 모든 인간은 평등하며 모두 특별한 능력을 가지고 있으므로 교육을 통하여 개인적으로 행복하며 동시에 사회적으로 보람 있게 살아갈 수 있는 인간을 길러내는 데 교육의 일차적인 목적을 두었다. 여기서 중요한 것은 교육을 통해서 개인의 발전이 가능하게 되고, 이러한 개인의 발전을 통하여 사회와 국가의 발전도 가능하게 된다는 점이다.

반면에 사회나 국가적 차원에 교육의 목적을 두게 되면 교육은 사회문화의 하향적 전달에 치중하게 되므로 문화적 유산이나 전통을 계승하고 보존하며, 기존 사회의 제도와 가치를 존속·발전시키는 것을 교육의 일차적인 목적으로 설정하게 된다. 이 경우 교육은 국가나 사회발전의 가장 중요한 수단이 되며 개인 또한 국가나 사회발전을 위한 기능인에 지나지 않게 된다. 이러한 사회적 목적은 교육을 생활에 대한 준비과정으로 보고 교육의 형식과 내용을 중시한다. 이처럼 교육을 국가·사회주의적 관점에서 체계적으로 논한 사람은 플라톤(Platon)이다. 그는 이상국가는 교육에 의해서만 실현·유지된다고 보고, 교육의 목적은 이상국가의 유능한 인물을 양성하는 데 두었다. 즉 그는 멸망해 가는 조국을 교육을 통해서 재건하고자 하였으며, 그러기에 그에게 있어서 교육은 국가 재건을 위한 중요한 수단이었던 것이다.

그러나 현실적으로 교육의 개인적 목적과 사회적 목적은 구분하기가 쉽지 않다. 왜냐하면 개인과 국가와의 관계가 상호 의존적인 관계에 있는 것과 마찬가지로 교육에 있어서도 개인적 목적과 사회적 목적은 상호 보완적이며 불가분의 관계에 놓여 있기 때문이다. 그러므로 바람직한 교육이 실행되기 위해서는 교육은 개인적인 목적을 달성하면서도 동시에 국가 사회적 목적을 실현할 수 있는 방향으로 교육목적이 설정되어야 하는 것이다.

2) 내재적 목적과 외재적 목적

교육의 내재적 목적과 외재적 목적의 구분은 교육의 목적이 교육이라는 활동 그 자체에 내재해 있느냐 아니면 다른 데 있느냐 하는 것으로서, 내재적 목적관은 교육은 그 자체가 가치로운 것으로 다른 무엇을 위한 수단일 수 없다고 생각하는 반면에, 외재적 목적관은 교육은 어떤 무엇을 달성하기 위한 수단에 불과하다고 보는 관점이다.

우선 내재적 목적관은 교육 그 자체에 목적을 두며, 교육의 과정이 중시되는 관점이다. 듀이(Dewey)는 교육의 목적은 교육의 과정 그 자체에 내재한다고 보고 교육은 다른 어떤 것의 수단으로서의 가치를 가지는 것이기 이전에 그 자체로서 가치로운 것이라고 하였다. 즉 그는 준비로서의 교육을 배격하고 교육은 어떤 고정된 목표를 향해 준비하는 과정이 아니라고 하였다. 듀이는 교육은 곧 생활이며, 생활은 성장의 과정이므로 교육의 과정은 그 자체를 초월한 어떤 목적도 가지지 않으며, 교육은 그 자체가 목적이라고 하였다. 또한 그는 교육은 성장의 과정이기에 성인이 되기 위한 준비도 아니고 미래를 위한 준비도 아니며, 더군다나 어떤 고정된 이상적 사회의 완성을 위한 수단도 아니라고 하였다. 따라서 그에게 있어서 교육은 미래 생활의 준비라거나 교육 외적 목적, 예컨대 정치적·종교적·경제적 목적의 수단이라는 생각은 용납될 수 없었던 것이다(Dewey, 1916).

피터스(Peters) 또한 교육은 수단적 가치를 가지는 것이 아니라 본질적 가치를 가진다고 하여 교육의 수단적 가치를 전면 부인하였다(이돈희,

1991). 즉 교육은 다른 어떤 것의 수단이 아니며 교육의 목적은 그 자체 속에 내재한다는 것이다. 그는 교육의 목적을 묻는 것은 도덕의 목적을 묻는 것과 같다고 봄으로써 교육의 목적에 대한 물음은 무의미하다고 하였다. 그는 교육의 목적이 무엇이냐고 묻는 질문에 대한 대답은 기껏해야 지성(intellect) 혹은 '인격의 도야'와 같이 교육에 내재하는 어떤 가치로운 것을 지적하는 것에 불과하다고 하였다. 피터스에 의하면 "교육은 '훈련'이나 '강의' 같은 인간의 활동과정을 나타내는 말이 아니라 그러한 활동과정을 통하여 실현되어야 할 준거를 나타내는 말"이라는 것이다. 그는 교육은 교육적 활동의 과정이나 그것의 목적에 의해서 설명되는 것이 아니라 이러한 준거들을 충족시키는 활동으로서 설명되는 것이므로 이러한 준거들을 만족시킬 때 비로소 교육이 될 수 있으며, 그 준거는 교육의 개념적 조건으로 바로 교육에 내재하는 목적 그 자체가 되는 것이고, 교육은 이 준거들이 암시하는 것 이외의 어떤 외재적 목적 혹은 목표를 가질 수 없다[3]고 하였다. 그러므로 전 과정이 교육적이어야 한다. 다시 말하면 교육은 교육활동을 의미하는 것이 아닌 이상, 목적 혹은 목표의 개념에 관한 한에서는 무의미할 뿐이므로 준거가 암시하는 것 이외의 외재적 목적은 있을 수 없다는 것이다.

반면에 그린(Green, 1968)은 "교육은 하나의 도구와 같아서 인간이 선택하는 어떤 목적으로도 이용될 수 있다"고 하였다. 교육은 야만인을 기르는 데나 문명인을 기르는 데, 그리고 인간의 영웅적 가능성을 발휘하게 하는 데나 비겁자로 만드는 데나 이용될 수 있다는 것이다. 또한 랭포드(G. Langford)는 내재적 가치와 외재적 가치는 어떤 활동에 종사하는 사람의 이유의 두 가지 구분에 불과하다고 보고, 내재적 가치란 외재적 가치를 수단으로 보았을 때 그것이 관련된 목적 혹은 목표에 해당하는 것으로서, 내재적 가치는 외재적 가치가 있을 때 그것과 상대적으로 파악되는 가치일 뿐이라고 하였다. 다시 말하면 랭포드는 피터스의 내재적 가치는 외재적 가

---

3) 피터스는 교육이 만족시켜야 할 준거를 다음과 같이 제시하고 있다. ①교육은 가치 있는 것의 전달을 내포하고 있다. ②교육은 지식과 이해 등 어떤 류의 지적 안목의 형성을 포함해야 한다. ③교육은 배우는 자의 의지와 자발성을 무시한 전달방식을 배제한다(Peters, 1966: 45).

치와 상관없이 성립하는 것으로 교육이 내재적 가치를 가진다는 것은 그것이 궁극적 가치임을 뜻하는 것이 되므로 교육은 어떤 다른 것의 수단이 될 수 없고, 그럴 경우에 교육은 아무런 활용가능성을 가지지 못한다고 주장하고 있다.

결국 내재적 목적과 외재적 목적의 문제는 교육이 궁극적으로 무엇을 위한 수단이냐 아니면 그 자체의 본질적 목적으로 의미를 가지느냐의 문제라고 할 수 있다. 즉 피터스는 교육의 개념 자체 속에 교육의 목적이 있다는 생각에 집착하여 그 개념과 목적에 의해서 통제되는 교육활동의 내재적 기능만을 생각하고 그것의 외재적 기능의 측면을 무시하여 버린 결과 교육의 외재적 가치를 부인하였으며, 반면에 랭포드는 교육활동을 통하여 성취될 결과를 중시하고 교육활동을 다른 인간 활동과 구별시키는 교육 자체의 특징을 별로 중요시하지 않은 결과 교육적 기능 자체가 암시하는 가치기준을 크게 부각시키지 않았다.

결국 이러한 논쟁의 원인은 교육의 개념에 내포된 '목적'의 개념과 교육활동에서의 '목표'의 개념을 혼동한 데 있다(이돈희, 1991). 피터스의 말대로 교육의 목적은 이미 그가 내세우는 규범적 의미 속에 내포되어 있으므로 그것이 참으로 옳다면 또다시 그것을 구하는 일은 그의 말대로 사실상 무의미한 일임에 틀림없다. 그러나 그러한 준거를 만족시키는 활동 혹은 과정이 없이는 그 준거도 의미가 없다. 교육의 활동 혹은 과정에서 인간의 다른 활동이나 과정에서도 그렇듯이 그것을 통하여 달성하고자 하는 목표가 있을 수밖에 없다. 그 활동은 학문이나 예술과 관련된 활동일 수도 있고, 경제나 정치의 생활과 관련된 활동일 수도 있다. 그러므로 교육의 목적은 내재적이지만 구체적인 교육활동의 목표는 그것이 목적을 실현하면서 달성되는 것이므로 내재적 가치를 지니면서 동시에 교육 외적인 목적의 실현을 기하는 것이라고 할 수 있다. 즉 학교에서 노동에 대해서 가르칠 때 그것은 장차 생산현장에서의 노동을 위한 목적의 수단이 되기도 하지만, 그것이 교육 본연의 목적에 맞게 실시된 것이라면 교육의 결과임에 틀림이 없고 내재적 목적도 실현된 것이라고 할 수 있다.

여기서 중요한 것은 외재적 목적과 내재적 목적 중에서 어느 것이 더 본질적이고 중요한가의 문제가 아니라 이들을 어떻게 현실에 균형 있게 추구할 것인가의 문제이다. 교육은 사람에 따라 다양한 동기와 목적에 의해 추구될 수 있는 실제적인 교육활동이다. 그리고 현실적으로 교육은 대학 진학이나 취업 등 다양한 수단으로 이용되고 있다. 따라서 만약 구체적 교육활동에 외재적 목적이 전혀 없다면 교육에서의 인간의 정신적·신체적 활동은 현실적인 삶과 유리된 별개의 세계에서 이루어지고 있는 공허한 유희에 불과하게 된다. 즉 교육이 본질적이고 내재적인 가치만 가진다면 그 자체로서 가치로울 뿐 어떤 목적의 수단도 되지 않으므로 실용성은 그만큼 제한된다. 그렇다고 해서 교육이 현실성과 실용성 그 자체만 생각하고 행해질 수도 없다. 왜냐하면 이렇게 될 경우 교육은 무엇을 위한 수단으로서 외재적 목적에 의해 종속되고 그 자율성이 크게 제한될 수밖에 없게 된다. 또한 교육은 인간 개개인의 성장보다는 외적 기능의 형성에 치중하게 될 것이며, 그리하여 교육의 대상인 인간마저도 수단시하는 결과를 초래할 가능성이 많기 때문이다.

그러므로 교육은 수단으로 이용되면서도 그 자체가 본질적 가치의 기능을 가지는 것이 바람직하다. 즉 미술작품이 그 자체의 예술성으로 인하여 본질적 가치를 가지지만 때로는 상품이 되고 때로는 장식물이 되며 심미적 감정의 만족을 주는 것처럼 교육도 인간의 올바른 성장과 실현이라는 본질적 가치를 지니면서 동시에 그로 인하여 여러 가지 다른 목적 달성을 위한 수단이 되는 것이 가장 바람직하다고 할 수 있다.

05 교육의 유형

교육은 역사라고 하는 시간축과 사회라고 하는 공간축이 교차하는 지점에서 이루어지는 구체적인 인간 행위이다. 교육의 유형은 관점에 따라 다양하게 구분할 수 있다. 시간적인 흐름에 따라 교육의 유형을 구분하면 역사 초기에는 일정한 형식을 갖추지 못한 삶의 존재방식으로서의 교육이었을 것이며, 그 후 인구의 증가와 삶의 다양화에 따라 조직적·체계적인 형식을 갖춘 형식교육인 학교교육이 등장하게 되었고, 근래에는 이러한 형식교육의 한계를 극복하고자 하는 탈학교교육이 등장하게 되었다. 또 교육의 유형을 개인의 생애를 중심으로 구분하면 아동교육, 청소년교육, 성인교육으로 구분 가능하다.

그리고 교육이 행해지는 공간적인 교육의 장의 차이에 따라 구분해 보면 가정교육, 학교교육, 사회교육으로 구분할 수 있다. 또 형식의 유무에 따라 교육의 유형을 구분하면 형식교육과 비형식교육으로, 인위적 의도의 개입에 따라서는 의도적 교육과 비의도적 교육, 교육사적인 측면에서는 전통적 교육과 신교육으로 구분 가능하다.

여기서는 교육의 유형의 대표적인 구분이라고 할 수 있는 형식교육과 비형식교육, 전통적 교육과 신교육, 그리고 평생교육을 중심으로 살펴보고자 한다.

1. 형식교육과 비형식교육

1) 형식교육

형식교육(formal education)은 조직적이고 체계적인 계획(의도)하에서 인간 형성을 도모하고자 하며 교육대상, 교육시간, 교육내용, 교육의 장소 등을 구비하고 있다는 점에서 공식적인 제도교육(학교교육)이라고 할 수 있다. 형식적인 교육은 교육자와 피교육자가 있고, 교사(校舍), 시설, 일정한 교육내용 등이 있어서 의도적·조직적·계속적으로 형식을 갖추어 교육하는 것이 특징이다.

형식교육의 등장배경은 교육의 전문화와 관련된다. 인간의 삶과 더불어 시작된 교육은 인간의 수가 증가하고 인간의 삶이 복잡해지면서 그 중요성이 인식되기 시작했다. 그리하여 사람들은 삶의 방식으로서가 아니라 체계적인 계획에 의한 교육의 필요성을 느끼기 시작했고, 그리하여 교육의 전문화와 형식화가 초래되었다. 이처럼 교육의 형식화는 인류의 증가, 지식과 정보의 폭증과 다양화에 기인한 것이다.

형식교육의 대표적인 예로는 학교교육을 들 수 있으며 그 외에 훈련소, 양성소, 학관, 의숙(義塾), 서당, 강습소 등과 같은 교육기관이 있다.[4] 또한 관청, 회사, 공장, 기타 직장에서도 직무의 연속성이나 효율성을 위해 의도적·계획적으로 교육하는 일이 있으므로 직장의 경우에도 형식적인 교육이 행해지고 있다고 할 수 있다. 이와 같이 학교 이외의 일반사회에서의 교육이 비합리적이고, 봉건적인 측면이 있다고 할지라도 의도적·계획적으로 교육이 이루어지고 있으면 그것은 형식교육이라고 할 수 있으며, 이러한 형식교육은 인간형성에 있어서 중요한 작용을 하고 있다.

형식교육은 시간이 지나면서 평등사상의 고조와 무상교육과 의무교육이 실시됨에 따라 입학자격의 균등화를 가져왔고, 이것은 교육의 대중화 시대를 도래케 하였다. 아직 질적 평등의 문제가 남아 있긴 해도 기회균등적인 측면, 즉 제도적 측면에서는 학교교육이 사실상 개방되어 있으며, 이런 점에서 교육에서의 기회균등은 형식교육을 통해 어느 정도 실현되었다고 할 수 있다.

그러나 사회의 전문화와 각종 지식의 폭증, 사회구조의 다양화, 복잡화 등으로 학교교육에 대한 교육적 기대가 상승하고, 학교교육이 신분상승의 수단으로 이용되어 교육의 양적 팽창을 초래하면서 형식교육은 형식이라는 제도상의 한계 때문에 교육 본래의 취지를 상실하게 되었다. 오늘날은 과거와 같은 형식교육의 독점화는 사라졌지만, 오히려 학교는 형식이라는 정형적인 제도에 묶여 인간을 획일화, 비인간화 시킨다는 비판을 받게 되었다. 이러한 흐름에서 1970년대 후반부터 시작된 탈학교운동은 최근 들면서는 홈스쿨링이나 대안학교 운동으로 전개되고 있는데, 탈학교운동은 모두 학교교육의 엄정한 정형성과 획일성을 탈피하려는 교육의 자유화 운동이라고 할 수 있다.

---

4) 우리나라 최초의 형식교육기관으로는 고구려 소수림왕 2년에 설립된 태학을 들 수 있다. 태학은 전문교사인 박사를 두었으며, 교육내용으로는 오경삼사(五經三史)를 다루었다.

2) 비형식교육

비형식교육(informal education)은 교사(校舍)나 교재를 필요로 하지 않고 사회로부터 받는 사회적 동화(同化)를 중시하는 교육으로, 뚜렷한 목적, 조직, 형식 그리고 계속성이 없으며, 일시적으로 교육적 영향을 미치는 교육적 기능을 갖고 있는 것이 특색이다.

비형식교육은 무형식교육과 탈형식교육 두 가지로 구분할 수 있다. 우선 자연 발생적이며 무의도적인 무형식교육은 교육이 형식을 갖추기 이전(원시인)의 교육이나 형식교육의 혜택을 입지 못했던 민중들의 교육이 주로 이 경우에 해당되며, 주로 삶의 형식을 전수하는 것이 목적이었다.

크리크(Kriek)가 "교육은 인류에게 언제 어디서나 행해지고 있는 정신적인 근본기능이다"(박찬오, 1968)라고 말하고, '지구는 인류의 학교'라고 한 것은 사회생활 그 자체가 인간형성에 작용하고 있음을 지적한 것이다. 순진한 아동이 친구를 잘못 사귄 탓으로 불량아가 된다든지 불량한 아동이 착한 아동과 어울림으로써 착한 마음을 갖는 경우가 있듯이, 인간은 서로 접촉하는 데 따라 인격형성이 이루어지는 것이다.

이와 같이 인간이 살고 있는 곳에는 언제 어디를 막론하고 무형식 형태의 비형식교육이 이루어지고 있다. 따라서 가풍과 세습 또는 학교에서 자연적으로 이루어지는 교풍 등이 인간형성에 커다란 영향을 미친다는 것을 생각할 때, 사회생활 그 자체가 중요한 인간형성의 기능을 가지고 있다고 할 수 있다.

다음으로 형식의 한계를 초월한 비형식교육인 탈형식교육을 들 수 있다. 탈형식교육은 형식의 한계를 초월한 비형식교육으로 형식의 단계를 넘어 의미추구의 단계에 접어든 교육으로 근래의 탈학교운동이나 최근의 대안학교운동, 홈스쿨링 등이 여기에 해당된다. 탈형식교육은 형식교육의 획일성·정형성을 극복하고 교육의 다양화와 의미추구라는 점에서는 긍정적이지만, 자칫 형식교육의 순기능을 부정하고 교육부정론으로 발전할 우려도 있다는 점에서 형식교육과의 상호 유기적인 협조와 조화가 필수적이다.

결국 교육의 유형이 비형식교육인 무형식교육에서 형식교육으로, 그리고 무형식교육인 탈형식교육으로 변화하는 것은 바람직하다. 그러나 형식교육과 비형식교육의 관계는 상호대립적인 관계가 아니라 상호보완적인 협력관계로 이해되어야 한다. 다시 말하면 형식교육만으로도 충분한 교육적 효과를 거둘 수 없고, 비형식교육 역시 비형식교육만으로는 교육의 목적을 달성할 수 없다. 그러므로 바람직한 교육이 이루어지기 위해서는 형식교육과 비형식교육은 유기적인 관련 하에서 장단점을 보완하는 상호협력적인 관계를 유지하는 것이 중요하다.

2. 전통적 교육과 신교육

교육을 형식과 내용의 두 가지 측면으로 구분하면 교육의 고전주의(classicism)와 교육의 낭만주의(romanticism)로 구분할 수 있다. 우선 고전주의는 교과중심의 교수활동에 의해 마음이 길러질 수 있다고 보며, 복종과 동조 및 도야를 강조한다. 이런 점에서 교육의 고전주의는 전통적 교육이라 불린다. 이와는 달리 교육의 낭만주의는 아동의 본성에 의해 마음이 발달한다고 설명하며, 아동의 무한한 잠재 가능성과 자유를 존중한다. 이런 점에서 교육의 낭만주의를 신교육이라고 부른다.

전통적인 교육과 신교육은 단순히 시기상의 구분이라고도 볼 수 있지만 실제로는 교육의 목적, 내용, 방법, 교사관, 아동관 등에서 명확하게 구분된다. 여기서는 전통적 교육과 신교육의 특징을 교육원리, 목적, 내용, 방법, 아동관, 교사관의 측면에서 살펴보고자 한다.

1) 전통적 교육

전통적 교육의 가장 큰 특징은 교육의 고전주의로서 형식도야이론(formal discipline theory)에 근거한 주지주의적인 교육이라는 점이다(이홍우, 1980).

형식도야이론은 누가 주창했는지는 명백하게 알려지지 않은 채로 20세기 초에 이르기까지 교육에 관한 일반적인 견해로서 받아들여져 왔다. 형식도야이론은 그 당시 사람들 사이에 일반적으로 통용되었던 '마음(mind)'

에 관한 상식적인 견해를 반영한 교육이론이었다고 볼 수 있다. 그런데 여기서 말하는 상식적인 견해는 일반적으로 능력심리학(faculty psychology)이라 부른다. 능력심리학의 설명에 의하면 인간의 '마음'은 지각·기억·상상·감정·의지·추리 등에 있어서 서로 뚜렷이 구분되는 몇 가지 일반적인 능력들로 구성되어 있다. 이 능력들은 신체적인 근육에 비유되는 '마음의 근육'이라는 뜻에서 심근(心筋)이라고 부를 수 있을 것이다. 그리고 이 심근은 마치 신체적인 교육이 운동에 의하여 단련되는 것과 마찬가지로 정신적 운동에 의하여 단련될 수 있다. 교육내용 또는 교과는 바로 이 정신적 운동의 도구이다. 우리가 교과를 배워야 하는 이유는 그것을 통하여 우리 '머리' 속에 들어 있는 일반적 능력들을 개발할 수 있다는 데에 있다. 대체로 교과들은 각각 그것을 담당하고 있는 능력들과 일치한다. 예컨대, 고전어·문법·수사학 등은 기억력과 상상력, 수학은 추리력, 음악은 감정, 그리고 종교와 도덕은 의지를 훈련하는 데 적합한 교과라는 것이다. 능력심리학에서 말하는 기억·추리 등이 '일반적인' 성격을 지니고 있다는 것은 그것에 바탕을 두고 있는 형식도야이론을 이해하는 데 매우 중요하다. 예컨대, 기억이라는 능력이 일반적인 성격을 가지고 있다는 것은 그 능력이 어떤 특수한 대상이나 '내용'에만 국한되는 것이 아니라, 그러한 내용과는 관계없이 일반적으로 성립된다는 것이다. 이 경우 '기억'이라는 능력은 '내용'과는 구별되는 '형식'을 이룬다고 볼 수 있다. 형식도야이론에서 '형식'이라는 말은 이와 같이 구체적인 '내용'과는 관계없는 '형식'으로서의 능력을 의미하는 것이다. 그리고 이 '일반적인 형식'은 그것이 일단 훈련 또는 도야에 의해서 획득되고 난 뒤에는 그 형식의 능력을 요구하는 내용이라면 어떤 내용에도 적용될 수 있다.

전통적 교육은 거의 이 형식도야이론에 의하여 그 원리가 도출된다. 먼저 전통적 교육의 교육목적관을 살펴보자. 교육목적은 교육적 인간상과 같은 말로 그 시대의 문화에 의하여 결정된다. 즉 어떠한 인물을 길러낼 것인가 하는 문제와 같은 것으로 서양의 경우 자유인·신사 등의 인간상으로 나타났으며, 동양의 경우 성인(聖人)·군자의 인간상으로 나타났다. 원래 자유인이나 신사, 웅변가, 성인(聖人), 군자 등의 교육적 인간상은 자아를 가장 잘 실현한 사람을 의미했지 어떤 틀에 박힌 정형적(定型的) 인간을 의미하는 것은 아니었다. 그러나 지나친 주지주의 및 교과의 암기·주입의 강조는 그러한 인간상을 맹목적으로 추종하게 했고, 그리하여 그러한 인간상 자체가 '정형적'으로 굳어버렸다.

전통적 교육에서의 교육내용은 서양의 경우 7자유학과(seven liberal arts), 즉 문법·수사학·논리학·대수·기하·음악·천문학이 그 대표적 교과였고, 동양의 경우 사서삼경, 즉 논어·맹자·중용·대학·시경·서경·역경이 그 대표적 교과였다. 교육내용은 교육목적을 실현할 수단, 재료이므로 동서양 모두 이러한 교과가 그들이 세운 교육목적 달성에 효과적이라고 보았다. 즉 서양의 7자유학과에서 '자유'란 말은 바로 자유민이 배울 학과란 뜻과 함께 그것을 배우면 그들의 교육적 인간상인 자유인이 된다는 뜻을 지녔고, 동양의 성전(聖典)과 경전(經典) 역시 성인군자가 되는 데 적합한 교과라고 여겼다. 이처럼 7자유학과나 사서삼경은 마음이나 영혼을 발달시키고 도야시키는 데 '탁월한 효과'를 발휘하는, 도야적 가치가 뛰어난 교과들인 것이다.

우리나라 조선시대의 경우, 관리 선발시험인 과거에 통치행정에 직접 필요한 것보다는 보다 일반적인 사서삼경을 시험과목으로 했던 것은 그러한 교과목이 마음의 능력을 잘 발달시킬 수 있고, 잘 발달된 마음은 통치행정뿐 아니라 인간백사에 전이(轉移)·응용이 된다고 보았기 때문이다.

전통적인 교육의 일반적 교육방법은 주입(注入)·반복·암기 훈련이다. 이러한 전통적 교육방법은 오늘날 가장 비판받고 있는 것 가운데 하나인데, 이러한 방법을 사용한 이유 역시 형식도야이론에서 도출된다. 앞서 전통적 교육의 목적을 마음이 잘 발달된 자유인·성인(聖人)·군자 양성이라 하고, 교육내용은 주로 고전과 같은 교과라고 한 바 있거니와 구체적으로 교과를 어떻게 학습시켜야만 마음의 능력이 발달될 것인가 하는 것이 전통적 교육에서의 방법의 문제이다. 이에 그들은, 마음은 신체와 대칭되고, 마음의 능력도 신체적 능력과 대칭된다고 보았다. 그리하여 신체적 능력, 곧 근육을 잘 발달시키기 위해서는 그 특정한 근육을 발달시키는 데 적합한 운동기구를 가지고 반복·훈련·연습하듯이 마음을 발달시키기 위해서도 교과를 가지고 반복·암기·주입·훈련하여야 된다는 원리를 도출한다. 물론 우리의 전통적 교육의 경우 주 교과내용이 외국어인 한문이었고 이러한 외국어 학습에 암기와 반복이 효과적이라는 점도 있지만 형식도야이론에서 주장하는 이런 관점의 설명도 부정할 수 없다.

전통적 교육에서 교사는 교육의 주체가 된다. 교사는 단지 지식의 전달자만이 아니라 인격의 모범이 된다. 사범(師範)이란 말은 바로 이런 뜻이다. 그러나 본받을 만한 존재가 교사라고 해서 교사에게 아동의 모든 것을 관장할 수 있는 절대권이 있는 것은 아니다. 이 점에서 실제 전통적 교육에서 많은 착오가 있었다. 교사가 다른 사람의 모든 것을 관장할 수 있는 절대권을 가진 양 착각을 하였고, 학생은 교사를 맹목적으로 추종하는 병폐가 컸던 것이다.

전통적 교육관에서는 아동은 수동적·소극적 존재였고, 성인(成人)의 축소판으로 여겨졌다. 아동은 아직 '덜된' 인간이었기 때문에 하나의 완전한 인격체로서 대우받지 못했으며 따라서 그들은 스스로 무엇을 주장하거나 요구할 수 없었다. 교육방법 상의 중요한 원리의 하나인 흥미의 원리도 아동의 관점이 고려될 수 없었기에 무시되었고, 자율의 원리·자발성의 원리 역시 마찬가지 이유로 무시되었다.

결국 전통적 교육은 교과중심의 주지주의(主知主義) 교육으로, 교사 중심의 위로부터의, 외부로부터의 교육이라고 할 수 있다.

2) 신교육

신교육은 아동중심교육으로 교육의 낭만주의라고 불린다. 이러한 신교육은 그 흐름을 두 가지로 구분하여 생각할 수 있는데, 하나는 루소(Rousseau)로부터 미국의 진보주의자들에 이르기까지의 '소박한 아동중심교육'이며, 다른 하나는 듀이(Dewey)의 교육관이다. 소박한 아동중심교육의 사상은 교과보다도 아동을 더 중시하려는 운동이라 할 수 있다. 그것의 주된 사고는 같은 내용을 같은 방법으로 모든 아동에게 같은 효과를 기대하면서 가르칠 수 있다고 생각하는 것은 어리석은 일이라는 것이다. 그리하여 교육적 관심의 초점이 권위적 내용에서부터 아동의 본성에로, 교육적 과정(過程)의 기능적 주도권이 교사의 활동으로부터 아동의 활동으로, 그리고 교육의 방법적 관심사가 외부로부터의 주입(注入)에서 내부로부터의 계발(啓發)로 옮겨져야 한다는 원리, 즉 교육의 코페르니쿠스(Copernicus)적 전환이라고 일컫는 이러한 원리를 내세운다(이돈희, 1991).

소박한 의미의 신교육의 출발은 전통적인 교육에 대한 반발, 즉 엄격한 규율과 감독 하에서 교수(敎授)하고 암송을 강요하였던 주입식·암기식 교육에 대한 반발로부터 시작되었다. 이러한 흐름은 16세기 문예부흥기부터 비베스(Vives), 에라스무스(Erasmus) 등의 인문주의 학자들에게 이어졌으며, 이들은 이구동성으로 교사의 엄격성과 아동의 자유의 속박 등에 대한 비판을 가하면서 교육개혁을 부르짖었다. 그러한 교육개혁사상은 17세기에 이르러 라트케(Ratke)나 코메니우스(Comenius)에 이르러 더욱 더 진전을 보게 된다. 코메니우스는 피교육자에 대한 필요 이상의 형식적인 엄격성을 버리고 실물을 보게 하면서 이해를 통한 교육방법을 구체화하기 위해 각종 그림을 모아 엮은 '세계도회'(Orbis Sensualium Pictus, 1657)라는 책을 편찬하였고, 또 객관적 자연주의의 교수원칙을 주장한 '대교수학'(大敎授學, Didactica magna, 1632)이라는 책도 저술하여 교육방법상의 새로운 인식을 고취시켰다.

그러나 신교육의 본격적인 출발은 역시 18세기의 루소(Rousseau)에서 시작되어야 할 것이다. 루소는 자연의 과정을 따르는 교육, 즉 인위적 통제나 외부적 세력에 의해서 영향을 받지 않고 주어진 천성의 자연적 실현을 교육의 이상으로 여겼다. 루소에 의하면, 교육은 자연적 질서와 함께 이루어져야 하고 교육에 있어서 통제가 요청되는 것은 오직 아동의 자연적 발달을 방해하는 요소를 제거하는 데만 필요하다. 그의 이러한 사상은 페스탈로치(Pestalozzi)가 지덕체(智德體)의 균형있는 발달을 강조하고, 헤르바르트(Herbart)가 흥미를 교육의 중심 되는 원리로 생각하고, 프뢰벨(Fröbel)이 아동의 활동과 적성을 중시하는, 소위 일련의 '신교육운동'(The New Education Movement)의 출발점이 되었다. 이 운동과 더불어 아동의 연구가 활기를 띠었고, 19세기 말부터 발달한 심리학과 연결되어 교육계의 새로운 방향감을 형성하였는데, 이는 마침내 신교육을 집대성한 듀이를 탄생시켰다.

교육사적으로 듀이의 등장은 큰 의미를 지닌다. 바로 전통적 교육으로부터 신교육으로의 전환점이 바로 듀이이기 때문이다. 듀이의 교육이론은 아동중심교육, 진보주의, 프라그마티즘(Pragmatism) 등으로 불리며, 민주주의 교육의 선봉이 된다. 듀이의 교육이론은 너무도 포괄적이어서 단 몇 마디로 압축하기 곤란하지만 교육목적에 있어서는 아동의 성장·발달 자체, 교육 내용에 있어서는 경험과 함께 실생활과 관련된 실용교과목, 교육방법에 있어서는 흥미를 강조하는 생활중심교육이었다고 할 수 있다. 그리고 무엇보다도 중요한 것은 교육의 중심을 교사로부터 아동으로 옮겨 놓은 점이다.

듀이의 신교육과 듀이 이전의 신교육의 차이는 듀이 이전의 신교육이 교육의 대상인 아동을 사회적 맥락에서 분리시키고 하나의 원자적 개체로 보고 그의 성장을 강조해 온 데 반하여, 듀이는 방임적 개인주의를 비판하고 교육의 사회적 맥락을 강조했다. 즉 듀이는 유기체적 행동에서 독특하게 인간적인 행동으로 연결하는 것이 사회성이라 보고, 이 사회성인 맥락이 없으면 인간은 다른 생물과 같이 순수하게 자연적인 존재, 생물학적으로 설명되는 유기체적 생명체 이상의 것이 되지 못한다고 본다. 따라서 듀이에 있어서 교육은 본질적으로 사회적 과정이다. 그러나 사회성을 강조한다고 해서 집단과 집단의 상호작용과 교통을 가로막는 장벽을 두고 있는 봉건주의적 사회구조도 용납하는 것은 아니다. 그러한 사회구조는 경험의 교류와 공유를 불가능하게 하므로 이러한 장벽을 헐어버리는 것이 민주주의의 기본정신을 반영하는 것이라 하였다. 그에 의하면 민주주의는 인간의 사회적 관계에서 모든 각각의 개체는 본질적인 가치와 존엄성을 지닌다는 원리를 구현하려는 노력의 정신이며, 이 원리는 아동에게도 적용되므로 교육적으로 매우 중요한 의미를 지닌다고 했다(이돈희, 1982).

이상의 내용을 정리하면 신교육은 교육목적에 있어서 정형적(定型的) 인간을 교육목적으로 내세우지 않는다. 신교육은 전체나 집단보다도 개체를 존중하기 때문에 자아실현인을 그 교육적 인간상으로 내세운다. 또 신교육은 교육내용상 실용교과목의 중요성을 인식한다. 실생활과 관련되는 교과목인 실용교과목을 고전과 아울러 중시한다. 교육방법상 하향식·주입식 방법을 지양(止揚)하고 토론과 대화를 존중하고 흥미의 원리도 존중한다. 교사관에 있어서는 교사는 소극적인 입장을 취한다. 그렇다고 해서 방관자의 위치가 아니고 조력자의 위치이다. 아동관에 있어서 아동은 교육의 주체가 된다. 교육의 모든 출발은 아동으로부터 출발한다. 아동은 더 이상 전통적 교육에서처럼 수동적인 존재가 아니다. 아동은 독립된 인격체로서 자신의 세계를 가진다. 교육은 교사의 세계로부터 출발하는 것이 아니고 아동의 세계로부터 출발한다. 따라서 신교육에서 가장 중요한 것은 교과가 아니라 아동이다.

우리나라의 경우 오늘날과 같은 근대교육의 출발은 1894년 갑오경장 이후로 보아야 할 것이다. 그 이전에는 성균관·서원·향교·서당을 잇는 전통적 교육이었고, 그 교육목적·내용·방법은 앞서 전통적 교육에서 설명한 바와 같다. 그 후 개화기 일제강점기를 거쳐 미군정기를 맞게 되는데, 일반적으로 우리나라의 신교육의 도입을 광복 후, 그러니까 미군정기에 듀이 교육의 소개와 더불어 잡고 있다. 1946년 9월 '신교육 연구회'의 설립이 계획되었고, 1946년 11월에는 오천석이 『민주주의 교육의 건설』이라는 책을 통하여 듀이 교육을 소개하였다. 그로부터 우리나라에서 '새 교육'이라는 이름하에 듀이의 신교육이 널리 보급되었다. 그리하여 우리가 지금 받고 있는 이러한 신교육의 뿌리는 1945년 이후에 도입된 새 교육, 민주주의 교육에 있고, 이러한 새 교육이나 민주주의 교육의 뿌리는 다시 미국에서 이식된 것이라 하여 그 교육의 뿌리를 만든 듀이에 대하여 많은 연구를 해왔다. 물론 듀이의 교육이론은 교육의 코페르니쿠스적 전환을 이룰 만큼 그 영향이 크고 이론적 체계가 충실하다.

그러나 우리나라의 신교육의 계보를 일방적으로 듀이에게서 찾는 것은 재고되어야 한다고 본다. 개화기까지는 가지 않더라도 일제강점기에 그러한 아동중심 교육사상이 자생적으로 있었다. 외솔 최현배의 페스탈로치 연구를 통한 아동중심 교육사상(손인수, 1981)과 소파 방정환의 아동중심 교육사상 등이 그것이다. 특히 소파의 경우 아동교육 운동가로만 알려졌지 그의 교육사상적 입장은 별로 알려져 있지 않다. 그러나 소파의 교육사상은 완전히 신교육의 입장에서 있으며, 아동중심 교육이었다(안경식, 1994).

이러한 소파의 교육사상은 이론으로뿐만 아니라 교육실천으로 교육운동으로 전개되었다. 우리 교육의 큰 병폐의 원인인 '전통성의 단절'도 이러한 자생적 사상을 구명(究明)함으로써 극복될 수 있을 것이다.

3. 평생교육

1) 평생교육의 정의

평생교육(lifelong education)이란 용어의 출현은 1965년 이후의 일이며, UNESCO에 의하여 발달되었다. 그 이전에는 계속교육, 성인교육, 사회교육, 직업교육 등으로 불리기도 했다. 이러한 평생교육에 대하여 랑그랑(Lenrrand)은 개인의 출생부터 죽을 때까지 생애에 걸친 교육(수직적 차원)과 개인과 사회 및 전체의 교육(수평적 차원)을 통합한 것이라고 하였으며, 데이브(Dave)는 평생교육은 개인과 집단 모두의 생활의 질을 향상시키기 위하여 개인의 평생을 통한 개인적·사회적·직업적 발달을 성취시키는 과정이라고 하였다. 한편 정범모는 평생교육은 인간의 삶의 질의 향상이라는 이념추구를 위하여 태교에서부터 시작하여 유아교육과 아동교육, 청년교육, 성인교육, 노인교육을 수직적으로 통합한 교육과 가정교육, 학교교육, 사회교육을 수평적으로 통합한 교육을 총칭하며, 그것은 개인의 잠재능력의 최대한의 신장과 사회발전에 참여하는 능력의 개발을 목적으로 한다고 하였다.

평생교육의 목표는 계속적 자아실현과 사회발전 능력의 신장에 있다. 즉 평생교육은 평생을 통하여 자신이 가진 다방면에 걸친 소질을 계속적으로 계발시키고 사회의 발전에 충분히 참여할 수 있게 하는 교육인 것이다.

교육의 본질적 기능은 인간 자체의 발전을 목적으로 하는 것으로, 그것은 인간의 존엄성의 신조 아래 최대한의 자아실현을 도모하는 것이다. 반면에 교육의 수단적 기능은 사회발전에 그 목적을 두며, 교육은 정치발전·경제발전·사회발전에 필요한 유능한 인재를 양성하는 것을 목적한다. 평생교육은 이 양자를 통합한 교육으로 인간의 잠재적 능력의 무한한 발전은 물론, 그러한 과정을 통하여 사회 발전에도 참여하고 공헌해야 한다고 주장한다.

2) 평생교육의 필요성

오늘날 평생교육의 필요성은 점점 더 커지고 있다. 우선, 지식의 폭발적인 증가와 노후화를 들 수 있다. 급속한 지식과 기술의 발달과 지식과 정보의 증가로 학교교육은 한계를 노출하게 되었다. 즉 지식의 증가가 완만하였던 과거에는 학교에서 배운 지식을 일생동안 활용할 수 있었는데, 이제는 학교교육은 기초교육에 불과하다. 따라서 급변하고 폭증하는 지식과 정보에 대처하기 위해서는 계속적인 교육이 필수적이다. 따라서 학교교육에서는 많은 지식을 가르치는 것보다는 평생 동안에 걸쳐 스스로 새로운 지식을 배울 수 있는 '자율적 학습태도'의 함양이 중요하다고 할 수 있다.

가치관 및 생활양식의 급변으로 인해 유발되는 세대차와 불안감 역시 평생교육이 요구되는 중요한 요인이다. 옛날 정적인 사회에서는 문제해결의 양식을 선대의 수범에서 찾을 수 있었으나 현대사회에서는 선대에서 경험하지 못했던 새로운 문제들이 계속적으로 출현하므로 계속적인 교육이 요구될 수밖에 없다.

그리고 여가시간의 증대 역시 평생교육의 중요한 요인이 된다. 과학기술의 발달은 인간에게 많은 여가시간을 가져다주었고, 의식주 생활의 현대화와 인스턴트식품 상용화, 근로시간의 단축장 등도 인간에게 많은 여가를 제공하고 있다. 이러한 상황들이 인간으로 하여금 평생에 걸친 교육권 보장을 요구하게 하였다. 따라서 지금까지는 학생들이 주로 교육의 대상이 학생이었으나 이제는 학생뿐만 아니라 성인(3/4)들의 교육권도 중요한 시대가 되었다.

또 인간 교육의 차원에서도 평생교육은 필요하다. 지식기술의 발달과 인간발달의 불균형에서 오는 심각한 문제가 우리의 생을 위협하고 있으며, 이기심·불신·폭악성 등은 인간 고유의 가치(성실, 정의, 봉사, 신의 등)를 상실시키고 있다. 인간의 행복을 위해 산출한 기계, 조직, 체제 등이 인간의 손을 떠나서 인간을 조종하고 지배함으로써 이간이 그 주체성을 상실하게 되는 인간소외 현상 역시 평생교육이 필요한 주요 원인이다.

3) 평생교육의 특징

평생교육은 개인적, 사회 공동체 차원에서 인간의 삶의 질을 나선형으로 향상시키며, 개인적 차원에서는 인간의 잠재능력을 최대한으로 발전시키는 자아실현의 측면이 강하다. 이러한 평생교육의 특징은 다음과 같다.

첫째, 평생교육은 가족생활, 사회생활에서 보다 원숙한 인간관계를 형성하게 하며, 가정 및 직업생활에서 보다 합리적인 경제생활을 가능하게 한다.

둘째, 평생교육은 태아에서 무덤까지 한 개인의 생존기간 전체에 걸쳐서 이루어지는 교육을 수직적으로 통합한 교육이다.

셋째, 평생교육은 모든 기관(학교, 직장, 대중매체, 도서관 등)과 모든 장소(학교, 가정, 사회, 직장 등)에서 이루어지는 교육을 수평적으로 통합한 것일 뿐만 아니라, 기능적 제도적 통합을 의미하므로 학교교육(협동)과 사회교육(경쟁)의 상호모순을 지양한다.

넷째, 평생교육은 계획적 학습과 우발적 학습 모두 포함하며, 우발적 학습의 중요성은 개인을 둘러싸고 있는 환경의 교육화를 의미한다.

다섯째, 일반교육과 전문교육의 조화와 균형을 지향한다. 전문성의 정도가 넓을수록 일반교양의 뒷받침이 필요하며, 일반교양은 전문교육을 통하여 획득되어야 한다. 양자의 조화와 균형이 이루어질 때 바람직한 교육이 이루어질 수 있다.

여섯째, 평생교육은 학교교육의 교육독점화를 방지한다. 학교교육만으로 완성교육은 불가능하다. 따라서 학교교육은 평생교육의 일환이며, 동시에 개인의 잠재적 능력의 신장과 사회적 발전에 참여할 수 있는 바탕을 마련하는 것이다.

일곱째, 평생교육은 누구나 접근하기 쉬운 체제가 되어야 한다. 특히 교육의 형태·내용·방법을 다양화하고 융통성을 부여함으로써 개인 및 사회의 필요에 대처할 수 있어야 한다.

여덟째, 교육내용과 방법에 있어서도 학교교육, 학교 외 교육을 막론하고 획일과 경직에서 탈피하여 개인의 자아실현을 최대한 보장하고, 사회발전에 능동적으로 참여할 수 있는 평생교육체제를 확립할 수 있어야 한다. 누구나 원하는 어떤 형태, 어떤 교육의 내용도 쉽게 받을 수 있는 평생교육체제의 확립이 필요하다.

학습과제

1. 교육의 개념을 정의해봅시다.
2. 교육의 가능성과 한계는 무엇인지 알아봅시다.
3. 교육의 본질적 기능을 알아봅시다.
4. 교육의 목적을 개인적 목적과 사회적 목적, 내재적 목적과 외재적 목적으로 구분하고 그 특징을 말해봅시다.
5. 교육의 유형에는 어떤 것들이 있는지 알아봅시다.

CHAPTER

02

교육의 역사적 이해

개 요

교육사를 어떻게 볼 것인가의 문제는 역사를 어떻게 볼 것인가의 문제와 직결된다. 카(Carr)에 의하면 "역사란 역사가와 사실과의 부단한 상호작용의 과정이요, 현재와 과거의 끊임없는 대화"이다. 따라서 교육사 역시 과거의 역사적 사실에 대한 현재의 재해석이라고 할 수 있다. 다시 말하면 교육사는 단순히 지나간 과거를 이해하는 데 그치는 것이 아니라 과거를 재료로 삼아 현재의 교육을 이해하고, 이에 근거하여 미래의 교육에 대한 방향을 설정할 수 있기 때문이다. 이런 맥락에서 여기서는 교육의 역사를 한국교육사와 서양교육사로 구분하여 살펴보고자 한다.

학습목표

한국 교육의 역사를 알고 그 시대별 교육의 특징을 이해할 수 있다.
서양 교육의 역사를 알고 그 시대별 교육의 특징을 이해할 수 있다.

01 한국 교육의 역사

1. 한국 고대의 교육과 단군신화

역사에는 언제나 시대 구분이 문제가 된다. 한국의 고대사 역시 관점에 따라 다양하게 구분되지만, 여기서는 삼국시대 이전의 교육, 즉 고대 및 고조선의 교육을 중심으로 고대 교육을 다루고자 한다.

이 책에서 고조선이라 함은 단군조선, 기자조선, 위씨조선을 포함하는 고대사회를 뜻한다. 그러나 그 당시의 고대 사회에는 아직 형식교육이 성립되어 있지 않았던 탓으로 고조선의 교육상황은 물론 고대인들의 생활내용을 밝혀 주는 기록이 거의 없다. 짐작컨대 고대사회의 교육은 주로 제천행사, 통과제의 등의 종교적인 의식을 통해서 이루어진 것으로 보인다. 이러한 고대사회의 교육을 단적으로 드러내 보는 것이 단군신화이다.

단군신화는 우리 민족의 개국신화로서 우리 민족의 의식세계와 삶의 양식이 잘 반영되어 있다. 따라서 단군신화 및 이에 나타나 있는 홍익인간의 이념은 우리 조상들의 교육상황을 잘 나타내고 있다고 할 수 있다. 이런 점에서 단군신화는 사실 여부와는 관계없이 우리 민족의 사유의 종합적 산물이라고 할 수 있으므로 우리 민족의 사상을 이야기해 주는 중요한 자료가 된다.

우리나라 시조설화로서의 '단군신화'가 문헌적으로 정착한 시기에 대해서는 학자 간에 이론이 많으나 대체로 고려가 한반도를 통일한 전후일 것으로 추정되고 있다. 『삼국유사(三國遺事)』에서는 단군신화에 대하여 다음과 같이 기록하고 있다.

> 천제 환인의 아들 환웅이 천하를 다스릴 뜻이 있음을 안 환인은 하계를 내려다 보니 삼위태백(三危太白)이 가히 홍익인간(弘益人間)할 만한 땅이므로 천부인(天符印) 세 개를 주어 내려가 다스리게 하였다. 환웅은 무리 3천을 거느리고 태백산정(太白山頂) 신단수(神檀樹) 아래에 내려와 나라를 열고 신시(神市)라 하였다. 바람, 비, 구름을 부려서 곡식과 목숨과 병과 형벌과 선악 등을 주관하며 세상을 다스렸다.

> 이때에 곰 한 마리와 범 한 마리가 있어 같은 굴에 살면서 환웅에게 사람이 되게 해달라고 빌었다. 이때 환웅은 그들에게 쑥 한 줌과 마늘 스무 조각을 주면서 말하기를 너희들이 이것을 먹고 백일 동안 햇빛을 보지 않으면 사람이 될 수 있다고 하였다. 곰은 이것을 받아먹고 스무 하루 동안 금기를 하여 여자의 몸이 되었으나 범은 금기를 하지 못해 사람이 되지 못했다. 이때 여자가 된 곰은 혼인할 짝이 없어 매양 신단수 아래에서 아기를 잉태하게 해달라고 빌므로 환웅이 잠시 사람으로 화하여 그와 혼인하여 아들을 낳으니 이름하여 단군왕검이라 하였다(三國遺事, 紀異, 卷第一, 古朝鮮條).

이처럼 환웅이 이 땅에 내려와 한민족의 역사를 펼쳐나가게 된 것은 '홍익인간'이라는 정치적 이념을 실현하기 위한 것이고, 이러한 정치적 이념은 동시에 교육적 이념이기도 한 것이다. 당시 사회는 정치와 종교가 분리되지 않은 '제정일치(祭政一致)' 사회이기도 하지만, 정치와 교육이념이 분리되지도 않은 '정교일치(政敎一致)' 사회이기도 하였다(안경식 외, 1995). 그러므로 단군은 고조선의 지도자들이 본받아야 할 수장의 전형이었을 뿐만 아니라 교육적 인간상이기도 하였다. 따라서 단군신화는 우리 민족의 정체성 형성의 토대가 되었다는 점에서 우리 민족의 고대 교육사상을 이해하는 데 필수적이라고 하겠다.

우리는 단군신화에는 우리 역사의 유구성과 우월성 및 현세 중시의 재세이화(在世理化) 사상이 나타나 수 있으며, 건국이념인 홍익인간에는 인간존중사상과 사회와 국가 및 인류공영에 공헌한다는 평화사상이 내재되어 있다. 이러한 단군신화와 홍익인간의 정신은 우리 민족정신의 근원일 뿐만 아니라 인간존중과 인류평화 건설을 지향한다는 점에서 교육적 의의가 크다 아니할 수 없다.

2. 삼국시대의 교육

삼국시대는 일반적으로 고구려, 신라, 백제가 고대 부족국가의 성격을 탈피하여 민족국가로서의 체제를 갖추며 서로 경쟁·발전하던 시기로 4세기경 고대국가의 기틀이 잡혀가던 시기부터 신라가 삼국을 통일하고 통일신라를 건설한 7세기 중엽까지를 말한다.

삼국시대의 교육제도를 살펴보면 고구려는 우리나라 최초의 학교 교육기관이라고 할 수 있는 태학(太學)과 경당(扃堂)이 있었다. 태학은 소수림왕 2년(372년)에 설립된 우리나라 최초의 관학으로 5경(시경, 서경, 예기, 춘추, 주역)을 교육내용으로 하였으며, 고급관리의 양성을 목적으로 설립되었다. 여기에는 박사(博士)라는 직제를 두었는데, 유가경전에 정통하고 도덕적인 박사가 주로 귀족 자제들을 가르쳤던 것으로 보인다. 이와는 달리 경당은 초등교육에서 대학까지 담당한 우리나라 최초의 사학으로 『구당서』 및 『신당서』에 의하면 일반 서민들의 자제들을 대상으로 유교경전도 읽고, 활쏘기 등의 무예도 익히는 '통경습사'의 문무일치의 성격을 지녔던 것으로 보인다.

백제의 학교교육에 대한 기록은 거의 남아있지 않기 때문에 사료들을 참고로 추측에 의존할 수밖에 없다. 백제에는 오늘날의 교육부에 해당되는 '내법좌평'과 '박사'라는 직제를 두었는데, 이것으로 형식교육의 가능성을 추측할 수 있으며, 일본에 유교 경전인 『논어』와 『천자문』 등을 전한 것으로 보아 유교교육이 융성했던 것으로 보인다.

신라는 국가체제의 정비과정에서 형식교육기관을 두지 않고 화랑도라는 청소년 단체를 통하여 교육을 실시했다. 신라의 학교교육은 삼국통일 이후인 신문왕 2년(682년)에 세워진 국학이 처음으로 보이며, 이외의 학교교육에 대한 기록은 거의 남아 있지 않다. 이처럼 삼국의 교육에 대한 기록은 그렇게 많이 남아 있지 않아 그 당시의 교육 실제를 자세히 고찰하기가 어렵다. 그러나 사료에 근거하여 짐작해 볼 때 삼국시대의 사상과 교육에 결정적인 영향을 미쳤던 것은 불교사상과 화랑도 교육이라고 할 수 있다.

불교는 형식적인 교육기관이나 제도를 갖추고 있지는 않았지만, 우리 민족에게 철학사상을 가져다주었을 뿐만 아니라 문학과 예술 등 문화 전반에 지대한 영향을 미쳤다. 또 불교는 위로는 왕으로부터 아래로는 일반서민에 이르기까지 전 사회의 정신적 지주였으며, 사회교육의 이념이기도 했다.

불교는 윤회사상과 내세사상을 통하여 개인적으로는 모든 사람들에게 위안을 가져다주었다. 즉 상층계급에는 사회통합의 이데올로기로서의 호소력을 가졌고, 하층계급에는 구원과 희망의 메시지를 던져주었다. 그리하여 불교는 사회적으로는 생활과 도덕의 근본이 되었고 국가적으로는 정신적인 수호자로서의 역할을 다였으며, 삼국의 정치·사회·문화 전반에 걸쳐 지대한 영향을 끼침으로써 고대 한국인의 인성형성에 긍정적인 작용을 하였다고 할 수 있다.

또한 신라의 독창적인 교육제도인 화랑도는 민족 고유의 신앙에서 발전된 것으로 다른 종교의 구속을 받지 않고 각 종교 위에 서서 각 종교를 조화하였던 국풍본위의 존재였다. 또한 화랑도는 국가의 지도를 받긴 하였으나 그것이 사적인 단체였기에 다수의 화랑단이 존재할 수 있었으며, 그 결사의 성격이 민간적 조직이었기에 그 단체가 지나친 형식이나 격식에 구애받지 않은 자생적 집단의 특성을 계속 살리면서 생명력과 젊음을 유지할 수 있었던 것이다.

화랑도 교육의 목적은 처음부터 국가에 필요한 인재를 양성함을 목적으로 조직되었고 또한 인재를 선택하여 천거하기 위한 조직체로서의 목적도 아울러 지니고 있었다. 화랑도 교육에서는 신라인으로서 누구나 마땅히 갖추어야 할 국민적 자질을 중요한 목표로 하였으니 이것이 곧 화랑정신을 대표하는 세속오계(世俗五戒)로서 국가에 충성하고(事君以忠), 부모에 효도하며(事親以孝), 친우 간에는 의리를 중히 여기고(交友以信), 산 생물을 죽일 때에는 가려서 죽이며(殺生有擇), 싸움에서 물러나지 않는(臨戰無退) 상무정신을 숭상하는 것이었다.

역사상 대부분의 우리나라의 교육기관이나 교육내용의 성격이 유교 중심적이고 모방적이었던 것에 반하여 화랑도 교육은 우리의 내적 필요에 근거한 가장 실질적이며 효율적인 전인교육으로서 우리민족의 고유하면서도 독창적인 교육사상이라는 점에서 교육사적 의의가 크다.

3. 고려시대의 교육

신라를 계승한 고려는 주체성이 강한 민족의식을 가진 국가로서 신라의 문화는 물론 사상까지도 계승하였으며, 유교와 불교 및 화랑도 사상을 문화적·정신적 기반으로 삼았다. 특히 불교는 '수신(修身)의 도'로서 국가의 국운을 번영하게 하여 나라를 수호한다는 생각에서 민간신앙으로 숭신(崇信)되었고, 유교는 유교적인 통치기구가 짜여지면서 '치국(治國)의 도'로서 장려되었다. 뿐만 아니라 삼국통일의 원동력이었던 화랑도 정신을 계승함으로써 민족의 주체성과 진취성을 진작하고자 노력하였다.

고려는 비록 불교를 국교로 삼고 출발하였으나 유학을 장려하고 유교식 교육을 제도화함으로써 유교 경전에 근거한 과거제를 통하여 새로운 통치 집단을 형성할 수 있었다. 이러한 고려시대의 궁극적인 교육목적은 국가적인 측면에서는 우수한 관리양성이고 개인적인 측면에서는 입신양명을 위한 과거급제였다고 할 수 있다. 따라서 전체적인 교육의 내용은 과거시험을 위한 유교경전이 될 수밖에 없었으며, 교육방법 또한 암기식 주입식 교육방법을 택할 수밖에 없었다.

초기 고려의 교육제도는 독창적인 교육제도를 확립하지 못하고 전적으로 신라의 제도를 모방하고 계승하였다. 태조 13년(930)에 '서경에 학교를 설립하고 서학박사로 하여금 교육을 담당하게 하고 이와는 별도로 학원(學院)을 창설하여 6부의 학생들을 모아 교수하였다'고 기록되어 있는 『고려사』에 의하면, 고려에서는 서경 이외에 지방행정 중심지인 사경에 6부의 관사양성학교를 건립하였다는 해석을 가능하게 한다. 그러나 이것은 성종 이후의 학교제도와는 성질상 그 개념을 달리하며 성종 때에 설립한 국자감은 개경에 있던 학원(別創學院)을 개편 발전시킨 것으로 보인다.

6대 성종(981~997) 때에 이르러 문무 양반제와 외관내직을 비롯한 문무제도가 정비되어 관료적 집권적 지배체제가 확립되고 국자감을 창건하고 동서학당과 향교를 설립함으로써 비로소 고려의 교육제도를 갖게 되었다.

1) 고려시대의 관학

관학(官學)으로는 오늘날의 고등교육기관에 해당하는 국자감(國子監)과 중등교육기관에 해당하는 지방 관학인 향교(鄕校)와 서경에 위치한 학당(學堂)이 있었으며, 사학(私學)으로는 사설 고등교육기관에 해당하는 십이도(十二徒)와 사설 초등교육기관인 서당(書堂)이 있었다.

국자감은 성종 11년(992)에 설립된 고려의 최고 학부로서 문치주의에 입각한 유교적 교양에 투철한 인재양성을 목적으로 당나라의 국자감을 모방하여 설립하였다. 국자감은 일종의 종합대학적 성격을 지닌 것으로 인재를 양성하고 관리등용에 대비하는 전문교육기관이었다. 종합대학으로서의 국자감은 6학으로 조직·편성되어 있다. 6학은 일종의 단과대학인 국자학·태학·사문학·율학·서학·산학을 말하며, 국자학·태학·사문학의 삼학은 유학과로서 모두 경학을 전공하고 율학·서학·산학은 잡학과로서 모두 해당 기술학을 익혔다.

국자감의 수업연한은 국자학·태학·사문학 등의 유학과는 9년, 율학·서학·산학 등의 잡학과는 6년을 원칙으로 한 것으로 보인다. 학생정원은 인종 때 제정된 학식(學式)에는 국자학·태학·사문학에는 300명, 인종 8년에는 200명이라는 기록이 있는 것으로 보아 국자감의 정원은 300명을 원칙으로 하되 시대에 따라 차이가 있었다는 것을 알 수 있다.

국자감의 교육과정은 유학과의 삼학(국자감·태학·사문학)에는 효경·논어·주역·상서·주례·모시·공양전·곡량전·의례·좌전 등이 있었으며, 이 중 효경과 논어는 필수공통과목이었다. 잡학과인 율학에는 법령, 서학에서는 8서, 산학에서는 산수를 각각 학습하였다. 이러한 국자감은 후에 충렬왕 원년(1275)에 국학, 충렬왕 24년(1298)에 성균감, 충렬왕 34년(1308)에 성균관, 공민왕 5년(1356)에 국자감, 공민왕 11년(1362)에 다시 성균관으로 바뀌어 조선시대로 계승되었다.

향교는 중등교육기관에 해당하는 지방관학으로 지방의 학생들을 교육하기 위하여 성종 6년(987) 12목에 권학관(경학박사, 의학박사 각 1명)을 파견을 시점으로 시작되어, 인종에 이르러 비로소 문묘의 제도를 갖춘 향교가 군·현에 하나씩 설립되기 시작하였다.

향교가 문묘(문선왕묘, 공자묘)의 제를 두고 있는 것은 국자감과 같지만 향교에서 우수한 자가 국자감에서 학습할 수 있도록 한 것으로 보아 교육수준은 중앙에 있는 동서학당과 같은 정도였다는 것을 알 수 있다. 또 향교는 문묘 이외에 명륜당이 있었다. 명륜당은 학생들에게 강의하는 곳으로 제사(祭祀)의 기능을 가진 문묘를 함께 갖추고 있었다는 점에서 교육기관인 동시에 제사기관이라고 할 수 있다. 이 두 기관 역시 조선시대의 교육에도 계승되었다.

학당은 고려 후기의 학교로서 향교가 지방에 설치된 반면 중앙에 설치된 관학이다. 교육수준은 향교와 마찬가지로 중등수준이나 향교와 다른 점은 문묘의 제(祭)가 없이 학생들에게 강학만 하는 교육기관이었다.

동서학당은 원종 2년(1261) 2월에 강도(江都)에서 설립되어 10년 후 원종 13년(1272)에 개경으로 환도한 직후에 다시 동서학당을 두어 금궤와 문열을 별감으로 삼아 교육하였다. 동서학당은 고려 말 공민왕 3년에 5부 학당으로 증치되었다. 5부 학당은 동·서·중·남·북부의 학당을 말하는 것으로 정몽주가 성균관의 대사성으로서, 학문을 장려하기 위하여 기존의 동서학당 이외에 3부 학당을 증치하여 다섯 개의 학당으로 넓힌 데서 비롯된다.

2) 고려시대의 사학

십이도는 고려 문종 이후 개경에 있던 십이사학을 가리키는 말로 십이공도라고도 한다. 십이도는 고려 중기에 이르러 관학인 성균관이 부진하자 문하시중(오늘날의 수상)을 지낸 최충이 학교를 열어 학생들을 교육한 데서 비롯된다. 처음에 최충은 사설 고등교육기관으로 구제학당을 열었다.[1)]

십이공도의 교육수준은 향교와 학당보다는 높았으며, 국자감의 유학교육과 그 내용에 있어서는 동일하였다. 십이공도의 교육은 국가가 감독하였으며, 십이공도는 하나의 학풍을 형성하면서 고려 문교와 유학교육에 많은 공적을 남겼다. 그러나 고려가 개경으로 환도한 후 국학부흥에 힘쓰자 십이공도는 국학에 흡수되기 시작하였고, 공양왕 3년(1391)에 폐지되었다.

서당은 사설 초등교육기관으로 자세한 기록이 남아 있지 않아 『고려도경』[2)]을 통하여 짐작할 뿐이다. 『고려도경』에 의하면 '미혼 자제가 무리로 모여

1) 구제학당이란 최충이 학반을 구제로 나누어 교육한 것에서 나온 말로 구제학당은 최충의 사후 그의 호(문헌공)에 따라 문헌공도, 또는 그의 관명을 붙여 시중·최공도라고 부르기도 하였다.
2) 『고려도경』은 송나라의 서경이 저술한 책이다. 서경은 인종 2년(1123)에 송나라 사신의 수행자(書狀官)였다.

스승에게 경을 배우고, 좀 성장하면 끼리끼리 벗을 택하여 절간(寺)이나 도교의 건물(觀)에 가서 공부한다'는 기록으로 미루어 당시에는 서당이 있었고, 이것이 지방교육을 담당하고 있었다는 것을 알 수 있다. 그러나 서당이 초등교육기관의 구실을 하였을 것이라는 것 외에는 자세히 알 수 없으며, 고려의 서당제도가 조선의 서당제도로 계승되었을 것으로 짐작된다.

고려의 과거제도 채택의 배경은 초기의 정치·사회적 왕권 확립의 필요성에서 찾을 수 있다. 즉 권호세가(權豪勢家)들의 힘은 왕권을 약화시켰기 때문에 과거제도를 실시하여 유교적 교양에 도야된 선비로서 왕권의 충복(忠僕)으로 하는 귀족 관료층을 형성할 목적으로 도입한 것이다.

고려의 형식교육은 전인으로서의 인격형성에 목적을 둔 것이 아니라 과거에 급제하는 것을 목적으로 삼았다. 국가가 과거를 통하여 관리를 등용함으로써 개인은 과거합격을 교육의 궁극적 목적으로 삼을 수밖에 없었으며, 그리하여 형식교육은 과거 합격을 위한 수단에 지나지 않았다. 따라서 학교에서의 학과목은 과거의 시험과목과 동일하였다. 이것은 과거제도와 국가의 교육목표가 일치하고 있음을 뜻하는 것이다.

4. 조선의 교육제도

고려의 교육제도를 그대로 이어 계승한 조선의 교육제도는 유교주의 교육이념에 근거한 수기치인(修己治人)을 교육의 목표로 하였다는 점에서 극히 단순하였다고 할 수 있다. 즉 조선의 교육제도의 주류를 이루는 것은 관학(官學)으로서 중앙에 있는 성균관(成均館)·4학(四學)·종학(宗學)·잡학(雜學), 그리고 지방에 있는 향교이며, 사학(私學)으로서 서원(書院)·서당(書堂)이 있다. 이러한 조선의 교육은 오늘날과 같이 연계적인 것이 아니었으므로 그 수준과 단계를 명확히 규정하기는 어렵다. 대체적으로 성균관이 대학 정도의 고등교육기관이고, 4학·향교·서원은 중등, 서당은 초등교육에 해당한다고 할 수 있다.

1) 조선시대의 관학

성균관은 국학·태학·국자감·반궁(성균관과 문묘의 특징)·현관·수선지지·성균감 등의 명칭으로 불리었다. 건물구성은 문묘와 명륜당 및 동서양재(기숙사)로 구성되어 있으며, 그 외 존경각(도서관) 등의 부속건물이 있었는데, 이는 총 96칸으로 되어 있었다. 입학자격은 양반에 한하여 허용되었는데, 양반이라 해도 생원과 진사 자격이 있는 자에 한했고, 중인·양민·천인은 입학할 수 없었다. 이들의 생활은 전원이 기숙사 생활을 하였으며, 상재생(생원과 진사)과 하재생(4학에서 올라온 학생이나 유학생)으로 구분되었고, 이들의 등급은 달랐다. 비용은 국가가 부담하였고, 양현고에서 식사 등을 제공하였으며, 식당에는 원점도기(출석부)가 있었다. 교육내용은 강독(사서오경-제사(諸史))·제술(각종 문체와 작문)·서법(해서, 행서, 초서) 등이었으며, 정원은 조선 건국 초에는 150명이었고, 세종 11년(1492)에는 200명이었으며, 그 후 증감이 있었으나 대체로 100명에서 200명 사이였다.

4학(四部學堂)은 고려의 동서학당과 5부학당에서 유래된 것으로 조선시대의 태종 이전에는 건물도 없어 동부학당은 원천사, 서부학당은 미륵사를 빌려 사용하였으며, 북부학당은 끝내 개설이 되지 못했다. 정원은 각 학당마다 100명 정도였으나 실제 인원은 이보다 적었으며, 이는 4학의 부실을 증명하여 주는 것이라고 할 수 있다. 입학자격은 양반과 서민 자제 중 우수한 자이며, 교육내용은 소학과 4서5경, 제사(諸史) 등이었으나 소학을 가장 중시했다.

향교는 고려의 향교에서 유래한 것으로 설립목적은 성현들, 즉 향사·후진양성·학풍진작 등이었으며, 이를 위해 문묘와 명륜당을 설립하였고, 향음주례·양로례·향사례 등의 의식을 열었다. 이들 의식은 예양 훈련에 목적을 둔 사회교육 활동이었다. 건물은 성균관의 축소판으로 문묘와 명륜당이 있었으며, 입학자격 및 연령은 서민의 자제로서 16세가 원칙이나 8~9세도 가능하였으며, 교육과정은 소학·사서오경·약간의 실업교육이 이루어졌다. 기타 조선 중기 이후에는 과거의 준비장이 되었다가 그 마저도 교관의 부실, 학생신분의 변질로 유명무실해졌다.

종학은 왕족의 자제를 교육하기 위하여 설립된 것으로 교육행정체계로는 타 학교와는 달리 예조에서 관장하는 것이 아니고 종부시에서 감독하였다. 종학의 직제는 처음에는 종학박사 4인을 두었으나 세종 15년(1433)에는 2인을 증원 동서반 3품 이하 6품 이상으로 겸하게 하였다. 종학의 입학자격은 15세 이상의 종친자제로 한정하였으며, 입학정원은 설립 당시(세종 10년)에는 40인이었으나 50인으로 증원되기도 하였다. 종학의 교과과정은 성균관과 같이 경술과 문예를 주로 하였으며, 소학도 중요 교과목이었다.

잡과교육은 관학 중의 하나로 흔히 잡학이라고 불리며, 유학 이외의 기술학을 총칭해서 부르는 말이다. 지금의 용어로 쓰면 넓은 의미의 실과학 또는 기술학에 해당된다. 잡학 또는 잡과를 교육하는 것이 잡과(학)교육이다. 조선시대의 잡학은 고려의 국학에 두었던 3학(율·서·산)을 이어받아 태조 즉위 원년에 성균관 직제를 개정할 때 벌써 율학박사와 산학박사를 두었고, 동 2년에 병학·율학·자학·역학·의학·산학 등 육학을 설치하였으며, 태조 6년에는 다시 유학·사학·음양풍수학·약학 등의 기술학을 더하여 모두 십학으로 잡학교육의 체제를 완성하였다. 이것이 조선시대의 잡학인 10학이다.

2) 조선시대의 사학

서원은 도서관의 기능을 하던 중국의 서원에서 유래하였는데, 중국 주자의 백록동 서원이 우리나라 서원의 모범이 되었다. 서원의 성립은 중국 송나라의 서원의 영향을 많이 받았지만 우리 사회의 산물이기도 하다. 즉 관료파와 사림파의 대결 구도 속에서 사림파의 본거지로서 서원이 생겼다고 할 수 있다. 서원의 기능은 사림파의 본거지로서 사림파의 선비정신을 구현하는 것이 큰 목적이었으며, 그 선비정신은 도통(제사)과 학통(강학)의 보전으로 이어갈 수 있었다. 조선 서원의 시초는 풍기군수 주세붕이 안향을 추모하기 위해 1453년 순흥에 세운 백운동서원을 들 수 있다.[3)]

3) 우리나라 최초의 서원이며, 이황이 건의하여 소수서원이라는 편액을 하사받았으며, 백록동 서원규를 본받는 '백운동 서원규'를 학칙으로 정하였다.

이러한 서원의 특징은 성균관이나 향교와는 달리 한 사람의 명유(名儒)를 주향자(主享者)로 모셨으며, 교육환경이 뛰어나고 까다로운 학칙의 구애가 없어 독자적인 학풍수립이 가능하였다. 그러나 이후 서원이 난립하면서 향교의 학생들이 서원으로 옮아가 향교의 쇠퇴를 초래하였으며, 군역이나 면세의 도피처로 이용되기도 하였고 후에 당파의 근거지가 되어 당파싸움을 유발한 원인이 되기도 하였다.

서당은 고려시대부터 설립되어 조선시대로 계승되어 온 동몽교육(童蒙教育)의 하나로, 흔히 글방이라고 부르는 사설 초등교육기관이다. 서당은 초등교육 수준의 관학이 없던 시기에 서민 자제를 대상으로 하여 교육의 기회를 넓혔다는 점에서 서당의 교육적 의의를 찾을 수 있다. 서당교육의 목적은 사학이나 향교에 입학하기 위한 준비교육이었으나 때로는 서당 그 자체에서도 이에 준하는 교육을 하는 경우도 있어 여기서 학(學)을 닦아 바로 생진과 초시에 응하는 수도 있었다. 교육내용은 서당교육이 갖는 한계성 때문에 세 가지로 대별하여 강독(읽기)·제술(글짓기)·습자(쓰기)를 가르쳤다. 서당의 조직은 훈장, 접장, 학도(학동)로 구성된다. 훈장은 학생을 가르치는 오늘날의 교사로서 그 당시의 훈장의 학식은 일정하지 않았다. 접장은 학도 중에서 나이가 많거나 학력이 우수한 자를 골라 접(接)의 장으로 하고, 가끔 훈장을 대신하여 학도들을 가르치기도 하였다. 학도는 훈장으로부터 가르침을 받는 피교육자로서 7~8세부터 15~16세의 아동이 중심이었으며, 20세 내외 또는 25세 이상도 학도로서 공부하는 이도 있었다. 따라서 학도의 실력 정도는 경우에 따라서는 격차가 심하게 나타나는 수도 있었다. 교수방법은 일률적으로 주입식과 암기 위주의 방법이었으나 계절에 따라 과목과 방법이 달리 행해지기도 하였다.

3) 조선시대의 과거제도와 교육

고려 광종(958) 때 후주에서 온 쌍기의 건의에 의해 처음 도입된 과거제도는 이후 우리나라의 관료선발제도로 정착하게 되었는데, 조선시대의 과거제도는 고려시대의 것을 이어받아 더욱 발전·정비되었다. 과거제도는 유교를 국가의 지도이념 내지는 실천윤리로 삼았던 나라에서 주로 유교경전의 시험을 통하여 관리를 선발하는 제도이다. 따라서 조선시대 과거제도의 목적은 통치이념인 유교경전의 시험을 통하여 관리를 선발하기 위한 치인양성(治人養成)에 있었다.

조선시대의 과거에는 크게 문과와 무과 그리고 잡과가 있었다. 문과에서는 문과의 예비시험이라고 볼 수 있는 생진과가 있었다. 이를 소과라고 하였으며, 소과가 아닌 문과를 대과라 하였다. 즉 문과는 문과(대과)와 생진과(소과)가 있었던 셈이다.[4] 무과는 단일과로서 세분되지 않으며, 잡과는 역과·의과·음양과, 율과로 구분된다. 이 중 역과는 다시 한학·몽학·왜학·여진학으로, 음양과는 천문학·지리학·명과학으로 구분된다. 이외에 후술하는 각종 특별과가 있었다.

생진과(소과)는 문과와 소과로서 생원과·진사과를 합쳐 생진과라고 하였다. 생원과는 명경(明經)의 시험이고, 진사과는 제술의 시험이다. 경전의 합격자를 생원, 제술(시·부)의 합격자를 진사라 한다. 소과복시(생진복시)는 초시의 합격자를 대상으로 하여 봄에 한성에서 예조의 주관으로 실시한다. 시험과목은 생원과 진사과목과 같다.

문과는 고급 문관의 등용 자격시험으로 흔히 대과 또는 동당시라 하며, 오늘날의 고등고시와 비슷하다. 고시방법은 초시·복시·전시의 셋으로 나누어 시행한다.

무과는 고급 무관의 등용 자격시험으로 태종 8년(1408)에 처음으로 설치하고 용호방이라고 하였다. 무과는 문과와는 달리 소과, 대과가 없는 단일과이다. 무과는 궁술·총술·강서를 고시과목으로 하고, 역시 초시·복시·전시의 절차를 밟는다.

잡과는 기술직의 관리등용 자격시험으로서 잡직에 근무하는 중인 계급의 자제를 대상으로 응시하게 한다. 따라서 잡과는 역학·의학·음양학·율학 등 국가의 잡학기관에서 업을 닦은 중인 계급들에게 독직 전승되고 양반계급은 잡직에 관여하지 않았으며, 상민, 천민도 이에 관여할 수 없었다.

---

4) 학자에 따라서는 과거의 종류를 소과, 문과, 무과, 잡과 네 종류로 분류하여 소과와 문과를 별개로 분류하기도 한다.

또한 잡과는 무과와 같이 대·소과의 구별이 없는 단일과이며, 초시·복시의 2단계로 실시되었다.

결국 조선시대의 공식적인 교육은 개인의 인격을 도야하고 연마하는 인격도야나 인간형성을 위한 교육과 학문이라기보다는 과거를 위한 준비 교육, 입신양명을 위한 교육이었다고 할 수 있다.

4) 조선시대의 성리학과 교육

성리학(性理學)은 우주의 근원과 인간의 심성문제를 형이상학적으로 해명하려는 철학적인 유학으로 흔히 이학·도학·정주학 또는 송학으로 불리어지는 유교철학을 의미한다.

성리학은 존양(存養 : 存心養性)과 궁리(窮理)를 목표로 삼고, 이것으로서 우주의 근본원리를 탐구하며 천(天)·인(人)의 관계를 간파하고 인생당위의 본무를 발견하고자 하였다. 즉 이 우주철학으로 윤리철학을 설명하고 나아가 교육철학을 연출하였으며, 이러한 철학에서 교육의 목적이 성립되었다. 교육의 목적은 윤리 도덕에 중점을 두어 선인(善人)을 양성하는 데 두었으며, 최종 목적은 성현의 자리에 도달하는 것이었다. 또 교육의 목적에서 교육의 방법이 생기는 것이므로 성리학파의 교육방법은 성현을 본받는 데 있었다.

당시의 성리학(朱子學)에는 두 가지 계류(系流), 즉 주리파(主理派)와 주기파(主氣派)가 있었다. 이들은 같은 성리학자(朱子學者)이고 또 같은 유학종통이면서도 주자학(程朱學)을 풀이하는 학문적 입장이 서로 달라 결국 2대 학파를 형성하게 되었는데, 그 대표적인 학자가 퇴계 이황과 율곡 이이이다. 즉 퇴계의 사상체계를 따르는 학파를 주리파라 하고, 율곡의 사상체계를 따르는 학파를 주기파라 하였다.

주리파의 선구자는 회제 이언적이며, 회제의 주리사상은 퇴계의 사상에 큰 영향을 주었다. 퇴계의 이러한 주리사상과 학설은 유성룡, 김성일, 정구 등으로 계승되어 영남학파의 학문적 전통으로 이어졌다. 주기파의 선구자는 화담 서경덕, 고봉 기대승(四端七情說)이다. 화담의 우주설은 기일원론으로 유기론을 주장했다. 그에 의하면 우주의 본질을 기(氣)라 하고 이(理)와 기(氣)가 분리된다 할지라도 이는 기 안에 내재하는 만큼 기 외에는 이가 별개로 존재하지 않는다는 이기일원론을 체계화했다. 이러한 율곡의 주기 사상과 학설은 김장생, 조헌 등에 계승되어 기호학파를 형성하였다.

주리파와 주기파의 학문적인 대립은 이기론·사단칠정론·예론 등에서 두드러지게 나타났으며, 그 중에서도 유명한 학문적 싸움은 사단칠정에 관한 논쟁, 즉 사칠논쟁이다.

성리학은 주관적 관념론 일변도의 사상체계를 지도이념으로 하여 상대적인 이론이나 비판은 모두 기문난부(圻文亂賦)로 몰아붙여 자기 폐쇄적인 사회구조를 초래하게 되었고, 그리하여 결국 봉건사회의 구조적인 모순을 드러내게 된 17세기 초엽부터 새로운 사상적 흐름이 일기 시작하였던 것이다.

5) 조선 후기의 실학과 교육

무실적 기풍과 성찰적인 반성, 그리고 자아의 자각은 때마침 전래되기 시작한 서구의 문물 및 고증학[5]의 영향을 받아 그것이 더욱 확대되고 심화되어 18세기(영·정 시대)에 이르러서는 드디어 하나의 새로운 사상적 결정을 이루게 되었는데, 이것이 실학이다.

성찰적인 반성과 자생적 각성으로 눈뜨기 시작한 실학은 지금까지의 관념적이고 사변적이며 주관적인 주자학에 대하여 그 공리·공론성과 공소무용을 비판하고 현실에서 유리된 공리·공담의 허구에 급급한 연역적인 학문연구를 지양하여, 경험적·실증적·귀납적인 연구방법을 토대로 일반생활에 현실적으로 기여할 수 있는 이용후생(利用厚生)과 실사구시(實事求是), 그리고 경세치용(經世致用)의 학으로 나아가야 할 것을 주장하였다.

따라서 실학은 경세제민하려는 실제학이며 허(虛)에 대한 실(實)의 학문

5) 중국 명(明)나라 말기의 관념적인 학풍에 반대하여 청나라 때 발생한 학풍으로 고증학의 내용은 문헌적 고증에 의한 문자, 음운, 훈고의 연구와 이에 바탕을 둔 고전의 해명·정비이며, 실사구시를 주안으로 하는 실증성, 과학성이 있는 학문으로서 정밀한 귀납적 방법과 왕성한 비판적 정신에 기초한다. 이 고증학의 학적 계보는 뒤에 강유위·양계초에 이른다.

이고, 사실에 옳음을 구하는 실사구시의 학인 동시에 이용후생의 학이고 경세치용의 학인 것이 그 특징이며, '실학'이란 명칭도 그 시대의 현실적 요구에 더욱 충실하려는 태도에서 붙여진 이름이다. 이러한 사상과 학풍을 가진 학파를 실학파·국학파 또는 경제학파라고 하며, 권력에서 소외된 남인계의 학자가 중심이 되었다.

실학사상 전반에 흐르고 있는 실학파의 기본적인 학풍을 보면 이용후생의 도를 강구하여 경국제민의 술에 힘쓸 것, 그리고 낙토조선(樂土朝鮮)을 만들기 위해서 조선의 역사·지리·산물·풍토 등을 연구 제목으로 하며, 또한 북학론의 주장, 곧 청조를 통해서 들어오는 외국의 문물제도와 학술 가운데서 우수한 것은 수입 활용할 것과 고증학의 연구 등이었다. 이러한 학풍을 지닌 실학파는 대체로 다음의 세 유파로 나누어진다.

① 경세치용학파 : 정치·경제·사회 등의 제반제도, 즉 토지제도 및 행정기구 등 기타 제도와 그 개혁에 치중하는 근기학파.
② 이용후생학파 : 상공업 및 생산기술에 관한 연구와 그 혁신에 치중, 즉 상공업의 유통 및 일반 기술면의 발전을 지표로 하는 북학파.
③ 실사구시학파 : 경서·금석·전고 등의 고증에 치중하는 학파.

이처럼 실학파는 연구내용과 연구방법의 차이로 몇 유파로 나누어지나, 궁극적인 목표로서 사회의 여러 시폐(時弊), 즉 부조리를 고쳐 현실생활에 활용할 수 있는 학문을 존중하고 방법상으로는 실증적이며, 경험적인 연구로 피폐한 사회제도를 재편 낙토조선의 실현을 주장한 점 등은 동일하다고 하겠다.

비록 실학의 개창자들이 비록 그들이 처하였던 역사적인 상황과 제약으로 근대라는 시대개념을 도출하지는 못했다 할지라도 이러한 실학사상의 정신은 우리에게 주체적인 인식을 갖게 하였고 또 실증적인 정신을 고취하였으며, 나아가 이러한 주체적 인식과 실증적 정신은 19세기 말의 동학혁명과 갑오개혁 등 개화사상으로 연결되었다.

5. 개화기의 교육

일반적으로 한국사에 있어 개화기는 19세기 말에서부터 20세기 초에 이르는 기간으로서, 이 시기는 전통적인 유교사상에 젖어 있던 봉건적 조선 사회가 서구의 신문화를 수용하여 근대화되어 가던 시기를 말한다. 즉 개화기는 1876년부터 1905년까지의 30년 동안의 기간을 의미한다고 할 수 있다.

개화사상은 실학적 전통의 바탕 위에서 형성된 것으로, 종래의 실학사상이 시대의 추세에 따라 새로운 문물제도를 수용하는 과정에서 형성된 것이며, 실학사상이 계승·발전되어 개화사상에 수용되었다고 하겠다. 그러므로 개화사상은 실학적 전통을 기반으로 하는 내재적·자주적 형성계기와 서구사상의 결합에 의하여 형성되었다고 할 수 있다(김원희, 1979).

개화기의 선각자들은 개화의 구체적인 방법은 오직 교육을 통해서만 가능하다는 사실을 인식하고 있었기 때문에 교육에 지대한 관심을 가지고 있었다. 이런 맥락에서 김옥균을 비롯하여 박영효, 유길준 등의 선각자들은 당시 우리 민족의 근대화를 촉진하는 데 있어 시급한 일은 우매한 민중을 깨우치도록 하는 일인 바, 이를 위해서는 무엇보다도 새로운 교육이 실시되어야 할 것을 강력히 주장하였다.

결국 국가와 민족을 근대화하려는 선각자들의 개화사상은 곧 새로운 교육을 통해서 우리나라의 근대화를 추구하려 하였던 사상이었으며, 그런 점에서 개화사상은 넓은 의미의 교육사상이었다고 할 수 있다.

개화와 더불어 서구의 신문화가 유입되면서 교육에도 근대적인 학교기관과 제도가 등장하게 되었으며, 개화사상과 맥을 같이하는 신교육사상이 소개되었다.

고종은 1895년 2월에 전 국민에게 <교육입국조서>를 내려 근대적인 국가를 세움에 있어 교육의 중요성을 강조하였는 바, 조선의 근대 교육제도는 <교육입국조서>의 선포로 본격화되었다고 할 수 있다(강기수, 1998).

우리나라 신식 학교의 역사를 살펴보면 개항 이전인 1855년 우리나라 최초의 서구식 학교인 성요셉신학당[6]이 충북 제천군 봉양면에 세워진 후에

1883년에는 원산의 향중부노들에 의해 최초의 민립학교인 원산학사가 세워졌으며, 이어 교육입국의 정신에 따라 정부는 교육을 통한 국가 중흥의 이상을 실현하기 위하여 1895년 4월 먼저 교사양성을 목적으로 한 한성사범학교관제(漢城師範學校官制)[7]를 공포하였다(한국정신문화연구회, 1984).

개화 당시 설립된 신식학교의 건학이념은 두 가지로 요약할 수 있는데, 하나는 선진 제국의 문물을 받아들이려는 개화사상이었고, 다른 하나는 민족의식을 고취하여 국권을 회복하는 것이었다. 1905년 이전의 민간인 사립학교의 건학이념은 선진 외국의 문물을 받아들이려는 개화사상에서 출발하였으나, 1905년 국권 상실 후부터는 국권회복을 위한 민족정신의 고취 및 애국 운동가의 양성으로 변화되었다.

결국 근대식 학교는 처음에는 신문화 또는 개화의 방법으로 설립된 것이었으나 국가와 민족이 위기에 처하면서부터 그 양상을 달리하여 자주독립을 위한 교육구국의 이념으로 전환되었던 것이다. 이것은 모든 학교가 설립이념을 민족의식을 고취하고 새 지식을 계발하여 국권을 찾는 데 두었기 때문이다. 그러므로 개화사상 그 자체가 곧 근대교육 사상이었으며, 근대교육은 곧 민족보전을 위한 구국운동이었다고 할 수 있다.

6. 일제강점기의 교육

일제강점기의 교육은 일본의 주도하에 황국신민을 양성하기 위한 식민주의 교육과 민족정신을 고취하고, 애국인사를 길러내기 위한 민족주의 교육으로 크게 구분할 수 있다. 식민지 교육의 특징은 우리 민족을 완전히 말살하고 충량한 황국신민을 양성하는 데에 있었으며, 민족주의 교육사상은 애국계몽운동, 실력양성운동, 문맹퇴치 등을 통한 구국인재의 양성에 있었다.

---

6) 이 학교는 천주교 신부들이 성직자 양성을 목적으로 세운 학교로서 철학과 신학을 중심 교과로 하여 라틴어, 동물학, 식물학, 지리학, 의술, 과학지식, 일반상식, 한문 등으로서 당시로서는 획기적인 서양학문을 가르쳤다.

7) 이는 우리나라 최초의 현대식 학교법규이다.

일제는 1905년 을사보호조약을 체결하고 이 땅에 통감부를 설치하여 정치·경제·문화를 통제하였을 뿐만 아니라, 이러한 일본의 식민정책을 강화하기 위하여 교육을 철저히 이용하였다.

이러한 일본의 식민지 교육정책은 조선인의 식민지 교육에 대한 저항운동 및 교육 애국운동을 촉발시켜 우리 민족의 교육열을 높였고, 이러한 교육열은 통감부가 관리하는 관·공립학교인 보통학교보다는 미션계 학교나 민간사학을 통하여 충족되었다.

결국 일제는 우리 민족의 '얼'을 빼앗기 위하여 교육을 이용하였고, 우리는 우리 민족의 '얼'을 지키기 위하여 교육을 사용하였다. 이러한 맥락에서 일제하의 민족교육 내지 민족교육운동은 우리 민족의 '얼'을 지키고, 나라를 보전하기 위한 교육구국운동으로서 주권회복을 위한 민족독립운동이었다.

7. 미군정기의 교육

1945년 8월 15일 해방은 되었지만, 민족의 해방이 곧바로 모든 문제의 종결을 의미하는 것은 아니었다. 오히려 그것은 새로운 과제를 우리 민족에게 던져주고 그 해결을 위한 부단한 노력을 요구하였다. 특히 해방이 우리의 자주적인 힘으로 얻어진 것이 아니었기 때문에 우리는 외세의 영향을 받지 않을 수 없었으며, 그리하여 우리나라의 교육체제는 반세기 가까이 실시된 일제의 식민지교육에서 미국식 교육이념·방법·제도로 바뀌게 되었다. 이에 미군정청은 한국의 교육자와 지도자들을 참여시켜 '교육심의회'를 설치하고, 한국교육이 추구해야 할 목표를 홍익인간으로 설정하였다. 또한 종래의 복선형이었던 학제를 6-3-3-4제를 기본학제로 하는 단선형으로 개혁함으로써 교육제도를 민주화하고, 의무교육제의 실시를 제안하였다.

특히 해방 이후 3년간에 걸친 미군정기의 교육을 주도한 원리가 곧 민주주의였기에 교육의 민주적 체제 정비와 아울러 교육과정의 민주화를 위한 노력이 시작되었다.[8)]

그러나 미군정기에서 비롯된 민주주의 사상이 우리나라의 근대화와 교육발전에 기여한 것은 사실이지만 다른 한편에서는 비판을 받고 있는데, 우선 미군정기의 교육으로 인하여 우리는 결과적으로 친일파 및 일제의 잔재를 청산하지 못하게 되었으며, 그리하여 일제의 정치적 도구였던 인사들이 이제는 미군정청의 도구가 되어, 또다시 의존적인 친미교육을 지향하게 됨으로써 교육의 자주성 상실은 물론 학문사대주의라는 새로운 문제를 유발하는 원인이 되었다.

결국 1945년 8·15 해방 이후 실시된 미군정기의 교육은 우리 민족을 근대화시키고, 우리 교육을 발전시킨 것은 사실이지만 분단된 민족의 통일과 교육의 자주성이라는 관점에서 보면 긍정적으로 평가하기는 어려운 측면도 있다.

02 서양교육의 역사

1. 그리스의 교육

1) 그리스 문화의 특징

고대 그리스인은 고도의 문명을 구축한 유럽 최초의 민족으로 서양문명을 창조하였다고 할 수 있다. 세계적 대제국을 만든 로마도 그 문화를 그리스에게서 배우지 않을 수 없었으며, 중세 크리스트교 또한 그리스와 로마의 이교문화(異教文化)에 대립되는 새로운 문화를 구축하긴 했으나, 그 이론적 근거는 역시 고대 그리스의 철학에서 찾지 않을 수 없었다. 뿐만 아니라 중세 이후의 근대문화의 형성에도 그리스적 정신은 항상 그 지주가 되었다는 점에서 그리스 문명은 서양문명의 원천이라 아니할 수 없다.

---

8) 즉 종래의 획일적·억압적·주입식 교수방법을 지양하고, 학생의 개성을 존중하며, 교과중심 교육에서 학생의 자유와 창의적 활동을 중시하는 생활중심의 교육개혁운동이 '새 교육' 운동이라는 이름으로 전개되었다.

그리스 문화의 특징은 인간성의 자유로운 전개에 근거한 자유주의 이념과 인간중심주의 및 이에 근거한 자연주의, 그리고 자유 시민 공동체 문화와 계급사회 등을 들 수 있다.

첫째, 그리스 문화의 특징은 인간성의 자유로운 전개에 근거한 자유주의 이념의 존중이라고 할 수 있다.

둘째, 그리스 문화는 인간중심주의적인 성격을 지니고 있었다.

셋째, 그리스인들은 조화와 균형의 미를 중시하였으며, 자연을 사랑하고 좋아하였다.

넷째, 그리스의 폴리스는 자유 시민 공동체의 문화를 형성하였다.

다섯째, 그리스 사회는 계급사회였다.

이러한 문화적 특징을 지닌 그리스는 B.C. 5세기 중엽인 페리클리스 시대(periclean age)를 전후로 해서 고희랍 시대와 신희랍 시대로 구분된다. 다시 고희랍 시대는 호메로스 시대(Homeric age)와 유사 시대(Historic age)로 구분되며, 신희랍 시대는 과도기 시대(Transitional period)와 세계주의시대(Hellenism)로 구분할 수 있다.

2) 그리스 교육의 실제

그리스 교육은 그리스의 문화를 절대적으로 반영하고 있는데, 그 시기별 교육의 특징을 제시하면 다음과 같다.

우선 호메로스 시대의 교육은 비형식교육이라고 할 수 있다. 이 시대의 그리스인들은 이상적 인간상으로서 지혜인(Odysseus)과 실천인(Achilles)을 설정하였으며, 전자는 오디세우스(Odysseus), 후자는 아킬레스(Achilleus)에 의하여 대표된다.[9)]

---

9) 트로이 전쟁에서의 희랍군의 원정기(遠征記)인 일리아드(Iliad)와 전쟁 후 귀국도상에서의 표류 모험기인 오디세이(Odysseus)의 두 편의 유명한 호메로스의 시가 곧 이 시대의 주된 교육 내용이었다. 그러므로 호메로스 시대는 교육을 위한 개별의 특별한 조직이라든지 방법이 있는 것은 아니었다. 이것이 호메로스 시대가 교육사가의 특별한 주목을 끌지 못한 주된 이유이다.

호메로스 시대를 이은 유사시대, 즉 역사시대는 스파르타와 초기 아테네의 두 도시교육을 포함한다. 이 시대의 교육은 그리스 민족의 사회적 전통에 의해 교육이 행해진 시대로서, 개인적인 면보다는 사회적인 면에 중점을 두었던 시기이다(Wilds, 1944). 스파르타는 B.C. 12세기경 북방에서 이주해 온 도리안(Dorians)족이 세운 도시국가로서, B.C. 6세기에 이후에 최강의 도시국가 중의 하나가 되었다. 스파르타는 스파르타인보다 피정복자의 수가 훨씬 많았기 때문에 고도의 군국주의국가를 건설할 수밖에 없었다. 그리하여 리쿠르구스(Lycurgus)는 국민에게 군국주의적인 방식으로 교육을 실시하였고 강력한 신체훈련을 교육의 수단으로 삼았다.[10)]

스파르타인은 지혜의 사람보다 힘센 무사가 이상적인 인간상이었다. 따라서 스파르타의 교육목적은 군국주의적이고 국가주의적인 교육이었으며, 철저한 국가 통제를 통하여 각 개인으로 하여금 이상적인 군인에게 필요한 신체적 단련과 완전한 복종의 습관을 기르는 데 있었다. 따라서 힘, 용기, 인내, 기교(cunning), 애국심 및 군사적 능률함양이 스파르타 공민의 교육적 이상이 되었다(Wilds, 1944).

스파르타의 교육내용은 체육과 음악이었으며, 교육방법은 인내와 극기 및 신체단련을 주로 하는 군대식 훈련방법이나 전투방법을 사용하였다. 체벌은 중요한 교육방법 중의 하나였는데, 체벌의 목적은 심한 고통을 참는 자가 승리의 상을 받는 것을 경험시키는 것이었다. 그들의 체력은 전력(戰力)이며 곧 국력이었으므로 모든 교육은 국가가 관리하고 주관하였으며, 가정생활의 내부까지 국가가 간섭하였다.

특히 스파르타는 비교적 여성의 지위가 존중되고, 여성교육을 중시하였는데, 이것은 여성교육의 목적이 여성들로 하여금 튼튼한 아이를 낳을 수 있는 신체의 소유자로서 애국심에 불타는 어머니를 양성하는 데 있었기 때문이다.

---

10) 스파르타의 교육목적 및 방법을 가장 명료하게 규정하고 있는 것이 리쿠르구스 법전이다. 다시 말해 스파르타 교육의 기초는 B.C. 9세기경의 리쿠르구스 헌법에 의하여 확립되었다. 이 법에 의하여 국가의 개인에 대한 절대적인 우월성을 인정하였으므로 여기에서 극단적인 군사교육으로서의 국가적 통제 하에 있는 스파르타의 교육의 모습을 엿볼 수 있다(Butts, 1955: 33).

아테네는 이오니아족(Ionians)이 세운 가장 대표적인 도시국가로서 자유로운 개성의 신장과 견문의 확대에 따른 전인교육을 실시하였다. 아테네의 교육 역시 스파르타 교육과 마찬가지로 유능한 공민(公民)의 양성이었지만 민주정치가 실현되면서 교육에도 자유주의적인 성격이 반영되었다. 솔론(Solon)의 법에 의하면 아테네의 교육은 스파르타 교육처럼 완전히 국가에 의해서 통제되기보다는 개인 및 국가의 상호 협조 하에 행해지고 있었으며, 시민으로서의 교양교육을 중시하였다. 따라서 교육의 궁극적인 이상은 개인의 개성을 전면적으로 발전시켜 교양 있는 시민으로서 자기 책임을 완수할 수 있는 인간을 만드는 것이었다. 즉 자유인(自由人)을 위한 교육이었다고 할 수 있다.

따라서 교육의 목적은 다방면에 능력을 가진 조화 있는 인간의 육성을 이상으로 하였다. 즉 신체적·군사적·지적·미적으로 균형 있는 조화로운 인간을 기르는 것이었으며, 지혜의 사람이 행동의 사람보다 더욱 강조되었다. 특히 교육방법에 있어서 자녀교육의 책임을 부모에게 지웠기 때문에 가정교육을 매우 귀중히 여겼다. 한편 아테네에서의 여성교육은 현모양처를 양성하는 것을 이상으로 하였다. 따라서 여자는 가정에서 가사나 재봉 등의 가정학습에서 끝나고 지적 교육은 등한시했다. 오히려 지적교육은 여성의 정숙과 덕을 해치는 것으로 가능한 한 피하도록 했다(안상원, 1991).

세계주의 시대의 교육은 과도기 시대 말기의 교육에서 세계주의(hellenis) 시대의 교육까지에 걸치는 시대로서 그 특징은 그리스가 그리스적인 지반 위에 서서 번영된 시기이지만 알렉산더 대왕이 그리스를 정복한 후 폴리스가 붕괴되고 문화가 점차 세계성을 띠게 되어 그리스 문화가 전 세계에 전파되는 특징을 지니는 시기에 속하는 시대이다.

이 시기의 교육의 특색은 그리스 문화가 세계주의화 됨에 따라 그리스 문화 자체도 자체의 특색을 잃고 보편성을 띠어 세계 문화로 옮아 간 점이다. 따라서 그리스인들은 국가의 독립보다 세계의 시민으로서 일신의 행복을 추구했던 것이다. 초등 교육에서는 체육과 음악의 중요성은 낮아지고 문자 교육이 중요시되었으며, 중등교육에서는 7자유과[11]가 중요한 교육내용이었지만 음악은 우미하고 감각적인 것을 좋아하고 체육은 직업선수들의 독무대가 되었다. 따라서 학교에서는 지육(知育)만 남아 전적으로 문법과 수사학이 중시되었으며, 문법교사가 인기가 있었다.

세계주의 시대에 들어와서 교육내용이 보편성을 띠게 됨으로써 고등교육기관이 발달하게 되었는데 이러한 고등교육기관에는 수사학교(修辭學校)와 철학학교가 있었다. 수사학교는 실제 정치활동의 준비를 위한 웅변술과 새로운 지식을 교수하는 데 중점을 둔 반면 철학학교는 형이상학적 사변에 관심을 두었다. 이러한 수사학교는 후에 대학 발달의 기초가 된다.

2. 로마의 교육

1) 로마 문화의 특징

그리스의 뒤를 이어 독특한 문화를 발전시킨 로마의 문화는 기독교 문화, 그리스 문화와 더불어 서양 문화의 바탕이 되었다. 로마 문화는 그리스 문화와 융합을 이루었고 오히려 그리스 문화에 주도되어 갔다. 그것은 그리스 문화가 위대했기 때문이고, 로마인들이 그리스인들을 흠모했기 때문이다. 로마인들은 새로운 예술을 창조하지도 않았고 독창적인 철학체계도 세우지 못했으며 과학적인 발견에도 뛰어나지 못했다. 도로를 만들고 조직적인 법전(法典)을 편찬하고 유능한 군대를 이끄는 것 외에는 모두 그리스 문화에 의존했다(Lussell, 1969). 이러한 로마 문화의 특징은 다음과 같다.

첫째, 로마인은 모방성이 강하고 실제적이며, 현실적인 민족이었다.
둘째, 로마는 법률이 발달하였으며, 로마인은 준법정신을 소중히 여겼다.
셋째, 로마인들은 매우 정치적이어서 웅변을 좋아하는 변론적 국민이었다.
넷째, 로마 사회는 그리스와 마찬가지로 철저한 계급사회로 이루어져 있었다.

---

11) 이러한 7자유과에는 문법, 수사학, 변증법의 3학(Trivium)과 산수, 기하, 음악, 천문의 4과(Quadriavium)가 포함된다.

끝으로 그리스인과 로마인의 특성을 비교하여 보면 그리스인이 심미적이어서 아름다움을 가꾸고 표현하는 음악과 체조에 관심이 많았고, 주관적이고 사색적이며 이상적 민족의 특성을 지녔다면 로마인들은 도덕, 윤리, 그리고 정치에 관심이 많았고, 객관적·실제적·공리적·현실적인 민족특성을 지녔다. 또한 그리스에서는 순수과학·철학·문학 등 주로 사색과 사변을 주로 하는 이론적인 면이 발달하였으나, 로마는 정치·법률·도덕·응용과학 등 실제적이고 실용적인 면이 발달한 것이 특징이다.

2) 로마 교육의 실제

로마의 교육은 B.C. 27년 제정의 시작을 기점으로 하여 그 이전의 교육을 공화정 시대의 교육, 그 이후를 제정 시대의 교육이라 일컫는다. 로마의 전기교육은 순수한 로마적인 사회조직을 바탕으로 로마 고유의 특색을 발휘한 시기로 로마의 왕정 및 공화정 시대를 포함하며, 후기 교육은 제정시대의 교육을 의미한다.[12)]

공화정 시대의 교육은 가정이 교육기관의 중심이었다. 따라서 고대 로마 초기에는 가정이 교육의 장소였고, 그 가정의 가장이 교육의 책임을 맡고 있었다. 이와 같이 고대 로마의 교육은 가정을 중심으로 이루어지고 있었으며 이것이 로마 전기 교육의 가장 큰 특색이다. 가정교육의 일반적 목적은 젊은이로 하여금 건강하고 강하게 하며 신과 부모 및 법률을 존경하고 존중하는 사상을 불어넣어 주며, 나아가 전시에는 전사로서, 평상시에는 직업인으로서 유능한 인물이 되도록 하는 데 있었다. 다시 말하면 공화정 시대의 교육은 도덕심과 애국심이 강한 인간상을 이상으로 하는 실제주의 교육이 그 특징이라고 할 수 있다.

공화정 시대의 교육은 그 교육의 중심이 가정이었고, 교육의 권한 또한 가장에게 주어져 있었기 때문에 자녀들을 위한 학교는 없었으며 다만 가정

12) 관점에 따라서는 공화정 시대의 교육을 그리스 문화의 침투여부에 따라 순수한 로마적인 고유의 교육이 행해진 공화정시대의 전기와 그리스 문물이 침투되어 그리스적인 학교가 설립되는 과도기에 속한 공화정 시대의 후기로 나누기도 한다.

교사를 초빙하거나 개인이 설립한 사숙(私塾)에 보내졌다.[13]

공화정 말기의 과도시대로부터 그리스 문화의 유입에 따라 도처에 루두스(Ludus)가 생김으로써 가정중심의 교육은 사라지고 문법학교, 수사학교가 등장하게 되었다. 공화정 말기의 그리스인 학교는 대개 루두스는 초등학교, 문법학교는 중등학교, 수사학교는 고등교육기관에 해당되었다. 루두스는 독·서·산의 3R's와 12동판법, 문법학교에서는 문법, 위인전, 호머(Homer)의 일리아드(Iliad)와 오디세이(Odyssey) 등을 라틴어로 가르쳤으며, 정치가 양성이 목적인 수사학교는 변증론과 웅변술이 그 중요한 교육내용이 되었다.

로마는 옥타비아누스(Octavianus)가 아우구스투스(Augustus) 칭호를 받고 황제로 즉위함으로써 실질적 제정이 실시된다. 제정은 이후 로마가 멸망할 때까지의 500년간 지속되는데, 이 시대는 로마 문화의 황금기로서 일명 로마의 평화시대(Pax Romana)라고 불린다.

이 시기의 교육목적은 지적 발달에 있었다. 따라서 언어능력·공개연설의 훈련이 주된 교육내용이고, 웅변가·연설가 양성이 곧 교육의 목적이었다. 로마 사람들은 훌륭한 연설가는 도덕적인 인격과 넓은 교양을 가지고 자신 있게 말할 수 있는 능력의 소유자라고 생각하였다. 이러한 목적을 위하여 초등학교인 루두스(6, 7~10, 12)에서는 3R's교육과 12동판법 희랍어, 호머의 시 암송을, 중등학교인 문법학교(13~16, 7)에서는 희랍어 문법과 문학 연구를 가르쳤는데, 주로 고등교육의 예비과정으로서 7자유학과의 기초가 되는 문법·수사학·변증법·산수·기하·천문·음악·로마의 시, 그리고 키케로(Cicero)의 문장 등 다양한 내용을 가르쳤다.

고등교육(16세 이상)은 수사학교와 철학학교에서 문법학교를 마친 상류계층의 정치지망생들을 대상으로 행해졌으며, 로마의 고등교육을 마친 자는 철학학교나 아테네(Athens)대학, 알렉산드리아(Alexandria)대학에 유학을 하였다. 제정 시대에 들면서 학교교육이 급속도로 발전하여 국가가 지원을 하게 되었고, 유명한 학자에게는 국고보조를 통하여 연구를 지원하였다.

---

13) 이것은 오늘날의 학교에 해당하는 것으로, 특히 부모가 자녀를 교육할 만한 지적인 능력을 갖추지 못한 경우에 가정교사를 초빙하거나 사숙에 보내곤 했다고 전해진다.

그 후 콘스탄티누스(Constantinus) 대제에 이르러 여러 특권이 확대되어 학자와 공무 종사자에게는 과세를 면세하였고 국고보조 때문에 정부가 학교의 설립을 관장하였다(진쾌현 외, 1995).

결국 제정 시대의 교육적 특징을 요약하면 공화정 시대의 순수한 로마적인 교육은 유입된 그리스 문화에 의하여 그 본질을 상실하고 그리스화 한 로마문화에 바탕을 둔 교육에로의 변화를 수반하게 된다.

3. 중세의 교육

중세는 서로마가 멸망한 A.D. 476년부터 동로마가 멸망한 A.D. 1453년까지 약 천년 간의 기간으로서, 로마의 쇠퇴 및 게르만의 이동과 함께 시작되었다고 할 수 있다.[14] 중세의 사회와 문화는 기독교를 바탕으로 하여 고대 문화인 그리스와 로마의 문화 및 게르만의 문화가 혼합되어 이루어진 문화였다. 따라서 중세의 교육 역시 이러한 문화적 기반 위에서 이루어졌다. 중세의 교육제도로는 수도원 교육과 기사도 교육, 그리고 시민학교와 대학교육을 들 수 있다.

1) 수도원 교육

먼저 중세의 종교교육을 대표하는 것으로는 수도원교육(Monastery)을 들 수 있다. 수도원 교육은 초기 기독교 시대부터 나타났는데, 금욕적인 경건생활을 통하여 깊은 신앙심을 얻고자 하였으며, 수도를 원하는 자들이 모여서 엄격한 계율을 지키면서 신앙생활의 수업을 행하였으며, 궁극적인 목적은 앞으로 성직에 헌신할 자를 양성하는 것이었다. 따라서 엄격한 계율이 적용되었으며, 순결·청빈·복종의 3대 서약을 준수해야 했고, 가족과

14) 흔히 암흑기라고 지칭되는 중세(Middle Ages)는 르네상스 시대의 지식인들이나 계몽주의자들이 고대와 그들의 시대 사이에 끼어 있는 암흑과 야만의 중간시대(medii aevi)란 뜻으로 사용하였으며, 서로마 제국의 멸망(A.D. 476)으로부터 동로마 제국이 멸망(A.D. 1453)하고 르네상스 운동이 시작되기 직전까지의 약 1000년간을 말한다.

경제와 정치를 멀리했다. 따라서 수도원 교육의 목적은 인간의 마음과 영혼이 더 높은 생활을 하기 위하여 금욕적인 생활을 하는 데 두었으며, 교육의 목적 역시 이 세상에 대한 준비가 아니라 미래를 위한 준비였다.

대부분의 교육내용은 종교적인 것이었으며, 초등과 고등으로 구분하여 가르쳤다. 초심자에게는 읽기, 쓰기, 셈하기와 성경을 가르치고 그 후에는 7자유과(seven liberal arts)를 가르쳤다.

이외에도 수도원주의 학교에는 세례를 받지 않은 이교도를 교화하기 위하여 준비교육을 실시하는 문답학교(catechumenal school)와 문답학교의 교사를 양성하기 위한 고급문답학교(catechetical school), 그리고 교회의 지도자인 성직자, 즉 목사나 교구장을 양성하기 위한 본산학교(cathedral school)가 있었다.

수도원 교육은 처음에는 은둔생활로부터 시작되었으나 이것을 교육적 제도로 발전시켰다는 점에서 교육적 의의를 지닌다. 또한 수도원은 각종 종교서적을 편찬하고 보관 및 전승하였으며, 세속교육에도 지대한 영향을 미쳐 학교교육 발생에 커다란 자극제가 되었으며, 후에 중세 유럽 대학 발생의 토대가 되었다.

2) 기사도 교육

중세의 세속교육을 대표하는 기사도교육은 봉건제도로부터 기인한다. 기사도 교육은 중세에 있어서 세속적 교육 전반을 대표함과 동시에 학교와 같은 교육기관에 의하지 않는 교육인 동시에 상류사회의 교육이었다는 점이 그 특징이다.

기사교육의 목적은 야만적 무사로 하여금 기독교적 정신을 습득시키는 데 있었다. 중세사회에 있어서 교회의 성직자 외에는 식자(識者)가 드물었기 때문에 무사들은 무식하기 짝이 없었으며, 이에 기사교육은 약자와 숙녀를 보호하고, 교회와 영주(군주)에 대하여 충성하며 봉사할 것을 가르쳤다. 결국 기사도 교육의 궁극적인 목적은 기독교적 성자와 야만적 무사의 결합을 통한 기독교적인 무인 양성에 있었다(정건영, 1996).

이러한 기사도 교육은 기사교육의 실제에 있어서 기사양성을 위한 특별한 교육기관 같은 기사학교가 따로 있는 것은 아니었지만 그 교육내용은 어느 정도 구체화되어 있었고, 그 교육방법도 대체로 연령에 따라 단계별로 구분되어 있었다.

기사도 교육은 당시 일부 상류층에만 국한되었던 교육이 중류계층까지 확산되었음을 의미하며, 체육교육에 지대한 영향을 미쳤고, 특히 서양 신사도 정신(gentlemanship)의 원천이 되었다. 기사도 교육은 학교와 같은 교육기관에서 이루어지지는 않았지만 봉건제도 및 이 시대의 상황과 더불어 의미 있는 교육의 한 형태라고 할 수 있다.

3) 시민학교의 등장

십자군 전쟁의 실패로 인해 지금까지 중세사회를 지배했던 봉건제도와 장원제도가 붕괴되고, 상공업이 발달하게 되었으며, 그리하여 경제력을 배경으로 하는 시민계급이 출현하게 되었다. 상공업의 발달과 자유도시의 발달에 의한 시민사회의 성립은 새로운 교육을 필요로 했으며, 이러한 요구에 부응해서 탄생한 것이 시민학교 또는 도시학교이다. 시민학교의 특징은 특권계급을 위한 종교교육 또는 상류계층의 귀족교육이 아니고 어디까지나 시민계급에 필요한 생산교육과 직업교육이라는 점이다.

시민계급 중의 상류계층을 위한 교육기관으로서는 영국에서의 대학준비 교육기관으로서 발달한 문법학교(Grammar School)와 Public School, 그리고 독일에서 발달한 라틴어 학교(Latin Schule)를 들 수 있으며, 하류계급의 시민교육기관으로서는 영국의 조합학교(Guild School), 독일의 독일어 학교(Deutsch Schule), 습자학교(Schreib Schule) 및 교구학교(Pfarr Schule) 등을 들 수 있다.

이러한 교육제도와는 달리 상공업자들의 자제들을 위한 비형식적인 교육기관으로서 도제교육제도(apprenticeship system)가 있었다. 도제교육제도는 견습공인 도제(apprentice)와 직공(journeyman)의 단계를 거쳐 주인인 마스터(master)가 되는 세 단계가 있었다.

비록 시민학교는 중세의 교육을 완전히 근대적인 방향으로 전환시키지는 못하였지만 교육의 대상을 시민계급에까지 확대시켰고, 실생활을 위한 교육을 강조하였으며, 교육을 교회로부터 분리하여 공공단체가 맡도록 한 점에서 교육사적 의의가 있다.

4) 대학의 발달

재력을 중심으로 하는 자유 시민 계급이 형성되면서 일반시민이나 학생들은 종래 교회나 수도원의 교육보다 더 높은 학문을 요구하게 되었으며, 그리하여 대학이 발달하게 되었다.

처음에는 신학이나 법학 혹은 의학을 가르치는 교수가 있는 곳에 학생들이 모이게 되었고, 여기에서 공동생활을 영위하기 위한 하나의 협동체인 학생 간에 혹은 교수 간에, 나아가서는 학생·교수가 연합한 조직체가 이루어졌으며, 이것은 유럽대학의 독특한 공동정신을 형성하였다. 그리하여 대학은 교수와 학생의 단체 또는 조합(Universitas Magistrorum et Scholareum)으로, 국적 또는 종교적인 제약을 받음 없이 순수한 학문의 단체 또는 조합으로 출발하였으며,[15] 점차 독립적인 자치능력을 길러 나갔고, 시간이 흐름에 따라 교회나 세속권력으로부터 각종 특전을 얻게 되었다.

중세의 대학으로서 최초의 대학은 법학 중심의 볼로나(Bologna)대학(1158)으로 학생 중심의 조합으로서 성립·발전하였으며, 파리(Paris)대학(1198)은 교수 중심의 조합이 설립한 대학으로 신학과 철학의 총본산이 되었다. 살레르노(Salerno)대학(1231)은 의학으로 유명하였으며, 학교 연합으로 성립된 영국의 옥스퍼드(Oxford)대학은 학문의 자유보다는 대학의 자치를 더 중요시하였다. 이외에도 중세 말기에는 80여 개의 대학이 생겼으며, 잠깐 있다가 사라진 대학도 더러 있었다.

중세 대학의 교수용어는 일반적으로 라틴어를 사용하였으며, 교과목은

15) 오늘날 대학(University)이라는 명칭은 이러한 단체 또는 조합을 뜻하는 Universitas에서 나온 말이며, 또 단과대학(College)이란 말도 이 조합 또는 단체의 구성원인 학생들이 기숙하는 합숙소(Collegium)에서 유래하였다.

전공에 들어가기 전에 7자유학과인 산수·기하·수사학·논리학·문법·음악·천문을 예비과목으로 공부한 다음, 진정한 학문이라고 할 수 있는 신학(철학)·의학·법학을 공부하였으며,[16] 각 학부의 수업연한은 일정하지 않으나 대체로 4~8년간이었다.

초기 중세 대학은 건물이 없는 방랑하는 대학이었으나 후에 빈곤한 학생들을 돕기 위한 무료 기숙사가 생겨나면서 정주하는 대학(collegium)으로 발전하게 된다.[17] 또한 중세의 대학은 법왕 또는 국왕으로부터 공인받았을 때 비로소 여러 특권을 향유하게 되는데, 그것은 병역과 세금의 면제, 범죄에 대한 재판 관할권, 학위 수여권 등이다. 이러한 특권들은 대학의 이념이 독립정신과 자유정신에서 나온 것으로 대학을 감독하고, 통제할 수 있는 기관은 국가가 아니고, 학생과 교수단뿐이었다. 중세의 대학은 학문 연구와 대학의 자치권과 독립성을 중시하여 '나라 가운데 있는 나라'라고 불리었으며, 이러한 중세 대학의 전통은 오늘날 대학교육에도 그대로 이어지고 있다.

교육사적으로 중세 대학은 교회와 정부 간의 갈등을 해소하는 중개자의 역할을 했을 뿐만 아니라, 고전 문화의 계승자로서 지적 활동의 중심부였으며, 자유로운 학문연구 분위기를 조성하였고, 문예부흥과 종교개혁의 시발점이 되었다.

4. 르네상스기의 인문주의 교육

르네상스(Renaissance)운동은 중세의 지나친 신중심주의에서 벗어나 인간의 자유로운 개성을 발휘하고 고대문화와 학문을 부흥한다는 면이 주가 되면서도 인간다운 생활과 인격을 창조하고자 한 데에 큰 특징이 있다. 특히 르네상스운동은 인간중심의 문화운동으로서 인간을 궁극의 목적으로 보고

16) 본격적인 학문을 연구하기 전에 7자유과를 먼저 공부한 것은 오늘날 대학의 교양과정의 교육정신과 일치한다고 할 수 있다.

17) 콜레기움(collegium)이란 용어는 라틴어로서 부유한 유지가 가난한 학생들을 위하여 제공한 무료기숙사를 의미한다.

인간을 최고의 가치로 여기며, 인간 존엄성에 근거하여 현실과 현세인을 긍정한 휴머니즘 운동이었다.

르네상스 운동은 단순히 고대의 문예를 배우고, 모방하는 데 그치지 않고, 고전 속의 인간상을 탐구하고, 사고와 개성의 자유로운 발전을 통하여 예술적·창조적 인간을 육성하고자 하였으며, 기독교의 압박에서 벗어나 자아의 각성을 통한 자유로운 발전을 촉진하고자 한 인간본위주의였다고 할 수 있다. 이런 점에서 르네상스기의 교육을 인문주의 교육사상이라 부른다.

인문주의 교육의 목적은 넓은 의미로서 자유교육을 통한 개성 있는 인간의 완성이었으며, 원만한 인격을 가진 인간을 양성하는 것을 목적으로 하였다. 즉 인문주의는 폭넓은 교양교육 및 심신의 조화적 발달을 이상으로 하는 그리스적 인간상을 추구하였다.

교육내용에 있어서는 폭넓은 교양을 위한 다양한 교육내용과 신체의 건강 및 미적 감정을 중시하였으며, 인간 감정의 순수한 아름다움을 묘사하기도 하였다. 단테(Dante)의 『신곡』, 보카치오(Boccaccio)의 『데카메론』, 레오나르도 다 빈치(Leonardo da Vinci)의 『모나리자』, 미켈란젤로(Buonarroti Michelangelo)의 『최후의 심판』, 라파엘로(Sanzio Raffaello)의 『성모자상』 등은 인문주의의 물결을 타고 나타난 문예작품들이다(진쾌현, 1990).

교육방법에 있어서는 가혹한 훈련과 체벌, 인내보다는 아동의 명예를 존중하고 흥미를 자극하는 쾌적하고 자유로운 환경 속에서 교육할 것을 강조하였다. 이러한 인문주의 사상에는 개인적 인문주의와 사회적 인문주의, 키케로니즘(Ciceronism)이 있다.

남부유럽을 중심으로 발달한 개인적 인문주의는 심미적 특징을 띠고 사고의 자유와 자기표현, 창조의 자유를 바탕으로 하는 조화로운 개성의 발전을 그 이상으로 하였다. 개인적 인문주의 교육의 목적은 자기완성과 자기실현에 있었으므로 지·덕·체를 겸비한 조화로운 고전적인 교양 있는 신사를 양성하는 것이었으며, 교육의 내용은 중세학문을 지배하였던 신학 대신에 과학과 인문과학, 자유교양 등 다양한 과목을 가르쳤다. 교육방법 역시 억압과 체벌 대신에 학습자의 개성과 흥미를 중시하였다. 개인적 인문주의는 넓은 교양과 건강하고 도덕성 있는 인간 교육을 목적으로 한 것으로, 전인적 자유인의 교육으로서 귀족과 상류층에 관심을 집중한 일종의 귀족교육이었다.

북부유럽을 중심으로 전개된 사회적 인문주의는 대중의 풍부한 인간생활을 위주로 한 도덕적·종교적 인간의 육성을 중시하였다. 사회적 인문주의는 교육의 목적을 개인의 완성보다는 사회개혁과 인간관계 개선에 두었으며, 사회적·종교적·도덕적 교육을 중시하였다. 교육내용은 고전과 성서문학 및 그리스어·라틴어·히브리어 등의 어학교육을 중시하였으며, 교육방법에 있어서는 개인적 인문주의와 마찬가지로 학습자의 흥미와 필요와 능력을 존중하였다.

키케로(Cicero)의 작품을 암송하고, 키케로가 사용한 단어, 어구 등을 써서 자신의 의사를 표현하는 데 전력을 기울였던 Ciceroism은 고전의 내용이나 정신보다는 고전의 형식에 더 치중함으로써 내용의 이해보다는 우아한 고전문장의 암송에 열중하는 인문주의적 경향을 말하며, 이러한 경향을 Vervalism이라고 하기도 한다.

5. 종교개혁과 교육

르네상스와 종교개혁은 모두 중세에 대한 반동으로 시작되었지만, 그 원인에 있어서는 차이를 보이고 있다. 르네상스는 중세의 지나친 신중심주의인 경건주의와 금욕주의에 반발한 세속적인 운동인 반면, 종교개혁은 부패와 타락으로 형식화된 신앙에 대한 반발로 일어난 종교적인 정화운동이라고 할 수 있다. 종교개혁의 정신은 '하나님을 바로 아는 데서 사람은 자기를 바로 알 수 있고, 인간을 바로 이해하는 데서 하나님을 알 수 있다'는 신교의 주장에서도 잘 드러나는데, 이러한 신교의 윤리는 다음과 같이 세 가지로 요약할 수 있다.

첫째, 종교개혁은 성서를 신앙의 규범으로 삼은 순수한 기독교의 재발견운동이었다.

둘째, 신교주의자들(Protestantist)은 신 앞에서 인간은 평등하다고 보고 개인의 인격과 권리를 존중하였다.

셋째, 신교주의자들은 노동을 신성하게 여겼고 직업생활을 중요시했다.

종교개혁은 그것 자체가 문화운동이요, 교육운동이었다. 형식화하고 세속화된 기독교 교육을 바로잡자는 종교개혁은 그 수단을 교육에서 구했다. 종교개혁에 있어서 교육의 궁극적 목적은 참다운 신앙인과 국가와 교회를 위하여 봉사할 수 있는 사람을 기르는 기독교적 품성도야에 있었으므로 교회 그 자체가 교육기관의 역할을 담당하였다.

신교에 있어서의 교육의 형태는 모든 계층의 남녀가 보편적인 교육을 받도록 하는 것이었다. 종교개혁기에 들어와서 문예부흥의 인문주의자를 통하여 고등교육이, 종교개혁의 신교주의자를 통하여 초등교육이, 그리고 구교주의자를 통해서는 중등교육이 각각 정비되고 또 널리 보급되었으며, 초등교육은 의무적인 무상교육인 데 비해 고등교육은 선택이었다.

종교개혁은 교회로부터 국가나 공공단체로 교육을 이관하여 공교육사상을 낳게 하였고, 지위고하(地位高下)와 남녀를 불문한 모든 국민에게 공교육을 시켜야 한다는 보편교육사상을 싹트게 하였다는 점에서 교육사적으로 그 의의가 매우 크다고 하겠다.

6. 실학주의와 교육

과학적 탐구와 실생활을 중시하는 실학주의(Realism) 사상은 과학과 철학뿐만 아니라 교육의 발달에도 결정적 영향을 미쳤으며, 이것은 교육에 있어서 인간의 능력과 이성 및 경험을 존중하는 실학주의 교육으로 나타나게 되었다. 따라서 교육의 궁극적인 목적도 실생활이나 사물을 통하여 우리에게 필요한 지식을 가르침으로써 유능한 인물을 양성하는 것이었으며, 교육내용 또한 편협한 교과목에서 광범위한 교과목의 이수를 강조하게 되었다. 실학주의자들은 실용성·실천성을 교육의 궁극적인 목표로 삼았으며, 자연과학·근대 외국어·모국어 등의 교육과정으로 중시하였고, 교육방법으로 암기나 기억보다 이해와 경험을 요구하였다. 특히 새 교수법으로 시청각 교육을 중시하였으며, 모든 지식은 인간의 5관을 통과해 경험되어야만 한다고 보았다.

이러한 특징을 지닌 실학주의 교육은 인문적 실학주의(Humanistic Realism), 사회적 실학주의(Social Realism), 감각적 실학주의(Sence, Scientific Realism)로 구분할 수 있다.

인문적 실학주의자(Verbal or Humanistic Realist)들은 고전을 배운다는 점에서는 종래의 인문주의 교육과 동일하나 고전을 배워 그것을 실제적인 생활에 이용한다는 점에서 차이가 있다. 인문적 실학주의의 교육목적은 고전의 연구를 통하여 현세 생활에 잘 적응할 수 있는 유능한 사람을 기르는 것이었으며, 교육의 내용은 그리스·로마의 고전을 중시하였으나 고전의 형식보다는 내용을 중시하여 실생활 유용하게 사용할 수 있는 지식과 사물에 대한 지식을 중시하였다. 교육방법으로는 강제적인 방법보다는 흥미중심의 방법과 자발성의 원리를 중시하였다. 결과적으로 후기 르네상스의 자유교육 이념을 계승한 인문적 실학주의는 교육의 내용과 방법에 있어서는 인문주의적이었지만 교육의 목적에 있어서는 실제적, 실용적이었다.

사회적 실학주의(Social Realism)는 고전보다는 사회생활의 경험을 중시하였으며, 교육적 효과로 사교나 여행을 강조하였는데, 대표적인 사상가로는 몽테뉴(Michel Eyquem de Montaigne)를 들 수 있다.[18] 이러한 사회적 실학주의에 있어서 교육의 목적은 현실세계에서 바르게 처신할 줄 아는 신사의 양성이었으며, 교육내용으로는 여행·고전·현대어·역사·철학·여행·사회접촉·체육 등을 중시하였다. 교육방법은 자연에 따르는 것으로서 암기나 기억보다는 이해를 중시하였으며, 강제와 폭력을 배제하고 자발적 동기

18) 몽테뉴는 프랑스의 문필가로서 가톨릭주의자인데 교육이란 전문인을 만드는 것이 아니라 인간을 만드는 예술이라고 하였다. 그는 주저 『아동교육론』과 『애정에 대하여』에서 언어와 기억 위주의 지식교육에서 실생활에 유익한 덕을 도야하는 신사양성의 방향을 제시하고 그 교육방법으로 독서보다는 여행이 더 좋은 방법이라고 하였다. 따라서 그에게 있어서 교육은 실용적이고 공리주의적인 의미를 가졌다. 이와 같은 사회적 실학주의에 있어서 교육의 본질은 신사의 생활을 준비하는 것이었다. 또한 몽테뉴는 상류계급의 교육에만 관심이 있었고, 다른 계급에는 별로 관심을 두지 않았다. 그러므로 사회적 실학주의자들의 이상적인 인간상은 '신사'의 육성이었다고 할 수 있다.

유발과 흥미를 중시하고, 교실은 즐거운 곳이어야 한다고 했다.

감각적 실학주의(Sence, Scientific Realism)는 과학자들이 이룩한 자연과학의 지식과 연구방법을 교육에 도입한 것으로, 엄밀한 의미에서 실학주의란 감각적 실학주의를 뜻한다. 감각적 실학주의는 감각적 직관을 교육의 기초로 삼는 교육사조로, 구체적 사물, 즉 실물을 통한 실제적 교육을 강조하며, 자연과학적 지식과 그 방법을 도입한 데서 과학적 실학주의라고도 불린다. 감각적 실학주의에서는 교육의 목적을 자연의 법칙에 따라 자연적인 개인과 자연적인 사회를 발전시키는 데 두었으며, 교육내용은 자국어·자연과학·사회과학 등의 실용적인 과목을 중시했다. 교육방법은 실물 위주의 관찰주의와 경험 및 실험에 의거한 감각적 훈련과 귀납법을 강조하였다. 특히 귀납법은 후에 라트케(Ratke), 코메니우스(Comenius) 등에 계승되어 감각적 실학주의의 교육방법을 대신하게 되었다.

학습과제

1. 한국 고대교육의 특징을 알아봅시다.
2. 화랑도 교육의 특징을 알아봅시다.
3. 선비정신의 특징을 알아봅시다.
4. 개화기 교육의 특징과 교육사상가에 대하여 알아봅시다.
5. 고대 그리스 교육의 특징을 알아봅시다.
6. 중세 대학교육의 특징을 알아봅시다.
7. 포스트모더니즘의 특징과 그 교육적 특징을 알아봅시다.

CHAPTER

03

교육의 철학적 이해

개 요

철학이 어원학적으로 지혜나 진리, 지식에 대한 사랑으로 이해되듯이 교육철학 역시 교육적 지식이나 지혜, 진리에 대한 사랑으로 이해할 수 있다. 그러면 왜 우리는 교육철학을 공부해야 하는가? 이러한 물음에 대하여 다양한 해답이 제시될 수 있지만, 그중에서 가장 중요한 것 중의 하나는 교육을 제대로 이해하고 바람직한 교육을 하기 위해서라고 할 수 있다. 다시 말하면 교육철학은 교육적 문제를 비판적·반성적 사고에 근거하여 정확하게 인식하고, 이에 근거하여 교육의 방향을 정립하게 한다. 이런 맥락에서 이 장에서는 교육철학의 개념과 영역 및 현대 교육철학을 중심으로 살펴보고자 한다.

학습목표

교육철학의 개념을 이해할 수 있다
교육철학의 영역과 그 특징을 이해할 수 있다
현대 교육철학의 경향과 특징을 이해할 수 있다.

01 교육철학의 개념

1. 철학의 의미

철학(philosophy)은 학문 중의 학문으로 본질학, 전체학이라 이라고 불린다. 왜냐하면 철학은 타학문의 기본 개념에 관계하며, 타학문과 관계하여 모든 학문을 통합하기 때문이다. 이러한 철학을 어원학적으로 풀어 보면, philosophy는 philia(사랑)+sophia(지혜, 지식)의 합성어이다. 따라서 철학은 지혜를 사랑하는 학문이다. 이런 의미에서 소피스트(sophist)란 용어 역시 지식 또는 지혜를 사랑하고 추구하는 사람들이다. 이러한 철학의 의미를 진쾌현은 다음과 같이 제시하고 있다(진쾌현, 1991).

첫째, 철학은 무지의 자각으로부터 우러나온다. 철학은 해답이 없는 학문이다. 따라서 철학은 의문의 연속이며 끊임없는 물음의 과정일 수밖에 없다. 의문은 의문을 제기하고 이것은 또 다른 의문을 제기한다. 그러므로 철학을 하기 위해서는 먼저 자신의 무지에 대한 자각이 전제되어야 하며, 무지의 자각이 전제되지 않을 때 철학은 성립 불가능한 것이다.

그러면 무지에 대한 자각은 어떻게 가능한가? 무지에 대한 자각의 출발은 회의와 부정에서 시작된다. 즉 철학은 철저한 자기반성을 통하여 회의하고 부정하되, 궁극적으로는 그 부정을 긍정의 출발점으로 삼는 것이다. 그러므로 여기서의 부정은 부정을 위한 부정이 아니라 긍정을 위한 부정, 긍정의 출발점으로서의 부정인 것이다. 변증법적 전개과정이 이러한 좋은 예에 해당된다고 하겠다. 이러한 변증법적 발전에 있어 긍정을 위한 부정을 가능하게 하는 것이 지성[1]의 역할이다. 지성이란 본능적이고 충동적인 유한성을 넘어서게 하는 인간의 힘으로서 인간은 지성을 바탕으로 한 이성을 소유하고 있기 때문에 인간은 철학적 동물이다. 인간과 환경 사이에 얻어지는 주관적인 성질을 지니고 있는 경험적 지식이 사회적으로 축적되어

1) 지성은 관념론에서는 이성이라 불리기도 한다.

일반적인 공통성을 띠게 될 때 상식이 형성된다. 그러나 상식은 개인적 소유가 아니라 사회의 공유의 지식에 머무르게 되어 시대의 변화, 정치제도의 변화, 문화의 변화 등과 같은 도전을 받는 경우 지식으로서의 가치를 상실한다. 그러므로 인간은 상식의 수준에 머물지 않는 지식을 추구하게 되어 원인 내지 근거에 대한 반성, 그리고 해명에 의한 단편성을 벗어난 보편타당한 지식을 추구하게 되는데, 이 보편타당한 지식이 바로 학문이요, 과학인 것이다.

과학은 현상세계의 원인과 법칙을 하나하나 탐구하여 새로운 지식을 제공하여 주기는 하나 종합적이고 전체적인 지식을 제공하지는 못한다. 따라서 이러한 과학이 발견한 부분적 사실을 종합하고 관념을 서로 연관시키는 것이 철학이다. 그러므로 인간은 일상적 지식이나 과학적 지식으로서는 해결할 수 없는 그러면서도 그 해결이 절실하게 요구되는 문제에 부딪힐 때 심각한 회의를 느끼는 동시에 자신의 무지를 자각하게 된다. 이러한 철저한 무지의 자각으로부터 우러나오는 참다운 지(sophia)에 대한 사랑(philia)이 바로 철학의 어원인 동시에 그 본래의 의미인 것이다.

결국 철학은 철학자의 개성이나 민족성, 시대성에 따라 고유한 특성을 지니므로 철학에 대해서는 일의적으로 간단하게 정의를 내릴 수는 없다. 따라서 우리는 칸트(Kant)의 말처럼 우리는 철학을 결코 할 수 없고 다만 철학을 하는 태도(philosophieren)만을 배울 수 있다.

둘째, 철학은 현실의 전체를 합리적으로 파악하는 것이다. 철학은 현실 그 자체를 보편성을 통하여 합리적·전체적으로 파악하는 것이다. 즉 보편성과 합리성의 전제 없이는 철학은 성립하지 않는다. 보편성을 규정하는 전제는 당위와 일반성(통용론)이며, 합리성은 논리적이면서 윤리적 규범이 함께 포함되어야 한다.

철학은 제 과학이 밝힌 성과들을 비판하고 그것들을 종합적인 시각에서 가치관·삶·사고방식·인간관계·정치·경제제도·사상 등과 같은 현실적 상황에 대하여 언제나 '왜'라고 묻게 되며, 이 물음에 대한 해명을 통하여 인간의 행동에 의미를 부여하게 되는 것이다. 이리하여 철학은 개성적이고 주체적인 성격으로 현실에 대한 철저한 자기반성을 통하여 부정은 하되 그것을 긍정의 출발점으로 삼게 된다. 이와 같이 개성적이고 주체적인 성격을 지니는 철학의 분야는 이론철학, 즉 자연철학과 실천철학, 즉 문화철학으로 나뉘어진다. 이처럼 철학은 이론적 탐구에 있어 모든 학문을 포함하고 있으며, 제 학문 간의 관계를 결합시키며, 통일하려는 종합과학이다. 이러한 철학의 방법에는 헤겔(G. W. Hegel)의 변증법적 방법, 부정과 역설의 실존철학적 방법, 현상학적 방법 세 가지가 있다고 하였다.

2. 교육철학의 정의

일반철학이 실재를 가장 일반적이고 체계적인 방법으로 설명함으로써 실재를 전체로서 이해코자 하는 것처럼 교육철학은 교육을 교육의 전체성에서 이해하고자 하며, 교육의 목적이나 정책수립을 위하여 교육을 일반적 개념을 통하여 이해코자 한다. 즉 일반철학이 제 과학의 발견을 종합하는 것과 마찬가지로 교육철학 또한 제 과학이 밝혀낸 사실들을 교육과 관련하여 종합적[2]·전체적·분석적·경험적으로 해석코자 한다. 따라서 교육철학 또한 일반철학과 마찬가지로 사변적·규범적·분석적·경험적·종합적·전체적 입장을 취한다.

피닉스(Phenix)는 교육철학이란 철학적 방법과 견해를 교육이라고 불리는 분야에 적용하는 것이라고 보았다. 즉 교육철학은 교육현상에 대한 근본적이면서 본질적인 이론체계로서, 교육현상을 철학적 방법(회의와 부정)으로 철학적 수준에서 논의하는 학문체계이다.

결국 교육철학이란 교육의 근본학, 교육의 본질학, 전체학으로서 교육의 문제를 철학적 수준에서 철학적 방법(회의와 부정)으로 논의하는 학문이라고 정의할 수 있다.

2) 이러한 점에서 교육철학은 모든 교육학의 근본이 되며, 모든 교육학을 통합하므로 교육의 본질학 또는 전체학이라고 지칭된다.

3. 교육관으로서의 교육철학

우리는 흔히 교육철학이란 말을 사용한다. 예를 들어 "그 선생님은 교육철학이 투철하다"거나 "우리나라는 분명한 교육철학이 없다"거나 할 때도 사용하고 "이번 학기에는 교육철학을 수강한다"라고 할 때도 교육철학이란 말을 사용한다. 이것은 '교육철학'이란 말의 의미가 하나로 고정되어 있지 않고 여러 가지 의미로 사용되고 있기 때문이다. 이처럼 교육철학이란 말이 다양하게 사용되어지는 것은 교육철학이 무엇인가를 규정하는 사람의 가치관과 신념, 관심과 의도, 지식과 이론적 배경에 따라 교육철학의 의미가 다르게 규정될 수 있기 때문이다. 그러나 일반적으로 교육철학이란 말은 교육관으로서의 교육철학과 학문으로서의 교육철학을 의미한다고 할 수 있다.

우선 교육관으로서의 교육철학은 바람직한 교육에 대한 견해와 소신에 대한 신념체계를 의미한다. 교육에 관심이 있거나 교육에 직접 관계하는 사람이면 누구나 "교육이란 무엇인가?", "어떤 교육이 바람직한 교육인가?"라는 질문에 대한 자기 나름대로의 견해와 소신을 갖는다. 이와 같이 교육의 개념과 목적, 내용과 방법 등에 관한 견해나 신념체계를 일컬어 '교육철학'이라고 한다. 다시 말하면 교육철학이라는 말은 교육을 어떻게 해야 할 것인가에 대한 어떤 개인이나 특정 집단의 견해와 신념을 가리키는데, 이를 교육관으로서의 교육철학 또는 일상적 의미에서의 교육철학이라고 한다(이돈희, 1991).

그러므로 교육관으로서의 교육철학은 교육에 대한 어떤 개인이나 특정 집단의 주관적인 신념체계를 나타내는 것으로서, 개인이나 집단이 처한 특수한 사회 환경이라든지 교육여건 등이 반영된 구체적인 교육 실천방안으로서의 성격을 지니게 되는 것이다.

따라서 우리가 실천적 행위로서 교육을 계획하고 실천해 나가는 과정은 곧 연속적인 가치 선택과 결정의 과정인 동시에 자신의 교육철학을 체계화하는 과정인 것이다. 이런 맥락에서 보면 교육의 실천과정은 교육관으로서의 교육철학을 정립해 나가는 과정이라고 할 수 있다. 특히 현장에서 아동을 직접 가르치는 교사가 "나는 어떠한 교사가 되어야 할 것인가?", "바람직한 교육이란 어떤 교육인가?", "학급 경영을 어떻게 해야 할 것인가?" 등의 문제를 제기하고 그 해답을 추구하는 것은 자신의 교육철학을 정립하기 위한 노력으로서 교사에게는 필요 불가결한 과정이라고 할 수 있다.

바람직한 교사가 되기 위해서는 교사는 자신의 교육관, 즉 교육철학을 정립해야 한다. 다시 말하면 교육의 개념과 목적, 내용과 방법, 평가에 대한 관점은 물론이고 아동과 학급경영 및 교직에 대한 분명한 견해와 소신을 가질 때 일관성 있는 교육을 행할 수 있다. 그러나 이러한 교육관으로서의 교육철학은 처음부터 정립되어 있는 것도 아니며, 노력하지 않고 저절로 얻어지는 것도 아니다. 바람직한 교육관으로서의 교육철학의 정립은 많은 시행착오와 부단한 자기연찬의 과정을 통해서만 가능하다. 따라서 교사는 끊임없이 노력하고 연구해야 한다.

또한 교육관으로 교육철학을 정립하기 위해서 요구되어지는 것이 학문으로서의 교육철학이다. 학문으로서의 교육철학은 교육학의 한 분야로서 일상적인 의미에서의 교육철학과는 성격을 달리한다. 교육관으로서의 교육철학이 특수한 현실 속에서 전개되는 교육의 구체적인 문제에 대해서 교육은 어떠해야 한다는 주관적인 견해를 피력한 것이라면 학문으로서의 교육철학은 이러한 특수성과 주관성을 뛰어넘어 그들 속에 보편적으로 제기되는 문제들을 보다 포괄적인 이론으로서 설명하려고 한다. 다시 말해서 전자의 일상적 의미에서의 교육철학이 구체적·실제적·특수적·주관적이라고 한다면, 후자인 학문으로서의 교육철학은 추상적·이론적·일반적·객관적이라는 특징을 갖는다(이돈희, 1991).

결국 교사가 바람직한 교육관으로서의 교육철학을 정립하기 위해서는 부단한 노력을 통한 자기연찬의 과정과 교직경험, 그리고 교육 일반에 대한 지식이 요구되어지며, 이것을 과학적·객관적으로 뒷받침할 수 있는 이론적인 학문으로서의 교육철학이 필요하게 된다.

4. 교육철학의 기능

1) 사변적 기능

존재하는 모든 것을 체계적으로 사고하고자 하며, 경험에 의하지 아니하고 사고와 사변에 근거를 둔 철학으로, 사변철학은 부분적 사실이나 경험이 아니라 모든 지식이나 경험에 적용되는 전체성과 체계성을 밝혀내고자 한다. 즉 사변철학은 사고와 경험의 전체영역에서 통일성을 밝혀내고자 시도한다.

따라서 사변철학의 기능은 사고에 의한 전체성과 체계성에 대한 탐구를 의미한다. 즉 부분적인 사실이나 경험보다는 체계적인 사고를 통하여 전체로서 종합하고 이해하는 철학적 입장으로 사변적 기능은 교육적 가치에 대해서 새로운 제언과 새로운 방법적 가설을 생각하는 행위를 의미하며, 어떤 대안이 있을 수 있는가를 생각하는 철학적 행위이다. 즉 새로운 제언이나 방법적 가설을 얻으려고 하는 것이 특색이다.

2) 규범적 기능

규범철학은 가치평가·행동 판단·예술 감상 등에 대한 기준을 세우고자 하며, 선과 악·정의와 불의·미와 추로서 나타낸 것을 검토하고자 하는 것으로서 평가적 기능이라고도 한다. 따라서 규범철학자는 바람직한 인간 행동과 특성이 무엇이며, 왜 그렇게 행동해야만 하는가에 대하여 결정하기 위한 원리들을 발견하고자 한다.

규범적 기능은 어떤 규준·준거와 같은 표준에 의해 교육적 행위 혹은 그 실천의 만족도를 추구하는 것으로서 선악·미추·정사에 대한 가치기준을 탐구하는 철학적 입장, 즉 바람직한 인간 행동이나 특성에 대한 판단기준을 탐구하고 제시함으로써 교육적 행위나 특성에 있어서의 인간의 당위성을 밝히는 데 그 특색이 있다. 따라서 규범적 기능은 가치판단, 행동 판단, 심미적 감상에 대한 기준을 탐구하는 철학적 입장이므로 이 기능을 평가적 기능이라고 한다.

3) 분석적 기능

분석철학은 낱말이나 그 의미에 초점을 두며, 여기서 분석적 기능이란 언어의 의미를 분명히 하는 철학적 입장으로서 사물의 설명이나 가치표현에 사용되는 언어의 의미를 분석하는 철학적 기능을 의미한다. 따라서 분석적 기능의 입장은 사고의 체계성을 세우는 데 회의적이고 소극적이며, 언어의 의미를 명확히 하여 개념의 애매성과 모호성을 제거하고 진술의 동의어 반복과 모순을 밝히는 일이 주목적이다.

현대철학, 즉 분석철학에서는 철학의 분석적 기능을 철학적 탐구의 근본과제라고 생각하고 있기에 형이상학은 철학적 탐구의 대상이 될 수 없다.

4) 통합적 기능

통합적 기능이란 교육적 행위의 이론적 연구와 실천적 과정에서 교육활동을 전체적으로 통합하여 이해하려고 하는 입장 즉 교육학은 종합과학이므로 그의 기초학문인 심리학·사회학·인류학·역사학 등과 같은 모든 학문분야와 깊이 관련되어 있다고 할 수 있다. 특히 교육을 조화 있는 인간형성이라고 설명할 때 인간을 설명하는 다양한 범주들, 즉 심리학적·사회학적·인류학적·역사학적·생물학적·정치학적·경제학적인 측면을 포괄적으로 고려하는 일은 매우 중요한 의미를 갖는다.

02 교육철학의 영역

고대의 철학, 즉 고대 그리스의 철학의 중심과제는 존재의 문제에 있었다. 이러한 존재의 문제는 특히 이오니아의 자연철학에서 현저히 드러난다. 이러한 존재의 철학, 자연의 철학은 소피스트들과 로마의 사상가들에 의하여 인간 중심의 철학으로 바뀌게 된다. 그 후 중세에는 신 중심의 철학사상 주류를 이루게 되며, 그리고 근·현대로 넘어오면서 다시 인간 문제로 관심이 옮아가게 되었다.

중세까지는 학문이란 철학밖에 없었으며, 칸트 이후 철학의 영역은 분리가 시작되는데 먼저 존재론(Ontology)에 해당하는 형이상학(Metaphysics)으로부터 지식의 본질의 본질을 탐구하는 인식론(Epistemology)이 독립되고, 후에 칸트의 제자들, 즉 신칸트학파에 의해 가치의 본질을 추구하는 가치론(Axiology)이 독립됨으로써 철학의 영역은 형이상학·가치론·인식론의 세 영역으로 나뉘게 되었다. 이처럼 철학은 관심영역이 변화되어 왔지만 타 학문처럼 급격한 변화나 발전을 수반하지 않는다. 이런 의미에서 현대의 철학이나 사상이 고대나 그리스의 철학 예를 들면 플라톤, 소크라테스의 철학을 능가한다고 할 수 없다.

또한 철학에 있어서 인식의 문제(인식의 방법)를 중심으로 철학을 나누면 경험론과 합리론으로 구분할 수 있으며, 궁극적 존재가 무엇인가를 탐구하는 형이상학의 문제를 가지고 철학을 나누면 관념론과 실재론(유물론)으로 구분할 수 있다. 이처럼 철학은 영역에 따라 그리고 인식의 문제에 따라 달리 규정되어질 수 있는 것이다.

1. 형이상학과 교육

형이상학(Metaphysica, Metaphysics, Metaphysik)은 궁극적 실재(reality)를 탐구대상으로 하는 철학의 영역이다. 따라서 실재란 무엇인가, 무엇이 실재하는 것인가라는 물음에 대한 해답을 추구하는 학문이기 때문에 우주와 신, 그리고 인간에 대한 궁극적이고, 본질적인 제1원리(기본원리)를 포괄적으로 파악하려는 철학적인 노력이라 할 수 있다(진쾌현, 1991).

17세기 이전까지는 형이상학이 곧 일반철학을 의미하였다. 그러므로 존재론(Ontologie)이라고도 불리는 형이상학은 존재를 존재로서(being as being) 고찰하며, 또한 존재를 존재로서 따르는 존재의 특징과 원리를 고찰하는 학문, 즉 존재의 존재로서의 궁극적 근거를 추구하는 학문이다.

이처럼 형이상학은 인간의 삶과 우주의 의미, 신의 존재 문제를 다루며,

실재와 변화, 그리고 정신 같은 개념을 다루지만 과학을 부정하지는 않는다(Kneller, 1971). 과학의 진보로 많은 사람들이 형이상학을 비과학적인 진부한 학문으로 여기고 과학을 부정하는 것처럼 보이지만, 사실은 사람들이 과학 역시 형이상학적 가정에 기초하고 있음에도 불구하고 이러한 사실을 인식하지 못하고 있는 것에 지나지 않는다. 이러한 사실은 화이트헤드(A. N. Whitehead)가 『관념의 모험(Adventure of Ideas)』에서 "과학 역시 형이상학적 가정에 기초한다"고 한 것에서나 현대의 위대한 과학자들인 아인슈타인(A. Einstein)이 "과학적 발견의 결과로 형이상학적 개념을 도입해야 한다"고 한 것에서도 알 수 있다.

형이상학은 교육이론과 실제에서 과학적으로 해결되어질 수 없는 문제에 대한 의문을 불러일으킨다. 즉 형이상학이 모든 존재 전반에 걸친 존재의 존재로서의 궁극적 근거를 추구하는 철학적 노력이므로 교육이론과 실제에서 과학으로는 해답되어질 수 없는 존재 일반에 대하여 최종적인 결론을 제시하는 것이다.

교육 실제에서 교사가 "정신만 집중하면 학습능력이 향상된다"고 했을 때 '정신은 무엇을 의미하는가', 또 '정신과 육체는 어떻게 구분되는가', '인간은 정신적 존재인가, 아니면 육체적 존재인가', 또한 '존재의 근거가 되는 궁극적 실재는 무엇인가', '그것은 정신적인 것인가, 물질적인 것인가'라는 물음은 모두 형이상학적인 과제인 것이다. 이러한 물음에 대한 나름대로의 해답을 갖고 있으면 그것은 그 사람의 존재문제에 대한 철학관이며, 세계관이고 인생관이 된다. 즉 교육자가 우주와 인간의 본질에 대하여 나름대로의 철학을 지니고 교육에 임하게 되면 이것이 교사의 교육관이 된다.

이처럼 형이상학은 객관적인 존재 그 자체와 주관적인 정신존재를 막론한 모든 존재 자체에 적용되는 것이므로, 인간의 실재·변화·정신 등과 같은 영역에서의 인간의 가치변화를 상정하는 교육철학의 출발 역시 형이상학에서 출발하는 것이라 할 수 있다. 왜냐하면 교육현상은 우주와 인간의 본질을 밝힘으로써 이해될 수 있기 때문이다.

교육에 있어서 형이상학적 견해는 다양한 편이며, 그것은 궁극적 실재를 무엇(정신 혹은 물질)으로 보느냐에 따라 달라진다.

2. 인식론과 교육

인식론(epistemology)은 지식에 관한 이론으로서 지식론 또는 지식철학을 의미한다.[3] 즉 인식론은 지식의 본질에 관한 철학적 용어로서 진리와 지식의 근거와 본질, 지식의 구조와 방법 및 그 가치를 탐구하는 철학적 탐구의 영역을 말한다. 그러므로 인식론의 연구내용의 범위는 지식의 본질, 지식이 얻어지는 방법, 지식에 대한 주장이 근거하고 있는 정당화 이론, 지식의 한계 등을 다루게 된다(한명희, 1983).

인식론의 연구과제는 지식의 기원에 관한 문제이다. 지식의 기원을 문제 삼는 주장에는 대체로 경험론(empiricism)과 합리론(rationalism), 그리고 비판론(criticism)의 세 가지 입장이 있다. 경험론은 인간의 모든 지식을 주관적 경험에 정초시키려는 입장으로서 감각이 지식의 원천이라는 견해이다. 경험론에 대립되는 합리론은 경험론에서 말하는 감각을 지식의 소재를 제공하는 데 불과한 것으로 본다. 지식은 어디까지나 통일적인 개념 또는 원리이며, 잡다한 감각적 인상에 통일을 부여한 것이라는 생각에서 지식을 감각이나 경험으로부터 독립된 인간의 '이성'이라고 보는 견해를 말한다. 합리론에 의하면 진정한 지식은 이성 속에 그 기원이 있는 것이다.

지식에 관련된 연구 형태에 관하여 쉐플러(Scheffler)는 다음과 같은 질문을 하고 있다. 첫째는 인식론적 질문으로 '지식이란 무엇인가' 하는 것이고, 둘째는 규범적 질문으로 '어떤 지식이 가장 믿을 만하며 중요한가', 셋째는 발생학적 질문으로 '지식은 어떻게 형성되는가', 넷째는 방법론적 질문으로 '지식은 어떻게 발견할 수 있는가', 다섯째는 교육적 질문으로 '지식은 어떻게 가르쳐질 수 있으며, 무슨 지식을 가르쳐야 하는가' 하는 질문이다. 이때의 교육적 질문은 가치의 합리적 준거에 의하여 지식을 평가하거나, 인간의 발달단계에 따른 학습과정을 밝히거나, 지식연구의 적절한 방법을 제공하는 것과는 달리 지식의 내면화가 이루어지기 위해서는 어떤 지도과정을 밟아야 하는가 하는 문제뿐만 아니라 지식의 형성과 관련된 것

3) epistemology라는 말은 희랍어의 episteme와 logos라는 말에서 유래한다. episteme는 지식(knowledge)을 의미하고, logos는 이론 혹은 연구를 의미한다.

이라면 비형식적 교육에서의 문제까지도 인식의 문제에 모두 포함시켜야 한다고 보았다.

교육은 인간 행동의 변화, 즉 성향(disposition)의 변화를 목표로 하므로 교육이 어떠한 형태를 지향하든, 그리고 교육의 내용이 어떠하든지 간에 교육이 인식에서 벗어나는 경우는 없을 것이다. 따라서 지식의 성격과 본질, 그리고 앎(knowing)이 삶의 다른 차원과 갖는 연결성을 이해하는 일은 교육의 목적과 내용 및 방법을 이해하는 중요한 철학적 기초가 된다. 그러므로 지식의 문제와 교육의 문제를 철학적으로 증명하는 데 있어서 가장 궁극적인 문제는 인식의 문제라고 할 수 있는 것이다. 모든 교육이 지식과 관련되어 있지만 지식의 개념을 명백히 하는 일은 교육행위의 성격과 질을 명백히 하는 것이다.

이런 점에서 인식론은 교육이론에서의 지식에 대한 개념과 진리와 지식의 근거, 그리고 지식의 본질을 탐구한다는 점에서 교육의 중요한 영역이 된다고 할 수 있다.

3. 가치론과 교육

가치론(axiology, theory of value)은 가치에 관한 이론으로 '무엇이 가치로운가(What is value)'를 탐구하는 철학의 영역으로 윤리학(倫理學)과 미학을 포함한다. 윤리학은 도덕철학이라고도 불리며, 선(善)·악(惡)과 정(正)·사(邪) 등의 도덕적 가치를 탐구한다. 미학은 미학이론으로서 미(美)·추(醜) 등 미적 가치에 대한 탐구이론이며, 가장 넓은 의미에서 예술의 이론적인 분야를 다루게 된다.

일반적으로 가치철학에서의 문제는 '가치는 주관적인가, 객관적인가', 또는 '가치는 변하는 것인가, 변하지 않는 것인가', 그리고 '가치에는 가치체계가 있는 것인가, 없는 것인가'라는 문제이다. 이에 대하여 넬러(Kneller, 1971)는 가치는 인간의 관심과는 상관없이 그 자체로 존재한다는 객관적 가치관과 가치는 인간의 관심의 반영이라는 주관적 가치관이 있다고 주장한다. 객관적 가치는 진선미와 같은 보편적 가치를 지니는 것으로 여기서의 가치는 사물의 본래적 성질의 일부분으로 교육 또한 그 자체로서 가치를 가지므로 객관적 가치에 해당된다고 하겠다.

이와는 달리 주관적 가치는 어떤 것이 가치를 갖기 위해서는 어떤 사람에 의해서 가치 있는 것으로 평가되어야 하며, 가치 있는 모든 것은 그 자체가 가치를 갖는 것이 아니고, 인간에 의하여 가치를 갖게 된다는 것이다. 또한 가치는 영원불변하고 절대적인 것이라는 주장(자선, 사랑)이 있는가 하면 가치는 절대적인 것이 아니고 인간의 욕망에 깊이 관련된 것으로서 새로운 상황, 종교, 과학적 발견과 기술의 발달 등의 상황에 따라 변한다는 관점도 있다.

이러한 가치의 이론에는 가치는 그 자체로서 가치를 지니는 것이 아니고, 어떤 목적을 위한 수단, 도구가 되느냐에 가치기준을 두는 가치도구설(수단적 가치, 상대적 가치, 일시적 가치로서 비본질적 가치)과 사물 그 자체가 그 자체로서 독립적으로 가치를 지닌다는 가치본유설(목적적 가치, 절대적 가치, 항구적 가치)이 있다.

교육은 본질적으로 가치지향적이고 또 가치를 형성하는 과정이다. 교육이 바람직한 인간형성을 위한 조성작용으로 정의된다면 '바람직한 일'이라고 하는 말 자체가 이미 가치를 전제하고 있다고 하겠다. 따라서 교육은 그 궁극적 목적이 가치를 지향할 뿐만 아니라 교육의 모든 과정 또한 가치 선택의 연속인 것이다. 교육에 있어서 지식을 다루는 인식의 문제도 중요하지만 이러한 인간의 인식 또한 결국은 가치선택의 과정에 지나지 않는다. 그러므로 교육이라는 행위의 특징, 그것이 바로 가치의 지향이고, 가치의 형성인 것이다.

교육현장에서 이루어지는 모든 교육적 행위는 가치판단과 관련된다. 즉 교육목표를 설정하는 일, 학습목표를 구성하고 조직하는 일, 가르치는 일, 과제물을 부과하고 이를 처리하는 일, 학급을 운영하고 관리하는 일, 학생을 평가하는 일 등 모두가 어떤 의미로든 교육적 가치와 관련되지 아니한 것은 하나도 없다. 철학적 가치론은 가치의 본질과 가치판단의 기준을 보편적 수준에서 탐구하지만 교육에서의 가치는 사회적·문화적 맥락과 더불어 검토된다. 그러므로 교육적 가치는 철학적 접근과 순수철학의 이론적 준거를 적용하는 것 이상의 것이어야 하는 것이다(이돈희, 1980).

올바른 교육이 행해지기 위해서는 올바른 가치판단이 이루어져야만 한다. 교육적 가치판단의 문제에 대한 진지하고 올바른 검토가 배제되고서는 올바른 교육이 이루어질 수 없다. 그러므로 올바른 가치교육을 위해서는 가치론에서 밝혀진 가치에 관한 이론과 원리를 교육 실제에 반영시키는 것이 중요하다. 바람직한 가치교육을 위해서는 가치의 본질에 대한 올바른 이해의 바탕 위에서 가치의 양면성, 즉 상대성과 절대성, 주관성과 객관성, 영구불변과 가변일시성, 내재성과 외재성, 비본질성과 본질성을 받아들여 이를 조화하는 가치교육이 필요한 것이다. 결국 우리가 어떠한 가치판단을 하느냐에 따라 교육의 모습과 질이 달라지는 것이다.

03 현대의 교육철학

1. 20세기 미국의 교육철학

1) 진보주의 교육철학

흔히 교육의 자유화 운동으로 지칭되는 진보주의 교육사상(Progressive Education, Pragmatism)은 현대교육에 지배적 영향을 끼친 교육사상으로 20세기 교육혁신 운동의 중추적 역할을 수행해 왔다.

진보주의는 변화관에 근거한다. 즉 영원성보다는 '변화'가 실재의 본질이라는 프래그머티스트(Pragmatist)들의 견해를 받아들인 진보주의는 교육은 항상 발달과정에 있다고 주장하였다. 교육은 영속적인 진선미의 적용에 의해 결정되는 것이 아니고 경험의 계속적인 개조의 뜻으로 받아들여진 교육에 의해 결정되는 것이라고 한다. 그러므로 교육은 경험의 의미를 증진하고, 후속적인 경험의 과정을 지도하는 능력을 증진하는 경험의 재구성 또는 개조과정인 것이다. 이러한 진보주의 교육의 원리를 설명하면 다음과 같다(Dewey, 1916).

첫째, 교육은 생활의 준비가 아니라 생활 그 자체이다.
둘째, 학습은 아동의 흥미와 직접 관련되어야 한다.
셋째, 교재를 가르치는 것보다 문제해결을 통한 학습이 우선해야 한다.
넷째, 교사의 역할은 지시가 아니라 안내이다.
다섯째, 학교는 경쟁보다 협력을 장려해야 한다.
여섯째, 민주주의만이 인간의 참다운 성장 발달의 기본 조건인 사상의 교류와 인격의 상호작용을 허용하고 격려한다.

이러한 진보주의 교육사상은 지나치게 아동 중심적이며, 개인주의적 자아 중심적인 교육이란 점과 사회적 훈련, 사회적 전통을 경시했다는 점 등에서 비난을 받고 있다. 특히 교육의 목적이 불분명하며, 상대적 진리관으로 실용적 지식을 과신하고 있다는 점, 그리고 교육과정의 부재 등으로 기초학력 저하 등은 후에 본질주의나 항존주의 교육을 유발하는 원인이 되었다.

2) 본질주의 교육철학

진보주의 교육사상에 대한 반대운동으로 시작된 본질주의 교육(Essentialism)은 교육받은 인간이면 누구나 알아야 할 본질적인 요소들이 있다고 보고 그것을 가르치는 것이 교육의 본질이라고 하였다. 본질주의에서의 교육의 역할은 과거의 문화적 전통의 소중함을 인식하고 이를 보존하고 다음세대에 전달하는 것이며, 이를 통하여 아동은 현재 생활에 필요한 수단을 배우게 되고, 그가 현재 살고 있는 세계와 사회를 이해하여 원만하게 적응할 수 있으며, 장래 생활을 위하여 착실히 준비할 수 있다는 것이다.

이러한 목적을 달성하기 위하여 그들은 교재를 중시하였고, 교사의 역할을 강조하였다. 이러한 본질주의 교육의 근본원리는 다음과 같다(Kneller, 1964).

첫째, 학습은 고된 훈련의 원리와 내키지 않는 근면을 필요로 한다.

둘째, 교육의 주도권은 학생이 아니라 교사에게 있다.

셋째, 교육과정의 본질은 선정된 교육내용을 자기 것으로 동화하는 데 있다.

넷째, 학교는 정신도야를 위한 전통적 교수법을 적용해야 한다.

이러한 본질주의 교육은 변화하는 문화에 비해서 지나치게 정적이라는 점과, 문화적 유산의 근본적인 것을 보존하여야 한다고 하지만 습관과 전통, 그리고 전통과 본질적인 것을 구분하기가 쉽지 않다는 점, 본질주의의 보수성은 필연적으로 지적 진보성·지적 창의성을 저해하는 결과를 가져오기 쉽다는 점에서 비판받고 있다. 이 외에 근본 철학의 부재로 인한 이견이 속출하여 일관된 교육이론을 제시하지 못한 것도 단점으로 지적된다.

3) 항존주의 교육철학

항존주의(Perennialism) 교육사상은 1930년대 진보주의 교육에 대한 비판에서 비롯되었으나 그 사상적 기반은 고전적 실재론에서 찾을 수 있으며, 대표적 철학자로는 아리스토텔레스(Aristotles)와 토마스 아퀴나스(Thomas Aquinas) 등이 있다. 이들은 심한 사회적 격변에도 불구하고 영속성이 변화보다는 참되다고 주장하였으며, 불안과 불확실성이 급증하는 세계에서는 확고한 교육목적이나 안정된 교육적 행동보다 더 유익한 것은 없다고 하였다. 또한 이들은 진리는 어느 곳에서나 동일하므로 진리에 대한 지식을 전달하는 교육 또한 어느 곳에서나 동일해야 한다는 것이다. 이처럼 그들은 진리의 절대성과 인간 본성의 동일성을 주장했기 때문에 교육의 목적은 시대와 장소 같은 특정한 조건과 상황에 상관없이 동일하다고 주장하였다. 항존주의의 기본적 원리는 다음과 같다(Kneller, 1964).

첫째, 환경의 차이에도 불구하고 인간 본성은 어느 곳에서나 동일하다.

둘째, 이성은 인간 최고의 속성이므로 정선된 목적을 위하여 이성을 그의 본능적 성질을 지배하는 데 사용하여야 한다.

셋째, 교육의 과업은 영원한 진리에 대한 지식을 전달하는 데 있다.

넷째, 교육은 생활의 모방이 아니라 생활에의 준비이다. 학교는 결코 실제의 생활의 상황이 아니며 또 그렇게 되어서도 안 된다.

다섯째, 아동은 세계의 영원성에 익숙하게 하는 기본적인 학습내용을 학습하여야 한다.

여섯째, 아동들은 문학, 철학, 역사, 과학과 같은 인간의 위대한 소망과 성취를 나타낸 '대저서(大著書)'를 읽어야 한다.

그러나 항존주의 지성의 귀족화를 목표로 하였다는 점과 교육을 대저서의 고전적 전통에 제한시켰다는 점, 현대 사회가 요구하는 비판적 정신과 사고하는 인간의 육성에 실패하였으며, 진리를 탐구하는 과학의 발전을 저해하고 있다는 점에서 비판의 대상이 되었다.

4) 재건주의 교육철학

이상주의 교육론은 플라톤의 공화국(The Republic) 이후 무어(More)와 오웬(Owen) 같은 이상주의를 거쳐 브라멜드(Brameld)에게 계승되었는데, 그는 이러한 구상을 교육운동으로 전개하여 재건주의(Reconstructionism)라고 명명하였다.

브라멜드는 현대사회는 중대한 문화적 위기에 직면하고 있다고 규정하고 이러한 문화적 위기를 벗어나기 위해서 사회는 반드시 개조되어야 하는데 그 주역이 교육이라고 하였다.

브라멜드는 재건주의를 하나의 도전적인 교육이론으로 체계화하여 실제적인 교육 프로그램을 제시하였는데, 재건주의의 기본적 원리는 다음과 같다(Kneller, 1964).

첫째, 교육은 현대 세계의 사회적·경제적 세력과 조화해야 하며, 문화의 기본적 가치를 실현시키는 새로운 사회질서의 창조에 전념해야 한다.

둘째, 새로운 사회는 사회의 중요 기관이나 자원이 민중 자신에 의해 지배되는 참다운 민주사회여야 한다.

셋째, 아동을 위한 학교 교육 등은 사회적·문화적 조건에 의하여 결정되어 진다.

넷째, 교사는 재건주의 교육에서 주장하는 새로운 사회건설에 대한 긴급성과 정당성을 학생들에게 확신시켜야 하며, 그것은 민주적인 절차와 방법으로 이루어져야 한다.

다섯째, 교육의 목적이나 수단은 행동과학의 발견과 일치해야 하며, 현재의 문화적 위기로 인한 요구를 충족시킬 수 있도록 재조직되어야 한다.

이러한 재건주의 교육은 새로운 사회질서를 수립하기 위한 교육의 설계를 누가 어떻게 해야 할 것인가 하는 점, 교육의 목적과 방법을 행동과학적 결과에 의해 재구성해야 한다고 하면서도 견해가 일치되지 않는다는 점, 그리고 새로운 민주사회의 질서를 강조하면서 수업과정에서 교사는 중립적이며, 객관적인 입장을 취하고 있다는 점에서 비판의 대상이 되고 있다.

이러한 비난에도 불구하고 재건주의 교육사상은 인류의 미래에 대한 새로운 비전을 제시하였다는 점에서 그 의의가 있다.

2. 실존주의 교육철학

키에르케고르(Kierkegaard)에 의하여 구체화된 실존은 인간의 자기존재에 대한 하나의 특수한 절대적인 체험을 표현한 개념이다. 즉 동요하고 불안한 정조(Stimmung) 속에서 절실한 인간존재에 대한 체험을 표현한 개념이다.

이러한 실존사상을 교육과 관련하여 전개함으로써 실존철학과 교육과의 만남의 지평을 개시한 사람은 볼르노(Bollnow)이다. 그는 불안한 존재로서의 인간과 주관과 객관의 대립을 초월한 세계내 존재로서의 인간, 자유를 본질로 하는 열린 꼴, 즉 완성을 향해 움직여 나가는 가능적 존재로서의 인간상에 착안하여 독특한 인간관을 전개하고 있다.

볼르노는 종래의 낙관적 인간관에 근거하여 도야성과 가소성의 원리에 의한 점진적·계속적 변화를 전제로 한 전통적 교육관만으로는 교육현상을 설명할 수 없다고 지적하고 실존주의가 밝혀낸 인간의 정의적 심층 이해를 교육학에 도입하여 전통적 교육이론과 실존철학의 단속적 교육이론과의 결합을 시도하였다.

볼르노는 성장이란 지속만으로 이룩되는 것도 아니고 그렇다고 순간을 통한 비약의 개념만으로 이룩되는 것이 아니라는 점에서 제 3의 방식인 단속적 형식의 교육을 제시하고 있다. 즉 인간의 삶은 지속적·계속적 변화와 더불어 시시각각 특수한 방식으로 삶을 절단시키는 단속적 상태가 존재하는데 이것을 인간 자체의 성장과정이 가지고 있는 본질적 요소라고 보고 인간의 삶은 지속적 진행과 단속적 단절이 병렬적으로 나타난다는 것이다. 그러므로 연속과 비연속(단절)이 변증법적으로 실존의 경험 속에서 일어날 때 여기서 인간의 변화와 성장이 가능하다는 것이다.

따라서 볼르노는 전통적 교육관에서 도외시되었던 단속성을 교육에 도입하여 과거의 지속적·점진적 변화의 원리 위에다 비연속성의 원리인 단속성을 부가하여 각성, 충고, 모험, 상담, 만남, 모험 등을 교육적 계기로 삼음으로써 교육의 지평을 확대 시켰다는 교육적 의의가 있다.

3. 포스터모더니즘과 교육

포스터모더니즘은 20세기 후반기의 생활양식의 변화를 설명하고 정당화하기 위하여 등장한 문화논리이자 사상체계이며, 사회운동이다. 포스트모더니즘은 탈이데올로기 사회, 후기 자본주의적 소비사회, 디지털 영상정보화 사회, 신중간계급 사회, 신과학 사회의 문화적 패러다임이다. 포스트모더니즘은 인간 이성의 절대화와 보편화라는 현대성의 핵심에 대해 비판하면서 그 대안으로 다원성과 유한성을 제시한다(반성환, 1991).

따라서 포스트모더니즘은 모든 다양성을 하나의 원리와 이념으로 획일화시키는 모더니즘적 태도를 전체주의적 사고라고 비판하며, 다양성과 상이성을 부정적 분열이나 혼동으로만 파악하지 않고 긍정적 계기로 파악한다. 이처럼 포스터모더니즘은 통일성과 전체성을 축으로 하는 현대의 합리주의와 기능주의를 극복하고 상이성과 다원성을 토대로 하는 새로운 질서를 지향하는 하나의 시대적 요청으로 등장하였다고 할 수 있다(이진우, 1994). 이러한 포스터모더니즘의 특징은 다음과 같다.

첫째, 반합리주의를 표방한다. 포스트모더니스트들은 이성적·주체적 자아라는 것은 일반인을 속박하기 위하여 만든 허구라고 규정하며, 자아는 우연적·타율적·분열적·모순적이므로 결코 합리적 사고와 행동의 주체일 수는 없다고 본다. 그러므로 인간은 결코 합리성에 집착할 필요가 없다고 포스트모던 사상가들은 주장한다(서울대학교교육연구소, 1998).

둘째, 반정초주의(anti-foundationalism)의 표방이다. 포스트모던 철학자들은 지식이나 인간의 인식에 있어서 궁극적이고 절대적인 기초가 존재한다는 근대철학의 기본가정과 신념을 정초주의라는 이름으로 비판, 배격하고 반정초주의를 기본 입장으로 표방한다(조화태, 1996).

셋째, 다원주의(pluralism)를 표방한다. 포스트모더니스트들은 다양성을 자랑스럽게 수용하며, 상이한 사회와 이익집단들은 그들의 특정한 필요와 문화에 적합한 가치를 구성한다(강선보, 2003)고 주장한다.

넷째, 반권위주의(anti-authoritarianism)를 표방한다. 포스트모더니스트들은 도덕적 탐구가 민주주의적이며 반권위적인 방법으로 시행되어야 한다고 주장하며, 개방적이고 비판적인 대화의 중요성을 무엇보다 강조한다(강선보, 2003).

다섯째, 연대의식(solidarity)의 표방이다. 포스트모더니스트들은 타자에 대한 관심과 연대의식을 매우 강조하며, 공동체, 존중, 상호 협력의 정신을 증진시키고자 도모한다.

여섯째, 탈정전화(脫正典化)를 표방한다. 포스트모더니스트들은 정전이란 의미가 없으며, 고급문화와 저급 대중문화의 구분 또한 무의미하다고 보고, 특정 생활양식을 정전에 부합하는 고급문화로 규정하여 타인에게 강요한다는 것이 부당하다고 주장한다. 그들은 다양한 생활양식이 혼재하는 문화적 다원주의를 주장한다(서울대학교 교육연구소, 1998).

포스트모더니즘의 가장 중요한 특징이라고 할 수 있는 반합리주의·반정초주의·반권위주의·탈정전화·다원주의·연대의식 표방 등은 생산구조를 세분화시키고 분권적인 사회구조를 형성하였으며, 인간으로 하여금 다양한 사고와 가치관을 가능케 하여 개성화를 촉진하였다. 이러한 변화는 개인에게 다양성과 개성을 추구하게 함으로써 과거의 획일적 교육방식에서 벗어나 교육내용과 방법의 다양화를 촉진하게 하였다.

이러한 포스터모더니즘의 특징은 다음과 같다(강선보, 2003).

첫째, 보편타당한 객관적 진리의 추구, 즉 대서사가 정당화되었던 근·현대 사회와는 달리, 포스트모던 사회에서는 소서사가 정당화된다.

둘째, 포스트모더니즘은 계몽주의의 이성이 구축한 획일성·전체성·절대성을 비판하고, 그 대신에 다원성과 상대성을 강조한다.

셋째, 포스트모던 사회에서 직면하게 될 환경문제, 극단적 이기주의, 정신적 빈곤화 등의 문제를 해결할 수 있는 환경교육, 인간화 교육 등의 교육이 이루어져야 한다.

넷째, 포스터모더니즘은 교과분리형 교과서에서 통합교과형 교과서에로의 변화를 추구하며, TV와 컴퓨터 같은 영상매체 중심 교과서로의 변화를 적극 수용한다.

다섯째, 포스트모던적 교육방법은 열린 마음으로, 지속적으로 대화함으로써 바른 사고와 행위를 선택하게 한다.

여섯째, 대화촉진을 위한 협력학습법은 개인을 격려하고 학습흥미를 유발하고, 이론보다는 실제 장면을 중시하며, 토의법 진행하는 데에 그 목적이 있다.

일곱째, 포스트모던적 교육에서는 토론, 탐구학습, 멀티미디어 학습, 실험 및 실습, 창의적 문제해결학습 등의 학습방법이 촉진될 것이다.

포스터모더니즘은 전통적인 교육이론을 비판하면서도 대체이론을 제시하지 못하며, 체계적·논리적 연구가 미흡하다는 점에서 비판을 받기도 하지만, 근대의 주지주의적인 교육담론과 권위주의적인 교육체제가 지배해 온 우리의 현실에서 획일성·보편성·통일성·전체성을 지양하고 다양성·상이성·상대성·다원주의·반정초주의·반권위주의를 지향하고 있다는 점에서 현대 교육에 시사하는 바가 크다.

학습과제

1. 교육철학의 개념과 그 기능을 알아봅시다.
2. 교육철학을 영역에 따라 구분하고 그 특징을 알아봅시다.
3. 현대 교육철학의 경향을 이해하고 사조별 교육의 특징을 알아봅시다.

CHAPTER 04

교육의 심리학적 이해

개 요

지난 17세기, 코메니우스는 아이들만을 위한 책인 『세계도회』를 만들어 평민들의 아이를 가르쳤다. 이 사실에 대해 많은 사람들이 귀한 책을 낭비한다고 비난하였다. 그러나 그 결과 어려운 글을 귀족이 아닌 평민의 아이들이 깨우치게 되었다.

코메니우스는 아이들의 눈높이에 맞추어 그림을 통해 접근함으로써 아이들은 보다 쉽게 글을 깨우친 셈이다.

아이들을 이해하는 방법은 그들의 눈높이를 알아야 찾을 수 있다. 우리의 교육현장에서 교육심리학이 필요한 이유이다. 따라서 본 장에서는 인간의 발달과 학습자의 인지적 특징 및 정의적 특징에 대해 고찰하고자 한다.

학습목표

교육심리학의 개념과 관심영역에 대해 알 수 있다

인지발달이론에 대해 알 수 있다.

인간의 지능과 학습과의 관계에 대해 알 수 있다.

다중지능이론을 알고 학습현장에 적용할 수 있다.

학교 현장에서 학습자의 창의력 증진을 위한 방법을 강구할 수 있다.

01 교육심리학의 개념 및 영역

교사는 학교 또는 학급에서 매일 학습자들과 만나게 된다. 그들은 성장 배경도 다르고, 인지적 사회적 신체적 특징 역시 개인차가 크다. 매 시간, 교사들은 제각각 다른 학습자들에게 최대한의 학습효과를 올리기 위해 많은 노력을 한다. 학습자의 학습양식, 전반적인 발달수준, 가정환경, 또래와의 관계 등 많은 상황을 고려해야 하지만, 수업의 질적 향상은 과거에도 교사들의 과제였고, 현재에도 과제이며, 미래에도 과제일 것이다. 이와 같은 과제를 해결하기 위한 학문적 접근을 교육의 심리학적 접근이라고 한다.

따라서 교육심리학은 '아동을 어떻게 가르칠 것인가?'에 대한 학문으로서 우선 교육의 대상인 인간에 대한 과학적인 이해가 선행되어져야 할 것이며, 아울러 교육과 심리학과의 관계를 파악해야 할 것이다.

1. 교육심리학의 개념

1) 교육과 심리학

교육의 의미는 보는 시각에 따라 다양하지만 일반적으로는 '미성숙자를 가르쳐 기른다'는 뜻으로서, 아동이 가지고 있는 내재적인 성질을 외부의 어떤 작용을 통해 최대한 신장시키는 것을 의미한다. 조작적인 측면에서 보면 교육의 대상인 인간이 가지고 있는 잠재능력을 끌어내어 바람직한 방향으로 변화시키려는 '인간행동의 계획적인 변화'(정범모, 1968)인 것이다. 이는 '인간행동', '계획적', '변화'의 세 단어로 요약된다(구광현·가영희·이규영, 2007).

① 인간행동 : 인간의 행동이란 말, 몸짓 등의 외현적 행동과 지식, 가치 등의 내재적인 정신적인 행동도 포함된다.

② 계획적 : 교육을 통한 변화는 계획되고 의도적으로 조직된 변화라는

의미로서, 교육은 어떠한 행동을 어떻게 변화시키겠다는 목적과 의도가 있어야 하는 것이다. 즉 어떤 행동이 길러진다는 것은 이론과 실증의 뒷받침이 있는 계획과 과정이 있음을 의미한다.

③ 변화 : 교육은 인간의 행동이 대상이지만, 그 행동의 변화에 관심을 가진다. 그중 본능적이거나 생리적인 반사에 따를 변화, 성숙에 의해 자연히 나타나는 변화, 약물 또는 피로에 의한 일시적인 변화 등은 교육에 의한 변화에서 제외되며, 이와 대조적으로 의도적이고 후천적이며, 보다 장기적인 변화만이 교육의 범주라 할 수 있다.

또한 방향성의 면에서 보면, 돕기, 나누기 등 사회적으로 수용되는 바람직한 변화인 긍정적인 변화와 공격성 등의 바람직하지 못한 부정적인 변화로 나눌 수 있다. 그중 교육적 의미에서의 변화는 사회 구성원들에게 수용되는 긍정적인 변화를 교육으로 본다. 이는 교육이 가치지향적인 특성을 띄기 때문인 것이다.

심리학은 인간의 마음과 행동에 대한 학문으로서 학자에 따라 그 정의는 다양하다. 일반적으로는 인간의 행동과 정신적 과정을 보다 객관적이고 논리적으로 연구하는 학문이라 할 수 있다. 심리학은 과학적 심리학이 시작된 이래 인간의 의식에서 출발하여 인간의 무의식, 외현적 행동과 내재된 동기, 정신적 과정 등으로 그 범위가 확대되어 왔다.

즉 심리학은 인간 개개인의 행동의 발생과 그 변화에 대해 과학적으로 관찰하고, 기술하고, 필요에 따라서는 해석하는 학문으로서 인간행동을 이해하고 기술하고 예언하고 통제하려는 과학이며, 이런 인간 행동을 이해하기 위해서 인간의 정신과정과 기억구조를 과학적으로 분석하는 학문이다.

심리학자는 검증하고자 하는 가설을 추출하고 그 가설을 검증하기 위한 적절한 방법을 선택하거나 고안한 다음, 이에 적절한 자료를 폭넓게 수집·분석하여 연구의 출발점이 될 가설의 타당성 여부를 결정하게 된다. 과학으로서의 심리학의 연구는 연구의 객관성을 높이기 위하여 객관적인 방법을 사용할 뿐만 아니라 이에 대한 결과의 진술과 보고에 있어서도 자기 자신의 기대와 편견을 배제해야 한다(김청자 외, 2003).

2) 교육심리학의 개념

위에서 주목한 바와 같이 교육심리학은 교육이 일어나는 모든 장면, 모든 장소를 포함하고 있는 포괄적인 개념으로 이해해야 할 것이다. 학문적으로 볼 때의 교육심리학은 교육현상을 주 관심 대상으로 하는 교육학과 인간행동을 보다 과학적으로 이해하려고 시도하는 심리학이 접목된 학문영역이라 할 수 있다.

즉 교육심리학은 교육의 과정에서 일어나는 여러 문제들을 심리학적 측면에서 접근하여 교육현장의 효과를 극대화하려는 응용심리학적 학문적 성격을 띠고 있어나 교육의 현상과 과정을 심리학적으로 기술하고 설명한다는 측면에서는 독자적인 것이다.

지나간 17세기, 코메니우스가 오직 아이들을 위해 그림이 삽입된 책인 『세계도회』를 만들어 이용한 결과 아이들의 언어능력이 향상되었다고 보고한 이래로, 그 시대의 많은 사람들이 시청각적 교육방법에 관해 주목을 하게 되었다. 왜냐하면 '책'은 학습의 도구이긴 하지만 학습의 내용에 대해 관여할 뿐, 그 활용에 대해서는 숙고해 본 적이 없는 시대였기 때문이다.

그러나 아동들을 대상으로 가르칠 때, 그림책이 상당히 효과가 있다는 것을 검증함으로서 교육의 내용적 측면과는 또 다른 방법적 측면이 대단히 중요하다는 것을 인식하게 되고, 이후 교육학은 교육의 내용적 측면인 교육철학, 교육과정 등과 아울러 교육의 방법적 측면인 교육심리학으로 발전된다.

이후 20세기 들어 행동주의 학자인 손다이크(Thorndike)는 교육심리학을 독립된 학문영역으로 정립하려고 부단한 노력을 하였고, 이어 프로이드(Freud)의 정신분석, 머슬로우(Masrow)의 인본주의 등을 통해 오늘날 까지 이어오고 있는 셈이다.

따라서 교육심리학은 교육현상을 과학적으로 연구하여 학습이 일어나는 현장에서 그 효과를 극대화하기 위해 교육의 원리들을 정립하고 그 방법들을 제시하는 역할과 기능을 해오고 있으므로 교육학의 제 영역 중 과학적 성격이 가장 강한 연구영역이라 하겠다.

2. 교육심리학의 제 영역

1) 학습의 영역

학교현장에서 교육의 기능은 '학습자는 바람직한 방향으로 변화하고 있는지', 또한 '그들의 지속적인 성장과 발달을 위해서는 인지적, 신체적, 사회적인 제 영역에서 교사 혹은 성인이 어떻게 그들을 도와야 할 것인지' 등에 초점을 맞추게 된다. 따라서 그들을 위한 교육의 효과를 극대화하기 위해서는 학습방법과 학습에 대한 이론적 기초 지식이 필요하다 할 것이다.

2) 발달영역

교육이 인간의 성장과 발달에 대한 소극적인 관망자가 아니라 적극적인 개입을 해야 한다면 학습자의 인지적, 사회적 신체적 발달에 대한 관심을 가지는 것은 지극히 당연하다.

1960년대 이후 피아제의 인지발달 이론이 유아교육계에서 지목을 받은 이래로 많은 교사들은 피아제의 인지발달에 대한 단계이론이 실제 교육의 과정 및 방법. 또는 학습 이후의 평가에 대해 중요한 단서를 제공하리라는 기대를 가지게 되었다. 이는 교육연구에서 아동의 발달을 고려할 때, 양적인 문제에 관심을 가지고 있던 교육심리학자들이 연구방법에서의 질적인 방법의 중요성을 인식하게 된 계기가 되었다.

3) 교수영역

교수영역은 교사의 문제이다. 교실에서 '학습자는 어떻게 학습하는가'도 중요하지만, 교사가 제 각각인 아동집단을 '어떻게 가르치는가'도 교육의 중요한 변수가 된다. 따라서 가르치고 배우는 현장에서 교사는 '가르치는 일'에 대해 민감할 수밖에 없는 것이다.

강의, 시연, 시청각 도구의 활용, 견학 등 교수의 방법뿐 아니라 학습자의 적성이나 흥미 등을 고려한 교수 방법, 그리고 교사의 전문적 자질, 특성, 성격, 교재 및 교구의 활용 등이 교수영역에 속한다 하겠다.

4)교육평가에 대한 영역

'교수·학습 이후, 학습자가 어느 정도 변화하였나'에 대한 답을 얻기 위한 영역으로서, 교육은 행하는 것 자체만으로는 진정한 교육이 일어났다고는 볼 수 없다. 유능한 교사는 '교육적 효과가 과연 교사가 의도하는 대로 일어났는가', 즉 '학습자가 학습 목표에 도달하고 또한 바람직한 변화가 일어났는가'를 알아야 한다. 교육평가는 이러한 문제에 대한 제 지식과 해법을 교사에게 제시해 주는 영역이다.

5) 생활지도 및 상담에 대한 영역

교육의 궁극적인 목적은 '학습자의 변화'이다. 그러나 변화는 인지적 신체적 사회적 변화를 아우르는 포괄적인 개념으로 이해해야 한다. 학습자의 변화의 요인은 다양하다. 예를 들어, 아동들의 성적의 경우, 그들의 인지적 요인만으로는 학습의 효과가 극대화 될 수 없다. 그들의 학습양식, 지능 등의 지적 요소뿐 아니라 학습에 대한 흥미, 성격적 특성, 부모의 양육 태도 등도 함께 영향을 미친다. 따라서 학습자의 일상생활의 지도 또는 더 나아가 개개인에 대한 상담에 대한 기술 및 지식도 교사들에게는 필수적인 자질이라 하겠다.

02 인간발달과 교육

1. 발달의 개념 및 원리

1) 발달의 개념

인간의 발달은 유전과 환경의 영향을 함께 받는다고 알려져 왔다. 개인은 신체적 심리적 정의적 발달에 있어서 개인차를 나타내며, 각 개인 내에 있어서도 제 영역 간 각각 다른 발달의 양상을 보인다. 발달은 생명이 시작되는 수정의 순간부터 죽음에 이르기 까지 전 생애에 걸쳐 이루어지는 변화의 과정을 의미한다.

따라서 인간 발달의 과정 혹은 발달 연구라는 용어를 사용할 때, 발달의 의미는 개괄적으로는 연령의 증가에 따르는 신체적·심리적·행동적 변화를 지칭한다. 즉 발달적 특성이 양적으로 증대되고 구조의 변화나 기능적인 정교함 등의 질적인 변화를 가져오는 상승적 변화와, 구조와 기능의 쇠퇴를 가져오는 하강적 변화까지도 포함하는 포괄적인 의미로 보인다. 최근 발달심리학에서 이를 '생애발달심리'라고 지칭하기도 한다.

2) 발달의 주요 영역

(1) 신체발달

'신체발달'은 사람의 신체 내에서 일어나는 변화들을 지칭한다. 체중과 키의 변화, 뇌와 심장 등 내부 기관의 기능의 변화, 그리고 운동신경에 영향을 미치는 골격, 근육, 신경학적인 특성 등을 의미한다.

(2) 인지발달

'인지발달'은 감각, 지각, 사고, 추론, 언어 등을 포함하는 정신활동에서 일어나는 변화들을 지칭하는 개념이다. 예를 들면, 아동기와 청년기를 비교해 보면 청년들은 아동에 비해 정의, 도덕, 가치 등 보다 추상적인 개념들에 대해 더 질적으로 정교하게 사고할 수 있다. 그리고 자신의 경험들을 조절하고 사고과정 속에서 조작할 수 있게 된다.

(3) 심리 사회적 발달

'심리 사회적 발달'이란 개인의 성격, 정서, 타인과의 관계에서 일어나는 변화들을 포함한다. 모든 사회는 사회적인 관계로 구성되어 있고, 아동들이 그들이 속한 사회에 인간관계를 이해하고 수많은 조직에 적응하도록 돕기 위해서는 그들의 성격적 특징이나 정서들이 발달의 어느 시기에 일어나고 정교화 되는지 이해해야 가능하다. 심리 사회적 요인들은 서로 상호작용하며 맞물려 있고, 교육자들은 어떤 한 영역에서 일어나는 것들이 다른 영역에도 영향을 미친다는 것을 인식하고 있으므로 심리 사회적 제 영역은 교육 현정에서 서로 통합해서 적용되고 이해해야 할 것이다.

3) 발달의 원리

앞서 지적한 바와 같이 발달은 양적인 면과 질적인 면으로 고찰할 수 있다. 양적인 발달이란 특별한 외부 환경의 자극 없이도 연령의 증가와 더불어 나타나는 신체적인 변화를 의미한다. 그리고 질적인 발달이란 지능, 정서, 사회성 등 외부환경의 자극이나 학습경험 등을 통해 변화하는 것을 의미한다. 이러한 성장과 발달에는일정한 규칙성과 보편성이 있다. 이러한 발달의 원리는 다음과 같다.

(1) 발달은 유전과 환경의 상호작용을 통해 일어난다.

일반적으로 발달은 유전과 환경의 끊임없는 상호작용을 통해 일어난다. 인간의 발달에 있어서 어느 정도 유전과 환경이 개입하고 있는지에 대한 해법은 학자들에 따라 또는 발달의 영역에 따라 다르다. 그러나 많은 학자들의 견해를 종합해 보면, 인간의 성장과 발달은 기본적으로 유전적인 요인을 기초로 하고, 그 과정에 있어서 발달적 적기에 따른 환경적 개입이 작용하는 것으로 보인다.

(2) 발달에는 일정한 순서와 방향이 있다.

첫째, 발달은 머리로부터 하부로 진행된다.
둘째, 중심 부위로부터 말초 부위로 진행된다.
즉 어린이는 걷기 전에 서고, 사각형을 그리기 전에 원을 그린다.

(3) 발달은 분화와 통합의 과정이다

인간의 행동은 전체적이고 미분화된 신체운동으로부터 부분적이고 구체적인 행동으로 분화하고 발달한다. 이러한 분화된 기능은 다시 통합되는 과정을 겪게 된다. 따라서 발달은 분화와 통합의 과정을 반복하면서 이루어진다. 예를 들면, 4개월 된 영아는 엄마가 장난감을 주면 한 손으로 받을 수 없고 두 손도 모자라 입을 벌리면서 온몸으로 덥석 받는다. 그 이유는 그때까지 손, 입, 발의 역할 등이 분화되어 있지 않기 때문이다.

(4) 발달은 연속의 과정이다.

발달과정은 연속적이지만 그 속도는 일정하지 않다. 인간의 발달 속도는 어느 시기에는 빠르고 또 어느 시기에는 느릴 수 있으나 멈추지 않고 계속 진행한다.

예를 들면, 영아기의 아기는 신체적 발달속도가 빠르고, 언어는 유아기를 지나면서 급속하게 발달된다.

(5) 발달에는 결정적인 시기가 있다.

인간의 발달은 영역에 따라 결정적인 시기가 있기 때문에, 해당시기에 이루어져야 할 발달과업을 이루지 못할 경우 학습 또는 성격 형성 등에 결함을 나타낸다. 예를 들면, 유아기에는 또래와의 상호작용이 이루어져야 한다. 그러지 못한 아동은 사회화 과정에 문제가 생겨 학교에 들어가면 친구를 사귀는데 어려움이 있을 뿐 아니라 성장하면서 대인관계에서도 어려움을 겪을 가능성이 있다.

(6) 발달에는 개인차가 있다.

모든 인간은 발달함에 있어서 속도, 정도, 질적인 면에 있어서 동일하지 않다. 그 이유는 타고난 개인의 소질과 주어진 환경이 서로 다르기 때문이다. 어떤 사람은 아동기에 키가 빨리 자라고, 또 어떤 사람은 오히려 사춘기에 급격하게 자라기도 한다. 이러한 개인차는 신체적인 면뿐 아니라 정서, 지능, 사회성 등 모든 발달 영역에 해당된다.

2. 발달이론

1) 인지발달이론

(1) 피아제(Piaget)의 인지발달이론

스위스의 심리학자인 피아제는 그의 자녀 세 명의 육아일기를 종단적으로 기록한 뒤, 그 기록을 분석하여 인간이 성장과정에서 어떻게 정보들을 수집하고 조직화하는지에 대한 연구를 통해 특유의 인지발달이론을 발표하였다. 그 이후 피아제 자신의 후속연구와 또 다른 많은 학자들의 연구를 통해 그의 가설은 검증되고 교육에 적용되었다.

피아제의 인지발달을 이해하기 위해서는 피아제의 기본개념인 도식(schema : 스키마, 쉐마), 동화, 조절, 평형화의 4개념과 발달단계이론을 알아야 할 것이다.

① 도식

'도식'이란 한 개인이 환경을 지적으로 조직하여 그 환경에 잘 적응할 수 있도록 해주는 인지구조를 말한다. 도식은 피아제가 생물학적 배경을 빌어 인간의 인지구조를 설명한 개념으로서, 우리 몸이 신체적 구조를 가지듯이 인간의 마음은 심리적·정신적 구조를 가졌음을 의미한다. 인간은 이와 같은 심리적 구조를 활용하여 경험한 것들을 이해하고 기존의 경험들과 새로운 경험들을 적용하고 재조직화함으로써 환경에 적응하고 새로운 심리적 구조를 만들며 발달하게 된다.

그러므로 인간은 태어날 때에는 도식이 없지만, 성장하는 과정에서 수많은 경험을 함에 따라 그 도식은 질적으로 정교해지고 양적으로 증대하면서 발달하게 되고 환경에 적응하게 되는 것이다.

② 동화

'동화'란 새로운 정보가 들어왔을 때, 현존해 있는 도식이 이를 잘 받아들여 새로운 정보에 융합시키는 것을 의미한다. 예를 들어, 유아들의 경우에는 그들의 정신구조 속에는 정보들이 많지 않을 것이다. 24개월 된 유아가 동물원에서 '늑대'를 보았다고 가정하자. 그 아이는 한 번도 늑대를 본 적이 없으므로 '개'라고 인식할 수도 있다. 왜냐하면 그 아이의 인지구조 속에 '늑대'는 없지만 '개'는 있기 때문에 '늑대'를 '개'로 지각하게 되는 것이다. 이러한 과정을 동화라고 한다. 즉 새로운 경험을 기존의 경험 속에서 찾고 결합하여 도식을 수정하고 적응하는 것을 의미한다.

학교현장에서 교사들은 아동들이 가진 기존의 지식에 새로운 경험, 즉 지식을 연결시킴으로써 아동들의 동화를 촉진할 수 있다. 예를 들면, 유치원 교실에서 교사가 유아들과 함께 바다와 강에 대한 수업을 진행한다고 가정해 보자. 아이들은 '바다'에는 가 본 적이 있지만 '강'에는 간 경험이 없다고 가정할 때, 교사는 '강'에 대한 비디오 자료를 활용하여 '바다'라는 기존의 경험에 '강'이라는 새로운 경험을 결합시킬 수 있고 따라서 유아들의 인지구조는 변화하게 되는 것이다.

이러한 능력을 통해 유아들은 경험들 간의 변별성을 발달시키게 되고, 새로운 경험들은 기존의 경험들과 결함하는 과정을 통해 인지구조는 변화하는 것이다.

③ 조절

아동이 전혀 새로운 경험을 하게 될 때, 그 아동의 머리에는 새로운 경험에 대한 정보가 없기 때문에 동화가 불가능하게 된다. 이 경우에는 '조절'이라는 기제가 작동하게 되는 것이다. 다시 말해, 새로운 정보가 들어왔을 때 기존의 지식 속에서 동화과정이 불가능하기 때문에 '조절'이라는 과정을 거치게 된다.

앞서 예를 든 유아와 늑대를 생각해 보자. '늑대'를 처음 본 유아는 '늑대'를 '개'라고 지각했지만 곧 '개'와는 다름을 알게 되는 과정에서 '조절'의 과정은 시작된다. 이때 유아가 늑대는 개보다 더 크다고 지각하게 되면, 다시 기존의 경험을 찾게 되고 "아, 큰 개구나"라고 인식하게 된다. 즉 '개'라는 동화에서 '큰 개'라는 조절이 진행된 것이다.

그러나 이 경우 그 유아와 함께 동물원에 간 엄마에 의해 '큰 개'라고 조절된 새로운 경험은 '인지갈등'에 빠지게 된다. 왜냐하면 동물들에 대한 엄마의 경험 속에는 '늑대'라는 경험이 있기 때문이다.

> "엄마 커다란 개가 있어요."
> *"커다란 개가 아니야."*
> "그럼 뭔가요?"
> *"글쎄, 자세히 살펴보자."*

이와 같은 엄마의 반응에 유아는 '큰 개'가 아님을 알게 되고 '인지갈등' 상태에 빠지게 되는 것이다. 이러한 일련의 과정을 조절이라 한다.

④ 평형화

평형화란 인지갈등 상태에 놓인 인간이 편안한 상태를 유지하는 것을 말한다. 만약 아동이 동화와 조절만으로 인지구조를 변화하고 적응한다면, 그 아동은 제대로 된 지식이 아닌 잘못 인지된 지식으로서 그의 인지구조를 변화해 나갈 것이다. 이는 자라나는 과정에서 계속하여 인지갈등에 빠지게 되고 질적으로 우수하지 못한 인지구조를 변화하게 되는 위험에 빠지게 됨을 의미한다.

'늑대이야기'로 다시 돌아가자.

> *"자세히 보자. 커다란 개가 아닌데……."*
> "맞는데……."

"자 자세히 보자, 귀도 보고 발도 보고 모양도 보자."
"엄마가 동화책에서 '늑대 이야기' 읽어 주었지. 커다란 개가 아니고 늑대란다. 집에 가서 다시 비디오 보자."

다시 자세히 살펴본 유아는 곧 늑대와 개의 차이를 지각하게 되고 "뭐지?"라는 인지갈등 상태에 빠졌을 때 엄마는 동화책에서 얻은 '늑대'라는 새로운 정보를 아이에게 가르칠 수 있게 되는 것이다. 즉 기존의 아이의 인지구조는 변화하게 된 것이다.

위와 같은 일련의 과정을 도식화하면 다음과 같다.

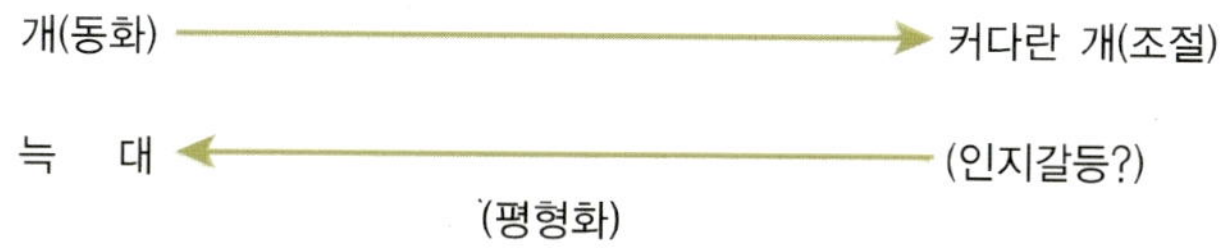

그림 4-1 | 인지구조의 변화

이와 같은 '동화', '조절', '평형화' 과정을 통해 아이의 인지구조는 변화하게 되고 발달하게 되는 것이다. 이러한 인지구조의 변화에 의한 발달은 인지뿐 아니라 대인관계, 친사회적 행동, 정서 등 제 발달 영역에 적용이 가능 한 것이다.

⑤ 인지발달단계 이론

피아제의 인지발달에 대한 단계이론은 개인의 지능이나 사회 환경에 따라 각 단계에 도달하는 개인 간의 연령의 차이는 있을 수 있으나, 발달의 순서는 결코 바뀌지 않는다고 가정하고 있다. 이와 더불어 각 단계는 주요 행동양식으로 설명할 수 있는 전체적인 심리구조로 특징지어진다. 각 단계는 전 단계의 심리적 구조가 통합 된 것이며 다음 단계의 심리적 구조에로 통합될 준비 과정이기도 하다. 이 말은 각 단계의 사고과정은 서로 다르며 시간이 경과함에 따라 더욱 복잡해지고, 객관적이고, 타인의 관점을 생각하는 과정으로 발전하게 된다는 듯이다. 각 단계는 다음과 같다.

- 감각운동기(sensorimotor period : 0~2세경)
- 전조작기(preoperational period : 2~7세경)
- 구체적 조작기(concrete operational period : 7~11세경)
- 형식적 조작기(formal operational period : 12세경~성인)

(2) 비고츠키(Vygotsky)의 인지발달이론

스위스의 피아제가 활발한 활동을 할 당시에 러시아에는 비고츠키가 인간 사고에 대한 연구를 하고 있었다. 비고츠키의 이론은 영어권 국가에 소개되기 전까지만 해도 학계에서 각광을 받지 못하다가 오늘날에서야 주목을 받고 있다.

피아제는 아동이 자신의 세계를 스스로 구조화하고 이해하는 존재라고 주장한 반면에 비고츠키는 아동이 타인과의 관계에서 영향을 받으며 성장하는 사회적 존재임을 강조함으로서 인간에 대한 이해에 있어서 사회·문화·역사적인 측면을 제시하였다. 그는 아동의 인지발달이 타인과의 협력을 통해 지금까지 축적된 사회적, 문화적, 유산을 내면화함으로써 이루어진다고 보았다. 그러므로 아동의 인지발달의 근원은 타인과 같은 사회에 있고 아동의 인지발달과 학습은 두 사람 이상의 공동 또는 합작품이라고 할 수 있기 때문에 사회적 구성주의라 하겠다.

따라서 학습 과정에서 피아제가 주장하는 바와 같이 능력이 비슷한 또래와의 상호작용하기보다 성인이나 능력이 상이한 또래와의 협력학습이 더 효과적이라고 주장하였다. 비고츠키이론에서는 아동의 발달이 개인의 산물이라기보다 사회 공동의 산물이므로 학습의 초기에는 성인의 주도하에 이루어지다가 점차 그 책임이 학습자인 아동에게로 이동된다. 따라서 그의 이론에서는 능력이 유사한 또래와의 상호작용보다 성인 또는 능력이 상이한 또래와의 상호작용이 학습에 있어서 효과적이라 하겠다.

비고츠키에게는 세 가지의 핵심개념이 있다.

첫째, 근접발달 영역(ZPD : zone of proximal development) : 이는 아동의 발달을 유도하는 협력적인 상황자체가 능력이 상이한 또래들 간의 근접발달 영역 내에서의 사회적 상호작용을 의미한다.

둘째, 비계설정(scaffolding) : 교사의 효과적인 역할을 설명하기 위한 개념으로서 효과적인 교수·학습과정을 설명할 수 있다.

셋째, 사회적 상호작용 : 이 개념은 아동들이 협력하여 과업을 수행할 때, 주어진 과제에 대해 각기 다른 이해 정도를 지니고 상호간의 의사소통을 통해 동일한 수준의 이해에 도달하는 과정으로서, 학습의 출발점이 서로 다른 학습자들이 과제에 대한 이해를 공유하게 되는 과정을 의미한다.

① 근접발달 영역

비고츠키는 학습과 발달과의 관계를 제대로 보기 위해 근접발달 영역이라는 개념을 고안하였으며 아동의 발달 수준의 두 가지 측면, 다시 말해 실제적인 발달수준과 잠재적인 발달수준을 함께 고려하지 않고서는 아동의 발달 수준을 이해하기 어렵다고 하였다.

실제적 발달 수준은 이미 완성된 발달과정의 결과로 자리 잡은 아동의 정신기능의 발달 수준으로서, 이 능력은 아동이 독립적으로 타인의 도움을 받지 않고서도 스스로 문제를 해결할 수 있는 능력이다.

한편 잠재적 발달수준은 성인의 지도 혹은 보다 유능한 또래와의 상호작용을 통한 문제해결에 의해 결정되는 발달 수준으로서 기존의 독립적인 테스트로서는 잠재적인 능력을 평가하기는 어렵다.

근접발달 영역은 아동이 혼자서 문제를 해결하는 것에 의해서 결정되는 실제적 발달 영역과 성인의 지도나 보다 유능한 또래와의 상호작용에 의해 문제를 해결하는 것에 의해 결정되는 잠재적 발달수준 사이의 간격으로서, 아동이 자신보다 유능한 사람과 가지는 상호작용은 이 근접발달 영역에 영향을 미치게 됨으로써 아동자신의 실제적인 발달수준을 능가하는 과제를 수행할 수 있도록 해준다.

② 비계설정(scaffolding)

비계(scaffold)는 교사의 이상적인 역할을 기술하기 위해 주장되어진 개념으로서 근접발달 영역 내에서의 효과적인 교수·학습을 묘사하기 위해 사용하고 있으며, 아동이 더욱 높은 수준으로 향상될 수 있도록 도움 또는 안내를 해주는 것을 비계설정(scaffolding)이라고 한다. 건축 시에 필요한 비계처럼, 비고츠키는 아동을 능동적으로 그 자신을 구성해 나가는 하나의 건물로 간주하고, 사회적 환경은 아동으로 하여금 새로운 능력을 구축해 나가는 필수적인 비계, 즉 지원체계로 본다.

그러므로 능력 있는 교사는 교수·학습의 과정에서 아동들의 근접발달 영역 내에서 효과적인 비계를 설정해 주어야 할 것이다. 즉 보다 능력 있는 협력자가 과제에 대한 상대방의 수행능력에 따라 도움을 조절해 가는 것으로서, 교수를 하는 동안 도움의 질은 계속 변화한다. 교사는 과제가 학습자에게 새로운 것일 때 보다 많은 도움을 주고, 학습자의 능력이 증가함에 따라 도움을 줄여 나가며, 점차적으로 학습자가 과제에 대한 보다 많은 책임을 맡게 함으로써 학습자의 자율성, 독립성, 책임감을 길러 주게 된다.

교사의 가장 중요한 역할은 아동들의 학습에 민감하게 반응하며, 적절하게 비계를 설정해 주기를 위해 노력하는 것이다. 주어진 영역에서 학습과 발달이 진보됨에 따라 교사의 비계는 점차적으로 적어지며, 아동들은 교사와의 협력에서만 할 수 있었던 것을 혼자서 할 수 있게 된다. 그러므로 비계설정은 결국 과제의 요구와 학습자의 기술 수준 간의 간격을 좁히는 과정이 되는 것이다.

③ 사회적 상호작용

비고츠키는 개인의 인지발달의 과정을 이해하기 위해서는 필수적으로 개인이 속해 있는 사회적 관계들을 이해해야 한다고 하였다. 이는 사회와 인지는 서로 상호작용하며 아동의 발달적 측면에 영향을 미치기 때문에 아동의 인지적 기술은 항상 사회적 영향을 받을 수밖에 없고 또한 사회적 활동 자체가 아동의 사고를 변화 시키는 요인이 된다는 점을 의미한다.

사회적 상호작용은 단순히 아동의 문제해결 능력, 기억력 등의 고등 정신 기능의 발달을 유도하는 것이 아니라 사회·문화와 함께 진전되고 발전된 도구나 기호에 의해 매개된다. 아동의 발달은 상호작용과정에서 사용된 언어와 같은 중재 수단들이 아동들에게 내면화됨으로서 이루어지며, 외적인 활동에서 내적인 활동인 사고가 나오며, 또 그것은 성인이나 타인의 중재가 결정적인 역할을 하게 된다는 것을 의미한다.

그러므로 사회적 상호작용을 통해 처음에는 거의 의미가 없었던 단순한 활동으로부터 타인의 중재를 통해 새로운 사고가 나오게 되며 이러한 새로운 사고를 나오게 하는 중재자는 아동주변의 교사, 부모 또는 보다 능력 있는 또래라 하겠다.

이와 같은 중재적 과정은 아동의 발달에 있어서 대단히 중요하며 중재의 원천으로서는 교재, 기호체제, 타인 등 세 가지로 나눌 수 있고, 그중 비고츠키가 가장 중요하게 생각 한 것은 언어를 포함한 기호체제이다. 기호체제는 몸짓, 신호 등과 같이 간단한 것으로부터 문학작품과 같이 복잡한 것 등 다양하다. 따라서 신문이나 TV 등의 대중매체뿐 아니라 서적 등의 문헌자료도 중재의 원천이 될 수 있는 것이다. 그러나 가장 효과적인 중재의 원천은 성인이나 보다 능력이 우수한 또래와의 직접적인 대화나 행동을 통한 상호작용이라 하겠다.

④ 비고츠키이론의 교육에의 적용 방안

근접발달 영역을 활용한 교수·학습 방법으로서 또래간의 협력학습을 들 수 있다. 비고츠키이론을 적용할 수 있는 협력학습의 성패는 또래들 간의 비계를 설정할 수 있도록 집단을 설정해 주는 교사의 능력이다.

협력을 할 수 있도록 집단을 설정할 때, 교사는 협력학습의 주제에 따른 각 아동들의 능력이 상이한 아동들로서 집단을 구성해야 한다. 즉 능력이 우수한 아동들과 보다 능력이 뒤떨어지는 아동들이 한 집단을 구성하도록 함으로써 사회적 상호작용과정에서 보다 능력이 우수한 아동들에 의해 집단의 비계를 설정하도록 도와주어야함을 의미한다.

이 경우 교사는 집단의 아동들이 스스로 협력하여 문제해결의 방안을 모색하고 스스로 발견할 수 있는 기회를 자극해야 할 것이다. 그러므로 교사는 아동들로 하여금 타인의 의견을 경청하게 하고, 자신의 생각이나 느낌을 다른 아동들에게 설명하도록 자극함으로써 아동상호 간에 성공적으로 의사소통하는 것을 도와야 할 것이다.

2) 정의적 발달

(1) 프로이드(Freud)의 심리성적 발달이론

프로이드 이론을 살펴보지 않고 현대의 성격이론을 적절히 이해하기란 불가능하다. 그의 일부 또는 전부를 인정하든 안 하든 프로이드가 20세기 서구문명에 막대한 지적 충격을 주었다는 사실은 아무도 부인할 수가 없다. 사실상 전 인류문명에 이 이론만큼 깊고 광범위하게 영향을 미친 이론은 거의 없었다고 이야기해도 과언은 아니다. 이 이론은 광범위한 학설이었으며, 이에 필적할 만한 이론은 많지 않다. 인간 조건에 대한 프로이드의 관점은 당시의 지배적이던 견해와는 크게 대립되는 것이었지만, 그 당시의 불명확하고 잘 이해될 수 없었던 정신생활을 이해하는 데 적절한 방법을 제시해주는 것이었다.

① 기본개념

- 의식(consciousness) : 의식은 어떤 순간에 우리가 알거나 느낄 수 있는 모든 경험과 감각을 말한다. 프로이드는 정신생활의 극히 일부분(사고, 느낌, 지각, 기억)만이 의식의 범위 안에 포함된다고 말했다. 우리가 어떠한 순간에 경험하는 의식 내용은 그것이 어떤 것이라 하더라도 외부적 요인에 의해 주로 규제되는 선택적 여과과정의 결과인 것이다. 더욱이 이 경험도 다만 잠시 동안만 의식될 뿐 시간이 경과하거나 또는 우리가 주의를 다른 곳으로 바꾸면, 그 순간에 전의식이나 무의식으로 들어가 잠재하게 된다. 그러므로 의식은 성격의 제한된 적은 부분만을 나타낸 것이다.

- 전의식(pre-consciousness) : 전의식은 흔히 이용 가능한 기억이라고 불린다. 즉 전의식은 어느 순간에는 의식되지 않으나 조금만 노력하면 곧 의식될 수 있는 경험(기억)을 말한다. 전의식은 무의식과 의식의 영역을 연결해 주는데, 예컨대 어떤 치료기법에 의해서 무의식 내용이 전의식으로 나타나고 또 그 다음에 의식이 될 수 있다고 프로이드는

생각했다. 전의식은 의식과 무의식 사이에 있는 문지기이다.

- 무의식(un-consciousness) : 프로이드에 의하면 무의식은 인간정신의 가장 크고 깊은 심층에 잠재해 있으면서 의식적 사고와 행동을 전적으로 통제하는 힘(power)이라고 믿었다. 무의식은 전의식의 사고 형태와는 달리 전혀 의식되지 않지만, 사람들의 행동을 결정하는 주된 원인이 된다. 인간의 모든 생활경험은 잠시 동안만 의식의 세계에 있을 뿐 우리가 주위를 다른 곳으로 바꾸거나 시간이 흐르면 잠재하게 되는데, 이것을 무의식이라고 했다. 다시 말하면 의식 밖으로 억압되는 어떤 체험이나 생각(예컨대, 성욕은 문화나 사회규범 때문에 억압된다)은 소멸되는 것이 아니라 무의식 속으로 들어가 잠재하여 그 개인의 행동에 강력한 영향력을 행사한다고 한다.

② 성격의 구조

프로이드는 인간 성격의 구조를 원초아(id), 자아(ego), 초자아(super ego)의 세 종류로 표현하였으며 그 작용원리는 다음과 같다(Crain, 1980).

- 원초아(id)

원초아는 현실지각과 의식으로부터 완전히 분리되어 있으며, 성격의 가장 원시적인 체계로서 우리 마음의 깊숙한 무의식 영역에 속해 있고 유전되는 것으로 출생 시에 이미 존재하며, 그 속에서 자아와 초자아가 분화되어 나오는 모체이다. 원초아의 본질은 노골적이고 공격적이고 동물적이며 조직되지 않는 것으로서 법도 모르고 규칙도 따르지 않는 개인 속에 내재하는 정신적 원동체로서 개인의 전 생의 기초가 된다. 원초아의 성격은 본능적이고 충동적이어서 어떠한 억압도 싫어한다. 원초아는 원초적인 성격체로 모든 인간생활의 일차적인 원리(primary principle)이며 만일 이것이 억제되면 성격 체제에 긴장이 나타난다.

예를 들면, 우리들은 배고픔을 해소한다든지 방광의 긴장을 풀어버릴 때 기분 좋은 안도감을 느낀다. 일차적으로 원초아는 모든 흥분을 제거하고 조용한 상태로, 즉 평화로운 수면상태로 되돌아가려고 애쓰는 본능이다. 이와 같이 원초아는 긴장을 감소하려는 쾌락원칙(pleasure principle)을 따르기 때문에 그는 자신을 괴롭히는 모든 억압을 싫어하고 무시한다. 따라서 언제나 비합리적이고 충동적으로 행동하고 다른 사람이나 자신에게 미칠 어떤 영향도 전혀 고려하지 않는다. 더욱이 원초아는 불안이나 공포를 의식하지 않기 때문에 자신의 하고자 하는 행동을 표현하는 데 있어서도 조심성이 전혀 없다. 프로이드는 이 점이 개체나 사회에 위험을 줄지 모른다고 생각했다.

- 자아(ego)

자아는 인간의 의식과 현실수준을 의미하며 쾌락적 특성과는 달리 현실원칙에 의해서 작용한다. 현실원칙의 목적은 욕구충족을 위해서 적당한 대상이나 환경조건이 이루어질 때까지 본능적 만족을 지연시켜 인간을 안전하게 보호하며, '원초아의 욕구'와 '초자아의 저지' 사이에서 현실을 감안하여 양쪽에 큰 손상이 없는 범위 내에서 적절하게 조정해 주는 조정자의 역할을 한다. 자아는 사실과 허상을 구별할 수 있고 상당한 양의 긴장을 참을 수 있으며, 새로운 사건을 경험함에 따라 인지적, 지각적인 면이 발달하여 현실을 판단할 수 있다.

다시 말하면, 자아의 목적은 자신이나 타인에게 해를 끼치지 않고 원초아의 욕구를 충족시키는 적절한 과정을 발달시키는 데 있다. 그래서 자아는 성장과정, 특히 어린 시절에 형성된다. 클라이언트(client)의 치료 및 상담의 중요한 목적 중의 하나는 자아를 강화시켜 자신의 문제를 스스로 해결할 수 있도록 돕는 데 있다.

- 초자아(super ego)

초자아는 대부분 자아가 요구하는 것을 거부할 뿐만 아니라, 자아의 결정사항에 대해서도 비판적 태도를 취한다. 초자아 역시 부분적으로 무의식적이다. 비록 우리가 도덕기준을 자각하고 있지만 그것들은 무의식적으로 영향을 주고 있다. 예컨대, 우리는 이렇다 할 이유도 없이 우울하게 되는 경우가 있는데 그것은 금지된 생각을 하는 것에 대해 초자아가 우리를 처벌하고 있기 때문이다.

인간이 사회생활을 바람직하게 하기 위해서 그들은 그 사회의 질서 체계인 가치, 도덕, 윤리체계를 습득해야 한다. 이것들을 사회화과정을 통해서 이루어지며, 초자아에 의해 발달된다. 이 초자아는 인간의 마음속에 있는 윤리적이고 도덕적이며 이상적인 면을 말한다. 이러한 초자아는 유전되는 것이 아니고 성격구조 중 마지막으로 발달되는 체계로서, 부모의 양육태도, 즉 부모가 주는 보상과 처벌에 대한 반응으로 발달한다. 초자아란 어린 아이가 옳고 그름을, 선과 악을, 그리고 도덕과 비도덕을 분별할 수 있게 될 때 비로소 나타나게 된다. 초자아는 처음에는 단지 부모의 옳고 그름에 대한 기대만을 반영한다. 어린이는 항상 이러한 부모의 기대에 알맞게 행동함으로써 갈등과 처벌을 피한다. 그리고 어린이의 생활 범위(학교, 동료집단 등)가 점차로 확대됨에 따라 그들의 초자아는 그들 집단이 인정하는 적절한 행동규범을 보태어 형성된다.

결론적으로 초자아는 성격의 도덕적 체계이며 현실의 쾌락보다 인내와 절제를 통해 미래의 이상과 완성을 추구하는 내 마음속에 있는 나이다. 그것은 행동의 옳고 그름을 결정하여 사회에서 공인된 도덕적 기준에 맞추어 행동하는 내 마음속에 있는 도덕적 재판관이다.

③ 성격의 발달

프로이드는 성격의 발달적 측면을 강조하고, 특히 기본적 성격구조의 형성에 있어서 유아기 및 아동기 초기의 결정적 역할을 강조한 최초의 학자로서 성격구조이론을 기초로 성격의 발달을 다섯 단계로 구분하였다.

- 구강기

구강기(oral stage)는 생후 1년 반 동안 발달하는데, 이 시기에 영아는 거의 타인에게 의존하며, 본능적인 만족을 얻는 유일한 수단이 바로 이 의존이다. 피아제(Piaget)와 마찬가지로 프로이드는 생후 약 6개월 동안의 아기들은 사물에 대한 개념을 갖고 있지 못하다고 보았다.

즉 아기가 젖을 먹을 때 엄마의 따뜻한 품은 경험하지만 엄마의 존재를 자신과 분리된 타인으로 인식하지 못한다. 동시에 아기들은 춥거나 젖었거나 배고플 때 긴장과 공포를 느끼지만 고통을 제거해 줄 사람의 존재를 느끼지 못한다. 그들은 단순히 쾌감의 회복만을 다시 기다린다.

이시기의 쾌락의 주 원칙은 빠는 것이다. 빤다는 것은 유아에게 매우 중요한 행위이다. 아기는 살아남기 위해서 빨아야만 한다. 그러나 빠는 행위는 먹는 것 외에 아이에게 쾌감을 준다고 프로이드는 생각했다. 이것이 바로 아기가 배고프지 않으면서도 가짜 젖꼭지나 손가락을 빠는 이유이다.

대략 6개월이 되면 아기는 자신이 어머니와 분리된 존재라는 것을 인식함과 동시에 어머니께 대한 개념을 발달시킨다. 그래서 아기들은 어머니가 떠나거나 혹은 어머니 대신 낯선 사람을 접하게 되면 불안해한다.

동시에 또 다른 중요한 발달이 일어나는데, 아기들은 이가 나면 물어뜯고자 하는 충동을 느끼며 이는 음식물 먹기, 마시기, 빨기 등 구강에 대한 자극, 또 음식이 마음에 안 들면(불쾌하면) 뱉어내는 것 등을 모두 말한다. 후에 이가 나면 깨물기도 하고 뜯기도 하는데 이것은 뜯거나 씹음으로써 불쾌나 불만족을 표현한다. 음식물을 섞고 깨무는 이 두 가지 구강 활동이야말로 후에 발달하는 성격 특성의 원형이 된다.

영아에게 먹는 것이 너무 과도하거나 혹은 불충분하면 구강수동적(oral-passive) 성격 형태가 이루어진다고 말했다. 이러한 성격의 소유자는 세상일에 낙관적이며 타인과 신뢰 의존적(trusting dependent) 관계를 가지며, 모든 것을 희생해서라도 인정을 받으려고 한다. 이러한 사람이 심리적으로 적응해 가는 과정은 수동적이고 미숙하며, 안정감이 없고 남에게 잘 속는 등의 특징을 갖고 있다.

또 프로이드는 구강은 일생을 통해서 중요한 성감대로 남아 구강 고착적 행동을 보이는데 성인의 경우, 손톱을 물어뜯는 행위, 껌을 씹는 행위, 담배를 깨무는 행위, 과음, 과식 등에서 나타나며 프로이드학파는 이러한 사실들이 리비도(libido)가 구강부위에 부착되어 있다는 증거가 된다고 주장했다.

• 항문기

1세 반에서 3세 사이에는 리비도 에너지의 초점이 구강에서 항문으로 옮아간다고 해서 프로이드는 이 시기를 항문기(anal stage)라고 했다. 아동들은 신경계의 발달로 괄약근을 조절하게 된다. 그들은 그들이 원하는 대로 변을 배설하거나 참을 수 있게 된다. 유아는 대변의 배출과 보류에서 상당한 쾌감을 느끼며 점차로 대장 운동을 지연시켜서 이러한 만족을 증진시키는 방법을 알게 된다. 또 아동들은 그들의 배설물에 자주 흥미를 느껴 그것을 가지고 놀거나 만지기를 즐긴다.

그러나 대부분의 부모들은 배설물은 더러운 것이라고 느껴서 아동들이 배설물을 가지고 노는 것을 허용하지 않는다. 그리고 어느 정도 자라서 준비가 되었다고 생각되면 부모들은 그들에게 배설 훈련(toilet training)을 시작한다. 이러한 배설훈련의 결과는 어머니의 훈련 방법에 따라서 그리고 어머니의 대변에 대한 감정에 따라서 아동의 가치관 형성에 중요한 영향을 미치게 된다.

대소변 가리기 훈련에서 어린이는 생후 처음으로 그의 본능적 충동이 외부로부터 간섭받는 경험을 하게 된다. 이때 어떤 아기들은 일부러 자기 자신을 더럽힘으로써, 그리고 때로는 물건을 낭비하고 어지럽히고 자신을 지저분하게 함으로써 부모에게 반항한다. 이러한 성격은 일면으로서 때로는 성인이 되어서까지도 계속된다고 프로이드는 믿었다.

또한 더 심한 방법, 즉 억압적이고 강제적인 방법을 썼다면 어린이는 자기 대변을 가장 부당한 시기에 방출함으로써 분노를 나타내는 수도 있다. 이러한 성격은 잔인하고 파괴적이며, 난폭하고 적개심을 나타낸다. 이러한 사람은 애인과의 관계에서도 상대방을 근본적으로 소유의 대상으로 간주하는 경향이 있다.

그러나 만약 어머니가 아기를 달래서 배변을 적절히 조절하여 알게 한 후, 어린이를 칭찬해 준다면 그 어린이는 배변 조절이 대단히 중요하다는 생각을 갖게 된다. 이러한 생각과 습관은 곧 창조성과 생산성의 기초로 연결될 것이다.

- 남근기

3세부터 6세 사이에는 어린이의 리비도(성적 에너지)적 관심은 새로운 성감대인 생식기로 옮아간다. 이 기간 동안에 어린이는 자신의 성기를 자세히 관찰하고 자위행위를 하며, 출생과 성에 대한 질문을 하는 것을 관찰할 수 있다. 그들은 부모의 성교 관계를 목격할 수도 있고 또 부모의 대화나 다른 어린이들의 이야기를 통해 그런 원초적 관계를 상상할 수도 있을 것이다. 프로이드는 성교는 아버지가 어머니에 대한 공격으로 보고 있는 어린이도 있다고 말했다.

남근기(phallic stage)의 갈등은 프로이드가 명명한 오이디푸스 콤플렉스(oedipus complex)이다. 프로이드는 이 오이디푸스 콤플렉스의 동일시를 그의 가장 위대한 발견중의 하나라고 했다.

어린이는 이 시기에 동성의 부모를 적대시하고 이성의 부모를 로맨틱하고 열렬하게 사랑한다. 이러한 감정 때문에 어린이는 동성 부모에 대해서 경쟁자로서 갈등을 갖게 된다. 즉 이성의 부모에 대해서 질투와 분노를 가지게 된다. 이러한 콤플렉스는 그 발생과 해소가 남녀간에 약간 차이가 있다. 남아의 경우는 첫 사랑의 대상이 어머니인데 그는 어머니를 소유하고 싶어 하며, 그래서 아버지가 용서하지 않을 것이라고 생각한 나머지 언젠가는 자기를 해칠 것이라는 불안과 공포심을 갖게 된다. 이러한 아버지에 대한 두려움은 거세불안(castration anxiety)이라고 불린다.

여자 어린이가 이 시기에 갖는 갈등은 엘렉트라 콤플렉스(electra complex)인데, 여아들은 자신의 결함 때문에 자기가 여성임을 비관하게 된다고 말했다. 동시에 여아는 그녀의 아버지가 부러운 기관을 가지고 있기 때문에 아버지를 소유하고 싶어 한다. 여아가 남근을 갖는 것이 불가능하다고 느껴지면 남근을 대처할 만한 다른 대상에게 성적 쾌감을 갖게 된다. 성적 만족은 음핵(clitoris)에 집중되고, 5세에서 7세 사이의 여아는 음핵에 대한 자위가 남근이라고 착각하고 행하게 된다.

남근의 고착(fixation)은 성인 남자의 경우는 대부분 경솔하며 과장되고 야심적이다. 남근기형은 성공하려고 노력하여(노력은 이성의 부모에 대한 승리를 의미한다.) 그들의 강인함과 남자다움을 나타내려고 한다.

프로이드는 남근기에 고착된 여성의 경우는 성관계에 있어서 순진하고 결백해 보이지만 난잡하고 유혹적이며 경박한 기질을 갖고 있다고 말했다. 또 어떤 여성들은 이런 기질 대신 아주 자기주장적이어서 남성을 능가하고자 노력한다고 했다. 프로이드는 미해결된 오이디푸스 문제는 후에 신경증의 원인이 된다고 생각했으며, 특히 성적 무기력과 여성의 불감증의 원인이 된다고 보았다.

• 잠재기

6세에서 사춘기까지의 어린이는 잠재기(latency stage)에 들어간다. 이 시기에는 성적이고 충동적인 환상들이 대부분 잠복상태에 있게 된다. 이 시기에는 위험스런 충동이나 환상들이 내부 깊숙한 무의식에 갇혀 있으므로 아동은 그것들에 대한 걱정에서 벗어나 비교적 평온한 상태를 유지하게 된다. 이제 아동들은 친구들과 우정을 나누며, 스포츠나 게임, 지적 활동 등과 같은 구체적이고 사회적으로 용납될 수 있는 일에 그들의 에너지를 전환시킬 수 있게 된다.

예컨대 8세 된 남아는 여전히 여자 아이의 몸에 관심을 보이지만 남근기에 비해 외부로 나타나지 않고 성적 관심이 저하된 특성을 보인다(서봉연·송명자, 1988). 프로이드는 이 시기의 성적 관심의 저하는 생리학적 현상으로 보았으며, 마지막 심리 성적 발달 단계의 준비시기로 보았다.

• 생식기

사춘기는 생식 기관이 발달하고 내분비 기관이 호르몬을 분비함으로써 2차 성 특징이 나타난다. 즉 남자에게는 턱수염이 나고 여자들은 가슴이 발달한다. 이러한 변화는 성적 관심과 충동을 증가시키는 이유가 된다. 즉 생식기(genital stage)에서의 주요 생물학적 기능은 생식하는 것이다.

프로이드 학파는 모든 인간은 사춘기 초기에 동성애(homosexual)를 거친다고 본다. 새로이 분출된 성 에너지가 일정기간 동성의 친구들에게로 향했다가, 오이디푸스 갈등의 해결에서와 같은 방법으로 점차적으로 성적 에너지의 대상이 이성으로 옮아가게 된다.

이러한 경향은 잠복기에 자애적(自愛的) 추구로부터 벗어나 애타적 동기로 이성(異性)을 사랑하는 것을 의미한다. 성적 매력, 사회화, 집단활동, 직업에 대한 관심 그리고 결혼과 가족 부양에 대한 준비들이 나타나게 된다. 사춘기에 이 같은 사회화된 애타적 추구는 습관적 전이(轉移), 승화(昇華) 및 동일시와 같은 형태로 크게 안정된다.

프로이드는 사춘기 이후 개인의 주요 과제는 부모로부터 자유로워지는 것이라고 했다. 아들의 경우, 어머니와 연결된 끈을 풀고 자기 자신의 여자를 발견하는 것을 의미한다. 그는 또한 아버지와의 경쟁을 버리고 아버지의 지배로부터도 자유로워져야 한다. 딸의 경우도 마찬가지이다. 그녀 역시 부모와 떨어져 자기 나름의 삶을 확립해야 한다. 그러나 프로이드는 이러한 독립이 결코 쉬운 것은 아니라고 언급했다. 왜냐하면 오랫동안 쌓아진 부모에 대한 의존심이 끊어진다는 것은 감정적으로 매우 고통스럽기 때문이다.

(2) 콜버그(Kohlberg)의 도덕성 발달이론

학교의 현장에서 많은 교사들이 '도덕은 어떻게 가르칠 것인가?'의 문제에 직면하게 된다. 교사들의 이러한 갈등에 대해 콜버그는 '도덕성'을 '도덕적 판단'이라는 인지적 측면을 강조함으로써, 도덕은 학습되고 발달될 수 있음을 시사하였다.

콜버그는 '하인즈 이야기'라는 도덕적 딜레마에 대한 이야기를 만들어 5세에서 18세 사이의 아동을 대상으로 연구하였다. 연구 결과 아동들의 갈등상황에 대한 반응이 연령에 따라 다름을 알게 되고, 그 결과를 기초로 하여 도덕성 발달단계를 3수준 6단계로 제시하였다.

도덕적 딜레마에 대한 이야기
-하인즈가 약을 훔치다

유럽의 한 부인이 특수한 종류의 암을 앓아 거의 죽어가고 있었다. 그 부인의 병을 치료하는 데는 오직 한 가지 약밖에 없는 것으로 알려져 있었다.이 약은 같은 마을에 사는 어느 약사가 최근에 발명한 라디움 종류의 약이었다. 그 약을 만드는 데는 원가가 상당히 비싼 데다가, 그 약사는 약값을 원가의 10배나 요구하였다. 라디움을 200달러에 구입해 가지고 그 조그만 약을 2,000 달러에 팔려고 한 것이다. 병든 부인의 남편인 하인즈는 돈을 구하기 위해 아는 사람들 모두 찾아다녔으나 그 약값의 절반밖에 안 되는 1,000달러밖에 마련하지 못했다. 할 수 없이 하인즈는 그 약사에게 가서 자기 부인이 죽어가고 있다고 설명하고 그 약을 1,000달러를 받고 싸게 팔거나, 아니면 외상으로라도 자기에게 팔아 주면 다음에 그 돈을 갚겠다고 간청했다. 그러나 그 약사는, "안 됩니다.그 약은 내가 발명한 약인데, 나는 그 약으로 돈을 벌어야 합니다"라고 대답했다. 절망에 빠진 하인즈는 결국 약방을 부수고 들어가서 자기 부인을 위하여 그 약을 훔쳐냈다.

콜버그는 위의 도덕적 딜레마에 대해 '예' 또는 '아니오'라는 양분식 반응보다 '왜?'라는 질문에 대한 답을 분석하여 유아들에게서 성인에 이르기까지의 도덕적 추론에 대한 발달을 연구하였다. 위와 같은 인지적 접근의 도덕성 발달이론은 인지적 요인을 중시하는 교육에서 상당히 설득력이 있다.

콜버그는 교육에서 도덕적 추론능력 혹은 도덕적 판단 능력을 신장시키기 위한 방법으로 토론식 수업을 제안했으며, 이것의 효과를 여러 연구에서 입증했다. 그는 학교에서 도덕성의 문제를 어린이에게 가르칠 것이 아니라, 어린이의 도덕성 판단 단계에 맞게 소집단을 형성하여 도덕성 문제 및 도덕적 가치 갈등에 대하여 토론을 하게 함으로써 도덕성 발달이 하위단계에서 다음 상위단계로 이행되도록 하는 데 도움이 될 수 있다고 하였다. 어린이는 자신의 현재 도덕성 단계보다 한 단계 상위단계까지는 이해할 수 있으며, 보다 상위단계의 판단을 좋아하는 경향이 있다고 한다.

콜버그의 도덕성 발달이론은 부모나 교사들이 어린이의 연령에 따라 어떻게 도덕 교육을 할 것인가에 대한 구체적인 행동유형을 제시해 주고 있다. 예컨대, 아주 어린 아동들이 나쁜 행동을 했을 때는 즉각적인 처벌로 어린이의 행동이 잘못되었다는 것을 알려줄 필요가 있을 것이다. 보다 성숙한 어린이나 청소년에게는 사회적 제재보다 보편적인 가치기준 혹은 양심에 호소하는 것이 더 적절한 방법이 될 수도 있을 것이다. 콜버그의 도덕성 발달 단계는 다음과 같다.

① 제1수준 : 전 인습적 : 전도덕성

도덕적 선악의 개념은 있으나, 준거는 권위자의 힘이나 개인적 욕구에 관련시켜 해석한다.

- 1단계(주관화–복종과 처벌지향)

  하인즈가 약을 훔치는 것은 벌을 받게 되기 때문에 잘못이라고 판단한다. 권위자의 벌을 피하고, 권위에 복종한다. 3~7세에서 나타나는 이 단계는 벌과 순종을 향하여 있다. 놀이 친구를 고자질할 것인가 말 것인가 하는 질문을 받는다면, 이 나이 또래의 어린이는 "차라리 말하겠어. 그렇지 않으면 매 맞을 거야."라고 말할 것이다.

- 2단계(상대화–상대적 쾌락주의)

  약을 훔쳐서라도 하인즈는 자기 아내의 생명을 구해야 한다고 판단하는 시기이다. 자신의 욕구충족이 도덕판단의 기준이며, 욕구 배분의 동기는 있으나 자신의 욕구충족을 우선 생각한다. 8~11세의 어린이에게 나타나는 이 단계는 순진한 도덕적 상대주의(naive instrumental relativism)에 있게 된다. 앞의 질문에 대하여 어린이는 오히려 다음과 같이 답변할 것이다. "다른 아이들과 잘 지낼 수 있도록 고자질하지 않겠어요."

② 제2수준 : 인습 수준 : 타율 도덕성

자신이 속한 집단의 기대나 기준에 맞추어 행동하는 것을 이상으로 여기며 사회질서에 동조하고자 하고 힘 있는 사람과 동일시하려 한다. 다른 사람의 상호작용을 고려한 사회 지향적 가치기준을 갖는다.

- 3단계(객체화–착한 아이 지향)

하인즈가 약을 훔치는 것은 약사의 권리를 침해하여 남에게 해를 끼치기 때문에 옳지 못하다고 판단한다. 대인 관계 및 타인의 승인을 중시한다. 이 시기는 상호 인격적 일치가 나타난다. 청소년은 다른 사람의 관점과 의도를 이해할 수 있고, 고려할 수 있다. 정의는 항상 다른 사람을 부정하고 해치지 않는 옳은 것에 대한 인습적 형상(image)을 포함한다. 아무리 반항적인 청소년일지라도 항상 그들의 도덕적 개념을 유지해 주는 동년배 집단이 있게 마련이다. 이들의 도덕적 판단의 특징적인 결과는 보다 덜 반항적인 청소년들과도 마찬가지이다.

- 4단계(사회화–사회질서와 권위 지향)

법은 어떤 경우에도 지켜져야 하기 때문에 하인즈의 행동은 정당하지 못하다고 판단하는 시기이다. 법과 질서를 준수하며, 사회 속에서 개인의 의무를 다한다. 이때에는 법과 질서가 호소력이 있다. 친구의 비행을 말할 것인가, 아니할 것인가 하는 것은 그 행위가 법을 어겼는가? 또는 공공의 질서를 심각하게 방해하였는가? 하는 것이다. 정의는 자신의 의무를 행함으로, 자기 자신의 사회의 가치를 유지하는 것이다. 그러나 아직 소수의 권리에 대한 예리한 감각은 없다. 가장 성숙한 측면이 탈 인습적 측면이다. 여기에서 도덕적 관습이 이해된다. 그러나 다른 것을 고려하는 것도 역시 중요하다.

③ 제3수준 : 후 인습수준 : 자율도덕성

자신의 가치관과 도덕적 원리원칙이 자신이 속한 집단과 별개임을 깨닫게 되면서 개인의 양심에 근거하여 행위를 하게 된다.

- 5단계(일반화–민주적 법률)

하인즈가 약방 문을 부수고 들어간 것은 잘못이나 인명을 구하기 위한 일이므로 용서해야 한다고 판단하는 시기이다. 인간으로서의 기본원리에 따라 행동한다. 사회적 책임으로서의 공리주의, 가치기준의 일반화를 추구한다. 25세 이상의 시기에 나타난다. 이 단계의 사람들은 신념이 서로 다른 사람들의 상호 유익을 위하여 합의를 시도한다. 그러므로 소수까지 포함된 모든 개인의 권리가 인정되는 것이 모두의 관심거리가 된다. 어떤 친구의 비행을 말할 것이냐 아니냐 하는 문제는 이제는 그 친구가 그 행위를 하게 된 이유에 달려 있게 되고, 가능한 여러 행동이 그 친구와 보다 넓은 공동체에 끼칠 영향력을 고려하게 된다. 그러므로 정의는 개인의 권리를 보호하는 것이라고 정의된다.

- 6단계(궁극화–보편적 원리)

  법이나 관습 이전에 인간 생명이 관여된 문제로서 생명의 가치는 무엇보다도 우선하여 생각해야 한다고 한다. 보편적 도덕원리 지향을 의미하며, 스스로 선택한 도덕 원리, 양심의 결단에 따른다. 제6단계는 극히 소수만이 도달하게 된다.

03 학습자의 심리적 이해

1. 학습자의 지적특성

1) 지능

교실 상황에서 학생들의 학습효과를 극대화시키기 위해 고려해야 할 개인차 변인은 매우 다양하다. 그런 개인차 변인들 중에서 지금까지 가장 중요하게 여겨져 온 것은 지능이다. 대부분의 교사나 학부모들은 학업성취에 개인차가 생길 때 그 원인으로 지능의 개인차를 먼저 생각한다. 지능이란 얼마나 빨리, 얼마나 쉽게, 얼마나 더 많은 것을 학습할 수 있는가에 영향을 주는 변인으로 보았으므로 학업성취를 예언해 주는 가장 중요한 변인이라 여겨졌다.

(1) 일반지능

① 지능의 정의

지능(intelligence)이란 무엇인가?' 라는 물음에 간단히 정의내리기는 쉽지 않다. 누구나 희미하게 알고는 있지만 막상 뚜렷하게 '이러하다'라고 하기는 그 정의가 학자에 따라 또는 시대에 따라 다르기 때문이다.

지능이란 개인이 자신의 환경속의 여러 사상을 지각하고 인지하고 거기에 내포된 문제를 해결하는 일반적 능력으로서, 명석함, 사물을 이해하는 능력, 경험을 통하여 학습하는 능력 등을 모두 포함하고 있다. 한 학급에서 한 교사가 가르쳤는데도 어떤 학생은 잘 학습하고 다른 학생은 학습에 곤란을 겪는지의 이유는 지능의 역할을 어느 정도 설명해 준다. 일반적으로 지적 능력이라고 하면 지능을 의미하며, 이는 교육 내에서뿐만 아니라 교육 외에서도 많이 논의되고 있다. 그러므로 인지적 영역에 대한 고찰은 지능에 대한 연구로부터 시작된다고 해도 과언이 아니다.

지능의 정의에 대해 종합해보면, 추상적인 것을 취득하는 능력, 문제해결력, 정신적인 능력, 학습능력 등으로 대별된다.

② 지능의 결정요인으로서 유전과 환경

지능발달을 중심으로 유전론과 환경론이 맞서서 오랫동안 논쟁을 거듭해 왔으나 오늘날에는 유전과 환경이 상호작용하여 결정된다는 입장으로 굳어져 가고 있다. 지능이란 생득적으로 주어지는 부분도 있지만, 다만 지적으로 어느 정도 발달할 수 있는가의 가능성을 가늠할 수 있는 기초로서 이해해야 한다.

지능에 대한 유전의 영향을 지지하는 대부분의 증거는 유전관계가 다른 사람들 사이의 지능을 비교한 연구결과이다. 일반적으로 유전관계가 가까울수록 지능도 비슷했으며, 부모와 친자식간은 부모와 양자관계보다 상관계수가 높고, 일란성쌍둥이도 이란성쌍둥이보다 상관이 높다.

환경주의자들은 지능이 유전된다는 것을 부인하지는 않으나 유전은 출발에 불과한 것으로 본다. 즉 특정한 정신능력을 유전받기는 하지만 사람의 지적능력의 발달정도는 환경 내에서의 제반 자극과 반응 및 영양섭식에 따라 다르다고 주장한다. 젠센의 연구는 빈곤한 환경, 풍부한 환경의 영향과 유전, 즉 환경 및 지능과의 관계를 모형으로 제시하였다. 여기서 그는 유전인자와 출생 전 발달이 지능의 80%를, 그리고 나머지 20%는 환경이 담당한다고 전제하였으며, 지적 발달의 영양공급으로 유추하였다. 풍부한 환경의 영향을 받은 사람은 지능발달이 높지만 빈곤한 환경의 영향을 받은 사람은 지능발달이 감소됨을 알려주었다.

현재 연구자들은 지능의 발달에 유전과 환경 중 어느 것이 더 중요한지에 대한 논의보다는 지능과 환경사이의 상호작용에 대한 연구에 더 관심을 기울이고 있다. 많은 학자들은 유전에 의해서 지능잠재력의 상한과 하한이 정해지고 그 잠재력의 범위 내에서 환경적 요인에 의해서 개인이 실제 나타내는 지능의 정도가 결정된다고 가정하고 있다. 이러한 지능의 범위를 반응범위라고 부른다. 이러한 가정에 의하면 아무리 환경이 이상적이라도 넘을 수 없는 개인지능의 상한계가 있고 또한 가장 최악의 환경에서도 개인의 지능이 더 이상 내려갈 수 없는 하한계가 있다(김현택, 2003).

③ 지능과 학업성취

현대 많은 연구들은 지능지수와 학업성취 간에 밀접한 관계가 있음을 알려준다. 보통 지능지수가 높은 학습자는 표준화된 성취도 검사에서 높은 점수를 얻는다. 일반적으로 지능지수는 평균 .50이상의 학업성취를 예측하게 한다. 한 요인이 학업성취에 있어 그 정도의 예측력을 가진다는 것은 그 비중이 높음을 알 수 있다. 이런 의미에서 IQ는 학교성적의 예언자의 기능을 할 수 있다. 이러한 주장은 상당히 설득력이 있으나 IQ가 학력의 예언자로서 훌륭하다는 뜻일 뿐 IQ에 의해 학교성적이 전적으로 결정된다는 뜻으로 해석해서는 안 될 것이다.

흔히 많은 사람들이 학업성취를 결정하는 유일한 요인이 지능지수(IQ)라는 생각을 하고 있다. 이것은 잘못된 생각임에도 불구하고 오늘날 많은 학교, 사회에서 믿고 있는 것이 현실이다. 일반적으로 지능과 학업성취 간에는 .6~.7 정도의 상관관계가 있으며, 이는 지능지수가 학업성취도를 결정할 수 있는 변량이 36%~49%밖에 되지 않는 것으로(김정휘·주영숙, 1998), 나머지 51%~64%는 지능지수 이외의 변인이 학업 성취에 영향을 미친다고 할 수 있다.

지능지수가 상당히 안정적이긴 하지만 지능지수는 실시할 때마다 변동이 있을 수 있으므로 인간의 지적인 영역을 포괄적으로 측정하지는 못한다. 따라서 지능검사를 학교에서의 의사결정에 중요한 수단으로 이용하기보다는 우리가 어떻게 학생들의 학업성취에 도움이 될 것인지에 대해 예언을 해주는 최선의 도구로 이용할 수 있을 것이다.

(2) 가드너(Gardner)의 다중지능 이론(multiple intelligence)

다중지능 이론을 처음으로 주장한 가드너는 '프로젝트 제로('우리는 지능에 대해 아무것도 모른다. 그래서 이것을 프로젝트 제로라 부를 것이다'라고 한 철학자 Goodman의 말에서 유래함)'의 광범위한 연구 결과를 종합한 결과, 지능에는 여덟 종류의 구조가 있음을 발견하였다.

가드너는 광범위한 연구를 통해 우선 7개의 독립적인 지능인 신체-운동지능, 언어적 지능, 시각-공간적 지능, 논리-수학적 지능, 음악적 지능, 대인관계 지능, 개인이해의 지능 등을 제시하였고, 최근의 연구를 통해 8번째 지능인 자연탐구 지능을 첨가하였다.

가드너의 다중지능 이론을 지지해 주는 증거로써 특별한 능력이나 재능을 보이는 사람들에 대한 연구를 들 수 있다. 음악, 수학 등의 분야에서 어릴 때부터 뛰어난 성취를 보이지만 자신이 재능을 보인 영역 이외의 분야에서는 평범한 인재들, 그리고 지능은 낮으나 특출한 기능을 보이는 사람에 대한 연구들이다. 즉 한 영역에서는 뛰어난 기능을 보이지만, 다른 영역에서는 거의 평범한 수준인 경우도 있음을 본다면 지능은 각기 독립된 능력들임을 뒷받침해 주고 있다(홍순정, 1999).

가드너(1993)는 종래의 지능이론들은 언어적 지능과 논리 수학적 지능만을 지나치게 강조하여 학교나 가정에서 그 외의 지능이 우수한 아동들의 실제능력을 개발해 주지 못한다고 지적하고 있다.

가드너의 이론은 교육에 세 가지 시사점을 주었다.

첫째, 모든 학습자는 최소한 하나의 우수한 지능을 갖고 있기 때문에 학습자가 어려워하는 교과목을 이 지능을 이용하여 가르치면 성공적으로 학습할 수 있다는 것이다.

둘째, 지능 곧 재능을 발견하여 직업수준으로까지 개발하여 주는 것이다.

셋째, 자신과 남의 장점, 가치를 이해·존중함으로써 인간과 사회의 다양성을 인식하고 긍정적 자아개념을 형성한다는 것이다.

이러한 가드너의 지능이론은 지능을 여러 가지로 분류하여 명명하는 것은 지능과 다른 인성특성이나 재능과의 구별을 흐리게 할 뿐이며, 지능의 이해에 별로 도움이 되지 않는다는 점과 지능 측정방법으로 IQ검사와 같은 간편한 검사가 없다는 점 또한 학교교육에서 학습자들의 다양한 지능을 발견하고 개발하여 교육적으로 활용하기가 쉽지 않다는 점에서 비판이 되고 있다.

(3) 정서지능

지금까지 우리 사회에서는 인간의 정신적 능력을 평가하는 척도로써 IQ라는 도구를 사용해 왔고 사회적으로 성공하기 위해서는 지능지수가 높아야 한다고 생각해 왔기 때문에 학교의 교육이나 사회의 인식은 자연히 지적·이성적 능력만을 강조해 올 수밖에 없었다고 할 수 있다.

오랜 기간에 걸쳐서 이러한 풍토가 계속되어 왔으며, 교육계에서조차 이런 식의 교육이 만연됨에 따라 점차로 인간성이 상실되어 가기 시작했는데, 이는 인간성의 개발보다는 암기식, 주입식의 지식 교육만을 지나치게 중시한 결과로 볼 수 있다. 특별히 최근에 들어서 이러한 문제점이 많이 대두되어, 교육계를 중심으로 지식위주의 교육으로 인한 부작용을 인식하고 삶의 질을 생각하는 움직임이 활발하게 일어나고 있다.

이러한 과정에서 실제로 '한 개인의 성공을 예견할 수 있는 것은 어떤 정서적 능력이 아닐까?' 하는 생각에 초점을 두게 되었고, 이에 감성지수(Emotional Intelligence) 혹은 정서 지능지수(Emotional Intelligence Quotient)라는 용어가 대두되었다.

① 정서 지능의 개념

정서지능의 개념을 처음으로 사용한 사람은 미국의 심리학자 Mayer와 Salovey이다. Salovey와 Mayer(1990)는 정서지능을 '자신의 감정 상태를 인식하고 자신의 감정을 조절하고 자신을 동기화하고 타인의 감정을 인식하며 상대방과 인간관계를 맺고 관리하는 능력'으로 정의하였다. 다시 말하면, 정서지능은 감정 정보처리 능력이며, 감정 정보처리 능력은 자신과 타인들의 감정을 정확히 지각하고, 인식하고, 적절히 표현하는 능력이다. 또한 이것은 삶을 향상시키는 방법으로 자신과 타인의 감정을 효과적으로 조정하는 능력, 동기를 부여하는 능력을 포함하고 있다.

② 정서지능의 구성요소

- 자신의 감정을 인식하기 : 감정을 있는 그대로 인식하기

  자신의 감정을 느껴지는 그대로 인식하는 것을 말한다. 현재의 감정에 빠져들지 않고 '지금 내가 느끼는 것이 분노의 감정이다'라고 자신의 감정을 모니터하는 것은 자기통제의 첫 번째 단계이다.

- 자신의 정서를 관리하기

  정서지능의 두 번째 하위요소는 자신의 감정과 정서를 조절하는 능력으로서, 자신의 감정 및 정서를 관찰하고 평가하며, 상황에 따라 변화시키기 위해 작용하는 조절 시스템을 의미한다.

- 타인의 감정을 인식하기 : 감정이입

  사람들이 자신의 감정뿐만 아니라 자기 주변 사람들의 감정을 지각하는 것은 정서지능의 핵심이다. 타인의 감정을 인식하는 능력은 곧 감정이입 능력이다. 감정이입은 다른 사람의 감정들을 이해하고, 그 감정들을 다시 경험하는 능력으로서 자기 인식의 토대가 될 뿐만 아니라 이타주의의 근원이며, 도덕적 판단과 행위의 기초가 된다. Goleman (1995)은 아동의 공감능력을 키우는 방법으로써 아동으로 하여금 자신의 잘못된 행위가 다른 사람이나 친구 혹은 동물들에게 어떤 고통을

줄 것인지 스스로 생각하게 하는 방법을 제시하였다.

- 자신에게 동기를 부여하기 : 정서조절

감성적 통제는 목적을 위해 감정을 잘 다스리는 것을 말한다. 그것은 개인이 과제를 수행할 때, 주어진 과제에 몰두하고 끝까지 할 수 있는 능력을 의미한다. 만족을 지연시키고 충동을 억제하는 것과 같은 감성적 자기통제는 모든 성취의 기초가 된다.

- 타인의 감정을 다루기 : 관계를 관리하는 능력

정서지능은 다른 사람들의 감정 반응을 조정하고 바꾸는 능력을 포함한다. 다른 사람의 감정을 알고 그런 감정을 더 효과적으로 활용하는 능력, 즉 타인의 감정을 관리하는 능력이 인간관계를 다루는 기예의 핵심이다.

2) 창의성

2003년 타계한 미국의 교육심리학자 토랜스 교수는 창의성 교육과 연구를 왕성하게 하여 창의서의 분야에서 세계적 권위자로 인정받은 사람이다.

현재는 불확실성의 시대이다. 살아가는 가운데 그 어떠한 상황들이 우리 아이들의 앞에 나타날지 알 수 없고, 그러한 예측 불가능한 불확실성은 아이들에게 스트레스로 존재하게 되고, 그 스트레스는 해결 되어야만 보다 나은 삶을 살 수 있을 것이다.

이러한 문제해결력은 고차원적인 지적 능력이며 또한 사고력의 범주이다. 따라서 인간의 사고력에 대한 최근의 연구들은 보다 고차적이고 생산적인 지적 작용으로서의 창의성에 높은 관심을 보이고 있다. 인간의 다양한 능력 중에서 특별히 창의적 사고력을 강조하는 이유는 급변하는 사회를 살아가는 현대인들에게는 새로운 문화를 바르게 수용하고, 고유의 문화를 창조적으로 개발할 수 있는 능력이 요구되기 때문이다.

(1) 창의성의 의미

창의성이란 어렵고 복잡하며 다면적인 성격을 띠고 있고, 또한 인간의 가장 높은 수준의 수행과 성취이기 때문에 일치된 정의는 찾아보기가 힘들다. 창의성을 연구한 대표학자인 토랜스(Torrance)는 "창의성이란 곤란한 문제를 인식하고 그것을 해결하기 위하여 아이디어를 내고, 가설을 세우고 검증하며, 그 결과를 전달하는 과정"이라고 정의하였다.

첫째, 창의성은 '새로움(novelty)' 혹은 '독창성'(originality)이라는 의미를 가지고 있다.

즉 아무리 기발하고 고상한 아이디어나 작품이라 하더라도 새로움(독창성)이 없다면 창의적이라고 해석할 수 없다는 뜻이다. 예를 들어, 이전에 이미 존재했던 물건이나 과학적 발견을 모방한 아이디어나 산물은 창의적이라고 할 수 없다는 것이다.

둘째, 창의적인 아이디어나 작품은 '적절성' 혹은 '유용성'이 있어야 한다.

아이디어가 새롭다고 해서 항상 창의적인 것은 아니다. 새로운 아이디어라 하더라도 적절하게 또는 유용하게 쓰일 수 있어야 한다.

셋째, 창의성은 '정신과정(mental process)'이다.

즉 창의성이란 창의적인 문제해결이나 창의적인 아이디어의 산출과정에 작용하는 정신적 기술이라는 의미이다. 따라서 이는 곧 창의성을 기르기 위해서는 구체적인 창의적 사고기술들이 학습되어야 한다.

(2) 창의성의 구성요소

창의적 행동이나 산출물을 위해 필수적인 창의적 사고는 그와 관련된 인지적 요인과 성향적 요인으로 구분된다.

① 인지적요인

- 유창성 : 문제 상황에서 가능한 한 많은 아이디어나 반응을 산출하는 능력으로서, 유창성이 높아서 아이디어를 많이 내면 낼수록 독창적인

아이디어나 만족할 만한 해결책을 찾아낼 가능성이 높아진다. 따라서 유창성은 창의적 사고의 과정에서 비교적 초기단계에서 많이 요구되는 기능이다.

- 융통성 : 융통성은 고정적인 사고방식에서 벗어나 여러 각도에서 다양한 해결책을 찾아내는 능력이다. 즉 사고의 틀을 바꾸는 능력이다.
- 독창성 : 기존의 것과는 다르게 새롭고 독특한 아이디어를 산출하는 능력이다.
- 정교성 : 기존의 아이디어에 흥미롭고 유용한 세부사항을 추가하여 보다 가치로운 것으로 발전시키는 능력이다.

② 창의적 사고의 성향적 요인

창의적 사고의 성향은 정의적 또는 태도적 특성을 의미한다.

- 민감성 : 주변의 환경에 대해 예민한 관심을 보이고 이를 통해 새로운 탐색영역 을 넓히려는 성향이나 태도이다. 평소 사물이나 상황을 호기심을 갖고, 의문점은 끊임없이 질문하는 태도에서 민감성은 길러지며, 이러한 민감성은 새로운 발견의 기초가 된다.
- 개방성 : 자신의 경험에 제한 받지 않고, 모든 가능성을 수용하려는 성향이나 태도이다. 항상 열린 마음으로 새롭고 다양한 경험을 할 때 고정관념에 빠지지 않고 사물을 다양하게 보는 능력이 생긴다.
- 인내심 : 불확실함을 견디며 끝까지 포기하지 않는 성향이나 태도이다. 애매모호한 상황을 잘 참아내면서 무엇인가를 찾으려 하는 태도로서 어려운 상황이나 문제를 피하지 않고 과제가 해결될 때까지 끝까지 물고 늘어지는 집착력이나 인내심은 새로운 발견을 경험할 수 있는 훌륭한 태도이다.
- 모험심 : 위험을 감수하며 장애를 극복하려는 성향이나 태도이다. 새로운 상황에 대해 피하기보다는 도전의식을 갖는 성품이 다양한 경험을 할 수 있게 한다. 따라서 모험심은 창의적 사고의 기회를 높여 준다.

2. 학습자의 정의적 특성

교육은 지적 영역만이 아니라 정의적 영역도 대상으로 하고 있다. 정의적 영역은 교육의 대상일 뿐 아니라 교육의 효과를 매개하는 중요한 요소이다. 여기서는 정의적 요소 중 자아개념, 동기, 불안에 관해 고찰하기로 한다.

1) 자아개념

(1) 자아개념의 정의

자아개념이란 자신이 어떤 유형의 사람인가에 대한 개인적 신념으로서 이것은 개인의 경험을 통해 발달되는 것으로 알려져 있다. 자라나는 과정에 있어서 개인이 자신에 대한 인식은 자신의 행동에 대한 주위 사람들의 반응, 과제의 성공 여부, 자신의 경험의 정도 등에 따라 달라진다.

인간의 행동은 자신에 대해 가지고 있는 자아개념에 따라 그 방향이 결정되며 적응의 유형도 달라지게 된다. 따라서 자아개념은 자기 자신에 대한 총체적인 지각으로 '나'라는 것과 관련된 모든 자기지각을 의미한다. 즉 한 개인이 인간으로서 자기 자신의 신체, 행동, 능력 등에 관해 지니고 있는 가치에 대한 태도, 신념, 견해로서 상황에 대한 지각과 환경과의 상호작용을 통하여 형성되는 경험의 총체이다(이경화 외, 2004).

그러므로 자아개념이란 한 개인이 그가 처해 있는 생활의 장에서 자기 자신 및 그의 주변 환경을 어떻게 느끼고 있는가, 또는 자기 자신에 대한 인지적, 감정적 행동적 평가이며 한 개인이 자기 자신을 어떻게 보며 어떻게 지각하느냐 하는 자아에 대한 지각현상을 지칭한다고 볼 수 있다(김용래, 1988).

학교교육과정에서 학습자는 각종 학습과제나 시험 등을 통하여 자신의 능력을 확인하게 되고 또한 중요한 타인들에 의해 지속적인 평가와 피드백을 받게 된다. 이때, 좋은 평가를 받게 되면 학습자는 자신의 능력을 높게 지각하게 되고, 반대로 나쁜 평가를 받게 되면 학습자는 자신의 능력을 보다 낮게 지각하게 되는 것이다. 이처럼 학습자는 자신의 능력을 절대적으로 지각하기 보다는 다른 학습자의 능력과 자신의 능력을 상대적으로 지각하게 된다. 또한 이러한 자아개념은 학업성취뿐만 아니라 교사와 부모, 그리고 또래 등의 태도에 의해서도 영향을 받게 된다(김영봉 등, 2007).

(2) 자아개념의 발달

자아개념의 발달은 사회적 환경과 경험의 영향을 받는다. 즉 자신에게 중요한 타인, 즉 부모·교사·친구 등의 평가나 애정 및 수용 등이 자아개념 발달에 영향을 미친다. 자아개념에서 부모와 아동의 관계는 매우 중요한 결정요인으로서 가정의 분위기가 온화하고 가족 간에 서로 존경하면 아동들은 그들 자신에 관한 현실적인 개념을 발달시키며 부모가 자녀에 대해 무관심했을 때 그 자녀들은 낮은 수준의 자아존중감을 보여 준다. 부모에 의해서 받아들여진 인정 정도, 허용행동의 명백한 한계, 개인의 행동에 대한 존중과 관용도, 부모의 높은 자아존중감 등이 자녀의 자아존중감의 발달을 돕는다(김기정, 1984; 김현지, 1997).

가정생활과 자아개념의 연구들은 자신들의 사회화의 모델로 부모의 중요성을 강조하고 있는 듯하다. 부모의 주의부족, 애정의 결핍, 규칙의 부족, 엄한 벌, 그리고 가족의 긴장이 자아개념 발달에 부정적인 영향을 주고, 자아존중의 정도를 저하시고 있음을 보여준다. 학교생활에 만족하는 사람들은 존경받고 가치 있는 역할모델과 자기 자신을 동일시하면서 자아를 발전시켜 나가며, 따라서 가치 있는 자아지각을 형성하여 나간다.

(3) 자아개념과 학업성취

아동은 각종 학습과제나 시험을 통해 자신의 능력을 시험하게 되고 또한 교사나 부모 그리고 동급생들에 의해 계속적인 평가를 받게 된다. 이때 각종 시험에서 좋은 성적과 함께 교사나 부모, 그리고 동급생들로부터 좋은 평가를 받게 되면 학습자는 자신의 능력을 높게 지각하게 되나 반대로 시험에서의 낮은 성적과 함께 주위 사람들로부터 나쁜 평가를 받게 되면 학습자는 자신의 능력을 낮게 지각하게 된다. 또한 이때 학습자는 자신의 능력을 그대로 지각하는 것이 아니라 다른 학습자의 능력과 자신의 능력을 항상 상대적으로 비교하여 지각하게 된다. 한편 학습자의 이러한 자신의 능력에 대한 지각을 특별히 능력에 대한 자아개념이라고 부르며, 이는 그들의 학업성취도에 의해 크게 영향을 받는다.

안범희(1996)가 제시한 자아개념과 학업성취와의 관계에 대해, 자아개념과 학업성취 간에는 전반적으로 의미 있는 상관관계를 갖는 것으로 나타나고 있고 이러한 상관성은 여학생들보다는 남학생들에게서 더 강하게 나타나고 있다고 하였다.

라미(Lamy)는 유치원 원아들이 가지고 있는 자신과 주변 세계에 대한 인지양식으로서의 자아개념이, 그들이 초등학교 1학년이 되었을 때의 읽기 능력을 어느 정도 예언해 줄 수 있는가에 대한 연구에서 자아개념도 지능지수 못지않게 읽기 능력에 대한 예언력을 갖는다는 사실을 밝혔다. 그러므로 긍정적 자아개념은 학업성취를 증진시키는 데 큰 활력소가 된다고 하겠다.

2) 동기

(1) 동기의 개념

동기란 인간행동과정에 행동을 증감시키고 행동의 방향을 정해 주는 심리적 요인으로서 개체의 행동을 특정한 목표를 이끄는 내적 충동상태를 의미하기 때문에(임규혁, 1996) 사람의 생활이나 행동에 있어서 밀접한 관계를 맺고 있고, 누구나 어떤 상황에서든 쉽게 사용하는 말이다.

그러나 개개인마다 지니고 있는 동기의 양상은 다양하며, 시간과 공간 그리고 심리적·생리적인 제반 측면에서 볼 때 쉽게 변화가 일어나는 성질을 지니고 있어 동기 자체를 명확하게 개념화하기란 쉽지 않다. 따라서 학자들마다 다소 견해의 차이가 있다. 동기란 자아개념을 보존하고 향상시키기 위한 계속적인 힘이라고 했고(이성진, 1996), 잔덴(Zanden)은 동기란 사람의 활동을 자극하고 방향을 유지하게 하는 내적 상태 및 과정이며 유기체로 하여금 어떤 목표를 향한 행동을 일으키도록 만드는 원동력, 즉 행동을 유발시키고 지속시키는 힘이라고 하였다.

이와 같이 동기는 다양한 정의를 가지지만 공통적인 것은 동기가 유기체의 행동을 설명하기 위해서 만들어진 개념으로서 목표지향적인 행동이라 할 수 있다. 여기에서 행동이란 보이는 행동뿐만 아니라 보이지 않는 사람의 감정, 공포, 분노 등의 정서적 상태도 포함하는 개념이다. 따라서 개인이 특수한 목적을 달성하기 위한 상황일 때 성취하고자 하는 동기가 유발되므로 목표를 언급하지 않고 동기를 논의하기는 어렵다(권형자, 1992).

(2) 학습동기

학습동기란 학생이 학습에서 의도한 바의 점수를 획득하기 위해 노력하는 경향성으로서 학습동기의 요인은 내적 욕구, 흥미, 호기심, 즐거움, 성취에 긍지와 만족, 실패의 두려움, 성공적인 학습 경험에 대한 보상기대, 특정 교과에 대한 개인적 흥미, 자기 확신, 지속성, 그리고 경쟁의 욕구 등이라 할 수 있다.

따라서 학습동기란 학습자로 하여금 어떠한 학습 목표를 향하여 학습행동을 하게 하는 학습자의 모든 심리적인 상태를 의미하며, 즉 학습현장에서 학습자들로 하여금 어떤 학습 내용에 대해 배우고자 하는 학습의욕을 가지고 학습 활동을 전개하는 모든 심리적인 자세를 말한다. 적절한 동기화는 학습이 일어날 수 있는 경험으로 학습자를 유도하는 역할뿐 아니라 학습자로 하여금 능동적이며, 활기 있게 학습활동에 참여하고, 그 활동을 지속시킴으로써 보다 많은 학습량과 학습효과를 가져올 수 있게 한다.

(3) 성취동기

성취동기란 도전적이고 어려운 과제를 훌륭히 성취하고 싶어 하며, 성취결과보다는 성취과정에 만족을 얻으려는 내적 욕구로써, 머레이(Murray, 1938)는 학업동기의 전조기로 성취동기를 보았는데, 인간의 행위란 인간과 환경의 상호작용의 결과로 전제하고 인간구조의 핵심이 동기이며 환경의 작용은 개인이 지각하는 압력으로 개념화할 수 있다고 보았다(정원식, 1987). 따라서 성취동기는 도전적이고도 어려운 문제를 성취하는 과정에서 만족을 얻으려는 기대라고 정의될 수 있다.

그러나 인간은 성취하고자 하는 욕구를 가지는 동시에 실패를 회피하고자 하는 욕구도 가지고 있다. 즉 실패의 두려움이 성취동기보다 강렬하게 작용하는 경우도 있다. 따라서 성취욕구보다 실패회피욕구가 더 클 때는 과제에서의 실패의 위험이 있음에도 불구하고 성취하려는 노력을 기울일 것이지만 반면에 성취욕구보다 실패 회피 욕구가 더 크다면 실패를 무릅쓰고 과제에 도전하기보다는 실패의 위험을 피하려는 행동을 할 것이다 (Atkinson, 1980).

(4) 학습동기의 유발방법

학습과정에서 학습자의 동기 유발은 학습 의욕을 불러일으켜 학습활동의 효과를 높이고, 다시 새로운 행동 수준에서 학습에 대한 새로운 욕구를 가지게 한다. 그러므로 효과적인 학습을 위해서는 동기를 유발하는 방법을 고려해야 한다(이용남 외, 1999).

첫째, 적절한 학습 목표의 선정과 명확화이다.

둘째, 개인적 흥미에 부합하는 과제를 제시해야 한다.

셋째, 학습 결과에 대한 지식으로 교사가 학습결과를 학습자에게 알려주고, 학습자가 그 결과를 스스로 평가·검토해 보는 일은 외적동기유발을 위한 좋은 방법이다.

넷째, 상황에 맞는 상과 벌의 사용

다섯째, 지적 호기심의 유발

여섯째, 적절한 경쟁과 협동

일곱째, 긍정적인 자아개념의 형성

3) 불안

(1) 불안의 개념

불안은 부적응 정서로서 특정 사태에 대한 포괄적인 반응이며, 상황에 따라 수반되는 매우 정상적인 반응이다. 불안은 정서의 한 부분이며 개인에게 주어진 과업을 성취하는 데 영향을 미치게 된다. 즉 어떤 불안이든 개인이 당면하고 있는 상황이나 이에 관련된 제반 상태에서 유발된다고 볼 수 있다. 불안의 의미는 공포와 유사한 뜻이며, 동질의 정서라고 할 수 있다. 다만 불안이란 불분명한 현실적인 위협이 초래하는 불쾌하고 불편한 감정을 설명하는 용어이며, 공포는 현실적인 위협에 대한 정서적 반응이다(김용래, 1993).

이러한 불안은 개인과 그의 환경과의 부정적인 접촉을 통해 사회생활을 방해하며 더 나아가 인간관계의 장애를 가져오며, 활동에 능률을 올리지 못할 것이라는 가정이 된다.

(2) 시험불안

사람은 여러 가지 상황과 대상에 불안을 느낀다. 성적과 학교, 직장, 장래 가정에 대한 불안 등이다. 이러한 불안 중에서도 학습자들의 학습에 관련하여 가장 중요한 불안은 시험불안이다. 시험불안이란 학습자가 시험을 준비하는 동안 및 시험 치는 도중 또는 시험 후에 시험에 관하여 느끼는 염려와 걱정을 말한다(심우엽, 2000). 시험불안은 '시험' 그 자체가 불안의 요인이라기보다는 '시험'이라는 상황을 학습자가 '위협'이라고 지각하는 데서 비롯되는 성질의 것이다. 즉 중요한 것은 객관적인 상황이 아니라 그것에 대한 학습자의 평가에 의한 것이다.

시험불안의 특징을 사라손(Sarason)은 다음과 같이 밝힌 바 있다(안범희, 1993).

첫째, 상황이 어렵고, 도전적이고, 위협적인 것으로 보인다.

둘째, 당면과제를 다루기에 스스로가 비효율적이라거나 부적절하다고 본다.

셋째, 자신의 불충으로 인한 바람직하지 못한 결과에 주의가 집중된다.

넷째, 자신을 비난하는 생각이 강해져서 문제풀이와 관련된 인지적 활동이 방해를 받는다.

다섯째, 실패와 이에 따른 타인의 무시를 예상한다.

이러한 시험불안은 시험을 치는 단계에서뿐 아니라 그 이전의 기억단계에서도 학습활동에 영향을 미치며, 이는 성적으로 직결될 것으로 예상된다. 실제로 시험상황이 아닌데도 시험을 예상하면 시험불안 수준이 상승할 뿐만 아니라 시험 후에도 한동안 불안이 지속되는 현상을 밝힌 연구도 있기 때문이다.

연구문제

1. 교육심리학의 정의와 관심 영역에 대해 설명하시오.
2. 피아제의 인지발달이론에 대해 설명하시오.
3. 비고츠키의 인지발달이론의 주요 개념들에 대해 약술하시오.
4. 콜버그의 도덕성 발달 이론에 대해 설명하시오.
5. 일반지능 및 다중지능 이론에 대해 약술하시오.
6. 학습자의 창의성이 중요한 이유에 대해 논하시오.

CHAPTER

05

교육의 사회학적 기초

개 요

교육은 배우는 사람과 가르치는 사람이 있어야 성립하므로 그 자체가 사회적이다. 게다가 가르치는 내용은 모두 사회적으로 형성되고 축적된 문화이므로 교육은 사회성을 띠고 있으며, 사회적 맥락 속에서 이루어진다. 즉 교육사회학은 교육의 사회성에 초점을 맞추어 교육이란 무엇인가라는 질문에 답을 얻으려는 지적 활동으로 사회현상으로서의 교육을 기술·설명·이해하는 활동이다. 이런 맥락에서 이 장에서는 교육사회학의 의미를 알아보고, 교육사회학의 이론적 동향을 탐색한 후에 사회와 교육과의 관계를 살펴보고자 한다.

학습목표

교육사회학의 의미를 이해할 수 있다.
교육사회학의 이론적 동향을 이해할 수 있다.
사회와 문화, 그리고 교육과의 관계를 이해할 수 있다.

01 교육사회학의 의미

사회적 동물인 인간은 교육을 통해서 비로소 인간이 된다. 일반적으로 학습은 개인적 활동을 통해서 이루어질 수 있지만 교육은 배우는 사람과 가르치는 사람이 있어야 성립하므로 그 자체가 사회적이다. 게다가 가르치는 내용은 모두 사회적으로 형성되고 축적된 문화이므로 교육의 사회적 성격은 더욱 뚜렷하다.

교육은 한 사회의 과거·현재·미래가 어우러지는 활동이다. 교육은 축적된 문화인 과거를 미래의 삶을 위하여 지금 가르치고 배우는 것이다. 그래서 교육은 흔히 세대 간의 상호작용으로 이루어진다. 가정교육 및 학교교육은 이러한 세대 간 교육적 상호작용의 전형이다. 또한 교육 즉 학습자와 교육자 간의 상호작용은 역사적·사회적 맥락 속에서 이루어진다. 그러므로 각 시대의 교육은 그 시대의 사회적·경제적·정치적 조건과 특성에 영향을 주고받으며, 따라서 교육은 시대 특징에 따라서 달라진다. 이처럼 교육은 사회성을 띠고 있으며, 사회적 맥락 속에서 이루어지고 있으므로 사회학적 탐구의 대상이 되어 왔다.

교육사회학은 교육의 사회성에 초점을 맞추어 교육이란 무엇인가라는 질문에 답을 얻으려는 지적 활동으로 사회현상으로서의 교육을 기술·설명·이해하는 활동이다. 이러한 교육에 대한 사회학적 탐구는 크게 교육적 사회학(Educational Socialogy)과 교육의 사회학(Socialogy of Education) 두 가지로 분류되고 있다.

교육적 사회학(Educational Socialogy)은 교육을 위한 사회학적 지식체계로서 교육학의 영역이며, 대체로 교육학자들이 교육실천을 목적으로 발전시켜 왔다. 따라서 교육적 사회학은 실천지향적 교육사회학으로서 사회학적 지식과 사회학의 원리를 교육학에 응용·적용하려고 시도한다. 반면에 교육의 사회학(Socialogy of Education)은 교육에 관한 사회학의 지식체계로서, 사회학의 이론을 발전시키려는 목적으로 교육체제의 사회학적 과정을 분석·연구하며, 사회학의 영역이라고 할 수 있다.

교육사회학을 교육적 사회학으로 보든지 아니면 교육의 사회학으로 보든지 간에 교육사회학은 궁극적으로는 교육에 대한 사회학적 연구로서 교육체제와 교육과정에서 발생하는 집단관계를 사회학적인 연구에서 이룩된 지식과 기술 및 방법 등으로 연구하는 학문이라고 할 수 있다.

02 교육사회학의 이론적 동향

교육사회학의 이론적 연구는 학교교육에 대한 사회학적 연구로부터 시작되었다. 이들은 교육의 사회적 기능, 즉 교육사회학이 주로 사회구조가 교육기회와 계급문화 유지에 어떻게 작용하는가를 밝히는 구조기능주의적 접근에 관심이 있었으며, 사회구조의 중요성을 매우 강조하였다. 이러한 구조기능주의적 접근에는 거시적 접근인 60년대의 기능이론과 70년대의 갈등이론이 있다.

80년대 후반 기능이론과 갈등이론 사이의 공방이 다소 소강 상태에 들면서 양 이론의 한계를 극복하려는 노력이 나타났는데, 이것이 해석적 교육사회학이다. 해석적 교육사회학은 베버(Max Weber)의 사회이론에 기초를 두고 현상학과 해석학의 영향을 받으면서 발전한 이론으로 사회구조의 중요성을 지나치게 강조하여 개인의 의지와 개인 및 집단 간의 상호작용 행위의 중요성을 간과한 점을 지적하고 이 두 이론의 한계를 극복하고자 하였다. 해석학과 현상학이 사회과학에 원용되면서 거시적 구조주의적 관점의 한계를 극복할 수 있는 미시적 행위자 지향적 접근이 주목을 받기 시작하였다. 80년대엔 교육사회학에도 해석적 접근이 하나의 조류를 이루게 되며 그리하여 최근에는 기능주의적 접근, 갈등주의적 접근, 해석학적 접근이 공존하면서 경쟁을 벌이고 있다.

거시적 접근에서 교육과 사회구조의 관계를 다룬 이러한 동향을 비판하고, 미시적 접근에서 교육내용 및 교육현상 자체에 관심을 가지고 등장한 이론은 신교육사회학(New Socialogy Education)이다. 즉 신교육사회학은 종래의 교육사회학이 주로 사회구조가 교육기회 분배와 계급문화 유지에 어떻게 작용하는가를 밝히는 구조기능주의적 접근에만 몰두해 온 사실을 비판하면서 학교내부의 수업과정 및 교사·학생 간의 관계를 탐구하여야 한다고 역설하였다.

최근 들면서 교육사회학은 과거의 기능이론이니 갈등이론이니 신교육사회학이니 하는 식의 할거주의에서 탈피하여 다극화 시대로 나아가고 있다. 즉 특정 이론의 틀에 매이지 않고 보다 개방적이고 종합적인 관점으로 교육현상을 설명하고자 한다.

1. 기능주의 교육이론

기능이론은 구조기능주의, 합의이론, 평형이론, 질서유지이론으로 불리며, 가장 오랜 전통을 지닌 이론으로 꽁트(A. Comte)·스펜서(H. Spencer)에 의해 기초가 형성되었다. 뒤르껭(E. Durkheim) 등을 통해 더욱 발전되었으며, 미국의 대표적 사회학자인 파슨스(T. Parsons)에 의하여 체계화되었다.

기능이론은 한 사회의 기본이념, 기본질서 및 제도는 이미 주어진 것으로 보고 부분적이고 점진적인 문제해결에 관심을 가지므로 통합과 합의를 전제하며, 현상 유지와 체제 유지 지향적 연구에 관심을 가진다.

기능주의 사회학자들은 사회는 비교적 지속적이고 안정적인 구조를 가지고 있으며, 각 요소들이 잘 통합되어 있고 모든 사회의 요소는 각자의 기능을 가지고 있으며, 모든 기능적인 사회구조는 각 구성원들 간의 가치에 대한 합의에 토대하고 있다고 가정하고 있다.

이런 맥락에서 스펜서는 사회를 인간 유기체의 생물학적 기능에 비유하고 있다. 즉 유기체와 마찬가지로 사회는 각기 다른 부분으로 구성되어 있으며, 각 부분은 전체의 결속을 위하여 필요한 각각의 기능을 수행한다. 즉 기능주의 이론에 의하면 사회는 각기 다른 질적 우열의 차이가 없는 기능을 수행하는 수많은 개인 및 집단의 통합체로서 안정과 질서유지라는 합의된 목표 아래 살아가는 인간 집단이며, 각자의 부분들은 안전유지를 위하여 상호의존적이며, 한 체제의 구성요소는 그 체제의 존속과 발전을 위하여 적극적으로 기능하는 특징을 지닌다.

기능주의 교육관에서는 학교의 사회화 기능을 강조하며, 기존 사회의 지식·기술·가치관·신념체제를 유지하고 계승하는 기능을 강조한다. 여기서는 사회체제로서의 학교의 기본 기능을 사회화와 사회적 선발로 보며, 동시에 산업사회에서의 인력배치기능을 부각시켜 사회적 선발기능을 강조한다. 이런 맥락에서 뒤르껭은 교육은 사회생활을 위한 준비를 아직 갖추지 못한 어린 세대에 대한 성인세대의 영향력 행사로 보았으며, 파슨스는 학교를 사회체제 정비를 위한 사회성 계발과 직업기술 훈련을 위한 강력한 수단으로 보았다. 대표적인 학교의 사회적 기능으로는 사회화 기능, 사회적 선발기능, 보호기능, 사회적 통합기능 등이 있다.

그러나 기능주의 이론은 통합성과 합의성을 지나치게 강조하며 현실을 주어진 것으로 인정하고 현상유지의 입장을 취함으로써 질서유지를 내세우는 체제유지 우선의 논리를 뒷받침한다는 점과 학교교육의 순기능을 지나치게 강조하여 사회의 모든 구성원이 동등한 것으로 인식된다는 점에서 비판을 받는다. 또한 기능이론은 이념의 갈등과 이해관계를 둘러싼 집단 간의 이해 대립을 과소평가함으로써 집단 간의 갈등을 외면하여 교육과정과 교육선발을 비롯한 교육정책의 결정과정에 대한 사실적 분석에 소홀하며, 결과적으로 교육문제를 일시적 병리현상 정도로만 이해하고 부분적 개선책의 개발에만 집중한다는 비판을 받는다. 또한 교육과정의 '내용'은 다루지 않고 '구조'에만 초점을 맞춤으로써 개인의 상호작용 분석에 어려움이 있다.

기능주의 교육이론은 지금까지 교육이 인류의 발전에 기여한 점은 긍정하고 있지만, 사회에서의 다양한 이해관계, 이데올로기, 갈등하는 이해집단을 깨닫지 못함으로써 사회의 역사적 변화과정을 올바르게 설명하기 어렵고 사회에서 개인 및 집단 간의 대립과 갈등을 정면으로 다루지 못하고 있으며 변화와 개혁보다는 현상유지를 지지한다는 비판을 받고 있다.

2. 갈등론적 교육이론

갈등이론은 마르크스(K. Marx), 베버(M. Weber) 등에 의해 사상적·이론적 기초가 마련되었으며 보울스와 진티스(R. S. Bowles & Gintis), 콜린스(R. Collins), 다렌도르프(R. Darendorf) 등을 중심으로 발전되었다. 이들은 개인 간 및 집단 간의 끊임없는 경쟁과 갈등의 연속으로 본다. 즉 사회는 세력 다툼, 이해의 상충, 지배자의 압제와 피지배자의 저항, 그리고 사회의 끊임없는 불안정과 변동이 사회적 속성이라고 보는 것이다.

갈등론자들은 개인과 전체가 갈등을 보이지 않을 수 없다고 보므로 갈등이란 오히려 사회의 본질적 속성이며, 그렇게 볼 때 교육을 사회화로 보는 것은 옳지 못하다는 견해를 지닌다. 이들은 기존의 이념·제도·지식 등의 비판적 분위기에 초점을 맞추고 체제 비판을 통한 변화와 개혁이 교육의 목표라고 간주한다. 극단적 표현으로는 체제와 제도에 대한 끊임없는 비판과 부정을 통해서만 사회는 발전 가능하다고 보는 것이다.

갈등을 사회적 속성으로 보는 갈등론적 입장에서는 기존 학교교육을 긍정적으로 보지 않는다. 보울스와 진티스(Bowles & Gintis), 카노이(M. Carnoy), 일리치(I. Illich), 프레이리(P. Freire), 그리고 번스타인(Bernstein), 영(M. Young) 등은 학교의 규격성·획일성으로 인한 비인간화 교육과 교육을 통한 불평등 재생산을 크게 비판한다. 이들은 학교와 사회의 모순을 강력히 지적하는데, 특히 자본주의 사회의 학교교육은 불평등을 정당화하고, 지배문화를 주입하는 주요한 수단이라는 것이다.

카노이 역시 학교교육을 통한 사회적·문화적 재생산과 지배문화 및 이념의 정당화와 주입 기능에 대하여 지적하고 있다. 그는 학교교육은 선발을 능력주의에 의하여 시행하고 있는 것처럼 가장하고 있으나 실상 학교는 학생들에게 교육에 접근할 수 있는 기회를 불공평하게 주기 때문에 결과적으로 교육제도가 계급 간 불평등을 심화시킨다고 비판한다. 즉 학교는 학교의 사회화를 통해서 특정 지위집단의 이해관계를 존속시키는 한 방편에 불과하다는 것이다.

결국 갈등론자들의 주장은 교육의 불평등은 사회적 불평등의 반영이고,

교육의 불평등구조가 사회계층과 연결되어 있기 때문에 학교교육은 사회적 불평등을 재생산한다고 보았다. 그러나 현행 학교제도의 문제점을 학교 내에서만 찾기보다는 학교와 사회와의 관련 속에서 찾으려했다는 점과 갈등이 존재하는 상황을 구체적으로 설명하고 있다는 점에서 의의를 찾을 수 있다.

그러나 갈등주의 교육이론은 갈등과 경쟁력을 지나치게 강조하여 교육이 사회적 결속력을 높이고 사회적 공동체의식을 높이는 데 기여한 점은 과소평가한다. 즉 학교교육을 통한 사회적 불평등의 재생산, 특정 문화이념의 표준화에 대한 지적은 중요하나 교육의 기능적 측면을 과소평가하고 있으며, 교육선발의 불평등요소를 너무 강조함으로써 교육을 통한 능력과 재능의 선발을 인정하지 않으며, 사회적 발전에 기여한 학교교육의 순기능을 무시하고 있다는 점, 그리고 기존 제도의 문제점 지적은 공헌이지만 비판이 지나쳐 기존 제도의 부정에까지 이르렀으나 그 대안적 제시가 미흡하다는 점 등은 비판의 대상이 된다.

또한 이들은 교육이 경제구조에 의하여 일반적으로 결정된다고 역설하는 것과 교육행위의 설명에 있어서 개인의 의지를 무시하고 사회적 조건만을 지나치게 강조하여 사회를 지배자와 피지배자, 가진 자와 못가진 자 등으로 이분하고 있다는 점, 교육이 지배자에게만 봉사했다고 단정하는 점 등은 사실을 왜곡시키거나 과장하고 있다는 비판을 받는다.

3. 교육에 대한 해석학적 접근

해석학적 이론은 기능이론 및 갈등이론의 단점, 즉 과학적 실증주의적 방법론에 반론을 제기한다. 인간이 구성하고 있는 사회는 자연세계와는 다르다. 자연은 이미 만들어진 것이므로 스스로의 의지에 따라 변화시키지 못하나 사회는 인간이 만든 것이므로 사회와 개인 간에는 상호작용이 이루어진다. 따라서 사회적 인간 행위는 자연현상처럼 객관적으로 설명될 수 있는 것이 아니라 행위자의 입장에서 이해되어야 한다.

슐츠(A. Schutz)는 구체적 삶의 세계 속에서 살고 있는 사람들이 그 삶에 대하여 어떤 의미를 부여하고 있는가를 밝혀내는 것이 사회과학의 본질이라고 하였다. 즉 객관적으로 존재하는 실재가 중요한 것이 아니라 우리 각자가 부여하는 의미가 중요하다는 것이다.

일상생활에서 우리 자신의 행위와 타인의 행위를 이해한다는 것은 나 혼자만의 의미부여로 완성되는 것이 아니고 다른 사람의 의미부여를 함께 고려함으로써 이루어진다. 나도 주관적으로 이해하고 상대방도 주관적으로 이해하지만 사적 인식으로 끝나지 않는 것은 우리가 상호 타협과 협상을 통하여 이해를 서로 공유할 수 있기 때문이다.

미드(G. Mead)는 상징적 교환이론을 주장하였는데 행위자가 부여하는 의미는 자신의 행위에 대한 타자의 반응과 타협의 결과로서 개인 간의 상호작용 그 가운데서도 언어와 같은 상징적 상호작용에 대한 미시적 연구의 중요성을 강조한다.

이러한 이론적 동향은 앞에서 지적한 기능주의와 갈등주의의 거시적 구조주의적 관점에 의거한 사회이론의 결함을 바로 잡을 수 있는 사회인식 방식으로 평가된다. 전자는 사회구조를 중시하나 후자는 행위자를 중시한다. 즉 행위자의 의지, 창의성, 행동양식이 구조적 조건보다 더 중요하다는 것이다.

해석학적 접근은 교육을 행위자의 관점에서 관찰하며, 학교라는 교육기관에는 학생과 교사, 그리고 교장이 있으며, 이들은 상호작용하면서 그 속에서 활동한다. 따라서 학교를 정확하게 이해하려면 학생과 교사, 그리고 교장 간의 상호작용을 세밀히 관찰해야 한다.

상호작용이론의 틀을 적용한 연구들은 교육상황을 구성하는 행위자로서의 교사와 학생에 대한 새로운 지식을 제공하고 상호관계를 생생하게 기술함으로써 학교 특히 교실 내의 살아 있는 현상에 대한 이해가 가능하게 하였다.

그러나 행위자의 중요성을 너무 강조하고 사회구조의 영향력을 경시한다는 점에서 비판의 대상이 된다. 이들의 견해처럼 개인의 자유의지가 개인의 행동을 전적으로 결정하는 것처럼 생각한다면 그것 또한 교육을 지나치게 단순하게 본다는 것이다. 이들은 구조적 조건과 개인의 욕망과 의지의 상호작용을 통해 개인의 행위가 결정된다고 본다. 그러므로 미시적 관점과 거시적 관점, 개인 중심적 연구와 집단 중심적 연구, 행위와 구조가 배타적인 양자택일로 흐르는 것을 지양하고 통합의 길로 나아가야 한다.

결론적으로 교육의 제반 문제, 예를 들면 교육은 무엇인가, 왜 교육을 하는가, 교육을 움직이는 힘은 무엇인가 등을 정확히 이해하기 위해서는 거시적 관점과 아울러 미시적 관점이 견지되어야 한다. 따라서 교육은 역사를 만들어 가는 자연의 조건과 사회구조의 힘, 그리고 인간의 의지와 결단의 중요성을 모두 존중하여야 한다.

03 사회와 문화와 교육

1. 사회와 문화

사회란 특정한 문화를 공유하고 그 안에서 상호작용하는 비교적 지속적이며 독립적인 집단이다. 따라서 사회는 그 속에 여러 부분적 생활공동체를 포함하게 마련이며 국가, 교회, 조합, 학교, 정당, 계층, 공중 등 모든 것이 그 속에 포함된다. 이와 같이 사회를 생활공동체라고 하는 것은 사회 속에 인간이 모여 함께 살아가는 가운데 불가피한 여러 가지 사회관계를 포함하고 있음을 의미하고 있기 때문이며, 그런 점에서 보면 사회란 인간 상호간의 여러 관계의 복합체라고 규정할 수 있다(김종서 외, 1995).

교육이 인간의 삶의 질을 고양시키고 인간의 성장을 돕는 작용이라고 한다면 그 교육은 인간의 삶과 성장이 이루어지는 사회 속에서 이루어질 수밖에 없다는 것을 뜻하는 것이며, 기존 사회는 그 사회가 가지고 있는 전체 생활양식을 통하여 그 사회의 구성원들을 교육시킴으로써 그 사회의 존속과 성장을 이루어 가게 된다. 사회가 가지는 이러한 교육적 기능의 성격 및 역할과 그 원인을 올바로 이해함으로써 우리는 보다 폭넓은 사회적 안목을 가지고 교육현상을 이해할 수 있게 될 것이다(MacIver and Page, 1950).

사회는 사회를 구성하는 한 부분으로서의 특정한 문화를 공유하고 그 안에서 상호작용하는 사람들의 비교적 지속적이며 연속적이고 독립적인 집단이라고 할 수 있으며, 이는 그 사회가 여러 차원에서 서로 다른 성격을 지닐 때 그 문화도 다르고 문화가 서로 다르면 사회도 서로 다르게 형성된다는 관계를 의미하는 것이다. 이는 서로 다른 사회와 문화를 유지하기 위해서는 그 사회를 구성하는 구성원이 있어야 하고 그들 간에 의사소통을 가능하게 하는 언어, 인간의 욕구를 충족시키기 위한 테크놀로지, 구성원들의 바람직한 관계형성을 위한 역할·태도·가치·규범·공통적인 행동양식 등을 공유해야 한다는 것을 의미한다(윤정일, 1996).

문화란 자연(야만)의 대립 개념으로 자연 그대로의 것에 손을 가하여 이를 가치롭게 만든 것, 즉 자연을 인간의 활동을 통하여 적극적으로 형성·개발 또는 순화하는 일 또는 그 성과를 의미한다. 테일러(Taylor)는 문화란 인간이 사회의 일원으로서 습득한 능력과 습성을 포함한 복합적인 전체를 의미한다고 하였고, 린톤(R. Linton)은 문화는 전체 생활방식(total ways of life)이라고 하였으며, 브라운(F. J. Brown)은 문화는 자연적, 인위적인 모든 물질 환경에 의하여 부분적으로는 규제되고 더욱 근본적으로는 인간집단이 그 필요와 욕구충족을 위하여 발전시킨 이념·태도·가치·습관 등에 의해 규제되는 집단행동의 총체라고 하였다(김주건 외, 1997).

지금까지의 문화에 대한 정의를 종합하면 문화란 한 집단에서 습득된 생활양식의 총화 또는 총체적인 삶의 존재양식이라고 할 수 있다. 이러한 문화의 특징에 대하여 테일러와 파슨스 등은 다음과 같이 요약하고 있다.

첫째, 문화는 각 부분들이 서로 통합·연결되어진 하나의 체계이다. 그러므로 한 부분이 변화하면 필연적으로 다른 부분도 변화되거나 수정되게 마련인 것이다. 따라서 문화의 한 부분이나 단편적인 몇 개의 부분만을 가지고는 전체 체계를 이해할 수 없다(김주건 외, 1997).

둘째, 문화는 보편적이고 다양하다. 이는 어떤 사회공동체에 속한 모든 사람은 그 사회의 문화를 공유함을 의미한다. 즉 모든 사회는 나름대로의 문화가 있어 내용과 형식이 다른 고유한 언어와 종교, 그리고 의식주의 생활양식이 있다. 모든 사회에는 문화가 있다는 문화의 보편성과 각각의 사회는 각기 고유한 문화를 지닐 수밖에 없다는 문화의 다양성은 동전의 양면과도 같은 것이다. 물론 한 문화 안에서도 다양한 집단들 사이에서나 각 개인들 사이의 문화는 세부적인 면에서 차이가 날 수 있다(정영근, 1995).

셋째, 문화는 공유되는 것이다. 문화는 어느 한 개인의 독자적인 행동이나 사고 유형을 가리키는 말이 아니며 그것은 사회성원들이 공유하고 있는 생활양식을 말하는 것이다. 즉 지극히 당연하고 자연스러운 것으로 여기는 공유된 특징들이 문화를 구성하는 것이다. 요컨대, 문화의 공유라 함은 대부분의 사회성원들이 그 사회의 핵심적인 가치나 규범을 받아들이고 그 사회의 고유한 행동양식을 따르는 것을 말한다.

넷째, 문화는 학습된 내용의 축적이다. 문화는 공유된 것이라 하여 유전적으로 물려받은 생물학적인 특징을 문화라고 하지 않는다. 문화는 인간의 상호작용을 통해 학습된 것이다. 따라서 인간 유기체는 문화를 창조하고 전달하는 주체임에도 불구하고 문화는 유기체와는 전혀 다른 종류의 현상이라고 하는 것이며, 문화는 학습되어 한 세대에서 다음 세대로 전승되는 특징을 가지고 있다. 따라서 한 세대가 내적인 혹은 외적인 요인으로 인하여 그 사회의 문화를 학습하는 일에 실패한다고 하면 그 사회는 심한 문화적 침체 내지는 문화적 단절의 위기를 겪게 될 것이다. 이처럼 개인이 한 사회에 태어나서 그 사회의 언어·이념 등을 포함한 전체 생활양식을 학습함으로써 그 사회의 한 성원으로 성장하여 나가는 과정을 사회화(Socialization) 과정이라고 하며, 교육은 이러한 사회화 과정의 중요한 부분을 차지하게 된다(김종서, 1992).

여기서 중요한 사실은 문화 역시 교육을 통해서 획득된 결과물이며, 그러기에 문화의 형성·전수·계승·전달은 교육을 통해서만이 가능하므로 교육의 역할은 그만큼 중요하다는 것이다. 따라서 한 개인의 문화의 내용을 학습하지 못하면 인간다운 인간으로서 사회생활은 불가능하게 된다. 그러므로 교육은 현존하는 문화와 사회적 질서를 유지함과 동시에 문화향상과 사회진보의 도구로서 보다 나은 사회를 건설하기 위한 수단이 된다.

결국 교육은 사회화를 통하여 문화를 전달하고 발전시키며, 그 발전된 사회의 문화 속에서 인간은 교육되고, 교육된 인간은 다시 새로운 사회적·문화적 변화를 창조하게 된다. 이런 점에서 문화와 사회와 교육은 상호 불가분의 관계에 있다.

2. 사회화와 교육

사회화(socialization)란 한 개인이 자기가 속한 집단이나 사회의 가치와 습관, 행동양식, 문화양식 혹은 규범이나 여러 가지 규정들을 학습하고 실천해서 그 사회적 환경에 적응해 가는 성장과정, 즉 집단의 규범을 내면화해 가는 과정이라고 할 수 있다. 따라서 어린 아이로부터 노인에 이르는 인생의 전 과정을 사회화의 과정이라고도 할 수 있다. 이러한 사회화의 의미는 사회적인 측면과 개인적인 측면으로 나누어 생각해 볼 수 있다(우현호 외, 1990).

먼저 사회적인 측면에서의 사회화는 사회의 문화가 한 세대에서 다음 세대로 전달되고 각각 개인이 사회의 구성원으로 성장하여 사회에 통합되는 과정을 의미한다. 개인들이 사회화 과정을 통하여 그들이 속한 사회나 집단이 공유한 생활양식과 행동 형태를 배움으로써 문화는 전달되어 가고 각 개인은 사회 구성원이 될 수 있다.

다음으로 개인적인 측면에서의 사회화는 인간이 가지고 있는 잠재적 가능성을 계발하여 개인적 성장과 발달을 이루는 과정을 의미한다. 사회화를 통하여 개인은 사회의 가치·신념·지식·기능 등을 자신의 것으로 내면화하여 사회적 자아를 형성하게 되므로 사회화를 통하여 생물학적 유기체로서의 인간은 사회적 존재로 전환될 수 있다. 따라서 사회화의 과정이 없이는 개인도 사회도 존속할 수가 없다. 개인은 사회화 과정을 통해서 규범·가치·언어·기술 등 사회생활에 필요한 지식과 행동방식을 배우고 사회는 성원들로 하여금 그 기능을 순조롭게 수행할 수 있도록 만들어 주는 사회화의 메커니즘을 통해서 재생되고 유지된다.

이런 맥락에서 학교는 의도적이고 공식적인 사회화 기관이라고 할 수 있다. 학교는 특수한 지식과 기술을 가르치는 곳이기도 하지만, 그 외에도 많은 중요한 사회화의 기능을 수행한다. 특히 사회의 존속과 유지에 불가결한 문화가치와 규범을 전수하는 일은 다른 어떤 기능보다도 중요하다고 할 수 있다(송병순 외, 1981). 따라서 학교는 일정한 교육목표에 여러 인적·물적 자원을 투입하고 교육하는 과정을 통해서 교육받는 인간을 길러내는 하나의 과정으로 이루어진 사회체제이다.

또한 학교는 공식적인 교과과정을 통해서만 사회화시키는 것이 아니라 이른바 '잠재적 교육과정(hidden curriculum)'을 통해서도 많은 내용을 가르친다. 어린 아이들은 교실에서 교사가 가르쳐 주는 것 이외에도 학교를 다니면서 시간을 잘 지키는 것, 옷을 단정하게 입는 것, 조용하게 앉아 있는 것, 자기가 할 일을 남에게 미루지 않는 것 등을 배운다. 더 나아가서 사회적 권위를 가진 사람들을 존경해야 하고 그들의 명령에 복종해야 한다는 것도 배운다(우현호, 1990). 이런 의미에서 볼 때 학교는 개인적으로는 개인의 잠재력을 신장시키고, 사회적으로는 사회를 존속시키는 중요한 수단인 것이다.

학습과제

1. 교육사회학의 의미를 알아봅시다.
2. 기능이론과 갈등이론의 차이점을 알아봅시다.
3. 교육에 대한 해석학적 이론의 특징을 알아봅시다.

CHAPTER

06

교육과정의 이해

개 요

교육과정이란 학생들에게는 공부해 가야 할 코스이고, 교사에게는 가르쳐야 할 교육내용의 체계로 '학교에서 배우고 가르치는 내용의 체계'를 의미한다. 교육과정은 무엇을, 어떻게, 왜 가르칠 것인가를 탐구하는 분야로 교육에 대한 여러 가지 교육적 의도를 실제교육에 어떻게 구현시킬 것인가와 관련한 활동으로 이루어진다.

일반적으로 학교에서 이루어지는 교육활동은 교육목표를 달성하기 위한 수단이며, 교육목표는 학습내용의 선정과 조직, 학습지도 평가의 준거가 되므로 교육과정을 근거로 일관성 있게 반영되어야 한다. 이를 위해서는 교육과정에 대한 올바른 이해와 적용이 필요하다. 따라서 본 장에서는 교육과정의 다양한 정의, 관점에 따른 교육과정의 유형, 교육과정 개발과정에서의 교육목표의 설정과 교육내용의 선정·조직 그리고 우리나라 교육과정의 변천과정에 대해 살펴본다.

학습목표

교육과정의 개념을 이해하고 교육과정의 다양한 의미를 설명할 수 있다.
교육과정의 유형을 제시하고 유형별 도입 배경, 특징 장단점을 이해한다.
교육목표와 교육내용의 선정 및 조직 원리를 이해한다.
우리나라 교육과정의 변천과정을 설명할 수 있다.

01 교육과정의 의미

1. 교육과정의 어원적 의미

교육과정(敎育課程)을 뜻하는 영어의 'curriculum'은 그 어원이 라틴어의 '쿠레레(currere)'에서 유래된 말이다. 'currere'는 경마장에서 말이 뛰는 길로 'course of race'의 의미로 '달리는 코스', '경주로'를 뜻한다. 이는 경마장에서 말이 뛰는 길이 일정하게 정해져 있어서 다른 길로 뛰는 것을 허용하지 않는 것처럼, 학교에서 학생들이 공부할 내용도 정해져 있으며, 다른 내용을 배우는 것을 허용하지 않는 정해진 공부로서의 길을 뜻하는 의미, 즉 'course of study'의 의미로 교육과정(curriculum)이라는 말을 사용하게 되었다. 이렇게 볼 때 교육과정의 의미는 '공부해 나가야 할 일련의 내용항목들'의 의미로 '교수요목(course of study)', '학과과정(學科課程)', '교과과정(敎科課程)'이라는 의미와 동의어로 사용되었다.

교육과정이 교육학의 전문분야로 등장한 것은 1920년경이다. '교육과정'이라는 단어도 이 무렵부터 사용되기 시작하였을 것으로 추정되며, 교육의 전문 분야로서 교육과정을 취급한 것은 1918년 보비트(F. Bobitt)의 『교육과정(*The curriculum*)』이라는 저서가 최초이다.

일반적으로 교육과정이라고 하는 것은 교육의 과정(過程)에서 목적을 달성하기 위해 목적에 합당한 내용을 선정하고, 조직하고, 가르치는 것을 총합적으로 묶은 교육의 계획이다. 따라서 교육과정은 의도적으로 바람직한 방향으로 인간행동을 변화시키기 위해 작용하는 수단으로 도입되는 모든 과정이라고 할 수 있다. 이 과정에는 '왜'라고 하는 목적과 '무엇을'이라고 하는 내용, '어떻게'라고 하는 방법과 더불어 '얼마만큼 달성하였는가?'라고 하는 평가의 내용이 모두 포함된다. 따라서 교육과정에는 이러한 교육의 과정(過程)에서 이루어지는 전체적인 계획을 모두 포함한다.

교육과정은 이와 같은 일련의 교육목표 달성을 위한 학교의 의도적이고 계획적인 교육내용의 선정, 조직, 지도, 평가의 일련의 과정이라는 의미 외에도 그 의미를 광의로 해석하여 '학교의 지도하에 이루어지는 학생들의 모든 경험'이라고 보기도 한다. 이러한 교육과정의 폭넓은 해석에는 학교에서 이루어지는 비의도적이고 무계획적인 학생들의 경험까지도 모두 포함하는 의미이다.

2. 사상적 배경에 따른 교육과정의 의미

교육과정의 의미는 시대의 흐름에 따라 변화했으며, 그 시대의 교육철학에 따라 교육과정의 강조점이 달라지고, 그 의미도 다르게 정의되었다. 시대의 변화에 따른 교육사상의 관점에 따라 다양한 의미로 해석된 의미를 다음의 몇 가지 범주로 나누어 정의할 수 있다.

1) 교육내용으로서의 교육과정

교육내용으로서의 교육과정은 1920년대 이전의 전통적 교과중심의 교육과정으로 이 시기의 교육과정은 교육내용(content)을 의미하였다. 즉 교사와 학생 사이에 가르치고 배우는 교수·학습의 내용이 교육과정이었다. 이때의 교육과정은 학생들이 필수적으로 배워야 할 내용을 규정한 것으로 이는 교과서나 교사용 지침서의 내용과 같은 것으로 이해하려는 입장이었다. 즉 '교과는 설명을 용이하게 하는 논리적 순서로 배열되고, 학교 학습이나 학생의 학습 경험에 선행하여 결정된다(Tony Becher & Stuart Maclure, 1978)는 것'으로 교육은 지적 계발에 목적을 두고 지적 계발에 도움이 되는 교과목들이 교육과정의 내용이 되어야 한다는 관점에서 이루어진 정의이다. 특히 허친스(Hutchins, 1936)는 "교육과정은 영구불변의 교과로 구성되어야 하고, 초·중등교육에서는 문법, 수사학, 논리학, 수학의 규칙들을, 그리고 중등교육 이후에는 서양세계의 위대한 고전들로 구성되어야 한다"고 주장하면서 교육과정에서의 필수 지식을 제시하기도 하였다. 뿐만 아니라 베스토어(Bestor, 1956)는 본질주의 사상에 입각하여 "교육과정은 모국어, 수학, 과학, 역사, 외국어 등의 다섯 가지로 구성해야 한다"고 주장하면서 필수지식을 제시하였다.

그러나 이들의 주장은 단순히 교육과정을 '학습해 나갈 코스', '학생들에게 가르쳐 갈 교수내용의 체계'로서의 의미로밖에 받아들여지지 않았다. 그것은 학교교육에서 이루어지는 교육과정이 사회의 변화와 함께 폭발적으로 증가하는 새로운 분야에 대한 지식을 감당해 내기가 어려웠을 뿐만 아니라 증가하는 지식과 정보에서 어떤 지식이 필수적인 지식인가를 결정하기가 쉽지 않았기 때문이다. 또한 필수적 지식으로 제한적인 교육내용을 선정함에 따라 학습자들의 요구에 부흥하지 못하는 문제점을 야기했으며, 본질적으로 학교교육이 지닌 목적이 단순히 지적계발에만 있다고 할 수 있는지에 대한 혼란에 빠지게 되었다. 하지만 전통적 교과중심 교육과정의 의미로 본 '교육내용으로서의 교육과정'의 개념규정은 가장 전통적이고 대표적인 교육과정의 의미로 이해되고 있다.

2) 학습경험으로서의 교육과정

학습경험으로서의 교육과정은 1920년대부터 시작하여 1950년대에 이르는 진보주의 교육사상에 토대를 둔 경험중심 교육과정에서의 교육과정의 의미이다. 이때의 교육과정은 학교의 지도하에 학생이 배우는 일체의 교과나 교과중심의 교육과정으로 학생들이 갖게 되는 모든 경험(experience)으로 정의되었다. 이러한 정의는 학생들이 학교교육을 통해 배우게 되는 형식적인 교과교육뿐만이 아니라 학교 내외의 총체적인 학교환경에서 직접적으로 또는 간접적으로 영향을 받으면서 배우게 되므로 학생들의 모든 경험을 중시해야 한다는 점을 부각시키게 되었다. 이는 그동안 학교교육에서 교육내용의 교육과정으로 정의되었던 교과중심 교육과정이 현실생활과 동떨어진 학습내용을 공부함으로써 교육의 실용성에 문제가 있다는 점을 제기하였다. 따라서 실생활에 직접 도움이 되는 교육과정을 마련해야 한다는 요청과 함께 경험중심 교육과정이 등장하게 되었다. 경험중심 교육과정은 교육내용을 학생의 실생활과 연관시켜 교육의 유용성을 강화할 뿐만 아니라, 여러 가지 문제 사태에 대한 효율적인 해결능력과 새로운 사태에 대한 적응능력을 길러 주는 데 중점을 두었다.

학습경험으로서의 교육과정에 대한 개념은 학생들이 배워야 할 경험은 학교 안에서만 이루어지는 것이 아니라 바람직한 교수·학습의 결과를 가져올 수 있는 것이라면 교실 밖에서도 찾아야 하며 이러한 교육적 경험은 수용되어야 한다는 점에서 교육과정의 개념을 '학교 안팎에서 학생들이 가지게 되는 모든 경험의 총체'라고 규정하였다.

3) 학습 계획으로서의 교육과정

1950년경 일부 교육학자들은 교육과정을 '계획(plan)'이라는 입장에서 해석하기 시작했다. 그 이유는 학교교육을 통해 바람직한 결과를 얻기 위해서는 학교에서 학생들이 경험하게 될 다양한 경험들을 사전에 철저하게 계획하고 준비하여야만 가능하다고 보았기 때문이다. 이러한 입장에서 교육과정을 바라본 사람으로는 타일러(R. W. Tyler), 타바(H. Taba), 세일러(J. G. Saylor)와 알렉산더(W. M. Alexander), 맥도널드(J. MacDonald) 등을 들 수 있다.

타일러(Tyler, 1949)는 '교육과정이란 교육목적을 달성하기 위하여 계획되는 모든 학습'이라고 정의하였고, 타바(Taba, 1962)는 '교육과정이란 모든 학습을 위한 하나의 계획'이라고 규정하였으며, 세일러와 알렉산더(Saylor & Alexander, 1974)는 '교육과정이란 특수한 목표들을 성취하기 위해 일련의 학습기회를 제공하는 계획'이라고 정의하였다. 또한 맥도널드(MacDonald, 1965)는 '교육과정이란 수업 이전에 이루어지는 모든 계획적인 노력'이라고 규정하여 미리 계획되고 준비된 계획으로서의 교육과정을 강조하였다.

학습 계획으로서의 교육과정의 의미는 학교의 교육목적을 달성하기 위하여 필요한 학생들의 생활경험을 교육적인 측면에서 교수활동이 언제, 어디서, 어떻게, 행해질 것인가를 종합적으로 묶은 교육의 총체적인 계획이라고 할 수 있다.

4) 학습 결과로서의 교육과정

1960년대와 1970년대에 이르러서 교육프로그램의 성과에 대한 관심이 증대되면서 교육학자들은 교육과정을 교수·학습활동의 결과(outcome)로 규정하기 시작했다. 특히 1970년대에는 교육의 책무성(責務性)이 중시되어 교육에 대한 자기비판적 운동이 일어나기 시작했던 시기이다. 즉 교육이 수행해야 할 책무를 제대로 수행하고 있는지에 대한 자기성찰적 사고를 교육과정에 대한 관점으로 정의를 내린 것이다. 결과로서의 교육과정은 계획이 교육과정을 통해 실체화되면서 학습자의 인간적 특성에 통합되어 어떠한 교육적 가치를 뜻하는 결과로 나타나게 되고, 이를 통해 교육과정을 이해하게 되면서부터 교육과정에 대한 결과로서의 측면을 강조하게 된 것이다. 학생들이 학습상황에서 무엇을 행하느냐가 아니라, 학생들이 학습한 결과로써 무엇을 학습하게 되느냐와 관련이 있는 것이다. 이는 교육과정의 개념을 '의도된 것'과 '실현된 것'으로 설명할 때, 학습결과로서의 교육과정은 '실현된 것'에 중점을 두고 교육과정의 개념을 설명하려는 것이다.

이것을 포팸과 베이커(W. J. Popham, & E. I. Baker)는 교육과정을 '학교가 책임져야 하는 모든 계획된 교수·학습의 결과'라고 정의하였고, 태너와 태너(D. Tanner & L. N. Tanner)는 교육과정을 '아동·학생의 개인적·사회적 능력의 계속적이고 의도적인 성장을 위해서 학교의 지도아래 지식과 경험의 체계적인 재구성(再構成)을 통하여 형성된, 또 계획적으로 의도된 교수·학습경험의 결과'라고 정의하였다.

특히 이러한 입장은 이 시기에 나타난 학문중심 교육과정과 관련이 있다. 경험중심 교육과정이 지나치게 생활의 문제 사태를 중심으로 구성되어 지식체계를 소홀히 다룬다는 문제점을 해결하고자 등장한 학문중심 교육과정과 관련이 있다. 이는 교육과정을 '의도하고 있는 교육으로 체계적으로 구조화한 것'이라는 개념으로 학습자가 어떠한 경험을 갖든지 간에 학생은 교육에서 의도한 목표에만 도달시키면 된다는 입장의 의미이다.

3. 교육과정의 세 수준

교육과정은 학습자에게 학습 경험을 선정하고 조직하여 교육 경험의 질을 구체적으로 관리하는 교육의 기본 설계도로 학교교육에서 수행해야 할 교수요목으로 전통적으로 학교교육과정을 의미하여 왔다. 학교교육과정은 학생들에게 교육목표를 성취시키기 위하여 일정한 수준의 교육 내용을 선정하고 조직해 놓은 공통적인 기준으로 이해된다.

교육과정 계획은 국가, 지역, 학교 등의 수준에서 이루어진다. 국가수준 교육과정의 기준은 초·중등학교의 교육목적과 교육목표를 달성하기 위해 초·중등 교육법 제23조 제2항에 의거하여 장관이 문서로 결정·고시한 교육내용에 관한 전국 공통의 일반적인 기준을 말하며, 이 기준에는 초·중등학교에서 편성·운영해야 할 학교교육과정의 목표, 내용, 방법과 운영, 평가에 관한 국가수준의 기준 및 기본 지침을 제시하고 있다. 따라서 교육과정 개발, 운영, 평가는 모든 지역 교육청이나 단위학교를 중심으로 전개되고 있다(정일환, 2003). 따라서 교육과정은 보는 관점에 따라 다양하게 분류되어진다. 일반적으로 교육과정의 교육 내용을 결정하는 주체가 누구인가에 따라 국가수준 교육과정, 지역수준 교육과정, 학교수준 교육과정 등 세 수준의 교육과정으로 구분한다.

1) 국가수준 교육과정

국가수준 교육과정은 장관이 고시하는 초·중등학교 교육과정 문서를 의미한다. 국가수준 교육과정은 총론과 각론으로 이루어져 있다. 총론에는 교육과정 구성의 방향, 학교급별 교육목표, 편제와 시간배당 기준, 교육과정의 편성과 운영 지침 등이 포함되어 있고, 각론에는 교과의 성격과 목표, 내용, 교수·학습 방법, 평가 등이 포함되어 있다.

2) 지역수준 교육과정

지역수준 교육과정은 고시된 국가수준 교육과정을 기초로 하여 각 시·

도 교육청이 관내 학교를 위하여 마련한 '교육과정 편성·운영 지침'을 말한다. 따라서 지역수준의 교육과정은 교육과정이라기보다는 '교육과정 편성·운영을 위한 지역수준의 지침'이라고 보는 것이 더 정확하다. 시·도 교육청 관내 초·중등학교는 이러한 지역수준의 교육과정 편성·운영 지침을 근간으로 하여 학교수준의 교육과정을 편성하도록 되어 있다. 일반적으로 지역수준의 교육과정은 국가수준의 교육과정에 지역의 특수성과 독특한 필요와 특색을 반영하여 학교교육과정을 편성·운영할 수 있도록 지침을 제시하고 있다.

3) 학교수준 교육과정

학교수준 교육과정은 학교교육과정을 의미한다. 학교교육과정은 국가수준 교육과정과 지역수준 교육과정을 근거로 하여 편성한 것이다. 학교에서는 이러한 학교교육과정에 따라 구체적인 교육활동이 전개된다. 학교교육과정에는 당해 학교의 교육목표, 교육중점, 노력중점과 특색교육활동, 교육내용과 방법, 교사와 학생 조직, 행사계획, 평가계획 등이 제시되어 있다. 국가수준·지역수준·학교수준의 교육과정에 대한 특성을 비교하여 제시하면 다음과 같다.

표 6-1 국가수준·지역수준·학교수준의 교육과정 비교

교육과정수준	작성주체	주 요 역 할	관련 근거
국가수준 교육과정	교육관련 행정부	국가 수준 교육과정 기준 고시	초·중등교육법 제23조 제2항 (교육과정의 기준과 내용에 관한 기본적인 사항 결정)
지역수준 교육과정	시·도 교육청	지역수준 교육과정 편성·운영 지침 작성 제시	초·중등교육법 제23조 제2항 (지역의 실정에 적합한 기준과 내용 작성)
	지역교육청	실천중심의 장학자료	
학교수준 교육과정	단위학교	학교교육과정 편성·운영	초·중등교육법 제23조 제1항 (학교교육과정의 운영)

일반적으로 국가수준·지역수준·학교수준의 교육과정은 학교에서 진행될 교육활동을 구체적으로 규정하는 공식적인 문서의 형태를 띠고 있다. 이러한 교육과정은 교사들이 수업을 계획하고 진행하며, 학생들을 평가하는 교수·학습활동의 근거가 되고 교사들의 교수활동에 대한 장학과 교육과정의 실행과 결과에 대한 책무성을 묻는 토대가 된다.

4. 교육과정 개념 모형

교육과정의 본질적 의미에 대한 해석은 크게 세 가지로 구분할 수 있다. 하나는 학교에서 '무엇을 가르칠 것인가?'에 관련된 것으로 교육내용을 규정하면서 의미를 해석하는 입장이고, 다른 하나는 교육과정을 교육의 계획적인 측면에서 살펴보면서 계획과 전개에 관련된 의미를 해석하는 입장이며, 마지막 하나는 교육과정을 통해 얻어진 결과를 해석하는 입장이다. 즉 교육과정의 계획과 전개, 실현과 관련한 문제이다.

일반적으로 계획된 교육과정이 교사에 의해 전개되는 과정에서 실제적 교육과정과 다를 수 있다. 교사가 가르치는 내용과 학생들이 경험하는 교육과정에서 차이가 나기도 하고, 학생들이 경험을 수용하는 과정에서 다양한 변인에 의해 계획과 다르게 나타날 수 도 있다. 이와 같이 공식적 교육과정은 전개되는 과정에서 서로 다른 모습으로 실현되기도 하고, 그 과정에서 필연적으로 서로 다른 부산물을 만들어 내기도 한다. 교육과정이 진행되는 순서에 따라 구분할 때 일반적으로 계획된 목표로서의 교육과정과 수업 속에 반영되어 전개된 교육과정, 그리고 학습 성과로서 실현된 교육과정으로 나누는데, 그 내용은 다음과 같다.

1) 문서로서의 교육과정 : 계획된 교육과정

교육과정이 무엇을 어떻게 가르칠 것인가에 대한 계획이라고 할 때 교육과정에는 가르쳐져야 할 교육내용을 포함하고 있다. 교육내용은 가르칠 재료로서 어떤 일정한 형식에 의해 분류되고 조직되어 문서화 되는데, 그 내용은 주로 학교교육을 통해 무엇을 가르치고, 어떻게 가르치며, 어떻게 평가할 것인가와 관련된 내용들이다. 교육과정은 이와 같이 교육내용과 관련하여 문서화된 것으로 계획된 교육과정이며, 계획된 교육과정은 문서 속에 담긴 의도된 교육과정으로 학교에서 공식적으로 가르치는 교육과정을 말한다. 계획된 교육과정에는 국가, 지역, 학교에서 진행될 교육활동을 구체적으로 규정하는 공식적인 문서의 형태를 띠고 있다.

2) 실천으로서의 교육과정 : 전개된 교육과정

공식적인 문서화된 교육과정이라고 해서 학교에서 항상 계획된 문서대로 진행되지는 않는다. 비록 공식적인 문서로 교육과정 계획을 수립하였다 하더라도 학교의 여건이나 사회 환경의 변화에 따라 다소 차이가 있을 수 있다. 따라서 학교에서 교육과정을 지도하다보면 계획은 되어있다 하더라도 직접 학생지도를 할 수 없는 상황이 발생하기도 하고, 계획은 되어있지 않으나, 반드시 지도해야만 하는 학습상황이 발생할 수도 있다.

이와 같이 공식적으로 문서화된 교육과정만이 아니라, 교실에서 교사가 실제로 직접 가르치는 것, 즉 교사에 의해 해석되어 실행되는 교육활동을 가리켜 실천으로서의 교육과정 또는 전개된 교육과정이라고 한다. 실천으로서의 교육과정은 문서로서의 교육과정보다 일반적으로 학생들에게 더 큰 영향을 미친다. 계획되고 의도된 교육과정이 문서로서의 교육과정에 한하는 제한적인 것이라면, 실천으로서의 교육과정은 직접 학습상황에 투입되어 교수활동이 이루어지는 교육과정이므로 학생들의 인식이나 가치변화에 직접적인 영향을 미친다.

3) 산출로서의 교육과정 : 실현된 교육과정

계획되고 의도된 교육과정을 동일한 교수활동을 통해 학생들에게 지도했다 하더라도 반드시 동일한 결과물을 산출해내는 것은 아니다. 동일한 내용의 교육과정이라 하더라도 받아들이는 학생들의 의식이나 가치, 태도 등에 따라서 각각 다른 결과물을 산출한다.

교육과정은 맥락에 따라 공식적인 문서나 실제로 행해지는 교육활동 즉 실천으로서의 교육과정을 가리키기도 하지만, 교육의 결과로 나타나는 성과나 산출을 의미하기도 한다. 산출로서의 교육과정은 교수·학습 활동에 참여한 결과 학생들이 실제로 갖게 되는 경험이나 성취를 말한다. 문서로서의 교육과정, 실천으로서의 교육과정, 산출로서의 교육과정 개념의 관계를 그림으로 제시하면 다음과 같다(김재춘 외, 2005).

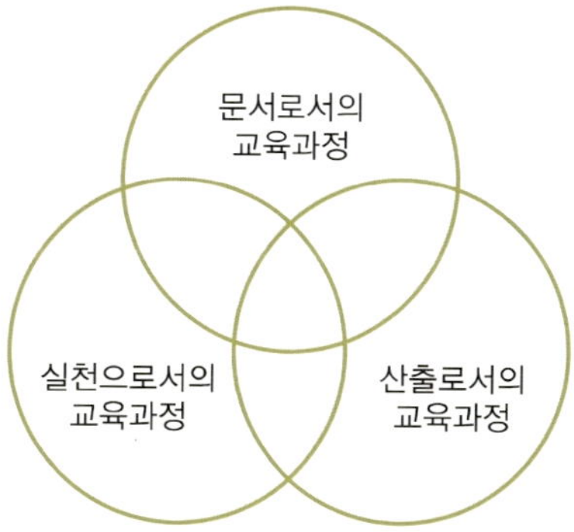

그림 6-1 | 문서, 실천, 산출 교육과정 개념 간의 관계

4) 영(零) 교육과정

영 교육과정(null curriculum)이란 학교교육에서 실제로 선택되지 않았지만 선택되어 가르쳐졌으면 하는 교과나 경험으로 학교교육에서 배제되어 공식적으로 가르치지 않는 교육과정을 말한다. 이러한 영 교육과정은 문서화된 계획에 대해 의도적으로 가르치지 않았는데도 학습하게 되는 것과는 달리 꼭 필요한 교육과정의 내용임에도 불구하고 의도적으로 배제시켜 학생들이 경험하지 못하도록 하는 배제된 교육과정이다. 이슬람국가에서의 기독교 사상, 사회에 숨겨진 가치관이나 의도적인 정치사상 교육 등은 경우에 따라서는 의도적으로 학교의 문서화된 교육과정에서 배제시키는 경우가 있는데, 그것이 대표적인 영 교육과정의 예이다..

영 교육과정을 최초로 제안한 사람은 아이즈너(Eisner)이다. 아이즈너는 『교육적 상상력(*Educational Imagination*)』(1979)에서 학교에서 공식적으로 가르쳐야 할 교육목표와 내용들이 있는데도 불구하고 공식적인 내용에 포함시키지 않고 가르치지 않는다면 학생들에게 커다란 영향을 미칠 수 있으며, 상황에 따라서는 학생들에게 사실과 다르게 교육적인 영향력이 왜곡되어 나타날 수 있다는 점을 지적하면서 이를 영 교육과정이라는 용어를 사용하였다. 이와 같은 영 교육과정은 문서화된 교육과정이나 실천된 교육과정, 산출된 교육과정처럼 표면적으로 나타나는 것이 아니라 이면적인 측면으로 잠재해 있어 표출되지 않는 것이 특징이다.

02 교육과정의 유형

1. 표면적 교육과정과 잠재적 교육과정

교육과정이 공식적으로 문서화 되어 있는지, 아니면 문서화 되어 있지 않은 비공식적인 형태의 것인지에 따라 표면적 교육과정과 잠재적 교육과정으로 구분한다.

표면적 교육과정은 학교가 의도했던 계획을 교육과정으로 문서화해서 학생들에게 제공하는 교육적 경험으로 일반적으로 학교가 의도하는 교육과정을 말한다. 표면적 교육과정은 흔히 국어, 영어, 수학 등과 같은 교과목처럼 문서화 된 교육과정으로 가시적 교육과정(visible curriculum), 공식적 교육과정(official curriculum), 형식적 교육과정(formal curriculum), 계획된 교육과정(planned curriculum), 외현적(外顯的) 교육과정(over curriculum) 등으로도 불린다. 일반적으로 학교에서 흔히 사용하는 교육과정은 문서화 된 교육과정으로 표면적 교육과정을 지칭하는 말이며, 학교에서는 이것에 의해 수업의 구체적 내용을 마련한다. 표면적 교육과정은 교육목표를 설정하고 교육내용을 체계화하며, 설정된 교육내용을 학생들에게 가르쳐서 궁극적으로는 바람직한 변화를 성취하도록 하고 있다.

잠재적 교육과정(hidden curriculum)은 머튼(Merton)이 호피(Hopi)족의 기

우제를 관찰하면서 그 기능 중에는 의도적인 것과 비의도적인 것이 있다는 것을 구분하면서 등장한 개념이다. 호피족의 기우제에서 비를 내리게 하는 것이 의도적이고 표면적인 기능이었는데, 얻어진 결과에는 의도하지 않았던 구성원의 결속력이 강화되었다는 잠재적 기능을 발견하게 된 데서 비롯되었다.

잠재적 교육과정이라고 함은 일반적으로 학교나 교사가 의도적으로 기르려고 계획하거나 가르친 바가 없음에도 불구하고 학교생활을 하는 동안에 학교의 물리적 조건이나 제도, 행정 조직, 사회 및 심리적 상황을 통하여 학교생활을 하는 동안에 학생들이 은연중에 가지게 되는 경험을 말한다. 그래서 잠재적 교육과정을 가리켜 숨은 교육과정(hidden curriculum), 계획되지 않은 교육과정(unplanned curriculum), 비공식적 교육과정(unofficial curriculum), 비형식적 교육과정(informal curriculum), 내현적(內顯的) 교육과정(covert curriculum), 비가시적 교육과정(invisible curriculum) 등으로 부르기도 한다. 이 개념이 나타난 것은 1970년대이며 종래의 교육과정개념에는 포함되지 않았다. 이러한 잠재적 교육과정은 주로 학생들의 태도, 가치관, 신념과 관련되는 정의적 측면에 영향을 주며, 학교의 문화풍토, 교사의 인격적 감화 등이 중시된다. 또한 잠재적 교육과정은 반복적, 장기적으로 배우게 되므로 학습결과는 항구성을 지니게 된다. 이러한 잠재적 교육과정은 교육의 긍정적 측면뿐만 아니라 부정적 측면에도 영향을 주고 있으며, 학교의 계획과 갈등을 일으키는 경우도 있다. 일리치(Illich)의 '학교 없는 사회', 라이머(Reimer)의 '학교는 죽었다' 등이 잠재적 교육과정을 바탕으로 하고 있으며, 이 밖에도 머튼(Merton), 잭슨(Jackson) 등이 주장하는 이론이다. 표면적 교육과정과 잠재적 교육과정의 특성을 비교하면 다음과 같다.

표 6-2 표면적 교육과정과 잠재적 교육과정의 특성 비교

구분	표면적 교육과정	잠재적 교육과정
교육과정 형태	공식적 교육과정 문서화 된 형태	비공식적 교육과정 문서화되지 않은 형태
학습영역	지적인 것 인지적 영역	비지적인 것 정의적 영역-흥미, 태도, 가치관 등
학습방법	학교에 의해 의도적으로 조직되고 가르쳐짐	학교에서 의도하지 않았지만 학습자가 은연중에 배우게 됨
학습경험	교과와 관련된 이론적 지식	생존기술 및 학교의 문화 풍토 비교과적인 활동과 관련
학습시간	일시적, 단기적으로 배움	장기적, 반복적으로 배움
학습내용	바람직한 것이 주된 내용	바람직한 것뿐만 아니라 바람직하지 않은 내용도 포함
교사의 기능	교사로부터 지적, 기능적 영향	교사의 인격적 감화

2. 시대적 교육관에 따른 교육과정 유형

학습자에게 제공되는 학습내용의 유형은 학습자의 경험에 영향을 미친다. 학습내용의 유형은 시대에 따라 또는 어떤 교육관을 선택하느냐에 따라 교육과정의 형태도 다르게 발전해 왔다.

1920년대 이전의 교육은 형식도야이론의 전통적 교육과정의 시대였다. 그 후 1930년대까지는 교과중심 교육과정이 주를 이루다가 미국의 진보주의 교육사상의 등장과 함께 교과중심 교육과정의 문제점이 제기되고, 이를 해결하기 위해 학습자의 경험을 중시하는 경험중심 교육과정을 도입하였다. 1950년대에는 진보주의에 반대하는 새로운 교육사조가 등장하면서 학문중심 교육과정을 도입하게 되었고, 1970년대 이후에는 인간중심 교육과정 이론이 중심을 이루었다.

이와 같이 교육과정은 시대를 거치면서 그 시기에 적합한 새로운 형태의 교육과정을 탄생시키고 발전시켜 왔다.

1) 교과중심 교육과정

(1) 기본적 견해

교과중심 교육과정(subject-centered curriculum)은 역사적으로 가장 오랜 전통을 가진 교육과정 유형이다. 교과중심 교육과정에서의 교육목적은 교과교육을 통해 문화유산을 전달하는 것이며 교과란 교수목적으로 문화유산을 체계적으로 조직해 놓은 조직체로 본다. 즉 교과란 교사가 학생에게 가르쳐야 할 내용의 주제, 제목 등을 열거하고, 가르쳐야 할 내용을 일정한 계열로 조직한 공통된 문서로서의 교육과정이라고 본다. 교과중심 교육과정에서는 기본지식과 기능, 전통적 가치 등에 초점을 두고 지식의 체계를 중요시한다. 따라서 학교의 지도하에서 배우는 일체의 교과와 교재를 중요시한다. 이는 교과중심 교육과정은 학교의 지도하에 배우는 교수요목(course for study)을 포함한 일체의 교과와 교재를 교육과정으로 규정하기 때문이다

(2) 특징

교과중심 교육과정에서는 교육의 중요한 기능으로 '인류의 위대한 문화유산의 전달'을 제시하고 있다. 이들은 인류의 문화유산 중에서도 가장 뛰어나고 가치 있는 내용들을 선별하여 교과로 구성한 것이기 때문에 교과란 문화유산을 논리적, 체계적으로 조직해 놓은 것으로 보았다. 교과중심 교육과정의 일반적인 특징은 다음과 같다.

첫째, 문화유산의 전달이 교육의 주된 내용이다. 교육이란 문화유산을 전달하는 것이며, 문화유산의 전달이 곧 교육의 내용이 된다.

둘째, 교육의 주체는 교사이다. 교육내용의 구성이 대부분 교사중심의 교육과정으로 이루어져 있어 수업 전개에 있어서도 교사의 설명위주의 교수법이 대부분을 차지한다.

셋째, 한정된 교과영역 안에서만 교수·학습이 이루어진다. 교과중심의 교육과정에서는 교과로 구분된 지식의 영역이 있기 때문에 모든 학습활동

은 이 선을 넘어서 다른 교과를 침범하는 일이 용납되지 않는다.

넷째, 교과의 논리체계가 잘 이루어져 있다. 교과의 구성에 있어서 학습의 계열성을 중시하였기 때문에 학습의 난이도를 비롯한 체계적인 학습을 전개하기에 좋다.

(3) 장단점

교과중심 교육과정은 교과를 통해 문화유산을 체계적으로 조직해 놓은 것으로 구성이 간단하고 명료하다는 것이 특징이다. 교과중심 교육과정의 장점으로는 다음과 같은 점을 들 수 있다.

첫째, 문화유산의 전달에 용이하다.

둘째, 학생의 지적인 능력을 발달시키는 데 효과적이다.

셋째, 교과의 내용이 체계적으로 조직되어 있어 간단명료하고 이해하기 쉽다.

넷째, 학습결과에 대한 평가가 용이하다.

다섯째, 교육과정의 통제가 용이하다.

여섯째, 오랜 전통에 뿌리를 두고 있어 교사, 학생, 학부모에게 심리적 안정감을 준다.

이와 같은 장점에도 불구하고 교과중심 교육과정은 진보주의 학파로부터 다음과 같은 문제점을 지적받았다.

첫째, 교과내용에 치우쳐 현 생활과 동떨어진 내용을 학습한다.

둘째, 단편적인 지식중심의 주입식 교육으로 흘러 수동적인 학습력이 길러지기 쉽다.

셋째, 암기식 중심의 교육으로 비판력과 창의력 육성이 어렵다.

넷째, 학생들의 흥미, 능력, 요구 등이 무시된 채 성인사회 요구 중심의 학습이다.

다섯째, 교과를 중심으로 한 추상적이고 일반적인 경험이나 원리를 중심으로 학습하게 되어 학생들의 학습에 대한 자극이 불충분하다.

여섯째, 분과적인 교과 조직으로 다른 교과나 전체적인 통일성과 연계성이 결여되었다.

2) 경험중심 교육과정

(1) 기본적 견해

경험중심 교육과정(experience centered curriculum)은 전통적인 교육관은 물론 교과중심 교육과정을 비판하면서 등장한 것으로 진보주의 교육의 대표적 학자 듀이(J. Dewey)에 의해 발달한 이론이다. 그동안 비판적 시각으로 바라보던 교과중심 교육과정은 미국사회에 불어닥친 경제공황으로 인하여 교육과정의 개정작업이 더욱 빨라지는 계기가 되었으며, 이는 경험중심 교육과정의 등장을 자연스럽게 받아들이는 계기가 되었다.

경험중심 교육과정은 교육과정 구성의 기초를 학습의 자발적 행동으로 인한 경험체계에 중점을 두어 학습자의 직접적인 흥미, 필요, 목적을 중시한 교육과정이다. 따라서 경험중심 교육과정에서는 '학교의 지도하에 학생들이 가지게 되는 모든 경험'을 교육과정으로 보았으며, 생활인의 육성을 교육의 목적으로 삼았다. 이들은 생활경험을 중심으로 한 교육과정 구성을 주장하였으며, 일상생활에서 당면하는 문제해결능력의 배양을 중요한 교육목표로 삼았다.

경험중심 교육과정의 등장에는 듀이의 진보주의 교육에 대한 실험적 학교경영이 있었다. 듀이는 1896년 실용주의(實用主義, pragmatism)와 실험주의(實驗主義, experimentalism)에 입각하여 시카고(Chicago)대학에 실험학교를 세워 경험중심주의에 입각한 교육과정을 운영하였다. 이들은 경험중심 교육과정에서는 교재보다 생활을, 지식보다 행동을, 분과보다 종합을, 미래의 준비보다는 현재의 생활을, 교사의 교수보다는 학습자의 활동을 중시하는 것을 기본 전제로 하였다. 홉킨스(L. T. Hopkins)는 경험중심 교육과정의 기본적인 견해를 다음과 같이 밝히고 있다(양진건 외, 2008).

첫째, 교육과정의 중심은 교과가 아니라 학생에게 있으며, 교육을 수업이라 하지 않고 끊임없는 성장의 과정이라고 본다.

둘째, 교재를 가르치는 것이 아니라 학생들의 원만한 성장을 촉진시키는 데 중점을 둔다.

셋째, 교재를 미리 선택·조직하는 것이 아니라 학습의 현장에서 결정한다.

넷째, 교육활동은 교사의 일방적 강요가 아닌 학습자의 협력적인 참가에 의해 진행한다.

다섯째, 산만한 사실을 가르치는 것이 아니라 의미 있는 내용의 경험을 중시한다.

여섯째, 기능이나 습관을 모든 학습에서 종합적 경험의 일부로 가르친다.

일곱째, 교재와 결부된 교수법에 주력하지 않고 학생들의 학습법에 따른 학습을 중시한다.

여덟째, 모든 학생에게 일률적으로 학습을 시키지 않고 개인의 진보를 촉진시키려 한다.

아홉째, 일정한 틀에 맞추지 않고 개개 학생의 창조성을 함양한다.

(2) 특징

진보주의 사상을 바탕으로 한 경험중심 교육과정은 교과중심 교육과정과는 생각하는 관점에 큰 차이가 있었다. 교과중심 교육과정과 비교해서 경험중심 교육과정이 지니고 있는 특징으로는 다음과 같은 점을 들 수 있다(김종서 외, 1995).

첫째, 교육활동 못지않게 과외활동을 중시한다. 교과중심 교육과정에서는 교실학습 제일주의의 입장을 취한다. 따라서 경험중심 교육과정에서는 교실학습에 못지않게 현장학습, 여행, 전시회, 자치활동, 동아리활동 등을 중시한다. 교육은 학교의 전 생활에서 이루어진다는 신념 아래 다양한 학습활동을 전개한다.

둘째, 생활인의 육성을 목표로 한다. 경험중심 교육과정이 1930년 전후에 나타나게 되었음은 이미 지적한 바 있지만, 이 무렵이 미국에서는 경제대공황으로 인하여 시련을 겪던 시기이다. 경제대공황은 교과중심 교육과정에 회의를 갖게 하였으며 교육은 자아실현, 인간관계, 경제적 능률 등 잘 사는 사람을 육성하는 데 역점을 두어야 할 필요성을 절감하게 하였다.

셋째, 아동중심의 교육을 강조한다. 교과중심 교육과정에서는 '교과를 가르친다'는 입장을 취한다. 즉 국어를 가르치고, 수학을 가르친다는 입장이다. 그러나 경험중심 교육과정에서는 '아동을 가르친다'는 입장을 취한다. 따라서 교육은 아동의 필요, 흥미, 능력에 그 바탕을 두어야 한다고 믿고 있다.

넷째, 사회의 급격한 변화에 적응하는 인간을 육성하고자 한다. 사회변화에 따른 여러 가지 문제 상황에 대처해 나갈 수 있는 능력과 적응력을 갖춘 인간육성을 강조한다.

다섯째, 문제해결력의 함양을 강조한다. 사회적응을 그 특징의 하나로 하고 있는 경험중심 교육과정에서는 개인적 또는 집단적으로 부딪히는 문제들을 가장 현명하게 해결할 줄 아는 능력을 배양하고자 한다.

여섯째, 전인교육을 강조한다. 생활인 육성을 그 목적으로 하는 경험중심 교육과정에서는 전인교육을 강조한다. 경험중심 교육과정은 교과중심 교육과정이 지식교육에 치중한다는 점을 비판하고 있는데, 전인교육은 이런 점에서 교육자 및 사회인의 지지를 받고 있다.

이상에서 살펴본 바와 같이 경험중심 교육과정은 '경험'과 '생활'에 중점을 두고 현실 생활 속에서 부딪히게 되는 여러 가지 문제에 대한 해결 능력을 기르고자 하는 것을 중요한 목표로 두고 생활인의 육성을 강조한 교육과정이다.

(3) 장단점

학습자의 흥미와 필요를 기초로 개인차를 고려하여 교육과정을 구성한 경험중심 교육과정은 다음과 같은 장점을 지니고 있다.

첫째, 학생의 자발적 행동을 촉진시켜 학생의 능동적인 학습태도를 기를 수 있다. 학생들의 학습활동에 대한 자발성이 확산되고, 학습자 스스로 세운 목표와 계획에 따라 스스로 문제를 해결해 나갈 수 있는 능력이 향상된다.

둘째, 생활인의 육성이다. 경험중심 교육과정의 내용이 실제적인 생활의 장을 통해 활동이 이루어지고, 생활과 결부된 학습을 중요시하기 때문에 생활문제 해결능력을 기를 수 있다.

셋째, 민주적 태도의 함양이다. 현실적인 문제를 공동으로 민주적인 과정을 통해 해결해 나가는 민주적인 태도와 생활방식을 기르는 데 도움이 된다.

넷째, 탐구력, 판단력, 창의력 등 고등 정신능력을 기르는 데 도움이 된다.

다섯째, 개인차에 따른 학습이 쉽고 지식과 경험의 통합이 가능하다.

이와 같은 경험중심 교육과정의 장점에도 불구하고 경험중심 교육과정은 다음과 같은 단점을 지니고 있다.

첫째, 기초학력을 저하시킬 수 있다. 학습내용을 학습자의 요구에 따르다 보면 사회인으로서 갖추어야 할 기초적인 능력, 즉 기초학력이 저하될 수 있다.

둘째, 학생들의 경험을 중심으로 한 교육내용의 구성으로, 체계적인 지식과 기능을 등한시할 수 있다.

셋째, 경험중심 교육과정은 신규교사처럼 교직에 대한 소양과 지도요령이 부족한 교사일 경우에는 실패할 가능성이 높다.

넷째, 행정적 통제와 학습의 통제가 어렵고, 통일성을 기하기가 곤란하다.

다섯째, 교육과정의 근거가 명확하지 않아 계열성이 문제가 될 수 있다

여섯째, 상급학교 진학 공부에 능률적이지 못하여 학부모로부터 지지를 얻기가 어렵다.

3) 학문중심 교육과정

(1) 기본적 견해

학문중심 교육과정(discipline centered curriculum)은 경험중심 교육과정에 대한 심각한 회의에서 비롯되었다. 경험중심 교육과정이 지식 체계를 소홀히 하고, 체계적인 사고에 필요한 능력을 소홀히 취급한다는 폐단이 드러났기 때문이다. 특히 1950년대 후반으로 접어들면서 미국에서는 경험중심 교육과정에 반기를 들고 교육의 지적 수준을 높이는 방향으로 교육과정을 개혁할 것을 주장하기에 이르렀다. 이들은 주로 본질주의 학파의 학자들로 과학기술 경쟁의 우월성을 확보하기 위해서는 무엇보다도 지적수준을 높이는 교육이 필요하며, 과학기술 진흥을 위한 교육이 강화되어야 한다고 주장하면서 경험중심 교육과정의 대안으로 학문중심 교육과정에 주목하게 되었다. 학문중심 교육과정이 등장하게 된 배경으로는 다음과 같은 몇 가지의 동기가 있었다(장선철 외, 2009).

첫째, 1950년대 이후의 사회적·경제적·인구적인 변동과 과학기술의 혁신적인 발전과 지식의 폭발적인 증가는 새로운 교육과정을 요구하게 되었다. 오늘날 지식과 기술의 발달 속도는 매 십년마다 배증하고 있다. 따라서 한정된 학교교육 기간 동안에 무엇을 가르칠 것이냐 하는 것이 심각한 문제로 제기 되었다. 그 많은 지식과 기술 중에서 선정 기준은 각 학문에 내재해 있는 전이가(轉移價)가 높은 지식과 기술이 되어야 한다는 것이다. 이와 같은 전이가가 높은 지식을 '지식의 구조'라고 한다. 날로 팽창하는 지식을 모두 가르칠 수 없기 때문에 이들 지식 중에서 가장 '핵심적인 지식', '기본적인 지식'을 선정할 수밖에 없으며, 이에 따라 학문중심 교육과정이 등장하게 되었다.

둘째, 경험중심 교육과정에서는 지식의 체계성이 너무 소홀히 되고 학문적이고 체계적인 사고와 연구를 하는데 필요한 능력이 소홀히 되는 폐단이 있어, 이를 극복하기 위한 새로운 교육과정의 움직임이 나타나게 되었다.

셋째, 지식의 폭발적인 증가 현상도 있지만 보다 더 교과를 잘 가르치는 방법이 없느냐에 대한 교육학계의 모색은 '지식의 구조화'란 적극적인 방법으로 나타나게 되었다.

넷째, 1957년 소련의 인공위성 스푸트니크(Sputnik)호 발사로 인해 미국은 국가 안보에 위협을 받게 되었으며, 과학교육을 진흥시켜야 한다는 자극을 받음에 따라 학문중심 교육과정은 급속도로 발달하게 되었다.

(2) 특징

학문중심 교육과정의 특징에 대해 브루너(J. S. Bruner)는 『교육의 과정(*The process of education*)』에서 다음과 같이 기술하고 있다.

첫째, 교과내용은 '지식의 구조'를 중심으로 조직한다. 학문중심 교육과정의 사조에 의하면 교육과정은 각 학문에 내재해 있는 지식의 탐구과정이다. 브루너에 의하면 지식의 구조는 학문의 이면에 숨어 있는 기본적 생각, 지식의 기본개념, 지식의 기본원리, 지식의 핵심개념 등과 동의어로 쓰이는 개념이다. 교육과정은 각 교과의 전문가들이 각 교과가 나타내고 있는 지식의 구조를 가장 명백히 표현할 수 있도록 그 지식을 체계적으로 조직해 놓은 것이므로, 지식의 구조는 학습의 전이를 용이하게 한다. 뿐만 아니라 지식의 구조를 학습하게 되면 전체적으로 구조화 된 형태 안에 들어 있어 구조화된 전체에 비춰보게 함으로써 그 사실들을 쉽게 이해할 수 있고, 오래 기억할 수 있게 한다.

둘째, 교육과정을 나선형으로 조직한다. 브루너는 『교육의 과정』에서 "어떤 교과든지 그 지적 성격에 충실한 형태로 어떤 발달 단계에 있는 어떤 아동에게도 효과적으로 가르칠 수 있다"는 가설을 내세웠다. 이는 초등학생부터 고등학생에 이르기까지 지식의 구조를 가르치는 데 있어서 그 수준을 달리해야 한다는 것을 의미한다. 즉 인간의 지적 발달단계에 따른 정신적 작용 혹은 조작에 맞게 지식의 내용을 조직해야 한다는 것이다. 나선형 교육과정은 교과를 가장 완벽한 상태로 가상하고 교과에 담겨진 기본개념이나 핵심원리를 학생들의 사고방식에 맞게 가르치고 학년의 진전에 따라 이를 점차 심화·확대해 나가는 교육과정이다.

셋째, 탐구과정을 중시한다. 학문중심 교육과정에서는 각 교과에 내재해 있는 기본원리나 핵심개념을 교사가 찾아내어 학생들에게 제시하고 주입하는 것이 아니라 학생들로 하여금 그 해당 분야의 학자가 한 것과 같은 방식으로 찾아내도록 한다. 이를 통해 학생들이 배워야 할 내용은 탐구 결과 얻어진 '지식 덩어리' 그 자체가 아니라 그것을 낳게 한 '탐구과정'이다. 이렇게 지식을 탐구하는 과정을 통해 '탐구하는 방법(학습하는 방법)'을 학습하게 되면 일반적 전이를 촉진시켜 학습의 효과를 향상시킬 수 있다.

(3) 장단점

'학습자의 눈과 방식'으로 학습의 결과를 찾아낼 수 있도록 교수·학습과정에서의 탐구과정(探究過程)을 중시한 학문중심 교육과정은 다음과 같은 장점을 지니고 있다.

첫째, 체계화된 지식을 교육내용으로 선정하여 교육과정을 구성하기 때문에 능률적이고 질 높은 교육이 가능하다.

둘째, 기본개념과 원리를 학습하게 되므로 기억이 쉽고 전이가 용이하다.

셋째, 스스로 문제를 해결해 나가는 탐구 방법의 체득으로 문제 사태 해결에 도움이 된다.

넷째, 학습방법의 학습으로 학습에 대한 내적동기(內的動機)가 유발되어 학문 그 자체에 즐거움을 느낀다.

이와 같은 장점에도 불구하고 학문중심 교육과정은 학생들로 하여금 커다란 사회적 문제와 대결하도록 하는 데 실패했다는 지적과 함께 다음과 같은 단점을 말하고 있다.

첫째, 교육과정 운영에 있어서 정의적인 측면보다 지적인 측면에 편중하게 되어 정의적 교육을 소홀히 할 수 있다.

둘째, 학습자 개개인의 흥미나 관심, 욕구 등이 무시된다.

셋째, 교과 간의 통합성을 상실할 가능성이 크다. 즉 교육과정을 학문분야별로 분립하여 분과된 교과의 수가 증가할 가능성이 많다.

넷째, 지식의 구조를 지나치게 강조하여 학교교육과 현실 생활과의 연결성, 즉 실용적 교육이 약화될 수 있다.

4) 인간중심 교육과정

(1) 기본적 견해

인간중심 교육과정(human centered curriculum)은 학문중심 교육과정의 문제점을 보완하기 위해 등장하였다. 따라서 인간중심 교육과정은 현대의 산업화에 따른 비인간화 현상과 과학의 발달로 인한 인간의 소외현상, 교육을 수단적 기능으로 보는 태도 등을 반대하면서 각 개인의 자아실현을 위한 새로운 교육의 필요성이 대두되면서 등장하였다. 따라서 학교교육도 지식 중심의 교육보다는 인간성 회복을 위한 교육으로 전환해야 한다고 주장하였다.

인간중심 교육과정의 사상적 근거는 루소(J. J. Rousseau)의 자연주의 교육사상에서 찾을 수 있다. 루소의 자연주의 교육사상은 인본주의를 바탕으로 하고 있으며, 이를 바탕으로 자유학교를 실천한 니일(A. S. Neil)의 '서머힐 학교(Summerhill school)'가 그 대표적인 사례이다. 인간중심 교육과정은 인간의 성장가능성을 최대한으로 신장시키고 이를 발휘할 수 있도록 하여 인간을 존중하고 인간성을 회복하는데 중점을 두어 궁극적으로는 자아실현인의 육성을 통해 개인적으로는 만족스럽고 사회발전에 기여할 수 있는 삶을 실천하도록 하는 교육과정 정신이라 할 수 있다. 따라서 인간중심 교육과정은 대면적(對面的) 관계를 통해 사람들을 감동시키고, 너그러운 공동체 의식을 가지고 생활할 수 있는 환경을 조성하는 것을 근본으로 한다. 교육과정 구성에 있어서도 개인 지향적인 설계, 실천에 대한 융통성, 교사 능력의 최대한 활용, 창의성의 조장, 교육환경의 인간화 등을 중시한다.

(2) 특징

자아실현(自我實現, self-realization)을 위한 인간육성에 교육의 궁극적인 목적을 두고 있는 인간중심 교육과정은 다음과 같은 특징을 지니고 있다.

첫째, 인간중심 교육과정은 잠재적 교육과정을 표면적 교육과정과 같은 비중으로 두거나 경우에 따라서는 잠재적 교육과정을 더 중시한다.

둘째, 인간적 태도와 인간적 관계를 가장 우선적으로 한다. 인간중심 교육과정은 지적인 발달뿐만 아니라 심미적이고 도덕적인 삶에 대한 균형적인 발달을 필요로 하기 때문에 인간적 태도와 관계를 우선시 한다.

셋째, 자아실현을 돕기 위해 학교 환경을 인간화 시키는 데 목적을 두고 있다.

넷째, 인간중심 교육과정은 자아실현을 목표로 설정한다. 따라서 인간에게 잠재되어 있는 가능성을 사실화하여 자신의 역량을 발휘할 수 있도록 하는 데 목표를 둔다.

다섯째, 인간주의적 교사를 필요로 한다. 인간중심 교육과정에서는 가르친다는 것을 하나의 인간적인 관계로 인식하기 때문에 교사의 인간적인 경험을 매우 중시한다.

여섯째, 지적 능력의 성과보다는 정의적 특성의 성장을 중시한다. 인간중심 교육과정은 비윤리적 과정으로 나타난 결과보다는 윤리적 과정을 중시한 성장을 더 강조한다. 즉 인간적 성장에 있어서 지적능력이나 이성을 중요시 하는 측면도 있지만, 자율성·창의성·신뢰감·가치관 등 정의적 특성을 더 중시한다.

(3) 장단점

현대사회의 비인간화와 함께 학문중심 교육과정에 대한 비판으로 등장한 인간중심 교육과정은 다음과 같은 장점을 지니고 있다.

첫째, 학습자에게 자신에 대한 긍정적인 태도를 갖게 하고, 자기 계발

능력을 부여한다.

둘째, 타인과의 원만한 인간관계를 통해 타인을 존중하고, 수용할 수 있는 건전한 가치관을 형성하는 데 도움을 준다.

셋째, 교육내용의 통합성을 강조한다. 학습자의 감정, 사고, 행동의 통합을 추구할 수 있다.

넷째, 교육의 결과보다는 과정을 중시한다. 즉 지적 능력의 결과보다는 정의적 특성의 성장 과정을 중시한다.

이와 같은 장점에도 불구하고 인간중심 교육과정은 학생들의 평가보다 학습방법의 경험을 중요하게 여기며, 프로그램에 대한 장기적인 효과를 평가하기에는 적절치 않다는 등의 여러 가지 문제점을 않고 있다. 인간중심 교육과정의 단점으로는 다음과 같은 점이 있다.

첫째, 인간중심 교육과정의 기본개념을 실천에 옮길 준거(準據)가 모호하다.

둘째, 인간중심 교육과정이 개인차에 관심을 두고 있지만 각 개인에게 알맞은 경험이 무엇인지에 관해서는 구체적인 대안을 주지 못한다.

셋째, 교육 본질에 대한 이해가 소홀하다. 인간중심 교육과정이 개인의 성장을 지나치게 강조하여 전체 사회 구조 안에서 이루어지는 인간교육의 흐름에 소홀하다.

넷째, 인간중심 교육과정이 모든 학습자에게 적절하다고 볼 수 없다. 각기 다른 학습자들에게는 학습방법에 맞는 적합한 교수·학습 환경의 조성과 각각 다른 과정이 제공되어야 하는데 일률적인 인간중심 교육과정으로는 적합하지 않을 수 있다.

지금까지 논의된 교육과정 유형의 특성을 비교하여 표로 나타내면 다음과 같다.

표 6-3 교육과정 유형의 특성 비교

구분	교과중심 교육과정	경험중심 교육과정	학문중심 교육과정	인간중심 교육과정
시기	1920년대 이전	1930~1950년대	1960~1970년대	1970~1980년대
목적(지향)	이성적 계발 (과거지향)	생활인 육성 (현재 지향)	탐구심 배양 (미래지향)	전인적 인간 형성 (현재와 미래지향)
조직형태	분과형 (논리적 배열)	통합형 (심리적 배열)	나선형 (절충적 배열)	균형성, 다면 충족성
정의	교수요목	지도된 경험	지식탐구 과정의 조직	경험의 총체
사상적 배경	본질주의, 형식도야설	진보주의, 반성적 사고	본질주의. 항존주의	실존주의, 인본주의
개념의 범위	매우 좁음	넓음	좁음	매우 넓음
교육내용	문화유산	생활경험	구조화된 지식	포괄적 내용

03 교육과정의 구성 절차

타일러(Tyler)는 그의 저서 『교육과정과 수업의 기본 원리(*Basic Principles of Curriculum and Instruction*)』에서 교육과정 개발이나 수업 설계에 포함되어야 할 요소로 다음과 같은 네 가지의 관점을 제시하고 있다.

첫째, 학교가 성취해야할 목표는 무엇인가?
둘째, 교육목표를 달성하기 위해서는 어떤 교육적 경험을 이수하도록 설계되어야 하는가?
셋째, 교육적 경험은 어떻게 하면 가장 효과적으로 구성될 수 있는가?
넷째, 교육목표가 달성되었는지를 어떻게 평가하는가?

이러한 관점은 교육목표의 설정, 교육내용의 선정, 교육내용의 조직, 평가 의 네 요소로 요약될 수 있다. 타일러의 이러한 교육과정 구성과 관련한 원칙은 오늘날까지 교육과정 구성의 일반적인 절차로 받아들여지고 있다.

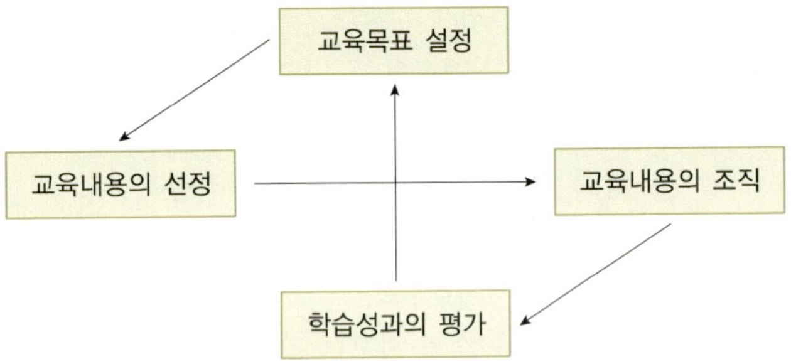

그림 6-2 | 교육과정의 순환적 일관성 관계

1. 교육목표의 설정

1) 교육목표의 개념

교육목표의 설정은 교육과정 구성의 시작이다. 교육목표는 학습과정이나 학습경험을 통해서 학생들에게 성취하고자 하는 행동의 변화를 말한다. 교육목표는 변화시키려는 행동의 방향을 결정해 주고, 교육내용 선정의 근거를 마련해 주며, 학습평가의 기준이 된다. 따라서 교육목표가 어떻게 설정되느냐에 따라 교육내용의 선정 및 조직의 방향이 달라질 수 있다.

교육이 궁극적으로 '인간의 바람직한 행동을 변화시키는 과정이다'라고 한다면, 교육목표는 '학습과정을 통해서 학생들에게 이루고자하는 바람직한 행동의 변화'라고 할 수 있다. 이러한 교육목표는 교육활동 중에 발생하는 불필요한 활동을 통제해 주는 기능을 수행한다. 따라서 학습활동의 전개에 있어서 무엇보다도 중요한 것은 교육목표와 내용, 교수·학습과정과 평가 등에 적용되는 목표의 일관성이 유지되어야 한다.

2) 교육목표 설정에 필요한 자원

교육목표 설정과 관련하여 타일러(Tyler)는 교육목표를 추출하고 결정하는 과정에서 타당한 선택과 판단을 위한 충분한 정보자료의 필요성을 강조하였다. 이 정보자료에는 직접적인 정보뿐만 아니라 간접적으로 영향을 미치는 모든 요소를 포함시킬 것을 주장하였다. 따라서 교육목표를 추출하기 위해서는 학습자와 관련된 사실, 오늘날의 사회변화, 즉 현대사회와 관련된 사실 등을 바탕으로 교과전문가의 견해를 수집한 후 잠정적 교육목표를 설정한다. 잠정적 교육목표는 다시 교육철학과 학습심리라는 두 가지 준거에 의하여 걸러진 후 최종적인 교육목표로 설정된다.

이러한 교육목표 설정과정을 그림으로 나타내면 다음과 같다.

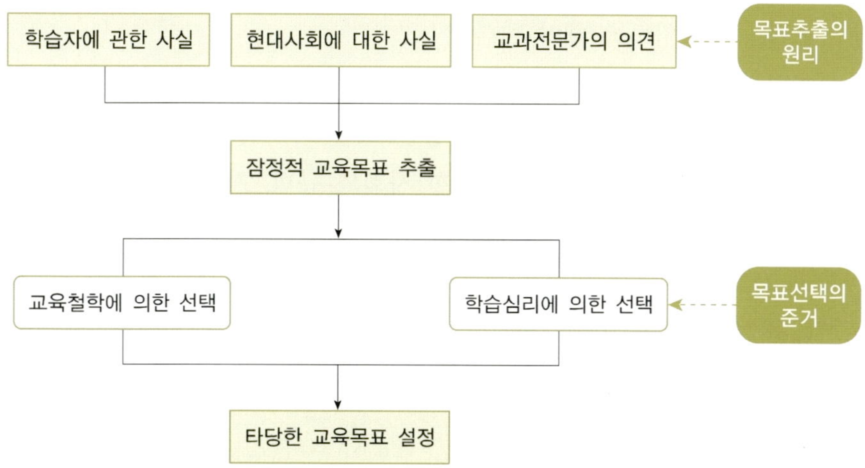

그림 6-3 | 타일러(Tyler)의 교육목표 설정 과정

(1) 목표 추출의 원리

학교교육을 통해 이루고자 하는 목표의 추출은 학습자에 관한 사실, 사회변화에 따른 현대사회의 사실, 교과전문가의 의견 수렴 등의 과정을 거쳐 이루어진다.

먼저 학습자는 교육과정 구성의 전제로서 교육목표 추출의 중요한 원천이다. 따라서 학습자의 필요(need)와 흥미(interests)를 파악하는 일이 가장 먼저 이루어져야 한다. 왜냐하면 교육목표에는 학습자의 교육적 필요가 반영되어야 하기 때문이다. 학습자는 학습자 나름대로 여러 가지 인지적, 정의적, 기능적 행동특성을 가지고 있고, 사회에서는 사회가 요구하는 공통적으로 인식하는 바람직한 행동특성이 있기 때문에 교육목표를 통해 성취하고자 하는 목표 설정에 앞서 학습자의 필요와 흥미를 파악해 두어야 한다. 뿐만 아니라 학습자의 생리적·심리적 필요를 충족시키는 요구를 파악하는 일도 중요하다. 유기체는 내적, 외적 환경의 변화에 적응하여 언제나 균형 상태를 유지하려는 '항상성'을 가지고 있다. 갈증을 느끼면 물을 찾는다거나, 어느 집단에 소속되어 안정을 찾는 소속감 등이 그 대표적인 예이다. 교육 목표를 설정함에 있어서는 이러한 학습자의 생리적 및 심리적 필요에 민감하게 반응하여 그러한 필요를 충족시키는 데 도움이 될 지식, 기능, 태도를 가르치도록 해야 한다.

사회변화에 따른 현대사회의 사실도 교육목표 설정에 도움을 준다. 교육이란 오늘날의 사회변화에 맞춰 다양한 모습으로 변화해야 한다. 따라서 넓은 의미에서 교육이란, 개인이 속한 사회의 규범, 지식을 내면화하여 정상적 사회구성원이 되는 과정이라고 할 수 있다. 학교를 둘러싸고 있는 오늘날의 사회변화 모습은 목표 추출의 중요한 원천이 된다. 학교에서의 학습사태를 가능한 한 실제 생활 사태와 유사하게 만들어야 학습의 전이효과를 높일 수 있고, 이렇게 하기 위해서는 오늘날의 현대사회에 대한 분석이 이루어져야 한다.

교과전문가는 특정 교과의 성격과 그 교과에서 기본적으로 학습해야 할 내용이 무엇이고, 어떤 학습 내용이 중요한지에 대한 경중을 가장 잘 파악하고 있는 사람이다. 따라서 교과전문가의 제안은 교육목표 추출의 또 다른 중요자원이 될 수 있다.

(2) 목표 선택의 준거

학교교육을 통해 이루고자 하는 목표 선택의 준거는 교육철학에 의한 선택과 학습심리에 의한 선택으로 구분되어 진다. 교육목표 추출의 원리에 의해 잠정적으로 추출된 교육목표는 교육철학에 의한 선택과 학습심리에 의한 선택의 과정을 거친 후 최종적인 교육목표로 설정된다. 최종적인 교육목표로 설정되기 위해서는 잠정적으로 설정된 교육목표를 정선하고 걸러낼 수 있는 '체(screen)'가 필요하다. 이러한 '체'의 역할을 하는 교육목표 선택의 준거가 바로 교육철학과 학습심리이다.

먼저 교육철학은 오늘날 우리 사회에서 당면하고 있는 여러 가지 문제에 대하여, 우리가 어떤 인생을 사는 것이, 어떤 사회가 되는 것이 바람직하며 가치로운 것인가를 대답해 준다. 따라서 철학적으로 어느 방향을 선택하느냐 하는 것은 학교교육의 목표가 어느 방향으로 설정되느냐와 깊은 관련이 있다.

'교육철학'이라는 체로 일단 걸러진 목표는, 다시 '학습심리'라는 두 번째 체에 의해 걸러진다. 학습심리의 원리가 교육목표 선정의 준거로서 이용되는 까닭은 학습심리의 원리에 기초하여 교육목표를 학습자들의 각 학년 또는 각 연령수준에서 시기적절하게 달성될 수 있는지를 검토하는 데 사용되어진다. 따라서 타당한 교육목표를 설정하기 위해서는 학습심리의 지식과 원리에 대한 활용이 필요하다.

2. 교육내용의 선정

1) 교육내용의 의미

교육내용은 교육을 '왜', '무엇을', '어떻게' 의 세 가지 측면으로 나누어 생각할 때, '무엇을'에 대응하는 것으로써 교육목적 달성을 위해 선정된 학습내용을 말한다. 일반적으로 교육내용은 교육목적의 규제를 받으며 교육방법의 방향을 제시해 주는 역할을 한다. 교육내용은 인류문화에 중심을 두든지 생활경험에 중심을 두든지를 불문하고 교육목적을 달성하기 위한 수단으로 성립되는 것이지 교육내용 그 자체가 학교교육의 목적이 될 수는 없다(서울대학교 교육연구소 : 2007).

교육내용에 대해 Tyler는 학습자와 환경적 조건 사이에서 일어나는 상호작용을 학습경험이라고 규정하고 이러한 학습경험이 교육내용이라고 보았다. 따라서 학습은 학습자의 능동적 활동을 통해서 일어나는 것이므로 교육내용과 관련하여 교사의 일차적 과제는 학생들이 바람직한 학습경험을 최대로 해볼 수 있도록 환경적 여건을 조성하는 것이 다른 어떤 교육내용보다 우선시 된다.

2) 교육내용 선정의 원리

타일러(Tyler)는 학습경험 선정을 위한 일반적인 원리, 즉 교육내용 선정의 원리로 다음과 같은 다섯 가지 원칙을 제시하였다.

첫째, 흥미의 원리 또는 동기유발의 원리이다. 학습경험은 학습자에게 흥미, 자극을 줄 수 있는 경험이어야 한다.

둘째, 기회의 원리이다. 이는 교육목표와의 일관성을 의미하는 것으로 교육목표를 달성하기 위해서는 그 목표가 시사하고 있는 행동을 학습자가 스스로 경험해 볼 수 있는 기회가 학습경험 속에 내포되어 있어야 한다.

셋째, 가능성의 원리이다. 이는 학습경험에서 요구하는 학생의 반응이 현재 그 학생의 능력범위 안에 있는 것이어야 한다. 따라서 학습내용이 학생들에게 무조건 쉬운 것이어야 한다는 의미가 아니라 학생에게 적절한 좌절감과 도전의식을 느낄 수 있는 것이어야 한다.

넷째, 다경험(多經驗)의 원리이다. 이는 한 가지 교육목표를 달성하는데 동일한 학습경험은 여러 가지가 있을 수 있다. 따라서 다경험의 원리는 교사가 열의와 창의성을 가진다면 목표달성을 위한 다양한 활동을 전개할 수 있음을 시사한다.

다섯째, 다성과(多成果)의 원리이다. 이는 학생들의 경험을 선택할 때 하나의 학습경험이 여러 가지의 학습성과를 가져올 수 있다고 보는 것이다. 이러한 다성과는 반드시 긍정적인 것만이 아니라 긍정과 부정의 측면을 동시에 갖고 있다는 점에서 유의할 필요가 있다.

이상에서 설명한 원리 이외에도 교육내용을 선정하는 데 도움이 되는 원리로 여러 가지가 있다. 예를 들어 선정된 교육내용이 인간발달의 통합적 원리와 일치해야 한다거나, 교육내용의 유용성으로 민주시민을 육성하는 데 관련되도록 구성해야한다는 등의 원리를 들 수 있다.

3. 교육내용의 조직

1) 교육내용 조직의 의미

교육내용의 조직이란 선정된 교육내용을 중심으로 '언제 가르칠 것인가'를 배열하는 것으로, 교육과정을 편성하고 조직하는 기본적인 틀이다. 즉 일정한 방법에 따라 교재내용을 순서에 맞게 배열해 놓는 것을 교육내용의 조직이라고 한다. 이것은 교육내용들을 어떻게 종적으로 체계를 세우며 횡적으로 관련시키느냐 하는 문제이다. 교육을 통해 이루어지는 학습자의 행동변화는 하루아침에 이루어지는 것이 아니다. 비교적 오랜 기간에 걸친 학습경험을 통하여 이루어지는 것인 만큼, 교육목표에 따라 선정된 학습경험을 단순히 나열해 놓는 것으로 누적된 효과를 낼 수 없다. 여러 학습경험들이 상호보완적 관계를 유지하면서 조직·배열되어야 한다.

교육내용을 조직하는 데 있어서 고려해야 할 핵심적인 요소는 범위(scope)와 계열(sequence)로, 이는 교육과정을 조직할 때 고려해야 할 수직적 조직과 수평적 조직의 내용이다.

수직적 조직은 학습내용 사이의 종적관계를 고려하여 시간의 순서에 따라 순차적으로 배열·조직하는 것으로 계열(sequence)에 해당되고, 수평적 조직은 학습내용의 어느 한 영역과 다른 영역사이의 횡적관계를 고려하여 나란히 배열·조직하는 것으로 범위(scope)에 해당된다. 예를 들어, 5학년 '수학'과 6학년 '수학'과의 학습내용을 순차적으로 배열하는 문제는 수직적 조직에 해당되고, 같은 5학년 내에서 '수학'과 '사회'의 학습내용을 상호 유기적으로 관련시켜 배열하는 문제는 수평적 조직에 해당된다.

일반적으로 범위는 교육과정 요소들의 넓이와 배열로 단원·대주제·과

(lesson)·소주제 등을 말하고, 계열은 학기 또는 학년을 말하지만 경우에 따라서는 몇 년에 걸친 조직을 말하기도 한다.

2) 교육내용 조직의 원리

교육목적 달성을 위한 교육내용의 선정이 이루어졌다면 이것을 학생들에게 효과적으로 가르치기 위해 그 내용을 조직해야 한다. 이러한 교육내용을 조직함에 있어서는 교육과정 구조의 문제, 유형의 문제, 시간배당의 문제 등이 고려되어야 한다.

일반적으로 교육내용을 조직하는 데 필요한 기본원리로는 다음과 같은 것이 있다.

첫째, 범위(scope)의 원리이다. 범위의 원리란 교육과정에서 다루어야 할 교육내용의 폭(breadth)과 깊이(depth)를 말한다. 즉 교육과정에서 다루어야 할 내용을 얼마나 자세하고 폭넓게 다루어야 하느냐의 문제이다. 이러한 교육과정의 폭과 깊이를 결정하는 일은 교육과정 의사결정에 있어서 가장 어려운 문제 중의 하나이다.

둘째, 교육과정의 계열성(sequence)의 원리이다. 교육내용을 조직하는 데 있어서 계열성은 통합성과 함께 교육내용 조직의 2대 기준이라고 할 만큼 중요한 원리이다. 계열성은 학습의 수직적 조직에 요구되는 원리로, 계속성과 관계가 있으나 계열성은 계속성을 초월하는 기준이다. 계열성은 단순히 같은 내용의 반복을 벗어나 점차적으로 경험의 수준을 높여 더욱 깊이 있고 폭넓은 학습경험을 할 수 있도록 조직하는 것을 말한다. 이 개념은 동일한 성격의 학습내용을 학년수준이 높아짐에 따라 더 깊고 더 폭넓게 가르쳐야 한다는, 소위 나선형 교육과정의 개념과 일맥상통한다. 교육과정의 계열성을 유지하는 과정에서 교수·학습의 효율성을 높이기 위해 교육내용 조직에 대한 계열성 유지 방안으로 다양한 방법이 시도되어 왔다. 즉 구체적인 개념에서 추상적인 개념으로, 단순한 내용에서 복잡한 내용으로, 가까운 곳에서 먼 곳으로, 사상(事象)의 역사적 사건의 발생 순서에 따라,

부분에서 전체적인 내용으로(또는 전체에서 부분적인 내용으로), 출발점행동에서 도착점행동으로, 친숙한 내용에서 새로운 내용으로, 그리고 교과의 논리적 구조와 학생의 심리적 발달에 따라서 조직되어야 한다.

셋째, 계속성(continuity)의 원리이다. 계속성의 원리는 앞에서 제시한 계열성의 원리와 밀접한 관련이 있다. 교육내용이 학생의 경험 속에 정착되기 위해서는 일정기간 동안에 반복적인 학습을 필요로 한다. 계속성이란, 이와 같이 학습경험의 수직적 조직에 요구되는 원리로, 중요한 경험요소가 일정기간에 걸쳐 반복적으로 계속되는 것을 말한다. 일회적 또는 단기간의 학습경험으로는 행동특성의 변화를 기대하기가 어렵기 때문에, 학습경험을 망각하지 않도록 상당기간 반복적인 학습경험의 기회가 제공되도록 해야 한다.

넷째, 통합성(integration)의 원리이다. 계속성과 계열성이 교육내용의 수직적 조직의 원리라고 한다면 통합성은 교육내용의 수평적 조직을 위한 원리이다. 통합성이란 각 학습경험을 단편적으로 구분하여 조직하는 것이 아니라, 횡적으로 상호관련성을 가지고 조화롭게 연결 지어 조직하는 것을 말한다. 우리는 흔히 전통적인 교육과정의 조직 방식을 단편적인 지식의 나열이라는 점을 지적한다. 교과 상호간에 관련성이 없을 뿐만 아니라 동일 교과 내에서도 전후 내용 간에 맥락을 잇지 못하는 경우이다. 이러한 학습내용은 기억이 되지 않아 쉽게 망각하게 되고 내용의 이해력이 부족하여 왜곡될 가능성이 많다. 이러한 문제점을 해결하기 위한 방법이 통합성이다. 통합성은 학습경험들에게 일어나는 학생상호 간의 관계를 따져 될 수 있는 한 서로 관련성을 유지하도록 조직하는 것을 말한다.

다섯째, 균형성(balance)의 원리이다. 균형성의 원리는 어떤 내용이나 영역에 편중됨이 없이 학생의 균형적인 성장을 위해 고른 교육과정 영역을 조직하는 문제이다. 즉 교과 간 균형적 구성과 조직의 문제라고 할 수 있다. 그러나 현실적으로 우리 사회는 인간성 회복을 위한 인성위주의 교육을 강조하면서도 학교 현장에서는 국어, 영어, 수학 중심의 입시위주 교육에 치중한다는 점에서 교과목의 내용 간 균형성이 깨지고 있다고 말할 수 있다.

4. 학습 성과의 평가

평가란 어떠한 교육목표를 기준으로 시행된 교육과정이나 수업 프로그램이 학습자들에게 얼마만큼의 성과와 영향력이 있었는지를 여러 가지 자료를 통하여 판단하는 과정이다. 따라서 학습 성과에 대한 평가의 목적은 교육과정에서 설정된 목적에 학생들이 도달하였는지를 판단하고 결정하는 데 있다. 학습 성과의 평가는 교육목표 설정에서 수업에 이르기까지 교육과정 개발단계에서의 제반 의사결정에 대한 정보를 수집하고 판단하고 활용하는 전 과정을 포함시켜야 한다. 일반적으로 학업성취에 대한 평가는 다음과 같은 절차에 의해 실시한다.

첫째, 교육목표를 명확하게 정의한다. 평가의 목적이 교육목표의 달성 정도를 보는 것이므로 목표를 분명히 하여 평가의 기준이 목표에 의해 마련되도록 한다.

둘째, 평가 장면을 선정한다. 평가하고자 하는 내용이나 목적에 적합한 평가 장면을 선정한다.

셋째, 목적에 적합한 평가도구를 제작한다. 평가도구는 교육목적에 부합되는 내용이어야 하며, 특히 평가문항의 준거가 되는 타당도, 신뢰도, 객관도를 갖춘 문항이어야 한다.

넷째, 평가의 실시와 결과정리를 한다. 개발된 평가도구를 활용하여 평가를 실시하고, 결과를 정리한다. 이때 평가결과는 수집된 목표행동에 대한 적절한 기준에 따라 정리한다.

교육활동에서 평가는 순환적, 재생적, 계속적인 활동이다. 따라서 부분적이고 지엽적인 평가보다는 종합적이고 총체적인 활동의 평가에 초점을 두고 평가를 통해 얻어진 결과는 교육목표 달성도의 확인뿐만 아니라 교육과정의 개선, 학습지도, 장학행정 등 다양한 방면에 활용될 수 있도록 한다.

04 우리나라 교육과정의 변천

1. 교수요목 시대 : 1945~1954

교수요목기란 1945년부터 1954년 '교육과정 시간배당 기준령'이 공포되기까지의 시기를 말한다. 이 시기에 학교교육에서 가장 심각하게 문제되었던 것은 어떤 교과를 가르쳐야 하며, 각 교과에서 가르칠 주제는 무엇으로 할 것인가 하는 교육내용 선정의 문제였다. 또한 정치적 상황의 변화에 따른 시대적 요청으로 일제의 잔재를 버리고 민주주의 정신을 육성하는 일도 학교교육에서 빼놓을 수 없는 교육적 과제였다. 따라서 미군정 하에서 「교수요목 제정위원회」를 조직하여 교수요목을 제정하고 이에 따라 교과서를 편찬하였다.

이 시기의 교수요목의 특징은 첫째, 교과서의 지도내용을 상세히 표시하고, 체계적인 지도, 지력의 배양 등에 중점을 두었다는 점, 둘째, 교과는 분과주의를 택하였으며, 셋째, 애국·애족의 교육을 강화하며 일제 잔재를 정신면에서나 생활면에서 시급히 제거하는 데 주력하였다는 점을 들 수 있다. 이 시기의 교수요목은 제정하는 데 필요한 시간적 여유가 부족하였고, 각 교과목별로 가르칠 주제를 단순히 열거하는 일에 불과하였다. 따라서 교과목별 내용이 학생들의 발달수준이나 지적능력이 고려되지 않았다는 비판을 받기도 하였다.

2. 제1차 교육과정 : 1954~1963

1945년 11월 4일 제1회 교육심의회 총회가 개최되면서부터 교육과정에 대한 논의가 시작되었다. 이 논의에서 교육의 이념으로 '홍익인간'을 내세우고 초등학교 6년, 중학교 3년, 고등학교 3년, 대학 4년 등의 기간학제를 시행하기로 하였다. 그러나 곧이어 발생한 한국전쟁으로 인하여 구체적인 논의가 중단되었다가, 1954년 4월 20일 교수요목의 특징을 지닌 교육과정의 형식을 갖춘 법령이 제정 공포되었는데 이를 제1차 교육과정이라고 한다. 제1차 교육과정은 법령상으로는 '교과과정'이라는 명칭을 사용하였다. 따라서 이 시기를 '교과과정기' 또는 '교과중심 교육과정기'라고 부르기도 한다. 이 시기의 교육과정은 교과중심 교육과정을 강조하였다. 그러나 교육과정을 기준으로 편찬하는 교과서에서는 많은 부분에서 생활중심의 내용을 내포하고 있다. 제1차 교육과정에서 강조한 교과영역은 '도의교육'이었다. 이는 해방 후 나타난 사회적 혼란과 한국전쟁으로 인한 도덕적 타락을 학교교육을 통해 바로잡고자 하였기 때문이다.

3. 제2차 교육과정 : 1963~1973

1954년에 제정된 제1차 교육과정은 우리나라 역사상 최초로 구성된 교육과정이라는 데는 의의가 있으나 교육과정 제정의 경험이 부족한 탓에 많은 문제점을 안고 일선학교에 도입되었다. 이와 같은 문제점을 보완하기 위해 1963년 2월 15일 제2차 교육과정을 개정하여 공포하였다. 제2차 교육과정은 교과목으로 조직된 내용보다 학생들의 경험을 중요하게 생각하는 교육의 이념을 받아들였다. 이는 미국의 진보주의 교육의 영향이라 할 수 있다. 이러한 경험중심 교육과정에서는 교육과정을 비교적 단절된 생활인의 교수요목이나 지적인 체계로 보는 것이 아니라 '학교의 지도하에 학생들이 가지는 경험의 총체'로 보았다.

제2차 교육과정에서의 강조점은 내용면에서는 자주성, 생산성, 유용성을 강조하였고, 조직 면에서는 합리성을, 운영 면에서는 지역성을 강조하였다. 제2차 교육과정의 개정요점으로는 교육과정의 계열화와 교과의 종합적 지도로 전 교과를 통한 전인적 교육실시, 기초교육의 충실 등을 들 수 있다. 이 시기의 교육과정에서는 학교급별 교육과정의 교과별 내용을 목표, 학년 목표, 지도내용, 지도상의 유의점으로 하고, 서술의 방법도 통일하는 데 주력하였다.

4. 제3차 교육과정 : 1973~1981

1973년 2월 14일 초등학교 교육과정이 개정되었는데, 이를 제3차 교육과정이라 한다. 이 시기의 개정 방향은 종래의 경험중심 교육과정을 지양하고 학문중심 교육과정을 강조하였다. 제3차 교육과정은 산업화 사회에서 필요한 국민의 자질함양과 인간교육을 강조하기 위해 도덕이 교과로 다루어지게 되었다. 또한 1968년 12월 5일 국민교육헌장」이 선포되어 이에 따른 이념구현의 요청에도 그 영향이 있었다. 따라서 제3차 교육과정은 주체성이 강조되었으며 한국의 전통과 국가 발전을 위한 인력 양성에 그 초점이 모아지고 있다.

제3차 교육과정의 특징으로는 첫째, 「국민교육헌장」 이념을 교육과정에 충분히 반영시킨 점, 둘째, 팽창하는 지식의 양에 대응하는 기본적 개념을 중점적으로 지도한 점, 셋째, '도덕'이 교과로서 다루어지게 된 점, 넷째, 초등학교의 주간 수업시간 수가 늘어난 점 등을 들 수 있다.

5. 제4차 교육과정 : 1981~1987

제4차 교육과정은 1982년부터 1987년 2월까지 제5공화국의 출범과 함께 개정된 교육과정으로 경제 제일주의로부터 복지사회와 정의사회의 실현이라는 사회적 상황이 반영된 교육과정이다. 특히 이 시기의 교육과정은 교육과정의 개발방식에서 큰 변화가 있었다. 그동안 정부 관련부처 중심의 일방적인 교육과정 개발방식에서 벗어나, 한국교육개발원에 연구과제를 위탁하여 기초연구와 총론, 각론 시안을 개발하였다는 것이 가장 큰 변화로 종래의 교육과정과는 다른 「연구·개발형(Research & Development) 교육과정」의 성격을 지니고 있다.

제4차 교육과정은 어느 한 사조나 이념만을 고수하지 않고 종합적이고 복합적인 성격을 지니고 있어 학문중심에 인간중심의 사조가 반영된 교육과정이다. 특히, 그동안 소홀히 다루었던 인간중심 교육과정의 성격이 반영되었고, 진로교육의 개념이 도입된 교육과정이다.

제3차 교육과정의 문제점으로 지적된 학습내용의 과다, 학습하기 어려운 교육내용, 교과목 위주의 분과교육, 기초교육과 일반교육의 소홀, 전인교육 및 인간교육의 미흡 등을 보완하기 위하여 교육내용을 지식의 학문성에서 뿐만 아니라, 유용성 면에서 적합하도록 정선하고 그 수준을 적정화하였다. 또한 초등학교 1, 2학년에서의 교과간의 통합 시간배당을 실시하여 실제운영에서 『바른생활』, 『슬기로운 생활』, 『즐거운 생활』 교과서를 탄생시켰다.

제4차 교육과정의 기본방향으로는 첫째, 국민정신교육의 체계화 둘째, 전인교육의 강화 셋째, 진로 교육의 충실 등을 제시하였다.

6. 제5차 교육과정 : 1987~1992

제5차 교육과정은 제4차 교육과정에서와 마찬가지로 단일한 교육 사조나 이론의 지배를 받기보다는 개인적, 학문적, 사회적 적합성을 갖춘 종합적 접근방식을 택하였다. 따라서 제5차 교육과정은 제4차 교육과정과 비교해 보면 그 특징이 매우 흡사하다. 교육과정의 개념에 있어서도 어떤 하나의 개념이 주류를 이루지 않고 여러 개념들이 혼합되어 필요에 따라 강조되고 있다. 즉 제1차 교육과정은 교과중심 교육과정, 제2차 교육과정은 경험중심 교육과정, 제3차 교육과정은 학문중심 교육과정처럼 그 동안의 교육과정이 시기별로 특징이 뚜렷한 데 비해 제4차와 제5차의 교육과정은 여러 교육과정의 개념들이 혼합되어 내재되어 있고, 교과의 성격이나 학생들의 발달수준에 따라 교육과정 개념이 다르게 나타나고 있다.

제4차와 제5차 교육과정의 차이점으로는 교육과정의 개정방향에서 차이를 보이고 있다. 제4차 교육과정에서는 국민정신교육이 강조되고 있는 데 비해 제5차 교육과정에서는 급변하는 사회변화에 대응하는 미래지향적 교육과정에 역점을 두고 있다. 또한 제4차 교육과정에서 도입되었던 통합교과에 대한 개념을 제5차 교육과정에서 더욱 분명히 하고 있다는 점에서 차이가 있다. 제4차에서는 단순한 교과서 통합에 그쳤던 통합교과가 제5차에서는 통합교과명을 교육과정에 도입하여 진정한 의미의 통합교육이 실시될 수 있는 기반을 마련하였다. 특히 1학년의 신입생들에게 학교생활 적응

지도를 위한 '우리들은 1학년'이라는 전 교과통합 교육을 도입한 것은 새로운 변화이다.

제5차 교육과정에서는 운영면에서 자주성과 융통성을 충분히 살릴 수 있도록 하는 데 주력하였다. 또한 우리 사회가 국제화, 정보화, 다양화로 변모해 감에 따라 주체성, 창조성, 도덕성이 강조되는 교육과정의 기틀을 마련하고자 하는 데 주력하였다.

7. 제6차 교육과정 : 1992~1997

제6차 교육과정의 개정은 '21세기를 주도할 건강하고 자주적이며 창의적이고 도덕적인 한국인 육성'에 초점을 두고 시대적, 학문적, 개인적 변화와 요구에 부응하기 위해 교육개혁의 일환으로 추진된 것이다. 특히 제6차 교육과정의 개정에서는 그동안 우리나라 교육행정의 조직과 운영에 있어서 취해오던 '중앙집권형' 교육과정 방식에서 벗어나, 일부나마 '지방분권형' 교육과정으로 전환하는 변화가 이루어진 교육과정 개정이다. 즉 시·도 교육청과 학교의 자율재량권을 확대 편성하였다는 것이 그 특징이다. 이는 정치·사회적 변화로 나타난 「지방자치제도의 도입」과 맥을 같이 한다.

제6차 교육과정의 두드러진 변화는 교과서 중심 교육체제의 탈피를 들 수 있다. 그동안 학교교육은 국가수준의 교육과정은 형식적으로 존립해 있는 것이고 학교에서는 교과서 중심으로 교육과정을 운영해나가는 이원체제의 교육방식을 유지해 왔다. 그러나 제6차 교육과정에서는 지금까지 유지해 왔던 중앙집권적 교육과정 결정구조에서 벗어나 분권적 교육과정 체제로 전환하게 되었다. 따라서 교육과정 편성·운영과 관련된 역할을 분담하는 역할분담 체제가 교육과정 역사상 처음으로 도입되었다. 이러한 변화는 제6차 교육과정에서 지역수준의 교육과정 개념을 도입하게 되었다. 따라서 국가수준 교육과정과 시·도 수준 교육과정, 학교수준 교육과정, 교사수준 교육과정이라고 하는 새로운 교육과정의 개념이 도입되었다.

제6차 교육과정의 편제에 대한 변화를 보면 그동안 교과와 특별활동의 2대 영역으로 편성되었던 교육과정이 제6차 교육과정에서는 교과, 특별활동, 학교재량시간이라고 하는 3대 영역으로 편성된 것이 특징이다. 이는 학교재량시간의 신설로 학교교육과정 편성 운영의 지역화, 자율화, 다양화를 위한 교육과정 편제의 변화라고 할 수 있다. 이 밖에도 제6차 교육과정의 기본방향에 나타난 특징을 보면 첫째, 기본생활습관과 예절교육의 강화 둘째, 저학년의 통합교과는 유치원교육과의 연계를 중시하면서 3학년 교과교육을 위한 기본교육으로서의 특징이 나타나도록 운영 셋째, 고학년의 수업시간 감축 넷째, 생활 기초기능과 태도교육 강화 다섯째, 학교재량시간의 신설 여섯째, 「산수」를 「수학」으로 명칭 변경 등을 들 수 있다.

8. 제7차 교육과정 : 1997~현재

제7차 교육과정은 1997년 개정 고시되어 현재까지 일선학교에서 실천되고 있는 교육과정이다. 제7차 교육과정은 21세기의 세계화, 정보화 시대를 주도할 자율적이고 창의적인 한국인 육성에 기본방향을 두고 개정되었다. 따라서 개정 중점내용을 보면 첫째, 건전한 인성과 창의성을 함양하는 기초·기본교육의 충실 둘째, 세계화·정보화에 적응할 수 있는 자기주도적 능력의 신장 셋째, 학생의 능력, 적성, 진로에 적합한 학습자중심의 열린교육 실천 넷째, 지역 및 학교의 실정에 알맞은 학교교육과정 편성·운영의 자율성 확대 등에 중점을 두었다.

제7차 교육과정의 편제를 보면 편제영역은 제6차 교육과정에서와 마찬가지로 3대 영역에 따라 구성하였다. 다만 제6차 교육과정에서의 '학교재량시간'의 영역을 '재량활동'으로 명칭을 바꾸고 재량활동의 도입 학년을 초등학교 1학년부터 고등학교 1학년까지로 확대시킨 점이 큰 변화이다. 이는 제7차 교육과정에서 「국민공통기본 교육기간」이라는 개념을 도입하여 초등학교 1학년부터 고등학교 1학년까지 10년 동안 반드시 배워야 할 10개 교과를 일관성 있게 배우게 하도록 함에 따라 재량활동의 도입이 고등학교 1학년까지로 확대된 것이다.

제7차 교육과정의 성격을 살펴보면 첫째로, 교과서 중심, 공급자 중심의 학교교육 체제가 교육과정 중심, 교육 수요자중심의 교육체제로 전환되었다는 점을 들 수 있고 둘째로, 학교의 경영 책임자인 교장과 수업실천자인 교사가 교육내용과 방법의 주인이 되고 전문가의 위치를 확보하도록 하였으며 셋째로, 지역 및 학교의 특성, 자율성, 창의성을 충분히 살려서 다양하고 개성 있는 교육을 실현할 수 있도록 한 점 등을 들 수 있다. 또한, 제7차 교육과정의 특징으로는 첫째, 국민공통 기본교육과정을 구성 둘째, 교육과정 편제에 과목군 개념의 도입 셋째, 수준별 교육과정을 도입 넷째, 재량활동의 신설·확대 다섯째, 이수과목 수를 축소하고, 교과별로 학습내용의 최적화 도모 여섯째, 고등학교 2, 3학년에는 선택중심 교육과정의 도입 일곱째, 질 관리 중심의 교육과정 평가체제 도입 여덟째, 창의성과 정보능력 배양의 강조 등을 들 수 있다.

우리나라의 교육과정 개정은 그동안 전면개정(일시개정)의 방식으로 유치원부터 초·중등학교에 이르기까지 동시에 모든 영역의 교육과정을 개정하는 전면개정 방식을 활용해왔다. 그러나 제7차 교육과정 개정 이후 우리나라의 교육과정 개정 방식이 그동안의 전면개정 방식에서 부분개정(수시개정) 방식으로 전환함에 따라 1997년 이후 교육과정의 전면 개정이 이루어지지 않았다. 그렇다고 해서 교육과정에 대한 개정이 없었던 것은 아니다. 그동안 우리나라의 교육과정은 필요에 따라 수차례에 걸쳐 교육과정에 대한 부분개정이 이루어져 왔으며[1], 앞으로 전면개정이 이루어지기 전까지 이러한 부분개정 방식은 지속될 것이다.

표 6-4 한국 교육과정의 시기별 특징 비교

교육과정 기별	시기	교육과정 유형·특성	주요 내용	사회적·시대적 배경
교수 요목기	1945-1954	교수요목	• 지력(知力) 배양 • 일제 잔재 청산 • 애국애족교육	• 일제 잔재 청산

1) 제7차 교육과정에서는 전면개정이 이루어지기 전까지 교육과정에 대한 부분개정이 이루어지는 연도에 따라 개정 교육과정의 명칭을 부여하고 있다. 예를 들면 '2007 개정 교육과정', '2009 개정 교육과정', '2011 개정 교육과정' 등으로 불린다.

교육과정 기별	시기	교육과정 유형·특성	주요 내용	사회적·시대적 배경
제1차 교육과정	1954-1963	교과중심 교육과정	• 홍익인간의 이념 • 도의 교육 강조	• 해방 후 사회적 혼란과 한국전쟁으로 인한 도덕적 타락이 학교교육의 과제
제2차 교육과정	1963-1973	경험중심 교육과정	• 한문 신설(1972) • 교련 신설(1969) • 교육과정 서루방식의 통일	• 미국 진보주의 교육의 영향력 확대
제3차 교육과정	1973-1981	학문중심 교육과정	• 도덕 신설(1973) • 국사 신설(1973) • 일본어 신설(1973) • 초등학교 주간 수업시수 증가	• 국민교육헌장 선포
제4차 교육과정	1981-1987	인간중심 교육과정	• 「연구·개발형(R & D) 교육과정」개발 체제 도입 • 종합적이고 복합적 사조 반영 • 국민정신교육 강조 • 초등학교 1, 2학년에서의 교과간 통합 시간배당	• 제5공화국 출범
제5차 교육과정	1987-1992	교과 통합	• 종합적 접근 방식 • 초등학교 통합교육과정 제정 • 지역성 강조 • 학교생활 적응지도를 위한 '우리들은 1학년' 신설	• 특목고(과학고, 예술고 등) 신설
제6차 교육과정	1992-1997	교육과정의 역할 분담	• 교육개혁의 일환으로 추진 • 교육과정 편성 운영 체제 지방분권형으로 전환 • 컴퓨터, 환경, 러시아어, 진와 직업 신설 • 초등 영어 신설	• 지방자치제도의 도입

교육과정 기별	시기	교육과정 유형·특성	주요 내용	사회적·시대적 배경
제7차 교육과정	1997-현재	교육과정 역할분담의 균형과 조화	• 국민공통 기본 교육과정 구성 • 고등학교 선택중심 교육과정 구성 • 수준별 교육과정 도입 • 재량활동의 신설 및 확대 • 지역 및 학교의 자율 재량권 확대	• 제7차 개정 이후 교육과정 개정 방식에 있어서 부분 개정 방식 도입

학습과제

1. 교육과정의 개념을 정의하고 용어의 도입 배경에 대해 설명해 봅시다.
2. 잠재적 교육과정과 영교육과정의 의미를 설명하고 교육적 시사점을 생각해 봅시다.
3. 교육과정의 구성요소 중 교육목표 설정에 대하여 말해 봅시다.
4, 우리나라의 교육과정 변천과정에 대해 설명해 봅시다.

CHAPTER

07

교수·학습의 이해

개 요

교수·학습 활동은 교육목표가 설정되고 경험이 선정 조직되고 나면 실제 지도단계에 들어가는 수업지도 과정이다. 즉 교육과정이 결정된 후 직접적인 수행활동과 연관된 '어떻게(how) 가르칠 것인가'와 관련된 내용이다. 교수·학습활동은 교육의 과정에 있어서 가장 핵심을 이루고 있는 실천과정으로 무엇보다도 학습에 대한 효율성을 높이는 일이 중요하다.

교수와 학습이 이루어지는 수업의 진행방법은 다양하다. 수업모형마다 각각의 장단점을 지니고 있어, 어떠한 수업방법을 적용할 것인가는 교육대상, 교육내용 등을 고려하여 결정하게 된다. 따라서 교사로서 다양한 수업모형의 특성을 이해하고 실제 수업에 적용할 수 있도록 준비하는 일은 매우 중요하다.

이 장에서는 수업과 관련하여 교수와 학습의 개념과 원리를 이해하고, 교수방법의 여러 가지 유형에 대해 알아본 후 관련 교수이론과 모형에 대해 고찰하기로 한다.

학습목표

교수·학습의 개념을 이해하고 학습의 원리를 설명할 수 있다.
교수방법의 유형에 따른 장단점과 문제점을 이해한다.
글레이저의 수업과정 모형의 절차를 설명할 수 있다.
교수이론에 따른 교수과정 모형의 특성을 비교하여 말할 수 있다.

01 교수·학습의 개념과 원리

1. 교수와 수업의 의미

수업과 관련한 용어를 사용하면서 우리는 흔히 '교수'와 '수업'이라는 용어를 혼동하여 사용한다. 하지만 엄밀히 말하자면 '교수'와 '수업'은 구분되는 용어이다.

수업(instruction)이란 바람직한 행동의 변화가 이루어질 것을 기대하면서 교사와 학생 사이에 이루어지는 의도적이고 계획된 상호작용을 말한다. '교수'와 '수업'은 모두 교수행위에 관련된 용어이기는 하지만 '교수'에 '수업'이 포함되는 관계이다. 일반적으로 '수업'이라는 용어는 학습지도에 국한되어 사용된다. 그러나 '교수'라는 용어는 학습지도에만 국한되는 것이 아니라 학생들의 생활지도, 상담활동, 학급경영 등 학생의 가르치는 모든 활동이 포함되는 포괄적인 개념이다.

'교수(teaching)'라고 하는 용어의 흔히 '가르치는 행위'를 의미하는 것으로 사용한다. '교수'라는 용어에 대한 사전적인 의미를 보면 '학생에게 가르치다'라고 되어 있다. 그러나 우리는 학생에게 '가르치다'의 개념이든 아니면 '가르치는 행위'의 개념이든 간에 중요한 것은 '교수'라는 용어 속에는 교사가 교육적 의도를 가지고 하는 일체의 활동으로 학생과의 인격적인 상호작용을 전제로 한다는 점이다. 따라서 교수는 '학습자들의 내재적인 능력을 개발하기 위한 전인격적 상호작용을 통한 교육활동'이라고 정의할 수 있다.

'수업(授業)'은 사전적인 의미로 '가르쳐 줌'이라고 정의하고 있다. 일반적으로 수업은 학교교육이라는 체계적 활동 아래 이루어지는 것으로 학교의 교육과정과 밀접한 관련을 맺고 있다. 수업이란 의도하는 학습목표를 달성하기 위하여 체계적, 계획적으로 이루어지는 교수활동의 총체이다. 수업은 학습자의 학습동기를 유발하고 활성화시키며 이를 지원하기 위해 설계된 여러 가지 활동의 집합체로 학습자의 학습과정을 도와주기 위한 활동이다. 이러한 수업에 대해 가네(Gagné, 1977)는 "학습자 외부에서 학습의 내적 과정을 지원하기 위해 고안된 일련의 사상으로 학습자의 내적 학습과정을 뒷받침하기 위해 마련되는 외적 활동의 집합체"라고 하였다. 교사가 수업목표를 설정하여 계획을 수립한 후 수업을 진행하고 나면 학생은 교사가 설정한 학습목표를 달성해야 하는 것이 이상적이다. 수업은 교사가 의도했던 목표에 다다르는 바람직한 학생의 행동변화가 일어나도록 돕는 활동이다. 따라서 수업이 성공적이라고 말할 수 있는 유일한 준거는 학생의 학업성취도이다. 결국 수업이란 학습이 일어날 수 있도록 학습자의 내적 및 외적 조건을 체계적으로 조정해 나가는 과정으로 목적성, 의도성, 계획성을 가진 활동이라고 정의할 수 있다.

일반적으로 수업에 대한 평가에서는 수업이 학생들로부터 학습이 일어나도록 기대하는 것이기 때문에, 학생들이 학습한 것과 수업한 것과의 일치 정도를 판단해서 수업의 질을 평가하기도 한다.

2. 학습의 의미

우리는 흔히 '학습한다'라고 하면 무언가를 '배우고 익힌다'라는 것으로 인식한다. 이는 학습(learning)의 사전적인 의미를 봐도 알 수 있다. 학습의 사전적인 의미는 '지식이나 기술을 배워서 익힘'이다. '배워서 익힘'이란 '알지 못했던 것을 알게 되거나(認知, 知識)', '할 수 없었던 것을 할 수 있게 되는 것(態度, 技能)'을 포함하는 포괄적인 의미이다.

'학습이 무엇이냐'에 대한 명확한 대답은 학자에 따라 다양하다. 힐가드(Hilgard, 1981)는 학습이란 "학습자가 주어진 사태에 반응하여 어떠한 행동이 발생하거나 변화되는 과정을 말한다. 다만, 이런 행동변화의 성격은 생득적인 반응 경향, 성숙, 유기체의 일시적 상태에 의거하여 설명될 수 없는 것이어야 한다"라고 정의하고 있다. 또한, 모르건(Morgan, 1979)은 학습은 "연습이나 경험의 결과로 발생하는 비교적 영속적인 행동상의 변화를 말한다"라고 정의하였다. 이러한 학자들의 견해는 다소 차이는 있지만 이들이 학습을 보는 관점에서 공통된 의견은 학습을 '인간행동의 변화'라는 입장에서 이해한다는 점에는 이견이 없다. 따라서 학습이란 '어떤 사실을 배우고 익힘으로써 비교적 지속적이고 바람직한 행동으로 변화시키는 것'이라고 정의할 수 있을 것이다. 즉 학습은 개인이 환경과 상호작용하는 과정에서 나타나게 되는 여러 가지 형태의 비교적 지속적인 변화들을 의미한다.

그러나 학습에도 몇 가지 경우의 예외가 있다. 우선 선천적으로 형성되어 있는 행동과 신경계통의 성숙으로 말미암아 거의 자연적으로 일어나는 변화는 학습으로 보지 않는다. 또한 피로나 약물, 알코올, 환각제 등과 같은 약물에 의해 일어나는 일시적인 변화도 학습이라 보지 않으며, 눈동자의 조리개 등과 같은 감각적 순응에 의한 변화도 학습에서 제외된다.

학습의 전제조건으로는 다음의 네 가지를 제시할 수 있다(류동훈, 2006).[1)]

첫째, 동기(motive)의 문제이다. 동기는 학습을 하고자 하는 의욕으로 동기가 학습과정에 차지하는 비중은 매우 크다. 학습하려는 의욕이 없을 때 학습은 불가능하기 때문이다.

둘째, 감지(感知)의 문제이다. 감지는 밖으로부터 주어지는 자극을 학습자가 접수하고 지각하는 것을 뜻한다.

셋째, 반응(反應)의 문제이다. 학습과정에서 학습자가 행동으로 반응을 나타내는 것을 말하는데, 이 경우의 행동은 반드시 가시적이고 동작적인 행동만을 의미하는 것은 아니다.

넷째, 강화(强化)의 문제이다. 학습을 하기 위해서는 학습자는 무엇인가를 얻어야 한다는 것인데, 즉 이 말은 보상을 얻을 수 있어야 한다는 뜻이다. 그것을 전문적인 용어로는 강화(reinforcement)라고 한다.

3. 교수와 학습의 개념 비교

학교현장에서의 교육활동은 대부분 수업을 통해 의도된 수업목표를 달성하게 된다. 따라서 수업에는 목표가 있어야 하며, 이 말은 수업이 의도적

1) 학습이 이루어지기 위해서는 몇 가지 전제조건이 필요한데, 이것을 학습의 4대 요소라고 한다.

으로 이루어져야 한다는 것을 의미한다. 그러나 수업목표에 의한 학습이 실천된다 하더라도 반드시 수업목표에 도달하는 수업이 이루어지는 것은 아니다. 바람직한 수업이라고 할 수는 없지만 경우에 따라서는 수업목표와 동떨어진 학습이 교실 현장에서 이루어질 수도 있다. 즉 교수가 이루어진다고 해서 반드시 학습이 이루어지는 것은 아니다. 따라서 수업과 학습은 같은 내용으로 볼 수 없으며, 수업과 학습 사이에는 다음과 같은 관계와 차이점을 보인다.

첫째, 교수에는 일정한 목표가 있어야 하나, 학습에는 목표가 있을 수도 있고 없을 수도 있다. 교수는 의도적이고 계획적인 것이기 때문에 반드시 목표가 있어야 하지만, 학습은 의도적인 경우도 있고 그렇지 않은 경우도 있기 때문이다.

둘째, 교수는 독립변수이고 학습은 종속변수이다. 즉 교수는 작용하는 변수이고, 학습은 작용 결과가 나타나는 변수이다.

셋째, 교수는 일의적(一意的)이지만 학습은 다의적(多意的)이다. 교사는 일의적인 하나의 의미로 말하지만 학생들은 제각각의 의미로 해석하여 다의적으로 수용한다는 뜻이다.

넷째, 교수는 처방적이지만 학습은 기술적이다. 수업은 학습의 문제점을 찾아내어 이를 고치기 위한 처방적 행동이라고 할 수 있다. 또한 목표에 접근시키기 위한 행동도 일종의 처방적 행동이라고 할 수 있다. 그러나 학습은 학생 생활의 변화된 모습을 있는 그대로 기술할 뿐이다. 이 기술 결과에 따라 새로운 처방을 하게 된다.

다섯째, 교수의 연구는 그대로 교실사태를 대상으로 하지만, 학습의 연구는 동물을 대상으로 실험실에서 연구하는 경우가 대부분이다.

이와 같이 교수와 학습은 개념상으로는 분리해서 생각할 수 있으나 교육현장에서 나타나는 양태는 하나의 과정에서 상호 밀접한 관련성을 가지고 있다. 수업과 학습의 관계를 표로 나타내면 다음과 같다.

표 7-1 수업과 학습의 관계

구분	수업에서의 의미	학습에서의 의미
교육의 주체	교사	학생
방법론	인간을 '만든다'	인간을 '기른다'
학생의 입장	피동적	능동적
변수	독립변수	종속변수
목표	일정한 목표가 있어야 함	일정한 목표가 있을 수도 있고 없을 수도 있음
의의	일의적(一意的)	다의적(多意的)
지식에 대한 인식	지적 체계	생활경험
행동변화의 입장	처방적	기술적

4. 교수·학습지도의 원리

수업 과정에는 복잡하고 다의적인 법칙성이 내재해 있다. 이러한 원리나 법칙은 과거 교육실천가나 교육학자들이 주로 아동의 지식, 기능의 습득과정과 인지적 도야과정에 관한 교수 실천상의 일반적인 지도 원리를 체계화한 것이다. 교수·학습지도의 원리로는 자발성의 원리, 개별화의 원리, 사회화의 원리, 통합의 원리, 직관의 원리, 목적의 원리 등이 있다.

1) 자발성의 원리

자발성의 원리는 학습의 능동성을 강조하는 것으로 학습자 자신이 스스로 자발적 참여를 통해 학습이 이루어지도록 하는 데 중점을 둔 원리이다. 효과적인 학습은 학생들의 자발적인 참여와 자율적인 활동을 통해서 이루어질 때 가능하다는 원리이다.

전통적인 학교교육에서의 교육방식이 대부분 교사중심의 활동이었다. 그러나 오늘날의 학습에서는 학습자중심의 학습활동을 강조하고 있다. 학습자의 자율적 활동은 인간 활동의 근원이 되고, 창조적인 활동을 이루어 나간다. 따라서 학습지도에 있어서도 학생의 수동성을 자발성으로 바꾸어야 한다. 학생의 자발성을 중시하는 학습이 이루어져야 교사가 학생에게 일방적으로 주입시키고 전달하는 기존의 학습방식에서 벗어나 학생이 자발적, 자주적으로 활동하도록 함으로써 그들이 원래 지니고 있는 잠재적인 가능성을 계발, 신장시킬 수 있다. 교사는 학습 여건을 만들어 줄 수는 있으나 학습을 하는 것은 학습자 본인이라는 점에서 자발적 참여와 활동은 중요하다.

자발성을 높이기 위해서는 교재의 수준을 학습자의 발달단계에 맞추고, 다양한 동기유발 방법을 활용하고, 학습의 목적을 이해시키며 학습 환경을 학습에 맞게 구성해 나가야 한다.

오늘날과 같이 사회변동이 급격하게 이루어지고, 새로운 지식과 기술이 폭발적으로 증가하는 사회에서는 자발성의 원리가 더욱 중요하다.

2) 개별화의 원리

교육은 인간의 성장 발달을 조성하는 작용을 한다. 개인의 능력을 최대한으로 발휘시켜 유의미한 생활을 영위하며 행복한 생활을 증진시킴으로써 사회의 존속과 발전을 의도하고 있다. 사회의 복지는 개인의 행복을 기초로 하여 성립되는 것이므로 개개인의 바람직한 성장 발달은 여러 방법 중에서도 가장 기초적인 원리이다. 개인이 사회적으로 공헌해야 하는 책임을 분담하는 데 있어서의 교육의 작용은 인간 개개인에게 교육이 작용하여 그에 필요한 능력과 특성이 조장되어야 한다. 각 개인은 지능, 특성, 흥미, 가정적 배경 등 모든 면에서 차이가 있으므로 교육은 먼저 학습자의 이와 같은 개인차를 이해하고 이것을 교육목표 달성에 유기적으로 통합하여 가능한 데까지 그 능력을 충분히 발전시켜 나가야 한다(김학수, 1984). 수업에서 학생들의 이러한 능력 차를 인정하여 학생 개개인의 수준과 능력에 맞게 활동 내용을 부여할 때 학생들의 학습효과는 높여 나갈 수 있다. 학생들의 능력 차나 흥미, 관심, 적성 등을 무시한 채 일률적으로 활동 내용을 제공하는 것은 획일화를 부추기는 역할을 할 뿐만 아니라 학생들의 창의적인 생각이나 사고력 향상에 장애를 주어 수업은 있으되 학습은 일어나지 않는 결과를 초래할 수 있다. 따라서 수업에서는 학생들의 개인차를 인정하고 그에 적합한 다양한 개인별 활동과제를 부여함으로써 수업의 효과를 높일 수 있다.

3) 사회화의 원리

인간은 사회적 동물이라는 말이 있듯이 학교에서 이루어지는 교육활동은 지금의 젊은 학생들이 미래 사회에 나가 적응하여 생활할 수 있도록 민주시민으로서의 자질과 능력을 육성하는 일이 교육이 수행해야할 책무이다. 따라서 교육은 미래사회에 나가기 위한 준비과정의 단계이다. 이러한 점에서 학교에서 이루어지는 수업은 학생들의 사회화에 대비한 원리에 따라 이루어져야 한다는 것이다.

과거의 학교교육은 학교와 사회와의 유리로 인하여 학생들이 학교를 졸업한 후 사회에 나가 실제 생활을 하는데 큰 도움을 주지 못하였다. 그러나 오늘날의 학교교육은 학교에서 많은 집단 활동을 통해 인간과의 접촉과 원만한 대인관계를 배우고 실천하며 사회적 성격을 충분히 함양하여 개개인이 바람직한 사회성을 갖도록 훈련되어 지고 있다. 따라서 학교에서 이루어지는 수업에서도 이러한 사회화와 관련한 내용과 방법을 적용하여 학교와 지역사회와의 관련성을 긴밀히 유지하면서 사회에 나가기 위한 적응교육을 실천하여야 한다는 것이다.

4) 목적의 원리

목적의 원리란 교육목표나 목적을 가지고 학습활동을 추진하는 것이 학습의 효율성을 높일 수 있다는 개념이다. 학생들의 학습활동에 있어서 목적의식이나 기대가치가 주어졌을 때에는 그렇지 않을 때에 비해 보다 효율적으로 행동하고 보다 능동적으로 참여한다. 이러한 행동 성향은 학생들의 학습에 대한 효과를 높여 주어 궁극적으로는 학생들의 수업목표 도달에 대한 효율성을 높여 준다는 것이다.

학생들이 스스로가 뚜렷한 목적의식을 가지고 학습활동에 임하도록 사전에 학생들에게 학습동기와 흥미를 불어 넣어주어 교수·학습에 임하도록 하는 것이 중요하며, 학생들도 자신이 세운 목표가 타당한 것인지를 살펴보면서 학습의욕에 대한 충분한 목표치와 기대치를 가지고 임하는 것이 중요하다.

5) 직접 경험의 원리

직접경험의 원리는 '직관의 원리(直觀의 原理)'라고도 한다. 직관은 외계의 사물을 감각기관을 통하여 보고 사물을 인식하는 것을 말한다. 직관은 시각을 통해 사물을 보고 인식하는 것만이 아니라, 귀로 듣는 것과 직접 경험하는 것, 동작하는 것, 실험·측정·견학·여행·현장 학습 등도 직관과 직접적인 관련이 있다.

'백문불여일견(百聞不如一見)'이라는 말이 있다. 백 번 들은들 무슨 소용이 있겠는가? 직접 참여하고, 만지고, 관찰하고, 조작하면서 학습하는 것만이 학습의 효과를 증대시키는 데 있어서 가장 효과적이라고 보는 것이다. '행함으로써 배운다(learning by doing)'는 것은 현대교육의 기본원리이다. 학습은 지식의 습득이 아니라, 경험에 의한 행동의 변용을 말한다. 성취된 모든 행동은 종합적·발전적인 것이며, 이것은 경험을 통하였을 때 가장 명확한 개념이 얻어지고, 확실한 학습이 이루어진다. 코메니우스(Comenius)는 주로 직관의 원리를 감각기관에 의한 직접 경험이라 하고 이것을 유일한 기초라고 생각했다. 훗날 이것이 시청각 교육의 출발점이 되었다.

직관의 원리란 어떤 사물에 대한 개념을 인식시키는 데 있어서 언어적인 방법과 설명보다는 구체적인 사물을 직접 제시하거나 경험시킴으로써 큰 효과를 볼 수 있다는 학습의 원리이다(한방교 외, 2002). 사물에 대한 개념을 인식시키는 데 있어서 언어로써 설명하기 보다는 구체적인 사물을 직접 제시하고, 조작하고, 경험하는 것이 효과적이라는 학습 원리이다.

6) 통합의 원리

통합의 원리란 학습자의 전인적 발달을 위하여 지적·정의적·신체적 영역을 고르게 종합적으로 지도하여야 한다는 원리이다. 즉 교수·학습 활동이 통합된 인간 형성을 위한 하나의 종합적인 전체로서 다루어져야 한다는 것으로 조화의 원리, 균형의 원리, 전인교육의 원리라고도 불린다. 통합의 원리에서는 학습이 부분적·분과적 측면으로 접근하는 방식보다는 총체적·종합적 측면으로 이루어져야 한다는 것을 강조한다. 이 원리는 오늘날 더욱 강조되고 있는 전인교육의 이념을 반영하는 것이기도 하다.

교수·학습 과정에서의 통합이란 교과와 교재의 통합을 이르는 말로 학생들의 학습활동에 있어서 지도내용을 분과적 분할에 의해 세분화하기보다는 가능한 한 학생중심으로 통합하여 지도하는 것이 효율적이라는 것이다. 즉 각자의 발달단계를 고려하면서 통합되어 가는 수업이 효율적인 수업이라고 본다.

02 교수방법의 여러 형태

1. 강의법

강의법(lecture method)은 주로 언어를 통한 설명과 해설에 의하여 학생을 이해시켜 나가는 교수방법으로 가장 오래된 타율적 교수방법의 일종이다. 강의법은 능동적이고 자율적인 학습을 강조하는 오늘날에도 중등학교를 중심으로 한 일선학교에서 가장 많이 활용하고 있다. 특히 오수벨(Ausubel)과 같은 학자는 설명식 교수방법의 가치를 높게 인식하고 있다. 오수벨은 강의법이 교사활동이 주가 되고 학습자는 피동적인 학습에 의존한다고는 하지만, 주입식 방법이라도 현대적 감각에 맞춰 지혜롭게 사용한다면 효율성이 높은 교수방법이 될 수 있다고 보고 있다.

강의법은 다량의 지식을 체계적으로 전달할 수 있으며, 자발적이고 능동적인 학습활동을 촉구할 수 있으며, 많은 학생들에게 동시에 정보를 전달할 수 있어서 경제적이며, 유능한 교사의 강의를 통해 학생들에게 감동을 줄 수 있다는 장점을 가지고 있다. 따라서 강의법은 새로운 단원을 도입할 때 효과적으로 활용할 수 있고, 이해하기 힘든 난해한 문제를 평이하게 설명할 때, 교과서 이 외의 중요한 지식이나 가치를 설명할 때 유리하다.

강의법의 단점으로는 교사중심의 수업으로 학생들의 활동기회가 제약을 받게 되어 수동적 학습에 익숙해져 자발적 학습능력을 기를 수 없고, 표현력, 비판력, 문제해결력 등과 같은 고등정신능력의 함양에 부적합하다는 점을 들 수 있다. 또한 강의법은 단지 교과서의 내용 설명에 그치게 되어 획일적인 일제 학습이 될 가능성이 높고, 학습자의 개인차를 고려한 학습이 곤란하며, 능동적인 활동 기회가 적어 수동적인 학습형태로 발표력을 저하시킬 수 있으며, 학습자의 학습 진전 상황과 성취도를 파악하기가 어렵다는 문제점을 지니고 있다.

2. 질문법

질문법(question and answers method)은 소크라테스의 산파술(일명 반어법)에서 연유하여 문답법이라고도 불리는데, 답변과 질문을 계속하면서 점차 고도의 지식을 습득시켜 나간다고 해서 붙여진 이름이다. 질문법은 강의법과 함께 오랜 역사를 가진 교수방법 중의 하나이다. 질문법은 학습하려는 문제에 대해 학생들의 흥미를 자극하고 사고를 도와주는 방법으로 기존의 경험을 재생하거나 중요한 점을 강조하면서 질문과 응답을 통해서 차츰 응답자의 사상이나 지식이 발전해 나간다는 특징이 있다. 즉 교사의 질문에 학습자가 답변하고, 학습자의 질문에 교사가 답변하는 지도과정을 통해 학습에 대한 집중력을 높일 수 있는 방법이다.

이와 같은 질문법의 장점으로는 학습할 문제점을 명확하게 밝혀주기 때문에 초점이 분명한 학습활동을 전개할 수 있고, 교사와 학생 간의 의사소통이 잘 이루어진다는 점을 들 수 있다. 또한 학습에 자각을 주어 적극적인 흥미와 동기유발이 가능하고 발표력 신장과 학생의 주체적인 학습이 가능하다는 점을 들 수 있다.

질문법의 단점으로는 사고의 통일과 연속성을 방해할 우려가 있고, 사고의 영역을 한정시키기 쉬우며, 우수아 중심으로 학습이 전개되어 그 밖의 학생들은 흥미를 잃거나 좌절감을 느낄 수 있다는 문제점이 있다. 또한 학습이 교사중심으로 전개되거나 학습속도가 지연될 수 있고, 주제에 대한 의미보다는 교사의 관심에 초점을 두어 답하려는 경향이 나타나는 등의 문제점이 지적되고 있다.

3. 토의법

토의법(discussion method)은 1915년 파커(Parker)가 제창하여 보급되었다. 토의법은 분단학습이나 공동학습의 성격을 띤 학습형태로 학습자 상호간의 의사교환을 통하여 학습과제를 해결해 나가는 학습방법이다. 토의란 대화와는 달리 비교적 다수인의 집단이 문제해결을 위해 서로 의견을 교환하면서 가치 있는 결론으로 문제를 해결해 나가는 방식이다. 토의에 있어서는 교사가 참여하여 함께 진행하는 경우도 있지만, 대부분의 경우에는 학생들끼리 토의하고, 교사는 토의를 이끌어가는 중개자의 역할을 수행하는 것이 일반적이다.

토의법은 지식의 전달보다는 주어진 과제를 집단 내에서 합리적인 의사결정과정을 통해 해결해 나가는 데 목표를 두고 있다. 따라서 토의 방법의 선택에 있어서도 토의 주제, 토의 목적, 학습 진도 상황, 토의 특성 등을 고려하여야 한다. 토의법의 교육적 가치는 수업을 사회화하고 타인의 의견을 존중하고 협력하는 민주적인 태도를 함양하며, 개인의 능동적인 집단 참여 능력과 자발적인 의사표현 능력을 길러 주는 데 있다. 토의법은 참가하는 인원과 토의 내용에 따라 다음과 같이 다섯 가지의 종류로 나눈다.

1) 원탁토의(round table discussion)

원탁토의는 10~15명의 인원이 원탁 주위에 둘러 앉아 어떤 형식에 구애됨이 없이 자유로운 분위기에서 토의하는 것을 말한다. 원탁토의는 자유로운 분위기에서 토의가 이루어지므로 정보교환이 원활하게 이루어지고 의사표현이 자유롭다는 특징이 있다.

2) 배심토의(panel discussion)

배심토의는 토의자로 지정된 4~6명의 배심원과 다수의 청중으로 구성된다. 토의의 주제에 대해 대립되거나 또는 다양한 견해를 가진 3~5명의 토의자로 배심원을 선정하고, 의장의 안내에 따라 토의를 진행하는 방법이다. 토의가 시작되면 의장은 배심원을 소개하고 문제와 논점을 소정의 시간 안에 발표하면서 토의가 진행된다. 토의가 진행되는 동안 의장은 필요에 따라 청중을 논의에 참가시켜 질문이나 발언을 할 수 있는 기회를 부여할 수도 있다.

3) 공개토의(forum discussion)

공개토의를 의미하는 '포럼(forum)'은 고대 로마시대 '시장 또는 군중이 모인 곳'을 지칭하는 말이다. 따라서 포럼이라는 의미에는 로마시대의 토의 방식을 오늘날의 방식으로 현대화하여 사용하는 공개토의 형식의 의미를 포함하고 있다. 포럼의 의미를 포괄하고 있는 공개토의는 일반적으로 1~2명의 공개연설자가 연설을 한 후 의장의 사회로 연설 내용에 대해 청중과 질의 응답하는 방법으로 군중이 모인 곳에서 토의가 전개되는 방식을 말한다. 따라서 공개토의에서는 사회자의 역할이 매우 중요하다.

4) 심포지엄(symposium)

심포지엄이란 고대 그리스와 로마에서 담화 또는 좌담형식으로 토의하던 방법으로, 어떤 주제에 대해 학문적으로 이야기를 나누는 교양인의 모임을 지칭하는 말이다. 오늘날에 와서 심포지엄이라 함은 동일한 주제에 대해 3명 이상의 연사가 같은 문제를 가지고 서로 다른 입장에서 자기 의견을 미리 준비해 가지고 사회자의 안내에 따라 발표하도록 하고, 발표된 내용을 중심으로 토의를 하는 방식이다. 하지만 심포지엄은 배심토의와는 달리 한 연사가 2~3시간 정도의 강연을 하므로 대개의 경우 2~3일 또는 4~5일까지 계획하여 운영하는 것이 특징이다.

5) 대화식 토의(dialogue discussion)

대화식 토의는 면접식 토의라고도 하는데, 전문가나 권위자를 학교에 초빙하거나 현장을 방문하여 면접을 통해 대화를 나누면서 학습하는 방법이다. 전문가를 초빙할 때에는 학생들의 관심사항이나 요구사항 등을 사전에 미리 알려서 교사와 면밀한 계획을 세우는 일이 중요하다. 초빙한 강사가 학생들의 수준을 이해하지 못하거나 학생에 대한 사전 지식이 없을 경우에는 비효과적일 수 있으며, 학생들의 흥미를 저하시킬 가능성이 있다.

4. 문제해결학습(problem solving method)

문제해결학습은 학습자들이 생활하면서 현실적인 장면에서 당면하게 되는 문제들을 해결해 나가기 위해서 문제를 매개로 성립된 학습형태로, 듀이(J. Dewey)의 반성적 사고(reflective thinking) 과정에 의해 성립된 학습방법이다. 즉 여러 문제를 해결해 나가는 과정에서 지식, 기능, 태도, 기술 등을 종합적으로 학습하는 방법이다. 따라서 문제해결학습은 학습활동을 통해서 주어진 문제에 대한 과제를 해결하는 것뿐만이 아니라 학습자에게 사고하는 방법이나 학습하는 방법을 학습시키는 데 목적이 있다.

문제해결학습이 진행되는 단계로는 문제의 결정, 문제해결을 위한 계획 수립, 자료의 수집 및 조사, 학습활동의 전개, 결과의 검토 등 다섯 단계의 절차를 거치면서 진행된다. 문제해결학습이 지니고 있는 특징은 다음의 몇 가지로 요약할 수 있다.

첫째, 학습자의 현실생활과 관련된 문제를 대상으로 학습이 이루어진다.

둘째, 학습자의 능동적이고 협동적인 집단 활동을 중심으로 학습이 진행된다.

셋째, 문제해결을 위한 학습자의 실제적이고 구체적인 실천능력을 중시한다.

넷째, 학습자중심의 활동이라고 하더라도 문제해결과정에 교사의 적절한 조력이 필요하다.

다섯째, 학습내용의 조직이 학습자의 심리적 특성을 반영하였기 때문에 실천과정에서도 학습자의 심리적 조직이 중시된다.

이와 같은 문제해결학습의 장점으로는 학습자의 자발적인 학습을 불러일으키고, 학습자의 주체적 활동을 조장하며, 실생활 문제에 직결된 문제를 학습의 소재로 선정할 수 있다는 점을 들 수 있다. 또한, 학습자의 구체적인 행동과 경험을 통한 학습으로 생활을 중심으로 한 광범위한 영역에서 종합적인 학력을 기르게 하며, 민주적인 생활태도를 배양한다는 점을 들 수 있다. 그러나 문제해결학습의 단점으로는 충분한 기초학력을 기르는 데 어려움이 있고, 교과의 체계적인 학습 운영이 곤란하며, 학습의 방향에 일관성을 상실할 우려가 있고, 학습이 노력에 비해 성취하는 능률이 낮으며, 부단히 발전하는 학문의 성과를 조속히 학습할 수 없다는 문제점이 있다.

그럼에도 불구하고, 학교 현장에서 일어나고 있는 학습지도의 방향을 보면 학문을 구성하고 있는 과학적 지식체계를 존중하면서도 학습자의 적극적인 참여와 자발적 학습능력, 즉 학습자 스스로 문제를 해결하도록 하는 방식의 일환으로 문제해결학습 방식의 학습이 일반화 되고 있는 경향이 있다.

5. 구안법

구안법(project method)은 문제해결학습에서 발전된 것으로 학습자 자신이 마음속에 생각하고 있는 것을 외부에 구체적으로 실현하고 형상화하기 위하여 자기 스스로가 계획을 세워 수행하는 자발적이고 창의적인 학습방법이다.

구안법을 의미하는 영어의 'project'란 '앞으로 내던지다', '앞으로 내놓는다', '구상한다', '연구한다'는 의미로 쓰인다. 이는 구안법이 '마음속에 생각하고 있는 바를 밖으로 내놓고, 객관화시켜서 구체적으로 실현하려는 활동'이라는 의미와 맥을 같이 한다.

구안법은 20세기 초에 킬패트릭(W. H. Kilpatrick)에 의하여 주창된 후 미국을 중심으로 급속도로 파급되었다. 초기의 구안법은 주로 '농업과' 학습에서 이루어졌는데, 농업교과 과제 중 가정에서 이루어지는 것을 중심으로 운영되었다. 이러한 가정 중심의 과제는 교사가 지도하는 것이 아니라 학생이 스스로 계획하고 활동하는 것이 대부분이었기 때문이다. 오늘날에 와서 이루어지고 있는 구안법의 유형으로는 크게 다음과 같은 네 가지 유형으로 구분할 수 있다.

[유형1] 생산 활동형 : 구체적인 생산 활동을 주로 하는 것
[유형2] 지적(知的) 프로젝트형 : 지식을 가르치기 위한 지적 내용의 프로젝트
[유형3] 기술 숙련형 : 어떠한 능력이나 기술의 숙련을 위한 것
[유형4] 흥미 중심형 : 미적 감상 등과 같이 흥미를 중심으로 하는 프로젝트

구안법에 활용되는 프로젝트 내용은 작은 것부터 시작하여 광범위한 것에 이르기까지 다양하게 활용되고 있지만 운영되는 단계는 대부분 다음과 같은 네 단계를 걸쳐 이루어진다.

1) 목표설정 단계(purposing)

이 단계는 구안법에서 가장 기초적인 단계로 학습문제를 선택하고 학습목표를 설정하는 단계이다. 학습자가 흥미를 가질 수 있도록 학습자 자신이 프로젝트를 선택하고 학습목표를 설정하도록 하는 것이 바람직하다.

2) 계획의 단계(planning)

이 단계는 학습의 계획을 세우는 단계이다. 학습목표 달성을 위한 다양한 방법을 생각하고, 비교·검토하여 가장 좋은 방법을 선택하도록 한다. 학습자의 흥미를 유발하고, 자발적인 참여를 높이기 위해서 학습자 자신이 문제를 제기하도록 하는 것이 좋고, 계획수립 과정을 통해서 학습할 사항과 학습 전개 순서를 확실하게 인지시켜 문제해결 과정을 명확히 알 수 있도록 한다.

3) 실행의 단계(executing)

이 단계는 계획에 대한 활동이 실행되는 단계로 학습자가 가장 활발하게 활동하는 단계이다. 따라서 학습자 자신이 주도적으로 참여하여 활동을 전개해 나가도록 하고, 교사는 작업이 정확하게 진행되는지를 확인하도록 한다. 교사는 개별적인 접촉을 통해 학습자의 활동을 격려하고 지속적인 활동이 추진되도록 한다. 특히, 교사는 학습자들을 대면할 때 학습자의 창의성을 존중하도록 한다.

4) 평가의 단계(evaluation)

이 단계는 지금까지 이루어진 일에 대한 결과를 평가하는 단계이다. 평가는 각자 학생 자신이 또는 학생 상호간에 이루어지도록 하고, 평가결과를 기초로 새로운 문제를 찾아 학습활동을 발전시켜 나가는 자료로 활용하도록 한다.

이와 같은 구안법의 장점으로는 동기를 유발할 수 있고, 학습에 대한 주도력이 향상되는 주동성(主動性)과 책임감을 훈련시킬 수 있으며, 창조적·구성적 태도를 기를 수 있다는 점을 들 수 있다. 또한, 학생생활과 실제생활을 결부시킬 수 있고, 자발적이고 능동적인 학습활동을 촉구할 수 있다는 장점이 있다.

이와는 달리 구안법이 지닌 단점으로는 능력이 부족한 학생에게는 시간과 노력을 낭비하게 될 우려가 있고, 자료가 많이 사용되어 자료를 얻기 곤란한 경우가 생기게 되며, 교재의 논리 체계가 무시되어 수업이 무질서하게 이루어질 가능성이 있다는 점을 지적할 수 있다.

6. 역할놀이 학습

역할놀이 학습(role playing)은 구체적 상황을 설정하여 간접적으로나마 실제적 상황을 경험해 보게 함으로써 의도하고자 하는 목표에 도달하도록 하는 학습방법이다. 따라서 역할놀이 학습에서는 상대방의 입장을 잘 이해하기 위하여 직접 다른 사람의 역할을 실연해 보는 학습기법을 사용한다. 즉 학습자들에게 구체적인 문제 상황을 역할극을 통해 실제로 경험할 수 있도록 기회를 마련해 주고, 직접 참여하여 학습자 스스로 자신의 가치나 행동에 대한 변화를 이끌어 내기 위한 수업모형이다. 역할놀이 학습은 자신의 행동이 타인에게 어떠한 영향을 미치게 되는가를 스스로 인식하게 되는 기회가 되기 때문에 학습자의 사회성과 민주성을 길러 주고 타인의 행동, 감정 등에 대해 올바르게 이해하는 계기가 될 수 있다.

역할놀이 학습 모형의 장점은 학습자가 실제로 문제행동을 경험하게 되므로 학습에 대한 참여도가 높아지고, 문제를 정확하고 실감나게 이해할 수 있으며, 다른 사람의 의견과 행동을 존중하게 되며, 자신의 행동이 다른 사람에게 끼치는 영향을 생각할 수 있는 기회를 준다는 점을 들 수 있다. 뿐만 아니라 인간행동에 대해 통찰력을 갖게 되고 학습동기를 불러일으키는 데 유용하며, 협동심과 의사소통능력 증진에 도움이 되고 배운 것을 실제 삶에 관련지으려는 노력을 하게 된다는 점 등을 들 수 있다.

표 7-2 역할놀이 학습의 단계와 활동 내용

단계	학습요소	주 요 내 용
상황 설정	문제파악	문제 확인하기 문제 상황을 명확하게 인지하기
	문제 상황 분석	문제 탐색하기 역할놀이 상황(장면) 설정하기
준비 및 연습	역할 분석 및 선정	역할 분석하기 연기자 선정하기 개인별 역할 확인하기
	무대·소도구 준비 및 연습	연습계획 세우기 무대 및 소도구 준비하기 개인별 또는 소집단별 연습하기
실연	실연 준비	실연 장소 및 실연 준비하기
	실연	실연(역할놀이) 하기
평가	반성 및 평가	역할놀이를 통해 느낀 점이나 가치(행동) 변화 발표하기 역할놀이 활동에 대한 반성하기 개인 및 소집단에 대한 평가하기
	정리	소도구 및 무대 정리하기

그러나 역할놀이 학습이 지니고 있는 단점으로는 학습활동 운영에 시간이 많이 걸릴 뿐만 아니라 학습기법을 잘못 운영하게 되면 시간낭비로 효과 없이 활동 자체로 끝나 버릴 가능성이 크다. 또한 역할놀이의 구성과 준비에 어려움이 많고, 동시에 많은 학습자의 참여가 제한적이며 역할 선정과 고정에 따른 사고의 방해 등을 들 수 있다.

7. 팀 티칭

팀 티칭(team teaching)은 앤더슨(Anderson)과 샤플린(Shaplin)에 의해 1957년 미국에서 처음으로 시도된 교수 기법이다. 팀 티칭은 여러 명의 교사가 팀을 이루어 수업을 진행하는 방식의 학습모형이다. 이러한 팀 티칭이 학교 현장에 도입된 것은 학습활동에서 학생들의 개인차를 존중하고, 우수한 교사의 혜택을 많은 학생들에게 제공함으로써 학습의 효과를 극대화시키고자 하는 데서 구안된 모형이다.

팀 티칭에서는 교사들 각자의 전문성을 최대한으로 살리면서 수업과정에서의 학습자의 집단조직에 신축성을 기하여 수업의 효과를 높이고자 하는데 중점을 두고 있다. 따라서 학습자의 집단 구성이나 조직에 융통성을 발휘하도록 하고 있으며, 교원들도 팀을 구성하여 운영하도록 하고 있다. 팀 티칭은 지도교사들의 조(組)편성을 통해 운영한다. 유능한 교사와 경험이 적은 교사를 짝을 지어 조를 편성함으로써 상호보완적 관계를 유지하면서 교사들의 학습 지도력을 최고로 발휘할 수 있도록 한다. 이러한 교사들의 조편성을 통해 수업목적에 따라 학생의 집단조직을 다양하게 편성하여 다른 규모의 교실에서, 다른 교사가, 별개의 팀으로 지도를 함으로써 학생들의 개인차에 따른 문제점을 최소화하면서 학습의 효율성을 증대시키고자 하는 수업기법이다.

8. 시뮬레이션

시뮬레이션은(simulation method)은 '모의수업법'이라고도 한다. 시뮬레이션은 실제와 유사한 상황을 인위적으로 만들어 놓고 실제와 같은 학습경험을 제공하기 위해 도입된 모형이다. 이와 같은 시뮬레이션학습은 학습자들에게 실제와 유사한 학습 환경에서 학습을 익히도록 하고자 하는 것이 궁극적인 목적이다. 그러기 위해서 실제상황과 유사한 모의 환경을 만들어 제공함으로써 실제 상황에서 발생할 수 있는 위험부담을 줄이고 학습자들에게 안전하게 학습할 수 있도록 환경을 제공함은 물론 경제적으로 막대한 경비가 소요되는 학습경험을 적은 경비로 체험할 수 있도록 하기 위함이다.

이러한 시뮬레이션 수업의 장점으로는 실제상황과 유사한 환경을 제공할 수 있다는 점과 학습자가 위험부담 없이 학습할 수 있다는 점을 들 수 있다. 그러나 시뮬레이션 수업은 강의법이나 시범수업보다 학습시간이 많이 걸린다는 점과 잘못된 학습상황을 제공하게 될 경우 오히려 학습자에게 오개념(誤槪念)을 형성할 수 있다는 문제점을 지니고 있다.

03 교수이론과 모형

1. 글레이저의 수업과정 모형

글레이저(R. Glaser)는 교수모형을 제시하여 교육공학적 관점에서 수업설계를 위한 기초자료를 활용하고자 하였다. 그는 수업이 진행되는 교수과정을 하나의 체제(system)로 보고 그것을 수업목표, 출발점행동, 수업절차, 성취도 평가의 4단계로 구분하였는데, 이를 수업과정 모형이라고 한다. 글레이저가 제시한 수업과정 모형은 단계마다 다음단계로 어지는 활동을 결정하는 근거가 되며, 이를 바탕으로 계속적인 결정과 수정이 이루어지도록 하고 있다. 즉 수업목표가 결정되면 수업목표 달성을 위한 학생들의 출발점 행동 양상이 진단되며, 진단결과가 확인되면 그에 따라 학생들에게 어떤 학습지도가 이루어져야 하는지를 결정하게 되고, 학습지도가 결정이 되면 이에 따른 성과를 평가하기 위한 평가 계획이 이루어지게 된다.

글레이저의 수업과정 모형을 그림으로 나타내고 단계별 활동내용을 간략하게 설명하면 다음과 같다.

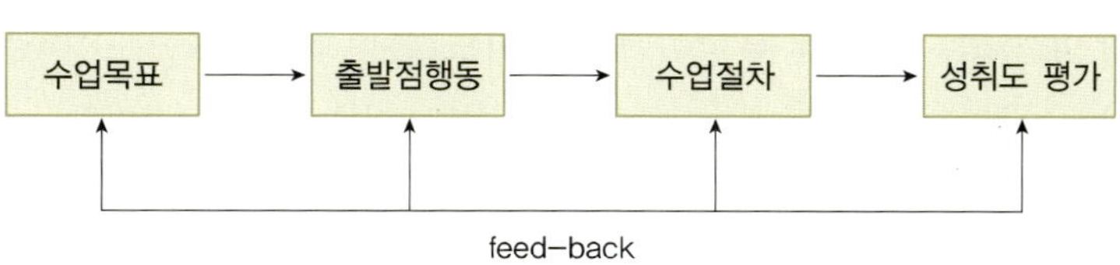

그림 7-1 | Glaser의 수업과정 모형

첫 번째 단계는 수업목표 설정의 단계이다. 수업목표는 학생들에게 무엇을 가르칠 것인가를 결정하는 단계이다. 수업목표는 관찰, 측정, 기술이 가능한 구체적이고 세분화된 행동목표로 시작한다. 수업목표는 학생들이 교수과정이 끝났을 때 보여 줄 수 있는 도착점 행동(terminal behavior)으로, 학습에 대한 성취행동(performance)을 말한다.

두 번째 단계는 출발점 행동을 진단하고 확인해 보는 단계이다. 출발점 행동의 진단이란 학생들이 특정 목표에 도착하기 이전에 이미 습득해 있어야 할 행동을 가리킨다. 따라서 출발점 행동은 수업절차에 앞서 먼저 진단평가를 통해 출발점 행동을 진단하고 만약, 진단평가 결과 학습결손이 발견된다면 수업이 진행되기 전에 결손부분에 대한 처방이 먼저 이루어진 후 수업절차가 진행되어야 한다.

세 번째 단계는 설정된 수업목표에 점진적으로 접근하는 단계로 학습자의 행동을 변화시키기 위해 마련된 교수절차를 실제로 이행하는 단계이다. 이 단계는 가장 핵심적인 과정으로 교사가 세운 계획에 의해 다양한 시청각 매체와 학습 보조 자료를 활용하여 수업을 전개해 나가는 단계로 수업설계와 학습지도 방법, 그리고 형성평가에 의한 교정학습 즉 보충학습과 심화학습이 중요시되는 단계이다.

네 번째 단계는 성취도 평가의 단계이다. 성취도 평가는 수업절차가 완료된 후 설정된 수업목표에 대해 학생들의 학업성과에 대한 평가를 의미할 뿐만 아니라 다음에 이루어지는 학습에 대한 설계에 중요한 자료를 제공해 주기도 한다. 즉 평가의 결과는 피드백 되어 이전 각 단계의 적절성 여부에 대한 정보를 제공해 준다. 성취도 평가에는 교수·학습과정이 진행되는 동안에 이루어지는 형성 평가와 교수·학습과정이 완전히 끝난 후 실시하는 총괄 평가의 두 가지 유형이 있다. 어느 유형의 방식을 도입하든 교육목표 달성도를 평가할 때에는 목표를 준거로 절대적으로 평가하는 준거지향 평가(criterion referenced evaluation) 방식을 활용하는 것이 바람직하다.

2. 한국교육개발원의 5단계 수업과정 모형

한국교육개발원에서는 우리나라 학교 현장의 제약조건을 충분히 반영하고, 수업체제가 의도한 목적과 기능을 발휘하는 데 필요한 제반요소를 고려하여 수업과정 일반모형을 개발하였는데, 그것은 교사들이 학생을 가르치기 위해 준비하는 교재연구단계에서부터 학생들이 얼마나 배웠는지를 알아보기 위해 실시하는 평가단계까지 다음과 같은 다섯 단계로 구성하여 제시하였다.

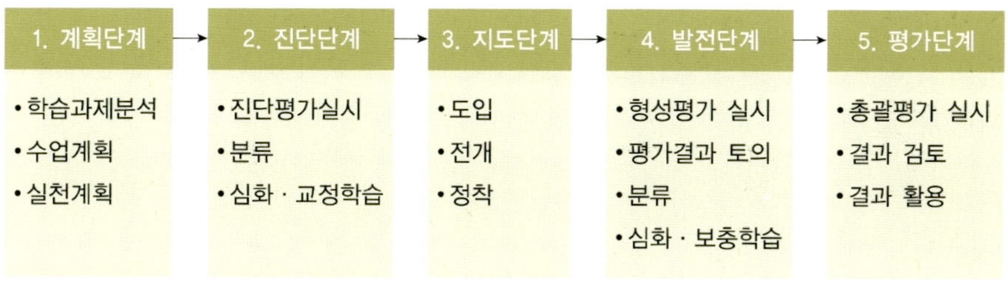

그림 7-2 | 한국교육개발원의 수업과정 일반모형

1) 계획단계

계획단계는 교사가 한 단원 또는 본시 수업을 위해 교재연구나 수업계획을 수립하는 단계이다. 따라서 이 단계에서는 학습과제를 분석하여 수업목표를 확인하고 학습과제의 내용을 파악하여 각 학급에 알맞은 수준으로 수업을 계획하고, 구체적인 실천계획을 수립한다. 계획단계에서 무엇보다도 중요한 것은 수업계획에 대한 충분한 이해를 준비하는 단계라는 점이다.

2) 진단단계

새로운 학습에 필요한 학생들의 선수학습 능력 유무에 대한 진단을 하고 진단에 따른 보충적 조치를 실시하는 단계이다. 즉 진단평가를 실시하여 선수학습 결손학생을 찾아내고 이를 교정하는 보충학습과정을 진행하는 단계이다. 특히 진단단계에서 중요한 것은 선수학습 결손학생이 발견되었을 때에는 그 학생의 결손에 대한 교정이 이루어지기 전까지는 학습지도 절차가 진행되어서는 안 된다.

3) 지도단계

지도단계는 본시의 수업목표 달성을 위해 본 수업 활동이 전개되는 단계이다. 지도단계는 학습과제에 배당된 전체 시간의 약 80%에 해당되는 시간이 지도단계에 배당되어야 한다. 그것은 지도단계가 학습과제 해결의 중심적 역할을 수행하는 단계이기 때문이다. 일반적으로 지도단계는 수업의 진행과정에 따라 도입, 전개, 정착의 3단계로 구성되며 단계별 활동내용은 다음과 같다.

[도입단계]
- 수업목표 제시, 학습동기유발
- 선행학습과 관련짓기

[전개단계]
- 과제 내용 제시
- 다양한 수업형태의 지도

[정착단계]
- 학습내용 정리 및 연습
- 일반화 : 통합·내면화를 통한 새로운 사태에 대한 적응

4) 발전단계

발전단계에서는 지도단계에서 이루어진 수업활동의 평가결과를 바탕으로 학습자의 학습정도에 따라 학습자 집단을 구분하여 그에 적합한 프로그램을 제공하는 단계이다. 즉 학습목표 도달이 완성된 학생에게는 심화 또는 촉진프로그램을, 미완성된 학생에게는 보충학습 프로그램을 제공하여

특별지도를 실시하는 단계이다.

지도단계에서 이루어진 학습에 대한 형성평가를 통해서 평가결과를 토의하고, 평가결과를 분류하여 심화 또는 촉진 프로그램이 필요한 집단, 보충학습 프로그램이 필요한 집단으로 분류한 후, 각각에 알맞은 프로그램을 제공함으로써 설정한 교육목표에 도달할 수 있도록 하는 단계이다.

5) 평가단계

평가단계는 단원의 목표에 따른 학습자의 성취정도를 평가하는 과정으로 총괄평가 등이 실시되는 단계이다. 총괄평가는 절대평가 방법에 의해 작성하고, 평가결과를 검토하여 그 결과를 활용할 수 있도록 해야 한다. 평가결과 학생들의 학업성취가 우수했던 목표와 영역은 무엇이고, 부진했던 목표와 영역은 무엇인지에 대한 분석이 이루어져야 하며, 그 결과 어떠한 개선이 이루어져야 하는지에 대한 분석이 필요하다. 총괄평가 결과를 학생의 성적 판정에도 활용될 수 있다. 또한 교사의 수업개선을 위한 자료로도 활용되어야 한다.

3. 브루너의 교수·학습 이론

브루너(Buruner)는 교수·학습에 대한 이론적인 성격을 처방적(prescriptive)이면서도 규범적(normative)인 것이라고 정의하고, 학습자에게 지식이나 기능을 학습시키는 데 있어서 가장 효과적인 방법으로 몇 가지 원리와 법칙을 제시하였다. 그는 교과를 충실하게 가르치는 데 필요한 주요개념으로 학습경향성, 지식의 구조화, 학습위계, 강화 등 네 가지에 강조점을 두었다. 그는 효과적인 교수·학습을 위한 교수이론의 조건으로 네 가지 요소를 포함시켜야 한다고 주장하였다. 또한 그는 네 가지 요소를 중심으로 교수이론 형성을 위한 일반원리로서의 관점만을 제시하였을 뿐, 새로운 교수이론이나 모형은 제시하지 않았다. 브루너가 제시한 네 가지 요소에 대한 구체적인 내용은 다음과 같다.

1) 학습의 경향성

교수·학습에 있어서 가장 먼저 고려해야 할 사항은 학습자로 하여금 학습하고자 하는 의욕을 갖도록 하는 것이다. 이와 같은 학습자의 학습의욕 또는 문제를 해결하고자 하는 의욕과 자세를 가리켜 학습의 경향성(predisposition to learning)이라고 한다. 흔히 학습동기, 학습의욕, 준비성 등과 같은 말로 표현하기도 한다.

교수·학습활동에서 학습의 경향성을 높이기 위해서는 문제해결을 위한 여러 가지 대안을 탐색하는 일이 필요하며, 이를 위해 학습과정에서 일반적으로 구체적인 탐구활동들을 조장한다. 이러한 활동은 브루너의 발견학습 또는 탐구학습에서 잘 나타나 있다.

학습의 경향성을 높이기 위해서는 교사의 역할이 중요하다. 교사는 탐구과정에서 학습자가 스스로 원리를 발견하고 탐구하도록 도와주고 유도하는 역할을 수행해야 한다. 탐구활동 과정에서 탐구의 자극, 탐구의 유지, 탐구의 방향성을 조장해나가는 일이 필요하다. 교사는 수업시간에 이와 같은 경향성을 극대화시키기 위해 교사의 수용적 태도와 실수를 인정하는 학습 분위기로 만들어 갈 필요가 있다.

2) 지식의 구조화

지식의 구조화(structure of knowledge)는 브루너의 주요 핵심 이론이다. 브루너는 지식구조를 이해한다는 것은 그 영역과 의미 있게 관련된 것들을 수용하는 방식으로 이해하는 것을 의미하는 것이라고 보았다. 지식의 구조화란 복잡한 지식의 체제를 조직적으로 단순화 시켜 놓은 것으로 학문의 기저를 이루고 있는 일반적인 아이디어, 즉 개념과 원리를 뜻한다. 학문에서 지식의 구조가 밝혀지면 아무리 복잡한 지식체계라 할지라도 학습자의 수준에 지식체계를 맞춰서 학습이 가능하다. 따라서 지식의 구조는 수업에 있어서 매우 중요한 역할을 한다. 브루너는 지식의 구조를 가르치는 방법으로 발견학습과 나선형 교육과정(spiral curriculum)을 제시하였다.

3) 학습계열

학습자가 학습내용을 이해하고, 변형하고 전이하는 데 도움이 될 수 있도록 학습과제를 순서대로 조직하고 제시하는 순서를 학습계열(sequence)이라고 한다. 수업에 있어서는 학습자의 지적 수준에 맞춰 지식을 제공하는 것이 중요하다. 학습과제의 순서는 학습과제에 대한 난이도와 모호성을 좌우하게 되므로 문제해결의 가능성과 학습자의 학습에 대한 의욕에 커다란 영향을 미친다. 따라서 무조건 쉬운 것만이 좋은 것이 아니다. 적당한 모호성을 지니고 있어야 하며 학습자의 발달단계나 개인차, 교과의 특성 등이 고려되어야 한다.

일반적으로 학습자에게 적용되는 학습과제의 제시 순서는 행동적·영상적·상징적 순서에 따라 제시되어진다.

4) 강화

학습결과의 지식을 강화시키는 것으로는 성취의 만족을 얻게 하거나, 상과 벌을 통해서 학습을 촉진시키는 등의 역할을 제시하였다. 브루너는 강화 중에서 '학습 결과에 대한 지식'을 가장 중요한 강화로 생각하였다. 결과에 대한 지식은 학습자의 사고를 질적으로 향상시키고 양적으로 증대시키는 역할을 하기 때문에 가장 중요한 강화로 보았다.

브루너는 강화에 대해 외적인 보상이 강하면 성취 자체로부터 받는 보상이 줄어들고, 성공에 대한 외적보상은 성공한 수준의 행동만 되풀이하게 할 가능성이 있으므로 내적보상과 외적보상이 균형을 유지하여야 한다고 보았다.

4. 캐롤(Carroll)의 학교학습 모형

학교에서 이루어지고 있는 여러 유형의 학습 가운데 지적학습에 작용하는 주요 변인들 간의 상호관계를 기초로 학교학습 방안을 체계화 한 것이

캐롤(Carroll)의 학교학습 모형이다.

캐롤(Carroll)의 학교학습 모형에서 기본적인 명제는 한 학습자의 학습 정도는 도달되어야 할 목표기준에 비추어 실제로 성취한 정도를 가리키는 것인데, 이러한 학습정도는 주어진 과제를 학습하는 데 필요한 시간에 대한 학습에 사용한 시간의 비율에 의해 결정된다는 것이다. 이러한 캐롤의 명제를 방정식으로 나타내면 다음과 같다.

$$\text{학습의 정도} = f\,\frac{\text{학습에 사용한 시간}}{\text{학습에 필요한 시간}}$$

캐롤은 '학습에 필요한 시간'을 결정하는 변인으로 적성, 수업이해력, 수업의 질이라는 세 변인을 제시하고, '학습에 사용한 시간'을 결정짓는 변인으로 학습지속력과 학습기회를 제시하여 다섯 가지 변인을 들고 있는데, 이 변인들은 수업변인과 학습자변인으로 구분된다. 수업의 질과 학습기회를 수업변인이라 하고, 적성·수업이해력·학습지속력을 학습자 변인이라고 하는데, 이들 변인을 방정식에 대입하면 다음과 같다.

$$\text{학습의 정도} = f\,\frac{\text{학습지속력}\cdot\text{학습기회}}{\text{적성}\cdot\text{수업이해력}\cdot\text{수업의 질}}$$

캐롤의 학교학습 모형과 관련한 다섯 가지 변인에 대해 좀 더 상세히 설명하면 다음과 같다.

1) 적성

적성(aptitude)이란 주어진 학습과제를 효과적으로 학습할 수 있는 특수능력으로, 주어진 학습과제를 성공적으로 학습하는 데 소요되는 시간량을 결정하는 요인 중의 하나이다. 적성이란 특정한 과제와 관련되는 개념으로 최적의 학습 조건하에서 주어진 학습과제를 일정한 수준으로 성취하는 데 필요한 시간과 관련된다. 따라서 학습시간을 단축하기 위해서는 학습자의 적성을 높여주고, 학습의 조건을 개선하는 것이 필요하다. 적성이 학습자의 학습에 대한 상한선을 결정하는 것이 아니라, 학습에 사용한 시간량이 적성을 결정하는 것이다.

2) 수업이해력

수업이해력(ability to nuderstand instruction)은 수업내용이나 수업에서 사용되는 다양한 자료나 학습절차를 이해하는 학습자의 능력을 말한다. 즉 학습자가 수업내용이나 교사의 설명, 제시된 과제를 이해하는 정도를 말한다. 캐롤에 의하면 수업이해력은 일반지능과 언어능력에 의해 관계된다고 한다. 일반지능이란 학습할 내용 안에 내재하는 여러 개념과 그 관계를 다른 사람의 도움 없이 스스로 인지하고 추리할 수 있는 능력이고, 언어능력은 한 교수과정에서 사용하는 언어가 학습자의 이해관계를 넘어설 때 요구되는 능력이다.

3) 수업의 질

수업의 질(quality of instruction)은 주어진 학습과제를 가장 효율적으로 학습할 수 있도록 제시하는 적절성을 말한다. 즉 학습자에 대한 학습과제의 적절성과 학습과제의 제시, 설명, 구성 방법 등의 적절성을 의미한다.

교사는 학습자의 수업 이해력을 돕기 위해 교사가 사용하는 언어의 적절성, 학습자의 학습에 대한 동기와 흥미에 대한 정보를 기초로 수업계획을 수립함으로써 수업의 수준을 학습자에게 적정하게 맞추어 학습자의 학습에 필요한 시간량을 줄여주게 된다. 따라서 교사는 전수업과정이 학습자들의 특정한 욕구와 성격에 적절히 조정되어야 하고, 수업과정에서 수업개선을 위한 단서를 발견하고 수정·보완해 나가야 하며, 평가결과에 대한 피드백 등을 마련해야 한다.

4) 학습지속력

학습지속력(perseverance)은 학습자의 내부에서 우러나오는 변인으로 특정 학습과제에 대한 집중력을 의미한다. 학습자가 인내심을 발휘하여 학습 과정에서의 불편과 고통을 이겨내고 실제로 학습에 사용한 시간을 말한다. 따라서 학습지속력은 학습자가 얼마만큼의 시간을 학습에 투입하기를 원하느냐와 관련이 있으며, 학습자의 학습 동기나 흥미, 태도, 인내력 등과 밀접한 관련을 갖고 있다. 또한 학습습관에 의해서도 영향을 받는다.

5) 학습기회

학습기회(opportunity)는 수업변인의 하나로 특정과제를 학습할 때 학습자에게 실제로 주어지는 시간을 말한다. 이 시간은 수업에서 수업의 질이나 학습자의 개인차에 따라 달라져야 하는 속성을 지니고 있다. 수업의 질이 우수할 때에도 개인차가 작용하지만, 수업의 질이 낮아질 때에도 개인차가 작용하여 더욱 벌어지는 특성이 있으며, 이러한 결과는 학습의 정도에 커다란 영향을 미친다.

5. 블룸(Bloom)의 완전학습 모형

1) 완전학습의 의미

블룸(Bloom)의 완전학습(mastery learning) 모형은 캐롤의 학교학습모형을 개선·발전시킨 것이다. 블룸이 말하는 완전학습이란 학급 내의 약 95%의 학생들이 주어진 학습과제를 약 90% 이상을 완전히 학습해 내는 것을 완전학습이라고 보았다. 블룸은 학습에 필요한 시간과 학습에 사용한 시간을 결정하는 변인을 조정해 나감으로써 완전학습의 상태에 도달할 수 있다고 보았다. 완전학습은 학습자들이 주어진 목표를 성취할 수 있도록 돕는 과정을 거쳐 학습내용을 완수해 나가도록 하는 것으로 보았으며, 궁극적으로는 이러한 완전한 학습을 성취하도록 하는 것이 교수활동의 목표로 보았다.

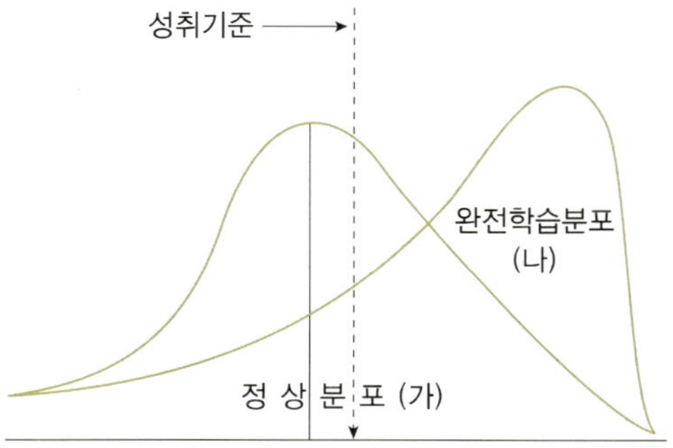

그림 7-3 ┃ 정상분포(가)와 완전학습분포(나)의 분포도 비교

2) 완전학습을 위한 교수절차

완전학습을 위한 교수절차는 수업 전(前) 단계와 본 수업 단계, 수업 후(後)단계로 구분하고, 이를 다시 10단계로 구조화하였으며, 그 내용은 다음과 같다.

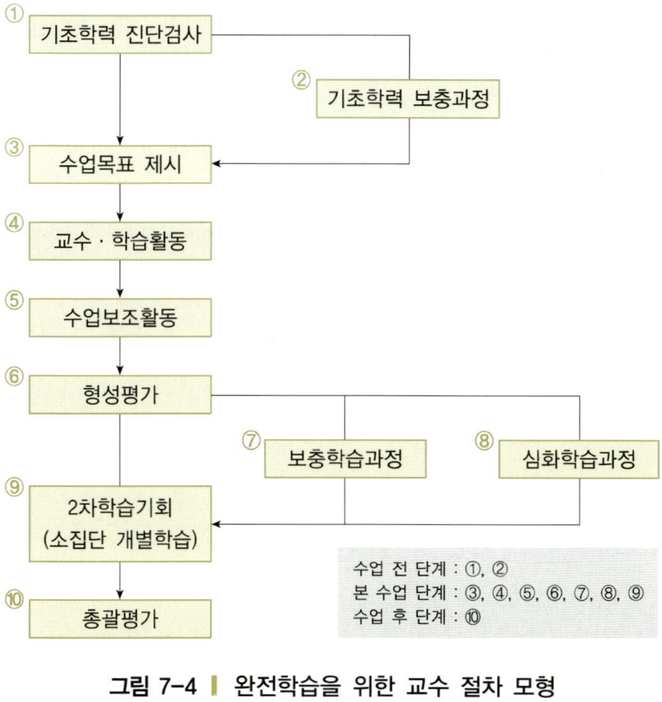

그림 7-4 ┃ 완전학습을 위한 교수 절차 모형

(1) 수업 전(前) 단계

1단계 : 학습결손 진단의 단계로 진단평가 등에 의거하여 기초학력을 진단
2단계 : 학습결손의 보충지도 과정으로 결손학습의 보충지도 단계

(2) 본 수업 단계

3단계 : 수업목표의 명시단계로 수업목표를 구체적으로 인식시킴
4단계 : 수업 활동이 활발하게 진행되는 수업단계
5단계 : 수업 활동을 위한 보조 활동 단계로 흥미, 동기유발과 여러 가지 자료의 제시
6단계 : 형성평가의 단계로 위계목표에 대한 계속적인 확인이 시행되는 단계
7단계 : 형성평가의 결과에 따라 피드백(feed-back)이 이루어지는 보충학습 단계
8단계 : 심화학습 과정의 단계로 학습의 심화활동이 이루어짐
9단계 : 제2차 학습기회의 단계로 자율적, 협력학습의 기회 마련

(3) 수업 후(後) 단계

10단계 : 총괄평가의 단계로 수업이 종결된 후에 학습 진전도 평가

이상에서 살펴본 바와 같이 완전학습에서 가장 중요하게 다루고 있는 과정은 형성평가와 이에 따르는 계속적인 보충·심화 및 수정활동이다. 진단평가에서 나타난 문제점을 학습이 이루어지기 전에 보충 수정하는 과정을 거치고, 형성평가와 보충·심화과정을 거치면서 계속적인 수정이 이루어지도록 할 때 완전학습은 가능하다고 보았다.

6. 오수벨(Ausubel)의 유의미 학습모형

오수벨(D. P. Ausubel)은 교사가 많은 양의 정보를 의미 있고 효율적으로 전달하는 방법에 관심을 갖고 이러한 목적을 위해 인지적 교수·학습의 과

정에 기초한 설명식 수업이론에 바탕을 둔 유의미 학습을 제시하였다. 오수벨은 이 이론에서 학교학습이 기계적 암기중심의 암기학습이 아닌 유의미한 학습이 이루어져야 한다는 점을 강조하였다. 학습과제가 이해되지 않은 채 학습자의 인지구조에 임의적으로 관련지어지거나, 단지 기계적 반복을 통해 암기될 때 새로 획득된 정보와 이미 저장된 정보 사이에는 어떠한 상호작용도 이루어지지 않는다. 그러나 학습과제가 기존 인지구조에 관련되어 획득되어질 경우에는 새롭게 인지된 지식은 조직적이고 종합적인 지식체계를 이루면서 관련 후속학습 내용을 유의미하게 연결시키고 정착하어 새로운 개념체계를 형성하게 된다는 것이다. 이와 같이 학습자가 파지하고 있는 관련 인지구조에 연결됨으로써 일어나는 유의미 학습은 포괄적이고 이론적인 지식체계를 얻기 위한 학습에 효과적이다. 유의미하게 학습된 결과는 기계적 암기학습의 결과보다 더 오랫동안 파지되고, 유의미한 학습의 체계를 형성할 수 있다.

1) 유의미 학습

유의미 학습은 발견학습이나 탐구학습의 이론이 교육적인 성과를 거두지 못하면서 등장하게 되었다. 유의미 학습이란 새로 학습할 내용이 학습자의 인지구조 속에 존재하고 있는 기존개념과 어떤 연관을 지움으로써 학습에 의해 어떤 의미를 갖게 되는 것을 말한다. 오수벨은 교사의 중요한 임무의 하나로 전달하고자 하는 새로운 지식을 이미 학생들이 알고 있는 것과 연관시켜 제시함으로써 학생들이 사실과 원리를 우선적으로 암기하기보다는 더 의미 있게 받아들일 수 있도록 해주는 것을 강조하였다. 이는 교수과정에서의 유의미성의 중요성을 강조한 것이다.

오수벨의 유의미 학습은 새로운 학습과제의 내용이 기존의 지식과 논리적인 관련성을 가질 때 일어나는데, 이러한 논리적 관련성은 학습과제가 실사성과 구속성을 가질 때 가능하다. 실사성이란 학습하는 내용과 그 구조가 어떠한 부호나 문장 및 언어로 표현되더라도 그 의미와 본성이 변하지 않는 불변적이고 절대적인 특성을 의미하며, 구속성은 의미관계가 굳어진 다음에는 그것을 다시 마음대로 변경할 수 없는 상태를 말한다.

학습과제가 실사성과 구속성을 가질 때 학습자는 자신의 인지구조와 의미 있게 관련지울 수 있는데 이때 학습과제는 논리적 유의미를 갖게 된다. 논리적으로 유의미성을 가진 과제가 인지구조에 있는 관련지식과 관계를 맺을 때 학습이 이루어진다. 이러한 관계를 오수벨은 선행조직자와 포섭의 개념으로 설명하고 있다.

선행조직자(advanced organizer)는 학습자에게 의미 있는 학습이 되게 하기 위해서는 교사가 먼저 학습자에게 학습과제와 관련을 맺을 수 있는 근거를 마련해 주어야 하는데 이를 선행조작자라고 하며, 포섭(subsumption)이란 새로운 아이디어가 학습자의 인지구조 속에서 동화되어 가는 과정, 즉 병합시키는 과정을 포섭이라고 한다.

2) 오수벨의 교수 단계

오수벨의 교수이론은 세 단계로 이루어지는데, 제1단계로는 선행조직자

표 7-3 오수벨의 교수단계

단계	활 동 내 용
제1단계	• 수업목표를 분명히 한다. • 조직자를 제시한다. –정의적 특성 및 예제 제시 –배경 제공 –반복 연습 • 학습자 자신의 지식과 경험을 의식하도록 자극한다.
제2단계	• 조직을 분명히 한다. • 학습 자료의 논리적 조직을 명백히 한다. • 자료를 제시한다.
제3단계	• 통합적 조화의 원칙을 이용한다. • 적극적 수용학습을 조장한다. • 교과목에 대하여 비판적 접근을 하도록 한다. • 명료화한다.

제시 단계, 제2단계는 학습과제 및 자료 제시단계, 제3단계는 인지조직의 강화 단계 등으로 구성된다. 오수벨이 제시한 단계별 구체적인 활동내용은 <표 7-3>과 같다.

학습과제

1. 교수와 학습의 개념을 생각해 봅시다.
2. 교수·학습의 원리를 말해 봅시다.
3. 교수과정 모형 중 오수벨과 브루너의 수업이론에 대해 비교해 봅시다.
4. 역할놀이 학습과 시뮬레이션 학습의 특성과 장단점을 비교하고, 적용되는 사례를 들어 설명해 봅시다.

CHAPTER 08

교육평가의 의미

개 요

교사는 교육현장에서 자주 보다 합리적인 평가문제에 부딪친다.
초등학교의 교실에서 교사는 아이들과 함께 친사회적인 행동들에 대한 수업을 진행하고 있다. 주제가 진행되는 중 교사는 지필검사를 통해 간단한 평가를 실시하였다.
그 결과 전원이 합격점수를 받았다.
그러나 평소 아이들의 행동들을 관찰 한 결과, 어려운 일이 있을 때, 서로 도움을 주고받는 행동이 거의 일어나고 있지 않음을 발견하게 된다.
과연, 학습은 일어났을까? 일반적으로 교사를 혼란하게 하는 평가의 문제인 셈이다.
이 장에서는, 교육평가에 대한 개념과 분류, 평가의 절차, 수행평가 및 정의적 영역의 평가에 대해 서술하고자 한다.

학습목표

학습현장에서 교육평가의 중요성을 알 수 있다
각 평가의 방법과 의미를 알고 적용할 수 있다.
정의적 영역의 평가 방안을 강구할 수 있다.
학습자의 시험불안을 줄일 수 있는 방법을 알고 적용할 수 있다.

01 교육평가의 개념

1. 개념

교육의 목적과 가치는 교육의 내용 및 방법과 밀접하게 관련되어 있을 뿐 아니라 교육의 평가와도 관련이 있다. 교사가 수업을 진행하려고 할 때, 해당 수업에 대한 명료한 목적이 제시되어져야 하고 그 목적에 부합되는 교육 내용을 선정하고 교수매체를 결정한다. 그리고 마지막으로 교사가 설정한 활동 목적을 어느 정도 학습자들이 달성 하였는지를 알아보기 위해 평가를 하게 되며, 평가의 결과에 따라 다음 수업의 기초선을 마련한다. 따라서 교육에 있어서 평가는 현행 활동에 대한 판정 뿐 아니라 곧 이을 추후 학습의 기초선이 되므로 유의해야 할 것이다.

평가의 의미는 어떠한 것에 그 가치의 값을 계산하거나 판정하는 것으로서 교육평가는 학습자의 학습이나 행동 또는 교육계획을 교육의 목적에 비추어 측정하는 것을 의미한다. 이에 타일러(Tyler)는 "교육평가의 과정이란 본질적으로 교육과정 및 교수의 프로그램에 의하여 교육목적이 어느 정도나 실현되었는지를 밝히는 과정"이라고 한 바 있다(김운삼·차춘희, 2009).

위와 같은 정의는 그 어떤 교육과정이나 수업 프로그램에 있어서도 그것을 달성하려는 교육목표가 내포되어 있어야 하고, 또 그러한 교육과정이 시행됨으로써 원래 기대했던 교육목표가 실제로 어느 정도 실현되고 달성되었는지를 재어보고 판단하는 활동이 교육평가라는 사실을 의미한다.

2. 교육평가의 의미

교육은 원래 목적이 명료하고 계획적인 사업으로서 가치와 이상을 지향하고 있기 때문에 교육의 결과 및 과정을 뒤돌아보고 숙고하는 기회를 가져야 한다. 이러한 반성의 과정이 교육활동에서는 평가인 셈이다. 다시 말해 수업에 있어서 미리 설정한 교육목표를 얼마나 달성했는지를 알아보고,

그 결과에 대해 반성하고 해석하고 목표가 제대로 달성되지 못하였다면 그 이유가 무엇인지 알아보려는 것이 교육평가이다.

따라서 교육평가에서는 수업의 과정에서 기르고자 하는 행동이 무엇인지 이해하고, 그 행동이 얼마나 길러졌는가에 관심을 가져야 하며, 학습자들의 지식, 이해, 기능, 태도, 흥미, 적용력, 분석력, 종합력, 평가력, 감상력, 가치관 등이 어느 정도 교육의 목적에 따라 향상되었는지를 측정해야 한다. 교육평가의 의미는 다음과 같다.

1) 학습자의 행동변화의 증거의 수집하는 방법이다

교육평가는 교육에 의한 행동변화의 달성정도를 알아보기 위해 실시되기 때문에 행동변화의 증거를 수집하는 방법도 여러 가지가 있을 수 있다. 일반적인 시험 외에 관찰법, 표준화 검사, 설문지, 면접, 사회성 측정, 작업검사나 투사적 방법 등을 들 수 있다. 이와 같이 교육평가란 학습자의 학습 결과의 증거를 과학적, 객관적으로 수집, 해석하기 위한 일련의 방법을 총괄하는 개념인 것이다.

교육현장에서 교육평가라면 흔히 시험을 먼저 연상하게 되는데, 그것은 잘못된 편향적인 인식이며, 보다 중요한 것은 행동에 따른 타당한 평가방법을 채택해야 한다는 점이다. 예를 들어, 기술, 훈련, 숙련 등의 행동적인 변화요인들을 지필검사로 알아본다는 것은 거의 불가능할 것이다. 이러한 점에서 볼 때 교육평가의 영역과 평가는 무한히 확대될 수 있다.

2) 인간이해의 수단이 될 수 있다.

교육평가란 인간을 일정한 형태로 규정해 버리는 것이 아니라 인간을 이해하기 위한 수단인 것이다. 검사를 실시하고 채점을 하고 점수를 매기는 것은 그것 자체가 목적이 아니라, 학습의 결과 변화된 행동에 대한 대책을 수립하기 위한 수단으로 필요한 것이다.

따라서 학습자가 남겨 놓은 여러 가지의 행동증거가 학생을 이해하는 데 있어서 중요한 자료가 되며 교육평가는 이러한 자료들을 가지고 학생들을 이해하는 수단인 것이다.

예를 들면, 좋지 않은 점수를 받았다고 해서 그 학습자의 인간 자체가 나쁜 것은 결코 아니다. 좋지 않은 점수를 받았다는 것을 알았으면, 그것을 통해 앞으로 학습자의 학습방법을 진단하고 학습의 결과에 대한 대책을 세우기 위한 수단으로서 교육평가의 과정이 필요한 것이다.

3) 학습자들의 개인차를 확인할 수 있다.

학습자는 지능, 적성, 학력, 성격, 흥미, 태도, 동기 등 여러 측면에서 각각 차이가 있다. 교육평가는 개인에서의 이러한 차이를 밝혀 그들의 학습방법상의 결함이나 학습의 과정에서 개개인의 특성을 진단하고 규명하는 것이다. 따라서 교육평가는 집단의 변화를 알기 위해서도 중요하지만 궁극적으로는 개인적인 변화에 그 초점이 있는 것이다.

집단의 평가는 개인을 진단하기 위한 전제로 한 평가이므로 개인을 진단하기 위한 전제로서 의의가 있을 뿐 집단만을 위한 평가는 의미 없는 작업이다. 즉 집단의 평가나 평균은 개인을 이해하기 위한 전제임을 잊지 말아야 할 것이다.

3. 교육평가의 기능

교육평가의 기능을 보는 시각은 다양하다. 특히 교육활동에서 교육평가가 지니고 있는 기능들은 다음과 같다.

1) 학습자의 학업 성취도를 평가하는 일이다.

교육이 목표 지향적 활동이라면, 교육의 목표가 어느 정도 달성되었는가는 학습자의 학업 성취도를 확인함으로써 가능해진다. 다시 말해서 교육평가는 교육목표의 달성도에 관한 증거와 정보를 수집하는 것을 주요 기능으로 삼고 있다.

2) 개별 학습자 또는 한 학급 전체가 직면하고 있는 학습 곤란에 대해 진단하고 치료하는 일련의 행위이다.

교육평가란 기본적으로 교육을 보다 효과적, 효율적으로 하기 위한 수단이라고 볼 수 있다. 따라서 교육평가는 교육활동이 전개되는 과정에서 개별 학습자 또는 학급이 느끼는 제반 문제점들을 발견하여 그에 따른 조치를 마련해 줌으로써 교육의 과정이 부드럽고 원활하게 될 수 있도록 돕는 역할을 담당해야 한다.

3) 교육 프로그램의 교육적 효과를 평가하는 것이다.

교육 프로그램이란 매우 복합적인 개념이지만, 여기에는 교육과정, 수업의 계열과 절차, 수업자료, 학급조직 등이 포함된다. 교육 프로그램에 의해 결과가 발생하고 그 결과는 교육 프로그램의 질을 나타내는 것이 된다. 따라서 교육평가의 중요한 영역 중 하나는 교육활동의 결과를 분석하고 그 결과를 확인하여, 프로그램의 질적 개선을 위한 시사를 받을 수 있다는 점이다.

4) 개개 학습자의 진로지도를 위한 자료를 수집하는 것이다.

교육평가의 또 다른 기능은 학습자의 장래 진로지도를 위한 자료를 얻을 수 있다는 점이다. 예를 들어, 학교현장에서 진학지도, 취업지도를 하기 위하여 그 학습자의 학업능력, 정서, 흥미, 성격은 물론이고, 그 학습자를 둘러싸고 있는 가정, 학급, 사회 환경에 대한 광범위하고 정확한 이해가 필수적이다.

5) 교육의 제반 문제를 이해하고 올바른 교육정책 을 수립하는 데 도움을 줄 수 있다.

교육평가를 통한 전국적인 평가에 대한 연구나 혹은 국제간 학력 비교연구 등에서 나타나는 것처럼, 전체 학습자들이 반드시 습득해야 할 기본적 능력이 어느 정도인가를 확인함으로써 교육정책의 방향을 수립하는 데 도움을 줄 수 있다. 다시 말해서, 전국 단위의 각급 학교는 물론이고, 일반 사회교육을 평가하는 것도 교육평가의 기능 중의 하나이다.

02 교육평가의 유형

1. 교육과정의 단계에 따른 분류

1) 진단평가

진단평가는 수업이 시작되기 전에 학습자가 지닌 특성, 과거의 학습정도, 적성, 흥미, 동기 등의 초기상태 진단을 목적으로 하는 평가이다. 교육활동에 있어서 교사가 효과적인 학습지도를 하기 위해서는 학습자가 이미 가지고 있는 학습에 대한 준비의 정도, 학습의 흥미, 학습동기, 학습자의 성격적 특성, 기초학력의 정도, 학습자의 정서 등을 충분히 파악해야 한다. 진단평가는 학습자들을 적절한 교수·학습 조건에 배치하기 위해 필요한 것이다. 그러므로 진단평가는 학습자들의 현재의 수준, 정도, 상태를 진단하여 수업에 앞서 적절한 출발점을 찾아 이에 합당한 수업을 전개하기 위해 실시해야 할 것이다.

(1) 진단평가의 목적

첫째, 진단평가의 목적은 어떤 교과나 단위의 학습을 위하여 반드시 선행되어야 할 것으로 판단되는 특정의 출발점 행동을 진단함으로써 학습자들을 보다 정확히 이해하고 그에 부합되는 교육내용과 수준을 결정하고 교수방법을 적용하기 위함이다. 수업활동은 학습자가 현재 가지고 있는 능력 수준과 지식과 기능을 출발점으로 하여 시작될 때, 보다 훌륭한 효과를 기대할 수 있다.

둘째, 학습자가 학습단원의 수업목표 중 일부분 혹은 전부를 이미 충분히 습득하고 있는지의 여부를 밝힘으로써, 학습의 중복을 피하기 위해 실시하는 것이다. 즉 학습자들이 이미 알고 있는 사실을 중복해서 학습하게 되면 시간과 비용의 낭비는 물론이고, 학습자의 학습흥미를 잃게 할 염려가 있는 것이기 때문에 이를 예방하기 위해서 진단평가를 활용한다.

셋째, 학습자의 흥미, 성격 특성, 신체적 특성, 정서적 특성, 경험의 배경, 적성, 과거의 역사 등을 밝힘으로써 학습자의 입장에서 예상되는 학습장애나 학습곤란에 대한 대책을 준비하려고 하는 것이다.

그러므로 교사는 수업진행에 필요한 여러 가지 계획을 세우기 이전에 이상과 같은 학습자에 대한 정보를 광범위하고 체계적으로 입수하여 가장 효과적인 학습방법을 모색할 필요가 있다.

그러나 진단평가는 반드시 교수활동에 들어가기 이전단계에서 하는 평가만을 의미하지는 않는다. 즉 교수활동의 진행과정에서도 얼마든지 진단평가가 있을 수 있는 것이다. 왜냐하면 진단평가는 학습자가 학습과정에서 나타내는 계속적인 결함의 원인과 환경, 즉 학습자의 신체적, 정서적, 문화적 환경결함을 찾으려는 데 그 의의가 있기 때문이다.

(2) 진단평가 실시상의 유의점

첫째, 진단평가는 과제분석의 결과에서 얻어진 선행학습의 내용 및 요소를 잘 반영하여 문항을 작성하되, 선행학습과 관련된 능력의 정도를 확인할 수 있는 문항을 제시해야한다.

둘째, 진단평가는 가능하다면 진단결과에 대한 원인도 밝혀질 수 있도록 자세하고 구체적으로 제작되는 것이 바람직하다.

셋째, 진단평가의 결과는 절대기준평가의 방법에 의하여 해석되어야 한다.

넷째, 진단평가의 결과를 개인별로 채점하는 것은 가능하나 그 결과를 개인의 평소 성적으로 처리하는 것은 절대로 피해야 한다. 왜냐하면, 진단평가는 학습결손의 발견과 이의 보충 혹은 교정의 목적으로만 쓰여야 하기 때문이다.

2) 형성평가

형성평가는 교수·학습이 진행되는 과정에서, 주어진 교육목표를 달성하기 위하여 정상적으로 수업이 진행되는지를 지속적으로 점검해 나가는 평가활동을 의미하며 수업의 과정에서 교육의 방향이나 문제점을 발견하고 해결하기 위해 필요하다. 형성평가는 학기 시작 전에 실시하는 진단평가나 혹은 학기말(단원 종료)에 실시하는 총괄평가에 비해, 평가에 대한 기본적인 방향, 평가를 위한 과정, 실제적인 교육활동과의 관련성 등에 있어서 커다란 성격적 차이가 있다.

형성평가는 교수·학습이 진행되고 있거나 자료를 고안하고 있는 등의 유동적인 수업과정에서 평가자료를 수집하는 것이기 때문에 반드시 필답식 문항구성이 아닌 교사와 학습자 간의 언어족인 상호작용으로서도 실시할 수 있으며 교사의 자의에 따라 수시로 개별적으로 또는 집단적으로 행할 수 있는 평가방법인 것이다.

(1) 형성평가의 기능

① 학습의 진행상황을 개별화 할 수 있다.

학습이 계속되고 있는 동안에는 학생들이 자기 자신의 학습 진행상황을 모르거나 혹은 무관심한 경우가 많다. 이때에 실시된 형성평가는 학생들에게 현재의 학습 진행상황을 깨닫게 해줌으로써 스스로 자신의 진행 정도를 알 수 있는 기회를 제공해 준다.

② 학습곤란을 진단하고 교정한다,

형성평가의 기능은 학습자가 당면하고 있는 학습곤란이나 학습결핍의 내용을 밝혀 이를 교정 또는 보충하는 기회가 제공될 수 있도록 하는 것이다.

형성평가를 통하여 밝혀진 학습곤란이나 결핍은 교정 또는 보완을 위한 재학습의 기회로 연계된다는 데 그 참된 의미가 있으며 학습자 개개인의 학습곤란이나 결손이 정확히 밝혀질 때 비로소 학생의 개인차에 부합되는 학습이 가능해지는 것이다.

③ 학습의 진행을 효율화 할 수 있다.

형성평가의 실시와 이에 따르는 교정학습 또는 보충학습의 실시는 결과적으로 학습자들의 학습 진행을 효율화하게 한다. 학습자들이 의식할 수 있든지 없든지 간에 잠재적으로 쌓이기 시작한 학습결핍은 그들의 학습 진전을 어렵게 하거나 혹은 불가능하게 할 수 있다. 그리고 이러한 현상이 해소되지 못한 채 장기적으로 계속되면 결국 학습결손이 누적되고 심하면 학습지진아가 될 수 있는 것이다.

따라서 형성평가를 통하여 적절하게 교정 또는 보충의 기회를 가지게 되면, 학습결손의 누적현상을 피할 수 있으며, 학습자들은 새로운 학습과제에서 성공적으로 학습을 계속할 수 있게 된다.

④ 학습자들의 학습활동을 강화시킨다.

형성평가의 또 하나의 기능은 학습자들의 학습활동을 강화해 준다는 점에 있다. 형성평가의 결과에서 좋은 성취를 보인 학습자는 그 사실만으로도 보상과 강화를 받게 된다. 그리고 이러한 경험이 몇 차례 반복해서 이루어진다면 학습에 대하여 자신감을 갖게 될 뿐 아니라 긍정적인 자아개념을 형성하게 되는 계기도 될 것이다.

형성평가의 결과가 만족한 수준에 도달하지 못했거나 많은 학습결핍을 보인 학습자도 교정학습 또는 보충학습의 기회를 통하여 정상적인 학습 진행이 가능하게 됨으로써, 학습활동에 대하여 새로운 의욕과 자신감을 가질 수 있게 된다.

⑤ 교수·학습 방법을 개선할 수 있다.

교수·학습이 진행되어지는 과정에서 실시되는 형성평가는 학습자들에게 피드백을 주게 되며, 형성평가의 결과가 바람직할 때에는 학습행동이 강화

되며 학습의 내재적 동기를 유발해 준다. 그러나 형성평가의 결과가 부정적일 때, 학습자에게 교정기회를 줄 뿐만 아니라, 또한 교사의 교수방법에 관한 피드백을 주는 역할도 하게 된다. 따라서 학습과정 중의 형성평가는 학습이 이미 끝나버린 후의 평가와는 달리 교수·학습 방법을 수시로 개선할 수 있는 정보를 제공함으로써 학습의 효과를 극대화할 수 있게 된다.

(2) 형성평가의 목적

형성평가의 목적은 학습 및 교수가 진행되고 있는 동안에 학습자들이 학습목표와 관련된 사항을 확인함으로써, 학습의 곤란을 교정 하고 학습행동의 강화하며 교사의 학습지도 방법과 교육과정 개선을 위한 것이다.

(3) 형성평가 실시상의 유의점

형성평가 실시상의 유의점을 요약하면 다음과 같다.

첫째, 형성평가는 자주 행해져야 한다.

형성평가는 교수·학습의 진행과정에서 자주 실시된다. 일반적으로 형성평가는 주어진 단원에 속하는 소단원 또는 주제에 대한 지도가 끝난 시기에 실시된다.

둘째, 형성평가를 통해 학습자의 학습결함을 교정시켜주어야 한다.

형성평가는 근본적으로 학습 곤란의 해소와 학습결함의 보충에 목적이 있다. 그러므로 형성평가를 통해 학습결함의 누적현상을 해소함으로써 효율적인 학습활동을 할 수 있도록 학습자를 돕는다.

셋째, 형성평가의 결과는 교수활동에 활용되어야 한다.

교수·학습 과정에서 실시한 형성평가의 결과 학습자의 상당수가 학습곤란을 겪고 있거나 학습결손을 보이고 있다면, 이는 단순히 학습자들에게만 그 책임을 돌릴 수 없는 문제이다. 교수·학습의 효과란 교수와 학습의 상호작용이 극대화될 때 일어나기 때문에 형성평가의 결과를 기초로 교사는 학습목표를 학습자의 수준에 맞게 조정하거나 학습내용 구성을 보다 쉽게 하거나 혹은 교수방법을 바꾸어야 하는 것이다.

넷째, 형성평가는 절대기준 평가를 원칙으로 한다.

형성평가는 각 문항별로 정답과 오답률을 환산하여 수업의 효율성 내지 학습자의 학습결함 여부를 확인하는 데 활용되는 평가방법이다. 따라서 절대기준평가의 원칙에 따라 교수목표 내지 학습목표를 기초로 하여 해석해야 한다.

3) 총괄평가

(1) 총괄평가의 개념

총괄평가는 총합평가 혹은 종합평가라고도 한다. 기본적으로 총괄평가는 교육과정이나 교육프로그램의 개발이나 편성과 관련하여 개발된 교육프로그램의 효율성을 종합적으로 평가함으로써 그 프로그램의 채택여부와 전반적인 수정의 필요성 등에 관한 판단자료를 얻기 위한 활동이다. 따라서 총괄평가는 어떤 단위나 학습과제 또는 한 과목을 모두 끝낸 다음 혹은 일련의 교수방법 등을 끝마친 다음에 하는 평가이다.

(2) 총괄평가의 목적

① 총괄평가의 결과는 다음 학습의 성공여부를 예언한고, 집단 간의 학습효과를 비교하며, 교수방법을 개선하는 데 필요한 자료로 활용될 수 있다.
② 총괄평가를 통해 교수목표의 달성도를 측정할 수 있다.

(3) 총괄평가의 기능

총괄평가의 구체적인 기능은 다음과 같다.

① 총괄평가는 학습자들의 성적을 결정한다. 즉 전체 과목이나 중요한 학습내용에 대한 교수의 효과가 어느 정도인지를 판단하고, 그 결과에 의해 성적을 내고 평점을 주며 서열을 결정하는 일을 한다.
② 총괄평가를 통한 평가결과는 학습자들의 미래의 학업성적을 예측하는 데 도움을 준다.

③ 총괄평가는 집단 간의 성적을 비교할 수 있는 정보를 제공해 준다. 즉 학습자 집단 간의 종합적인 학습 성과를 교수방법의 유형이나 학습자료의 종류 등과 관련시켜 비교·분석함으로써 학습 성과에 대한 정보를 수집할 수 있다.

④ 총괄평가는 학습자의 자격을 인정하는 판단의 역할을 한다. 즉 학습자가 지닌 기능이나 능력, 지식이 요구하는 정도의 자격에 부합하는지를 인정하기 위한 판단을 할 경우에 총괄평가의 결과는 크게 도움이 된다.

2. 평가의 기준에 따른 분류

1) 임의평가

임의평가란 평가기준이 임의로 설정되는 평가의 유형이며, 임의평가에 있어서 기준이란 교사의 주관이기 때문에 객관적이고 체계적인 평가를 하기 어렵다. 왜냐하면 기준 자체가 교사에 따라 서로 상이할 뿐만 아니라 동일한 교사가 평가기준을 설정한다고 하더라도 때와 장소에 따라 서로 상이한 기준이 설정될 위험이 있기 때문이다.

(1) 임의평가의 특징

임의평가의 특징은 다음과 같다.

① 임의평가는 평가기준이 교사의 개개인의 주관적인 판단에 따라서 크게 좌우된다. 예를 들면, 출제교사에 따라서 고사문항의 난이도에 차이가 있을 수 있고, 동일한 학습 성취도라 하더라도 교사의 기대수준이 다름으로 해서 서로 다른 평점을 받는 경우가 많다. 그러므로 이러한 평가결과를 서로 비교하거나 이에 대한 뜻있는 해석을 하기란 거의 불가능하다고 할 수 있다.

② 임의평가에서는 평가의 결과를 흔히 100점 만점식으로 학생들의 성

취도가 표시된다는 것이다. 그러나 이 100점 척도로는 학습자의 학습 결과를 제대로 확인하기 쉽지 않다. 예를 들면, 교사 스스로 학습자의 학습 결과에 대한 평가기준을 60점을 경계선으로 해서 60점 이상을 급제, 60점 미만을 낙제라고 했을 때 이를 설명할 합리적 근거는 거의 없다.

(2) 임의평가의 장단점

① 임의평가의 장점

첫째, 교수·학습 이론에 적합하다는 점이다. 즉 무엇을 알고 모르는지에 대한 정보를 직접적으로 제공하므로, 무엇을 어떻게 가르쳐야 할 것인지에 대한 시사점을 제시해 준다.

둘째, 교육목표·교육과정·교수방법 등의 개선에 용이하다.

셋째, 상대평가에 치중하지 않으므로 이해·비교·분석·종합 등의 고등정신능력을 배양할 수 있다.

② 임의평가의 단점

첫째, 개인차의 변별이 쉽지 않다는 점이다. 즉 학습자 개인 간의 비교 및 우열을 판정하기 어렵다.

둘째, 준거의 설정기준이 문제가 될 수 있다는 점이다. 다시 말해서, 교육에 있어서의 절대기준은 교수목표이지만, 이러한 교수목표를 누가 정하느냐 혹은 어떻게 정하느냐는 고도의 전문성이 요구되기 때문이다.

셋째, 검사점수의 통계적 활용이 불가능하다. 왜냐하면 임의평가에서는 검사결과의 정상분포를 기대하기 어렵기 때문에 점수를 통계적으로 활용할 수 없다.

2) 상대평가

상대평가는 규준 지향적 평가라고도 하며, 한 학습자의 학업성취도를 그가 속해 있는 집단의 결과에 비추어 상대적으로 어느 수준인지를 나타내는 평가방법이다. 그러므로 상대평가에서의 평가 기준은 그 집단내 집단구성원의 검사결과의 분포도에 따라 설정되고 집단 내 상호간의 상대적 비교를 통해서 평가된다.

예컨대 어떤 학생 개인의 능력으로서는 그런대로 성공적인 결과를 얻었다고 해도 다른 학생과 비교하여 뒤떨어져 있다고 하면 '양'이나 '가'라고 평가된다. 상대평가에서의 변환점수로는 여러 가지 종류가 있을 수 있으나, 우리나라에서는 '수, 우, 미, 양, 가'의 5단계 척도를 주로 사용해서 학생들의 학업성적을 평가하고 있다.

(1) 상대평가의 특징

첫째, 검사의 신뢰도를 강조한다.

상대평가에서는 학습자들의 개인차를 얼마나 오차 없이 정확하게 측정하였는가에 중점을 두고 있다.

둘째, 검사점수의 정상분포를 기대한다. 즉 높은 점수나 낮은 점수 쪽에 편포되기 보다는 좌우가 대칭적이고 중앙이 높은 정상분포곡선이 나타나기를 기대한다.

셋째, 학습자의 선발적 기능을 강조한다.

(2) 상대평가의 장단점

① 장점

첫째, 상대평가는 개인차의 변별이 가능하다. 즉 여러 개인의 상대적인 비교를 기초로 하는 객관성을 강조하고 엄밀한 성적표시 방법을 채택함으로써 개인차의 변별이 가능해진다.

둘째, 객관적인 검사의 제작 기술을 통해 성적을 표시하고 있기 때문에 교사의 편견을 배제할 수 있다.

셋째, 상대평가는 학습자들의 경쟁을 통하여 동기를 유발하는 데 유리하다. 특히 등급이나 당락을 결정할 경우가 보다 강력한 동기유발을 촉진시킬 수 있다.

② 단점

첫째, 교수·학습 이론에 부적절하다. 즉 무엇을 얼마만큼 알고 있는지에 관심을 두지 않기 때문에 교육목표·교육과정·교수방법·학습효과 등을 경시하는 경향이 있다.

둘째, 상대평가에서는 참다운 의미에서의 학력평가가 불가능하다. 예컨대 학습자의 성취도가 집단 내에서의 상대적 비교로써 판정되기 때문에 학습내용을 완전히 이해한 학습자라도 집단 전체가 우수하다면 학업성취도가 낮은 것으로 분석될 수 있다.

셋째, 학습자 간에 학력의 상대적 위치 또는 순위를 결정하기 때문에 과다한 경쟁심리가 조장되며, 이로 인해 인성교육을 방해할 우려가 있다.

3) 절대평가

절대평가는 절대기준평가 또는 준거 지향적 평가라고도 하며 한 학생의 성적이 그가 속해 있는 집단의 검사결과와는 아무런 상관을 갖지 아니하고, 주어진 교수목표를 어느 정도 달성하였는지의 여부가 평가의 기준이 된다.

이 목표기준은 한 학습영역 혹은 교과영역에 대한 체계적인 분석을 통하여 학습자 개개인에게 성취시키고자 하는 수업목표이기 때문에 '수, 우, 미, 양, 가'의 평점제도나 백분위 등을 통해 학습자 간의 학업성취상의 서열을 나타내는 것이 아니라, 주어진 교수목표의 달성도가 평가의 기준이 된다.

그러므로 모든 학생들이 '수'나 '우'를 받을 수도 있고, 또는 '미'나 '가'를 받을 수도 있는 것이다.

(1) 절대평가의 특징

① 절대평가의 점수는 의미가 있다.

절대평가의 결과로 얻어진 점수는 그 점수자체가 중요한 의미를 갖는다.

즉 점수가 높을 때는 그만큼 설정한 교육목표에 가깝게 도달되었음을 알 수 있고, 반대로 점수가 낮을 때는 목표에 미달하고 있음을 알 수 있다. 그러므로 절대평가에 의한 점수는 참다운 학력을 나타내고 있는 것이다.

② 절대평가는 인간의 발달 가능성에 대한 신념이 기초가 된다.

어느 집단이건 학습의 결과가 성공적인 학습자들과 실패한 학습자들이 섞여 있기 마련이기 때문에 학습자 간의 상대적 비교는 인간 발달에 대한 신념을 희석시킨다. 그러나 절대평가는 개인 내적 평가이므로 학습과정에서 개개인의 발달정도가 중요하고 학습을 통한 인간 발달의 가능성을 믿는다.

③ 절대평가의 결과는 정상분포곡선을 그리지 않는다.

상대평가의 성적이 정상분포곡선상의 분포를 전제로 하고 있는데 반해 절대평가는 모든 학생이 전부 설정된 교육목표를 달성해 주기를 기대하고 있기 때문에 자연히 검사점수의 분포가 부분적으로 치우쳐진 분포곡선이 될 것을 기대한다. 즉 절대평가는 개인의 능력을 비교하는 것에 의미를 부여하지 않으며 가능한 한 모든 학습자가 100점 만점을 얻을 것으로 기대한다.

④ 절대평가는 검사도구의 타당도를 강조한다.

상대평가는 검사도구의 신뢰도를 크게 강조하고 있는 반면 절대평가에서는 타당도, 즉 원래 측정하려고 계획했던 수업목표를 얼마나 충실히 측정하고 있느냐가 강조된다.

⑤ 절대평가는 교수·학습 활동을 개선해 준다.

절대평가의 결과는 교사들이 자신의 수업능률을 반성하고, 개선하는 자료로 활용하기에 알맞다. 많은 학생들을 대상으로 하여 집단적으로 수업을 해야 하는 경우에 지도가 부분적으로 미비할 수도 있고, 학습자의 능력이나 욕구, 흥미에 알맞은 학습지도를 하지 못할 때도 있을 것이다. 절대평가는 학습자가 성취하고 있는 부분과 실패하고 있는 부분이 무엇인지 바로 알 수 있기 때문에 학습자 개개인의 학습 진전 상황을 밝혀 그에 알맞은 지도를 실시하는 데 유리하다.

⑥ 절대평가는 학습자에게 학습의 성취감을 줄 수 있다.

절대평가는 목표지향적인 평가방식이기 때문에 평가의 결과 설정된 목표가 달성되었을 때 학습자에게 보다 많은 성취감 또는 성공감을 갖게 해 준다.

⑦ 절대평가는 교육개혁의 자료를 제공한다.

절대평가는 교육개선의 방향과 전략을 결정하는 데 유용한 구체적이고 의미 있는 정보를 제공하기 때문에 교육을 어떻게 개선해 나갈 것인가 또는 무엇을 활용하여 교수·학습을 효율화시킬 것인가를 결정하는 데 핵심적인 역할을 담당하게 된다.

⑧ 절대평가는 학습자의 정신위생을 도운다.

절대평가에서는 실패 또는 불합리한 성공의 경험과 경쟁을 지양하고, 합리적인 성취와 성공감을 강조하기 때문에 학습자의 정신위생에 보다 알맞은 평가방법이다.

(2) 절대평가의 장단점

이론적으로 우수한 절대평가가 일선 학교나 교사들에게 잘 보급이 되지 못하는 문제점은 다음과 같다.

첫째, 절대평가는 절대기준을 설정하기 곤란하다.
둘째, 절대평가는 개인차의 변별이 어렵다.
셋째, 절대평가는 수업의 효과를 통계적으로 활용하기 어렵다.

절대평가의 문제점들을 살펴보았지만, 교육평가에 있어서도 상대평가니 절대평가니 하는 흑백논리는 그대로 적용될 수 없다. 상대평가가 가지고 있는 많은 문제점들을 해결하기 위하여 절대평가 방법이 등장했지만, 그렇다고 해서 절대평가 방법만을 채택하고 상대평가 방법을 완전히 버릴 수 있는 것은 아니다. 두 가지 평가방법은 그 나름대로 특징과 함께 문제점을 가지고 있기 때문이다. 그러므로 보다 효율적인 평가활동을 위해서는 필요와 목적에 따라 두 가지 방법이 조화 있게 절충되어야 할 것이다.

03 교육평가의 절차

교육평가는 교육활동의 실천과정과 밀접한 관계를 가지고 이루어지므로 평가활동은 체계적인 절차를 밟아 이루어져야 한다. 평가유형에 따라 그 절차에는 약간의 차이가 있을 수 있으나, 교육평가의 일반적 절차에는 근본적인 차이는 없다.

교육평가의 절차는 다음과 같다.

제1단계 : 평가목표의 설정,
제2단계 : 평가장면의 설정,
제3단계 : 평가도구의 제작
제4단계 : 평가실시와 결과 처리,
제5단계 : 평가결과의 해석 및 활용

1. 평가목표의 설정

교육평가에 있어서의 기준이 되는 것은 그 목표이다. 그러므로 평가목표는 구체적으로 표현되어야 한다. 이는 내용과 행동이 분명하게 진술되어야 함을 의미한다. 보다 구체적인목표 진술을 위해 다음과 같은 용어를 사용할 수 있다.

① 인지적 영역의 목표 진술을 위한 동사

- 지식 : 정의한다, 기술한다, 찾아낸다, 짝짓다, 이름을 말한다 등
- 이해 : 구별한다, 설명한다, 추론한다, 예시한다 등
- 분석 : 변별한다, 세분한다, 지적한다, 분리한다, 가려낸다 등
- 평가 : 비교하다, 서술하다, 구분짓다, 관계짓다, 해석하다 등

② 정의적 영역의 목표 진술을 위한 동사

- 수용 : 대답하다, 사용하다, 선택하다, 이름짓다 등
- 반응 : 대답하다, 편집하다, 돕다, 선택하다, 조력하다 등
- 가치화 : 완성하다, 구분하다, 설명하다, 초대하다, 참가하다, 제안하다 등
- 인격화 : 수정하다, 경청하다, 봉사하다, 해결하다, 실천하다, 영향주다 등

2. 평가장면의 설정

평가목표를 설정하였다면 학습활동의 결과를 정확하게 얻기 위해 그에 적절한 평가장면을 선정해야 한다. 평가장면의 선정은 평가목표나 평가내용의 특징을 고려해야하며 학습결과가 구체적으로 제시되고 가장 확실한 증거가 나타날 수 있도록 해야 한다.

흔히 평가장면에서 인지적 영역의 경우에는 주로 필답검사를 이용한다. 필답검사는 크게 선택형과 서답형으로 분류되는데, 선택형에는 진위형, 배합형, 선다형 등이 있고, 서답형에는 다답형, 완성형, 논문형 등이 있다. 그리고 정의적 영역에는 관찰법, 면접, 자기 보고법, 투사법 등을 이용한다.

3. 평가도구의 제작

평가장면이 결정되면 평가의 목적과 내용을 가장 잘 반영할 수 있는 평가도구를 제작하여야 한다. 교육목표의 달성도를 측정한다는 것은 그리 쉬운 일이 아니다. 좋은 평가도구를 만들기 위해서는 타당도, 신뢰도, 객관도,

실용도의 기준에 적절해야 한다.

1) 타당도

타당도란 그 검사 또는 평가도구가 본래 측정하고자 하였던 것을 어느 정도 충실하게 측정하고 있는가라는 문제와 관련 있다. 즉 '이 검사가 실제 무엇을 재고 있느냐', 또는 해당 학습자의 '능력, 성질, 특성을 어느 정도 재고 있느냐' 등의 문제이다. 즉 타당도란 '무엇(what)'이라는 개념과 관련이 있는 것이다. 측정에 약간의 오차가 있더라도 국어시험은 '국어능력'을 측정해야만 하며 '사회생활능력'을 측정해서는 안 될 것이다.

2) 신뢰도

신뢰도는 이 검사가 얼마나 오차 없이 측정되었는가의 문제에 관한 개념이다. 즉 측정대상이 되는 내용을 얼마나 안정성, 일관성 있게 재고 있느냐의 문제이다. 예를 들어, 같은 저울에서 체중을 측정하였는데 처음에는 65kg, 두 번째는 62kg, 세 번째는 67kg이었다면 어느 것이 실제의 체중인지 알 수 없으며, 따라서 이 저울은 신뢰도가 낮은 저울이 된다. 같은 검사를 두 번했을 때 동일한 점수 혹은 순위가 된다면 그것은 신뢰롭다고 할 수 있다.

검사의 신뢰도를 높이기 위해서는 검사문항이 포괄적이어야 하며, 검사도구가 객관적이어서 우연히 정답을 맞힐 가능성을 줄여야 하고, 검사 실시 상황이 균일해야 한다. 또한 피험자의 상태가 최적의 상황이어야 하며, 채점이 객관적으로 실시되어야 한다. 신뢰도를 검사하는 방법으로는 검사-재검사 신뢰도, 동형검사 신뢰도, 반분검사 신뢰도, 등에 의한 방법이 있다.

3) 객관도

객관도란 검사자 신뢰도라 할 수 있는데, 검사의 채점자가 주관적 편견을 갖지 않고 얼마나 객관적 입장에서 공정하게 채점하느냐 하는 문제와 관련된 것으로, 검사자의 신뢰도를 의미한다. 이를테면 동일한 피험자의 답안지에 대해 교사에 따라 어떤 이는 95점이란 점수를 부여하고 다른 교사는 80점, 그리고 심한 경우에 또 다른 제3의 교사는 50점을 부여하게 되면 객관도가 낮다고 볼 수 있다. 이처럼 객관도의 동요가 심한 이유는 대체로 두 가지를 들 수가 있다. 그 하나는 측정도구 자체의 불완전성 때문에 나타나는 결과이고, 다른 하나는 평가자 자신의 소양 부족 때문에 오는 원인을 들 수 있다. 일반적으로 객관도를 올리기 위한 방법으로는,

① 평가도구를 객관화시켜야 한다.
② 검사자의 평가에 대한 소양을 높여야 한다.
③ 검사자의 인상, 편견, 추측, 감정, 어림짐작, 착오 등 주관적 요인을 최소한도로 줄여야 한다.
④ 가능하면 비객관적 평가도구는 여러 사람이 공통으로 평가해서 그 결과를 종합하는 것이 객관성을 높일 수 있다.

4) 실용도

실용도란 한 검사도구가 경비와 시간 그리고 노력을 적게 들이고도 소기의 목적을 얼마나 달성할 수 있느냐의 정도를 말한다. 아무리 신뢰도, 타당도가 검증되고 객관도를 유지하는 검사라 할지라도 검사를 실시하는 데 시간과 노력, 그리고 많은 경비를 요하게 된다면 활용상에 어려움이 따르게 마련이다. 따라서 검사를 실시함에 있어서 지시 사항이 간단하고 분명하며, 검사 문항의 수가 적당하여 검사 실시 및 채점이 용이해야 하고, 결과 해석이 쉽고 검사결과를 적용함에 있어서 무리가 없으며, 검사비용의 적절성 등이 고려되면 실용도가 높다고 하겠다.

04 수행평가

1. 수행평가의 개념

일반적으로 수행이란 구체적인 상황 하에서 학습자가 실제로 행동하는 과정이나 그 결과를 의미한다. 교육 현장에서 기존의 교육평가 체제에 대한 새로운 대안으로 제시되는 수행평가는 학생들 스스로가 그들의 지식이나 기능을 나타내는 산출물을 만들거나, 행동을 나타내거나, 답을 구성하는 평가 방식을 의미한다.

수행평가는 특정한 과제에 대한 학생들의 수행 과정이나 결과를 교육적으로 판단하는 것으로, 평가자는 학생들의 수행과정을 관찰하여 어떤 교육적 판단을 내리거나 또는 학생들의 산출물에 대해서 판단을 한다. 이런 의미에서 수행평가는 관찰과 판단에 근거한 평가라 할 수 있다.

원래 의미의 수행평가는 주로 음악이나 체육과 같은 예능분야에서 활용되었으나 성취 결과뿐 아니라 활용 능력이 기술도 다룰 수 있다는 장점 때문에 인지적 행동 특성과 정의적 행동 특성에 이르는 인간의 모든 활동을 평가하는 방법으로 그 개념을 확대시켰다.

수행평가는 전통적 선택형 검사에 의한 평가형태와 구별된다는 점에서 대안적 평가로 지칭되기도 하며, 장기간에 걸쳐 수집된 학생들의 평가 자료를 중요한 판단 기준으로 사용한다는 점에서 포트폴리오 평가라고도 한다. 그리고 학생들의 능력과 기술에 대한 증거를 관찰이나 면접으로 또는 직접적인 측정치로 확보한다는 점에서 직접평가로 불리기도 한다.

2. 수행평가의 필요성

세계화·정보화 시대를 맞이하고 있는 오늘날의 교육추세는 단순히 지식을 기억하고 재생하는 능력보다는 학습자의 다양한 개성을 존중하고, 인성 및 창의성을 조장하는 새로운 교육평가 체제의 필요성이 제기되고 있는데,

이에 대한 대안으로 등장한 것이 바로 수행평가이다.

수행평가는 학생들의 다양한 능력이나 기술을 평가하며, 수행평가의 과제를 통하여 평가와 교수·학습 과정을 연계시키고, 협동학습을 지향함으로써 학생들을 동년배들과 함께 하는 경험을 통해 서로 학습하기도 하기 때문에 교사와 학습자 모두 교수와 학습과정에서의 장단점을 발견하고 상호 수정할 수도 있다. 학교 교육 현장에서 수행평가가 필요한 이유로 다음과 같다(백순근, 1998).

첫째, 학생이 인지적으로 아는 것도 중요하지만, 아는 것을 실제로 활용할 수 있는지를 파악하는 것 역시 중요하다. 인지적으로 아는 것과 실제로 적용하는 것 사이의 차이를 흔히 '볼 줄 아는 것'과 '할 줄 아는 것'의 차이로 설명되기도 한다. 교육적 측면에서 잘 볼 줄 아는 학생과 잘 할 줄 아는 학생을 육성하는 것이 중요하지만, 두 가지 모두를 잘 할 수 있는 학생의 육성이 보다 바람직하다 하겠다.

둘째, 획일적인 표준화 검사를 적용하기 어려운 개인적 특성 및 상황에 적합한 평가를 하기 위함이다. 특히 교수·학습 과정을 개선하기 위해서는 개인의 특성이나 상황을 충분히 고려한 검사가 필요하고 그러한 요구에 부응하기 위해서는 수행평가가 도입되어져야 한다.

셋째, 수행평가는 여러 측면의 지식이나 능력을 지속적으로 평가할 수 있다. 종래의 평가는 교수·학습의 결과를 한두 번에 걸친 평가로 끝나기 때문에 교수·학습 활동을 개선시키기에는 부적절하였다. 따라서 교수·학습의 결과뿐만 아니라 그 과정에 대한 자세한 정보의 수집과 아울러 학생 개개인의 특성과 수준을 지속적이면서도 종합적으로 평가하는 것이 필요하다 하겠다.

넷째, 학습자 개인에게 의미 있는 학습 활동이 이루어지도록 한다. 예를 들어, 학습자가 이해하지도 못하는 단순한 지식을 기계적으로 암기시켜 시험을 치르게 하고, 시험 직후 모든 것을 잊어버리는 현상이 교육 현장에서 많이 일어나고 있다. 따라서 암기 위주의 학습 활동은 학습자 개인에게 무의미하고 쓸모없는 것이 되어 버린다.

다섯째, 교수·학습 목표와 평가내용을 보다 직접적으로 관련시킬 수 있다. 만약 고등 사고 능력의 신장이 수업의 목표라면 학생이 기억하는 단순한 사실이나 지식을 측정하는 선택형 검사보다는 수행평가를 통해 직접적으로 평가하는 것이 바람직하다. 따라서 교수·학습 목표를 효율적으로 달성하기 위해서는 평가내용이 목표와 직접적으로 관련되어야 한다.

3. 수행평가의 방법

현재 널리 사용되는 수행평가의 방법으로는 서술형 및 논술형 검사, 구술시험, 토론, 실기시험, 실험·실습, 면접, 관찰, 자기평가 및 동료 평가보고서, 연구보고서, 포트폴리오 등이 있다. 이러한 방법들은 새로 개발된 것이 아니라 기존에 이미 교육현장에서 활용되고 있는 방법들이다. 그러나 최근의 교수·학습 과정에서 기존의 지식이나 가치관을 수동적으로 수용하기 보다는 자기 나름대로의 세계를 재창조하며 창의성 및 문제해결력 등의 사고 기능이 부각됨에 따라 새로이 각광을 받게 된 것이다.

이러한 수행평가의 방법은 상호 배타적인 것이 아니라 상호 보완적인 것으로 교수·학습 과정을 개선하고 개별 학생에게 지도 또는 조언하고 충고하기 위한 목적으로 사용된다면, 그 어떠한 평가방법도 수행평가 방법에 포함될 수 있는 것이다. 수행평가의 여러 방법들을 구체적으로 살펴보면 다음과 같다(박영희, 2001).

1) 서술형 및 논술형 검사

서술형 검사란 주관식 검사라 하는데, 문제의 답을 선택하는 것이 아니라 학생들이 직접 서술하는 것이다. 이 방법은 단편적 지식을 묻는 종래의 형태에서 벗어나 창의성, 문제해결력 등 고등 사고 기능을 알기 위해서 유용하다. 논술형 검사도 일종의 서술형 검사이기는 하지만 학생들의 생각이나 주장을 창의적, 논리적, 그리고 설득력 있게 작성한다는 점에서 일반서술형과 구별되고 있다.

2) 구술시험

학생들로 하여금 특정 교육내용이나 주제에 대해서 자신들의 의견이나 생각을 발표하도록 하여 그들의 수업에 대한 준비, 이해력, 표현력, 판단력, 의사소통 능력 등을 평가하는 방법이다.

3) 토론

토론은 교수·학습 활동과 평가 활동을 통합하는 대표적이 방법으로서, 교사가 특정 주제에 대한 학생들의 토론을 관찰한 뒤 평가하는 방법이다. 일반적으로 학교 현장에서는 찬반 토론이 많이 사용되는데, 사회적으로나 개인적으로 서로 다른 의견을 제시할 수 있는 토론 주제를 가지고 개인별로 찬반 토론을 하게 한 후, 찬성과 반대 의견을 제시하기 위해 준비한 자료의 다양성이나 충실성, 토론 내용의 충실성과 논리성, 반대 의견을 존중하는 태도, 그리고 토론 진행방법 등을 총체적으로 평가하는 방법이다.

4) 실기시험

종래의 실기 시험에서는 평가가 통제되거나 강요되었지만 수행평가에서는 자연스러운 상황에서 여러 번 관찰하여 그 수행능력을 평가한다. 예를 들면, 학급 또는 학교 대항 축구 경기를 실제로 관찰하여 실제의 수행능력을 평가할 수 있다. 수행평가를 위한 실기 시험에서는 가능한 한 교수·학습 활동과 평가 활동을 분리하지 않고 수업시간에 자연스럽게 평가하는 것이 바람직하다.

5) 실험·실습

실험·실습은 자연과학 분야에서 많이 사용하는 방법으로서, 어떤 과제에 대해서 학생들로 하여금 직접 실험·실습을 하게 한 후, 결과 보고서를 제출하게 하여 평가한다. 여기서는 실험·실습을 위한 기자재의 조작 능력

뿐만 아니라 기자재에 대한 지식을 적용하는 능력, 그리고 문제해결과정도 종합적으로 평가할 수 있다.

6) 면접

면접이란 평가자와 학생이 상호 대화를 통하여 얻고자 하는 자료나 정보를 수집하여 평가하는 방법이다. 면접의 장점은 보다 심도 깊은 정보를 얻을 수 있고, 사전에 예상할 수 없었던 정보나 자료도 얻을 수 있으며, 진행상의 융통성도 발휘할 수 있다는 점이다. 흔히 구술시험은 주로 인지적 영역을 중심으로 한 학업성취도를 평가하지만 면접을 통해서는 주로 정의적 영역이나 신체적 영역을 평가한다.

7) 관찰

관찰은 학생을 이해하고 평가하기 위한 가장 보편적 방법 중의 하나이다. 교사들은 늘 학생들과 접촉하며 그들을 개별 학생 단위나 집단단위로 관찰한다. 객관적이고 정확한 관찰을 위해서 일화 기록, 체크리스트, 평정척도, 비디오 분석 등이 활용되기도 한다.

8) 자기평가 및 동료평가 보고서

자기평가 보고서는 특정주제나 교수·학습의 내용에 대하여 자기 스스로 학습과정이나 학습 결과에 대한 평가 보고서를 작성하고 제출하도록 하여 평가하는 방법이다. 그리고 동료평가 보고서란 이와 유사하게 동료 학생들이 상대방을 상호 평가하도록 하는 방법이다.

9) 연구보고서

이 방법은 각 교과별로 여러 가지 연구 주제 중에서 학생의 능력이나 흥미에 적합한 주제를 선택하되, 그 주제에 대해서 나름대로 자료를 수집하고 분석·종합하여 연구보고서를 작성한 뒤, 제출하도록 하여 평가하는 방법을 말한다.

10) 포트폴리오

포트폴리오란 자신이 쓰거나 만든 작품을 지속적이면서도 체계적으로 모아 둔 개인별 작품집 혹은 서류철을 이용한 평가방법이다. 이 평가방법은 단편적 영역에 대한 일회적 평가가 아니라 학생 개개인의 변화·발달과정을 지속적이고 종합적으로 평가하기 위해 전체적으로 평가하는 것으로 수행평가의 대표적 방법으로 각광받고 있다.

05 정의적 영역의 평가

교육평가에 있어서 인지적 영역의 평가는 신뢰도, 객관도, 타당도를 고려한 평가 도구를 활용하기가 용이하기 때문에 교사들이 접근하기가 비교적 쉬우나, 학습자의 동기, 불안, 흥미, 친사회성 등의 정의적 영역의 평가는 상대적으로 어려움을 겪는다. 특히 학습자의 정의적 특성들은 외현적으로 드러나지 않을 수 있고, 내면적인 생각과 외현적인 행동이 다를 수도 있기 때문에 더욱 평가하기 쉽지 않다.

그러나 학습자들이 진로를 선택하고자 할 때, 인지적 영역의 성적뿐 아니라 자신의 흥미나 특기, 취미 등을 선택의 기준으로 고려할 것이다.

일반적으로 학업성적을 예언하고자 할 때, 일반지능이 학업성적을 예언하는 변량은 약 36%~49%이며(김정휘·주영숙, 1998), 과거의 정의적 경험(어릴 때 접했던 영화, 이벤트, 각종 행사 등)이 나머지 변량 중 25%를 결정한다고 한다(김대현·김석우, 2005). 따라서 학교 현장에서 교사들은 학습자의 인지적인 학업성적뿐 아니라 개개인의 정의적 특성을 고려하여 진로지도 및 학습지도를 하여야 할 것이다.

1. 정의적 특성의 개념

이영덕(1994)은 개인의 발달에 있어서 인지적 영역도 중요하지만, 교육의 궁극적인 목표는 개인의 정의적 특성의 발달이라고 한 바 있다. 이것은 아동들이 학교교육을 통해서 그들의 가치관을 정립하고, 적성을 발견하여 장래의 직업으로 이어지게 하며, 보다 인간적이고 가치로운 삶의 방식을 배워야 함을 의미한다.

특히 오늘날 입시위주의 교육에서, 개개인의 흥미나 적성 등의 정의적 영역을 무시하고 지적인 영역의 평가점수만을 기초로 대학을 선택한 이유로 학업에 흥미를 느끼지 못해 장래의 직업 선택의 어려움을 호소하는 사례가 늘고 있다. 이러한 상황은 교육비의 과다 지출을 가져오게 되고 진학 및 취업 등의 진로 선택에의 어려움으로 이어지기 때문에 사회문제화 된다.

학습자의 정의적 특성을 지칭하는 용어들은 다음과 같다.

- 수업(학교, 학습)에 흥미가 없다.
- 생활에 있어 가치관이 혼란하다.
- '나는 누구인가'에 대한 개념이 부족하다.
- 시험을 칠 때, 불안하다.
- 하고자 하는 의욕이 없다.
- 우울하다.
- 공격적이다.

위에 열거한 단서들 이외에도 인간의 정의적 특징을 지칭하는 용어들은 많을 것이다. 이러한 정의적 특성들은 학업성적뿐 아니라 장래의 삶의 질에도 영향을 미치기 때문에 학교 현장에서 수많은 연구를 하고 있다. 특히 전인교육의 측면에서 인성문제, 타인과의 상호작용, 책임감과 솔선감의 발달, 자존감 등은 중요하다. 따라서 황정규(1998)는 정의적 영역의 평가에 대해 다음과 같은 이유로 중요하다고 한 바 있다.

첫째, 우리의 교육이 인성교육·전인교육을 지향한다면, 성숙한 인격체를 구성하는 핵심적인 요소는 정의적 특성이다.

둘째, 학교학습에서 정의적 특성은 중요한 추진력의 역할을 한다. 즉 정의적 특성들은 아동이 과제를 수행하고자 할 때, 추진력이 될 수 있는 심리적인 변인이 된다.

셋째, 교육 프로그램의 개선을 위한 의사결정에 도움이 되는 정보를 얻기 위해서 정의적 특성의 교육과 평가는 필요하다.

2. 정의적 특성의 유형

1) 학습자의 흥미

흥미란 개개인의 활동에 대해 스스로 지각하는 쾌 또는 불쾌의 정서적 반응으로 인해 일어나는 내·외적인 행동을 말하며, 이를 평가하는 방법으로 아동관찰, 흥미태도검사 또는 표준화된 흥미검사 등이 있다.

2) 불안

불안이란 자신의 안전을 위협하는 실제적이거나 혹은 상상에 의해 생겨나는 긴장된 경험이며(Hall & Lindzey, 1900), 부적응의 정서로서 특정 사태에 대한 포괄적인 반응이다. 따라서 불안은 개개인이 당면하고 있는 상황이나 혹은 이와 관련된 제반 상태에서 유발된다. 예를 들면, 학교현장에서 특정 과목이나 특정 교사 등이 불안의 요인이 될 수 있으며, 특히 시험불안은 학습에 심각한 영향을 미치는 정서적인 요인이다.

3) 학업적 자존감

학업의 상황에서 개개인이 학습자로서 자기 자신에 대해 가지고 있는 지각을 의미한다.

4) 선호

선호란 어떤 대상을 다른 대상에 반하여 받아들이려는 기질로 어떤 대상물, 활동 또는 아이디어를 다른 대상물 또는 아이디어에 반하여 선택하려는 경향성을 의미한다. 선호는 두 개의 대안간의 선택을 내포하고 있으므로 두 개의 표적이 주어지며, 그 방향은 상대적으로 '보다 덜', '보다 더', '보다 좋은', '보다 나쁜' 등과 같이 평가한다(김대현 · 김석우, 2005).

3. 정의적 특성의 측정방법

1) 평정법

평정법은 아동의 행동이 어느 정도까지 나타나는지에 대한 질적 판단을 위해, 그리고 한 번에 광범위한 행동들을 평가할 때 유용하게 쓰이는 방법으로서 체계적인 절차를 사용하여 평가된 일련의 특성으로 구성되어있다. 평정척도는 기술평정척도, 숫자평정척도, 도식평정척도 등의 유형이 있다.

비교적 신뢰도가 높고 절차가 간편하므로 사용하기 쉽지만 측정해야 할 정의적 특성의 이론적 가설이 약하고 해당 특성의 시간에 따른 변화를 감지하기 어려운 단점이 있다.

2) 질문지법

질문지법은 응답자가 일련의 제시된 진술문에 대해 직접 기술하도록 하는 자기보고식 방법으로서 타인이 쉽게 관찰하기 어려운 개개인의 지각, 신념, 감정, 동기 등과 같은 정의적 특성을 측정하는 방법으로써, 이는 응답 수를 제한하여 선택지 중에서 응답자가 하나를 선택하도록 하는 구조화된 질문지와 응답자의 다양한 반응을 진술하게 하는 비구조화된 질문지로 나눌 수 있다(김대현 · 김석우, 2005).

예 구조화된 질문지

학교생활 중 가장 흥미로운 때는 언제인지 다음에서 하나만 고르세요.

① 공부할 때 ② 쉬는 시간
③ 점심시간 ④ 청소 시간

예 비구조화된 질문지

학교생활 중 가장 흥미로운 때를 쓰세요.
( )

3) 관찰법

관찰법은 학습자의 학습과 발달에 관련된 정보를 파악할 수 있는 가장 친숙하고 직접적인 방법으로써, 특히 언어발달이 미숙한 유아나 아동에 대한 정보를 수집하는 데 유용하게 쓰인다.

관찰법은 관찰하려는 행동의 조작여부에 따라 통제적 관찰과 비통제적 관찰로 나누기도 하고, 관찰의 조직 정도에 따라 자연적 관찰과 조직적 관찰로, 또는 관찰 장면에 있어서 관찰자의 참여 정도에 따라 참여관찰과 비참여관찰로 분류하기도 한다.

관찰 시의 일반적인 지침은 다음과 같다(조윤경·김경혜, 2010).

- 관찰자는 주의 깊게 듣고 보는 것에 집중한다.
- 관찰자는 객관적이고 민감해야 한다.
- 감정이 아닌 사실만을 다룬다.
- 정확하게 기록한다.
- 지시대로 관찰내용을 정리하고 보관한다.
- 기록된 내용에 대해서는 비밀이 보장되어야 한다.
- 관찰자의 이름과 관찰일시, 관찰 장소 등을 정확하게 기록한다.
- 관찰대상의 이름과 생년월일, 등 기본정보를 기록한다.

• 전체적인 상황을 파악한다.
• 기록 시 관찰자의 느낌과 판단은 따로 진술한다.

연구문제

1. 교육평가의 의미에 대해 설명하시오.
2. 진단평가, 형성평가 및 총괄평가에 대해 약술하시오.
3. 임의평가, 상대평가 및 절대평가에 대해 약술하시오.
4. 타당도와 신뢰도에 대해 설명하시오.
5. 수행평가의 필요성 및 방법에 대해 설명하시오.
6. 정의적 영역의 측정방법에 대해 기술하시오.
7. 시험에 대한 불안을 경험할 때의 대처방안에 대해 각자의 경험에 비추어 기술하시오.

CHAPTER 09

교육공학의 이해

개 요

교육공학은 가르치고 배우는 일에 있어서 어떻게 하면 보다 효과적이고 효율적이며 매력적으로 할 수 있는가를 탐구하는 학문분야이다. 교육공학은 그동안 시대별로 다양한 변천과정을 거쳐 왔다. 특히, 컴퓨터 공학의 발전은 학교현장에 다양한 멀티미디어를 활용한 교수매체를 등장시켰고, 학교현장에서 교육공학을 활성화시키는 데 지대한 공헌을 하였으며, 다양한 수업매체를 개발하게 되었다. 따라서 수업에 대한 올바른 이해와 효율적인 수업의 운영을 위해서는 컴퓨터의 교육적 활용이나 멀티미디어를 이용한 수업, 인터넷의 교육적 활용 등에 대한 이해가 선행되어야 한다.

이 장에서는 이와 같은 취지에 따라 교육공학의 개념과 발달과정을 중심으로 교수매체의 기능과 종류, 특성에 대해 살펴보고, 컴퓨터의 교육적 활용과 멀티미디어의 활용, 그리고 원격교육에 대해 살펴보고자 한다.

학습목표

교육공학의 개념을 이해하고 그 특성을 설명할 수 있다.
교육공학의 다섯 가지 연구영역과 그 하위영역을 이해한다.
수업매체의 개념을 파악하고 다양한 종류의 수업매체의 기능과 특성을 말할 수 있다.
컴퓨터, 멀티미디어, 인터넷 등의 교육적 활용에 대해 이야기할 수 있다.

01 교육공학의 개념과 발달

1. 교육공학의 개념과 특성

1) 교육공학의 개념

'교육공학(educational technology)'이라는 용어가 언제부터 사용되기 시작했는지는 확실치 않다. 하지만 교육공학과 유사한 개념으로 '교육엔지니어링(educational engineering)'이란 개념이 1920년대에 들어서 보비트와 차테스(Bobbit & Charters)에 의해 사용되었다.

그 후 미국교육공학회(Association for Educational Communications & Technology : AECT)가 1963년에 설립되어 교육공학에 대한 정의를 수차례에 걸쳐 수정 발표하였다. 1994년에 발표된 교육공학에 대한 정의에서는 교육공학을 교수공학으로 대체하여 설명하고 있다.[1] 즉 '교수공학은 학습이 계획되고 통제되는 상황 하에서 생기는 문제를 분석하고 이에 대한 해결책을 찾아내어 실행한 후, 그것을 평가 처리하기 위해 사람, 절차, 이념, 장치 및 조직을 포함하는 복합적이고 통합적인 과정'이라고 정의하였다. 그러나 2004년에 발표한 AECT의 교육공학에 대한 정의를 보면 '적절한 공학적 과정 및 자원을 창출, 활용, 관리함으로써 학습을 촉진하고 수행을 개선하는 연구와 윤리적 실천'이라고 하였고, 2008년에 발표한 교육공학의 정의를 보면 "교육공학은 적절한 과학기술적인 과정과 자원을 창출, 활용, 관리

---

1) 교육공학에 대한 초기의 정의를 보면 교수공학과 교육공학의 용어 사용에 있어서 학자에 따라 서로 다른 의미로 사용되었다. 교수공학을 사용하는 학자들은 교육공학이라는 단어는 정규학교의 교육적 상황만을 연상시키기 때문에 바람직하지 않으며, 교수공학이 교육공학보다 광범위한 상황을 포함하는 것이라고 주장한다. 반면에 교육공학을 사용하는 학자들은 교수는 교육의 한 부분이고 교수는 정규학교 교육상황에서 사용되지만, 교육은 모든 분야에서 광범위하게 사용하는 용어라고 주장한다. 그럼에도 불구하고 미국 AECT에서 교수공학이라는 용어로 표현하고 있는데, 그 이유로 첫째, 이 용어가 미국에서 일반적으로 통용되는 용어이고, 둘째, 많은 실천현장을 두루 표현할 수 있는 용어이며, 셋째, 교육에서 공학의 기능을 더 정확하게 기술하는 말이며, 넷째, 교수와 학습이라는 두 개의 용어가 정의를 내리는 한 문장에 공통적으로 사용하여 설명하고 있기 때문이라는 점을 들고 있다(Seels & Richey, 1994).

함으로써 학습을 촉진하고 수행을 향상하기 위해 연구하고 윤리적으로 실천하는 학문이다”(Januszewski & Molenda, 2008)라고 하였다.

교육공학은 교수공학보다 포괄적인 의미로 사용된다. 교수공학이 주로 교수과정만을 대상으로 하는 데 반해 교육공학은 교수과정을 포함한 모든 분야에 사용된다. 교육공학은 교육목적을 효과적으로 달성시키기 위하여 교육과 그에 관련된 활동에 기계공학적 원리를 적용하기 위한 학문이다.

교육공학은 단순히 수업매체를 활용하는 차원이 아니라, 교육의 효율성을 증대시키기 위하여 교육의 전 과정을 계획하고 실천하며 평가하는 차원의 활동을 의미한다. 즉 교육공학의 주요목적은 교수·학습의 효과 증진과 학습문제의 능률적 해결에 있다. 최근에는 교육공학에 대한 정의를 교육목적을 달성하기 위하여 교수·학습의 전 과정을 계획하고, 실행하고 평가에 기초하여 인간적 자원은 물론 비인간적 자원을 적절히 체계적으로 활용하는 과정으로까지 폭넓게 확대하고 있다. 이와 같은 개념으로 교육공학을 이해하면 교육공학은 하드웨어적 교육공학과 소프트웨어적 교육공학으로 구분할 수 있다. 하드웨어적 교육공학이란 교육목적 달성을 위해 공학적 기구와 공학적 원리를 응용한 것으로 철기류(鐵器類)라고도 한다. 즉 라디오, TV, 투시 환등기(OHP), 슬라이드, VTR, 컴퓨터, 영사기, 녹음기 등이 여기에 해당된다. 반면 소프트웨어적 교육공학이란 프로그램 학습처럼 주로 학습심리학 분야에서 밝혀진 학습원리를 최대로 적용하는 것이다. 즉 투시환등기(OHP)에서 사용하는 필름, VTR 테이프, 프로그램에 제공되는 교재 등이 이에 해당된다(한상길 외, 2009).

결국 교육공학이란 ‘교육’과 ‘공학’이 독립적으로 발전해 오다가 교육적 환경의 변화에 따른 ‘교육적 요구’가 공학을 도입하게 하였으며, ‘교육’과 ‘공학’이 상호보완적 역할을 하면서 새로운 체제로 변모하면서 만들어진 학문이다. 이러한 교육환경에서의 공학적 접근은 최근 들어 더욱 더 활성화되고 있으며, 이러한 변화는 교육환경에 긍정적인 변화를 만들어 내고 있다.

2) 교육공학의 특성

교육공학은 학습을 위한 과정과 설계로 학습조건을 분석하고 구체적인 학습목표를 달성하기 위한 방법과 전략을 계획하는 분야라는 점에서 다음과 같은 몇 가지 특징을 내포한다(이지헌 외, 2007).

첫째, 교육공학은 인간의 학습활동과 결과에 영향을 주는 것을 목적으로 한다. 따라서 교육공학은 학습자의 인지구조, 지식, 태도, 행동 등의 변화가 실제로 일어나도록 하는 데 관심을 둔다.

둘째, 교육공학은 과정과 자원을 모두 포함한다. 교육공학은 특정한 결과를 얻기 위한 일련의 과정만이 아니라 지원체제, 교수자료, 교수환경 등 개개인을 돕고 능률적으로 수행하는 데 필요한 모든 것이 포함된다.

셋째, 교육공학의 연구영역은 설계, 개발, 활용, 관리, 평가 등이다. 이는 교육공학의 기본 연구영역으로 전문분야와 실천분야에 모두 관련된다. 이 다섯 가지 영역은 상호독립된 것이지만 이론과 실제를 통해서 서로 연관된다.

넷째, 교육공학은 이론과 실제를 모두 포함한다. 타학문에서 정립된 이론을 실제에 적용하는 것뿐만 아니라 자체적으로 새로운 이론을 생성한다는 점에서 이론과 실제를 모두 포함한다고 볼 수 있다.

교육공학의 이러한 특성을 반영하여 적절하게 교육적 상황에 활용하게 되면 다음과 같은 효과를 얻을 수 있다.

첫째, 교육의 생산성을 향상시킬 수 있다. 교육공학을 적절히 활용하면 학생의 학습속도를 촉진시키고, 학생들에게 다양한 학습 기회를 부여할 수 있다. 따라서 학생들의 사고력과 창의력을 발달시킬 수 있고, 교육의 생산성을 증대시킬 수 있다.

둘째, 학습의 개별화를 도모할 수 있다. 교육공학은 개인차를 고려한 개별학습을 가능케 한다. 다양한 교수매체의 투입과 멀티미디어 매체를 활용한 학습으로 개인의 능력과 수준에 따른 개별화 학습을 실천할 수 있다.

셋째, 상호작용 학습이 가능하다. 교육공학의 관련 기술을 적절히 활용하게 되면 학습에서의 상호작용이 가능하게 된다. 즉 교육공학적 매체를 투입하여 학습상황에서 학습자와 학습자 간, 학습자와 교사 간의 상호작용이 가능하게 된다.

넷째, 풍부한 학습 환경을 제공할 수 있다. 교육공학을 활용하면 교과서나 참고서보다 다양한 멀티미디어 프로그램으로 풍요로운 학습경험의 환경을 제공할 수 있다.

다섯째, 시간과 공간을 넘어선 학습이 가능하다. 교육공학을 도입하면 언제, 어디서나 원하는 학습이 가능하게 된다. 즉 컴퓨터와 인터넷만 있으면 시간과 공간을 초월하여 학습하고자 하는 내용에 대해 언제, 어디서나 원격교육이 가능하다.

여섯째, 교육의 과학화에 공헌할 수 있다. 교육공학은 교육문제를 과학적인 절차와 방법에 따라 연구하고 연구의 방향을 제시해 줄 뿐만 아니라 연구결과에 대한 현장의 적용을 도와주는 역할을 한다. 따라서 교육공학은 교육에 대한 학습과정을 과학적이고 합리적으로 이루어지도록 하는 데 공헌하게 된다.

3) 교육공학에 대한 비판적 시각

교육공학의 출현은 교육에서 지식을 전달하는 교수·학습 과정에 모든 기계적 도구들이 도입되어 기술적 수단으로 활용되는 변화를 이루어 냈다. 그러나 이러한 공학적 매체들이 학습상황에서 주도적 역할을 수행한다는 것이 바람직한 것만은 아니라는 견해가 제기되기 시작했다. 즉 교육공학에 대한 비판적 시각이 나타나게 된 것이다. 교육공학에 대해 제기되고 있는 비판적 시각으로는 다음과 같은 점이 있다.

첫째, '교육의 비인간화'를 만들어 낼 수 있다. 교육공학의 발전은 교육을 사람과 사람의 접촉으로 보는 것이 아니라, 교육을 기계로 대체시키는 일로 발전하게 될 것이며, 그러한 변화는 '교육의 비인간화'를 초래하게 될 것이다. 교육공학의 발전은 결국 사람과 기계와의 접촉을 확대시켜 사람과 사람의 접촉기회를 박탈하게 될 것이다.

둘째, 획일화된 교육을 양산할 것이다. 교육공학의 도입을 통해 매체의 특성을 살린 개별학습이나 상호작용 학습이 활성화되는 것이 아니라, 일선 학교 교사들이 편의주의의 잘못된 공학 매체의 활용으로 학교교육이 기계에 의존하여 실행하게 되면서 학습자의 요구나 개성이 무시된 채 공통적이고 획일화된 교육을 양산해 내게 될 것이다.

셋째, 교육공학이 학생들의 사회적발달이나 심리적 발달을 저해하게 된다. 매체의 활용은 학생들에게 사람이 아닌 매체나 기계와의 접촉기회를 확대시켜 다른 학생이나 교사들과의 상호작용을 단절시키게 된다. 따라서 학생은 동료집단과의 상호작용이 이루어지지 않고 홀로 남아 격리된 채 사회적·심리적 발달에 장애가 일어날 것이다.

넷째, 교육에 대한 경비가 증대될 것이다. 교육공학의 활성화를 위해서는 초기비용을 많이 투자하지 않으면 안 된다. 따라서 교육공학은 교육에 대한 경제적 비용을 증대시키는 원인이 될 것이다.

다섯째, 교육공학이 교사의 역할을 축소시켜 교권을 추락시킬 수 있다. 교육공학의 도입은 교실 현장에서 교사가 담당해야 할 많은 부분의 역할을 기계가 대신해 주게 된다. 따라서 학생들은 교사가 해야 할 일이 더 이상 존재하지 않는다고 인식하게 되고, 그에 따른 교권의 추락이 문제가 될 수 있다.

2. 교육공학의 발달과정

교육공학에 대한 공식적 활동 시기를 1920년대를 출발점으로 보는 것이 일반적이다. 따라서 1920년대 시작된 미국의 교육공학 학문의 발달을 중심으로 교육공학의 발달과정을 살펴보기로 한다.

1) 시각교육(Visual Education)

시각교육은 과학의 발달과 함께 교육현장에서 실물이나 모형, 영화 등 다양한 매체에 대한 활용가치가 높아지면서 언어중심의 교육에서 탈피하고자 일어난 교육실천 운동이다. 미국의 시각교육에 대한 접근은 1923년 시각교육국(DVI : Department of Visual Instruction)이라는 공식기구의 조직이 그 출발점이다. 시각교육은 구체적인 학습경험을 제공할 수 있는 그래픽, 차트, 그림, 사물, 모형, 영화 등을 활용하여 교재의 구체성을 확대하고, 학생들의 흥미를 유발시키며, 학습활동을 자극하여 궁극적으로 효과적인 학습을 성취할 수 있도록 하는 데 그 목적이 있다. 그러나 시각교육은 교사가 시각매체나 시각자료를 단순히 교수·학습 과정의 보조물로 간주하는 데 그쳐 이를 활용하는 교수방법의 연구나 개발에 소극적이었다는 문제점이 지적되었다.

2) 시청각교육(Audio-Visual Education)

1930년대 말부터 음향녹음, 축음기의 보급, 유성영화 등의 출연과 함께 시각과 청각을 통합할 수 있는 기술의 발달로 인하여 그동안 시각교육에 제한적이었던 교육현장에 청각적요소가 통합된 시청각교육이 등장하기 시작하였다. 시청각교육은 시청각교구와 교재를 활용하여 학습이 효과적으로 이루어지도록 도모하는 방법으로 학습자에게 시청각 매체[2]를 통한 구체적이고 실제적인 자료를 제시하여 학습의 효율성을 향상시키도록 한 것이다. 미국에서는 1947년 시청각교육국(DAVI : Department of Audio-Visual Instruction)이 편성되면서 전문적인 연구 활동이 시작되었다.

시청각교육은 개념상으로는 시각교육과 별다른 차이가 없다. 다만, 시청각자료를 추상성과 구체성에 따라 유형별로 더욱 구체화하여 분류시킨 것이 시각교육과의 차이점이다.[3] 시각교육에서와 마찬가지로 시청각교육에

2) 시청각교육에서는 인쇄매체를 제외한 시각 및 청각적인 보조 자료를 시청각 매체라고 한다.
3) 데일(Dale)의 '경험의 원추'와 같은 것이 그 대표적인 예이다.

서도 시청각교재는 독립적인 교수자료라기보다는 교사에게 주어진 보조물로 보았다는 점에는 별다른 차이가 없었다.

시청각교육은 시청각 매체 자체만의 효과성을 지나치게 중시하고 시청각 매체가 활용되는 교수·학습 과정을 경시한다는 점이 문제점으로 제기되었다.

3) 시청각 커뮤니케이션(Audio-Visual Communication)

제2차 세계대전이 끝난 후 1950년대부터 시청각 교육은 교육을 쌍방적인 의사소통 과정으로 보는 커뮤니케이션의 개념과 교수·학습 과정을 하나의 체제(system)로 보는 체제 개념이 도입되어 시청각 커뮤니케이션이라고 하는 새로운 개념이 등장하였다.

시청각 커뮤니케이션은 교수·학습과정을 송신자와 수신자 간의 통신과정으로 보려는 관점과 교수·학습과정에 학습내용, 교수매체, 수업방법 등을 통합적으로 고려하여 설계하는 교수체제의 관점이 결합되어 탄생된 것이다. 이 입장에서 보면 시청각 커뮤니케이션을 메시지의 고안과 활용이라는 분야에 초점을 맞추고, 메시지를 시각적, 그리고 언어적 메시지를 모두 포함함으로써 언어와 비언어의 구별을 없도록 하였다. 또한, 교육환경 속에서 요원과 도구에 의하여 메시지를 구조화하고 시스템화 하는 것을 시도함으로써 교수체제의 각 요소와 전체의 계획, 제작, 선택, 관리, 활용까지 포함하게 되었다(정명화 외, 2009).

그러나 시청각 커뮤니케이션은 교육공학을 포괄적이고 역동적으로 발전시키는 데 기여하였으나, 모든 교육적 요소를 하나의 체제 안에 포함시키는 통합적인 체제접근의 개념을 완전히 적용하지 못했다는 제한점을 가지고 있다.

4) 교수공학(Instructional Technology)

교수공학은 앞에서도 언급한 바와 같이 1994년 AECT에서 "학습을 위한 과정과 자원의 설계, 개발, 활용, 관리, 평가에 관한 이론이자 실제"라고 정의하였다. 이러한 교수공학은 과학기술의 발달과 함께 학습의 전반에 걸쳐서 공학적 접근에 대한 방법론적인 필요성이 대두되면서 1960년대에 이르러 시청각 커뮤니케이션은 교수공학 차원으로 발전하게 되었다. 교수공학은 학습방법에 테크놀로지가 도입되면서 시청각 커뮤니케이션 이론과 스키너(B. Skinner)의 행동주의 이론[4]에 의한 과정 중심적 체제접근 이론이 가미된 것이다. 이와 같은 교수공학은 프로그램 학습의 원리와 개념을 교수·학습 과정에 적용시킨 것인데, 그동안의 단지 특정한 매체나 고안물의 관점에서 벗어나 특정한 학습목표에 따라 교수·학습의 전 과정을 설계하고 실행하며, 평가하고 관리하는 수업체제 안에서의 상호 역동적이고 통합적인 공학적 방법, 즉 과학수준으로 진일보한 것으로 교수공학을 정립하는 계기가 되었다.

교수공학은 인간학습의 전반에 걸친 영역이 아니라 교수·학습과 직접적으로 관련된 문제해결에 제한을 두어 적용범위를 명확히 하였다는 특징을 지니고 있다. 그럼에도 불구하고, 교수공학은 상호작용적이고, 복합적이며 통합적인 조직이라고 하는 분야의 본질을 명확하게 설명하지 못하고 있다는 문제점을 지니고 있다.

5) 교육공학(Educational Technology)

교육공학은 과정을 강조하는 학습이론과 커뮤니케이션 이론에 기반을 둔 행동과학의 원리를 통합하고 있다. 이러한 교육공학적 접근 방식은 교수설계를 효과적으로 하기 위한 운동에 의해 더욱 진전을 이루게 되었다. 한편, 이러한 변화와 함께 미국교육공학회(AECT)에서는 사회의 급격한 변화에 맞춰 교육공학에 대한 의미를 1977년 새롭게 공식적인 정의로 제시하였다. 즉 교육공학은 "인간의 학습에 포함된 모든 문제점을 분석하여 이에 대한 해결책을 고안하고 실행하며, 평가하고 관리하기 위하여 사람,

4) 스키너(B. Skinner)의 조작적 조건형성이나 강화이론 등은 행동수정에 기초한 프로그램 자료의 개발이나 교수기계 개발의 기본 원리가 되었다.

절차, 이념, 장치 및 조직을 포함한 복합적이고 통합된 과정이다"라고 하였다.

이 정의에 따르면 교육공학은 인간학습에서의 문제들이 어떻게 해결되고 규명되는가에 대한 이론이고 인간학습의 문제를 분석하고 해결하기 위하여 복합적이고 통합된 과정을 적용하는 일과 관련된 분야이다. 따라서 교육공학은 교육관리, 교육개발, 학습자원, 학습자로 구성된 교수공학을 포괄하는 상위영역으로 간주되었다. 이에 따라 미국교육공학회(AECT)에서는 이 분야에 대한 공식명칭을 '교수공학'에서 '교육공학'으로 변경하게 되었는데, 이는 교육공학이 교수공학에 비해 포괄적이고 총체적인 개념을 담고 있음을 의미한다. 결국 교육공학이란 개념을 2008년 미국교육공학회(AECT)의 정의를 바탕으로 요약하면 "학습을 위한 과정과 자원의 설계, 개발, 활용, 관리, 평가에 관한 이론과 실제"라고 말할 수 있다.

3. 교육공학의 영역

1994년에 발표한 미국교육공학회(AECT)의 교육공학에 대한 정의에서 알 수 있듯이, 교육공학의 영역은 설계, 개발, 활용, 관리, 평가의 다섯 영역으로 나눌 수 있다. 이러한 영역들은 반드시 연속적인 관계는 아니지만, 서로 상호간에 보완적 역할을 하면서 밀접하게 연계되어 있다. 각 영역의 특징을 요약하면 다음과 같다.

1) 설계 영역

설계(design) 영역은 학습목표를 달성하기 위해 학습조건을 분석하고 다양한 방법과 구체적인 전략을 계획하는 영역이다. 이 영역은 교수·학습을 위한 순수한 계획 기능에 초점을 두고 있으며, 학습목표를 중심으로 한 일관성과 정확성을 요구한다. 또한 교육공학의 이론적 발전과 가장 밀접한 관련이 있는 기본영역으로 교수체제 설계, 메시지 디자인, 교수전략, 학습자 특성의 하위요소로 구성되어 있다.

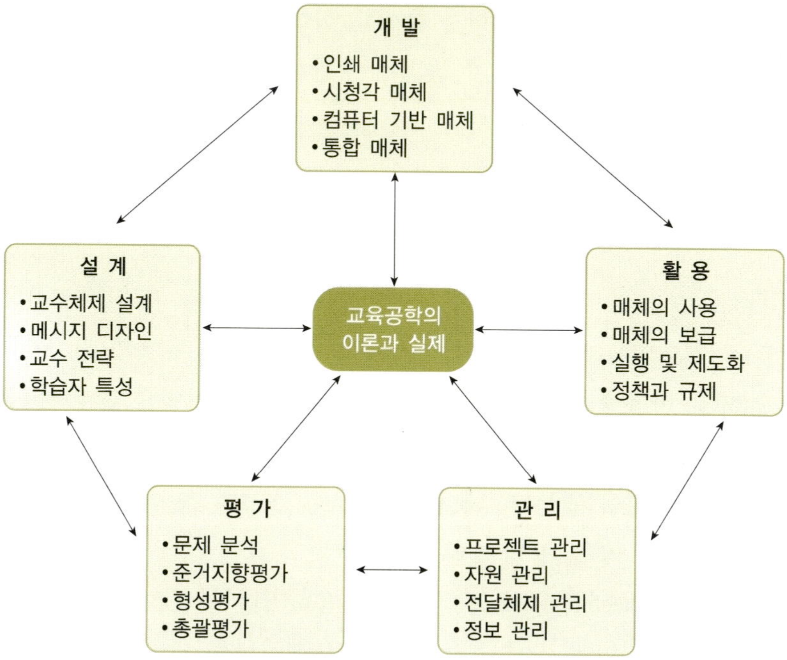

그림 9-1 | **교육공학의 영역과 하위 범주**(Seels & Richey, 1994)

교수체제 설계(instructional system design)는 효율적인 수업을 위해 학습 이론과 수업관련 처방적 지식을 체계적으로 활용하는 분야이다. 따라서 학습자와 학습 환경을 분석하고 학습목표를 설정하며, 교수전략을 고안하고 자료를 개발·활용하며 학습결과를 평가하는 절차에 따라 진행된다.

메시지 디자인(message design)은 교수장면에서 학습효과를 높일 수 있는 메시지 전달방식을 연구하는 분야로 인간의 인지과정을 바탕으로 문자, 기호, 그림 등을 어떠한 형태로 제시할 것인가를 연구한다.

교수전략(instructional strategies)은 교수방법에 관한 연구 분야로 단위 수업에서 교수·학습활동을 선택하고 구체적으로 계열화하는 과정이다. 즉 학습자의 개인차와 학습과제의 특성 등을 고려하여 주어진 수업목표에 도달하는 데 있어서 가장 효과적인 전략을 선택하고 계획하는 것을 말한다.

학습자 특성(learner characteristics)은 학습에 대한 선호, 흥미, 자신감, 연령, 지능, 성격 등과 같이 학습효과에 영향을 미치는 일반적인 특성과 사전

경험, 선수학습 지식 등에 기반을 둔 선수학습 능력으로 구분한다. 이러한 학습자의 특성은 학습과제의 특성과는 무관하게 학습의 성공여부에 영향을 미친다.

2) 개발 영역

개발(development) 영역은 수업매체의 제작과 개발에 관심을 두고 있는 분야로, 설계영역을 통해 산출된 내역을 실제 교수·학습 상황에 사용이 가능한 형태로 만들어 내는 것과 관련된 영역이다. 이 영역은 교수매체를 제작하고 전달하는 방법과 관련된 분야로 교수·학습과정에서 발생하는 의사소통 유형에 영향을 받는다. 개발영역의 하위 요소는 인쇄매체, 시청각 매체, 컴퓨터 기반 매체, 통합매체 등이 있다.

인쇄매체(print technologies)는 기계를 활용하거나 사진 인화 과정을 활용하여 책이나 정지화상 자료 등을 제작하고 전달하는 방법을 말한다. 일반적으로 인쇄매체는 문자와 시각자료로 구분하며 학교현장에서 일반적으로 사용하고 있는 대표적인 인쇄매체로는 교과서를 들 수 있다.

시청각 매체(audio visual technologies)는 음성과 시각메시지로 결합된 자료를 제작하거나 전달하는 방법을 말한다. 수업현장에서 효과적으로 활용할 수 있는 영화, TV, 비디오, 오버헤드 프로젝트(OHP) 등의 자료를 제작하는 방법을 다룬다. 시청각매체는 학습이 진행될 자료의 활용에 관한 대부분의 결정이 주로 교사에 의해 이루어지는 것이 특징이다. 따라서 시청각매체의 활용은 교사중심의 수업에서 주로 선택되며, 시청각매체의 활용은 학습자와의 상호작용 정도가 낮은 것이 특징이다.

컴퓨터 기반 매체(computer based technologies)는 컴퓨터를 교육매체로 활용하는 방법으로 컴퓨터를 활용하여 자료를 제작하고 전달하는 방법을 말한다. 컴퓨터를 사용하여 메시지를 전달할 경우에는 메시지를 비순차적(nonlinear)으로 제시할 수 있다는 점과 학습자나 교수자가 필요에 따라 언제든지 필요한 내용을 선택할 수 있다는 장점이 있다. 컴퓨터 기반 매체를 수업에 적용한 대표적인 예로 컴퓨터 기반 수업(computer based instruction :

CBI)과 컴퓨터 보조학습(computer assisted instruction : CAI)을 들 수 있다.

통합매체(integrated technologies)는 음향시스템이나 CD 또는 DVD 플레이어 등 다양한 멀티미디어를 컴퓨터와 연결하여 여러 유형의 매체와 통합하여 자료를 개발하고 전달하는 방법을 말한다. 이러한 통합된 매체를 활용하여 자료를 제작함으로써 보다 실질적이고 현실감 있는 내용을 학습자에게 전달해 줄 수 있다. 최근에 와서는 대용량의 하드 드라이브를 갖춘 컴퓨터와 다양한 멀티체제를 이루는 통합매체가 개발되고 있다.

3) 활용 영역

활용(implementation) 영역은 학습을 위하여 절차나 자원을 사용하는 방법에 관한 연구 영역이다. 이 영역은 교육공학의 다른 어떤 영역보다도 가장 오래된 전통을 가지고 있으며, 교수·학습 매체를 포함한 다양한 학습 자원의 실제 사용과 관련된 문제를 다루는 분야이다. 이 영역에서는 실물 화상기, 컴퓨터, 인터넷 등을 교육적으로 어떻게 사용할 것인가와 관련된 것을 다룬다. 활용영역의 하위요소로는 매체의 사용, 매체의 보급, 실행 및 제도화, 정책과 규제 등이 있다.

매체의 사용(media utilization)은 학습을 위한 자원의 체계적 사용을 말한다. 또한, 수업목표를 도달하기 위하여 가장 적합한 수업매체를 선정하고 이를 교수·학습과정에 투입하기 위한 의사결정까지를 포함하는 의미이다.

매체의 보급(diffusion of innovations)은 새롭게 제안된 아이디어에 대해 개인이 그것을 채택하도록 의사소통을 하는 과정으로 교육공학에서는 중요한 의미를 갖는다. 왜냐하면 아무리 좋은 매체나 프로그램이 개발되었다고 하더라도 그것에 대한 홍보나 적극적인 도입 노력 없이는 실제 활용으로 이어지지 않기 때문이다. 매체의 보급은 새롭게 제안된 아이디어나 매체에 대해 그것을 어떻게 수용하는가와 관련하여 어떻게 사람들에게 긍정적인 인식, 태도, 행동을 나타내도록 할 것인가를 가지고 체제적으로 접근하도록 하는 것이다. 예를 들면, 새로 개발한 매체에 대해 교사들이 긍정적인 시각을 갖고 적극적으로 활용하도록 하는 방법을 모색하는 것이 이에 해당된다.

실행 및 제도화(implementation and institutionalization)는 특정 조직 내에서 교육공학이 적절하게 사용될 수 있도록 하고 이를 활성화시키기 위해 지원하는 것과 관련된 것이다. 실행이 교육공학의 적절한 사용에 초점을 맞추었다고 한다면 제도화는 적절한 사용을 일상화하는 데 초점을 맞춘 것이다. 실행과 제도화가 원만하게 이루어지기 위해서는 무엇보다도 교수자료나 전략이 실제 현장에 적용될 수 있도록 주변 환경을 조성해 주는 것이 필요하다.

정책과 규제(policies and regulations)는 교육공학의 보급과 사용에 영향을 미치는 규칙과 행위로 활용 시 나타날 수 있는 경제적 또는 윤리적 문제에 대해 적절하게 대응할 수 있는 방안을 마련해주는 노력을 말한다. 출판물의 저작권과 관련된 문제, 교육용 소프트웨어 활용에 관한 규제 등의 문제를 지적하는 활동이 여기에 포함된다.

4) 관리 영역

관리(management) 영역은 교수설계와 개발 프로젝트의 계획, 조직, 조정, 감독 등을 통해 교육공학을 통제하는 기능을 말한다. 즉 학교 현장에서 수업과정에서 활용되는 다양한 교수·학습 방법과 매체들(technologies)은 지속적으로 관리해 나가야 한다. 이러한 것을 수행하는 영역이 관리영역이다. 관리영역의 하위 요소로는 프로젝트 관리, 자원 관리, 전달체제 관리, 정보 관리 등이 있다.

프로젝트 관리(project management)는 교수설계와 개발 프로젝트를 계획하고, 감독하고, 조정하는 일련의 활동에 관련된 원리들을 포함한다.

자원 관리(resource management)는 자원의 지원 체제와 서비스에 관련된 것으로 이를 계획하고 감독하고 조정하는 업무를 말한다. 일반적으로 자원에는 인적 자원, 예산, 재료, 시간, 시설, 교수자원 등을 포함한다. 특히, 자원과 관련한 업무에 있어서는 비용에 따른 효과성과 학습효과의 정당성을 중요한 관점으로 고려하여야 한다.

전달체제 관리(delivery system management)는 교수자료를 학습자들에게 보급하고, 확산하는 과정과 방법을 관리하는 것으로 특히 원격교육에서 수업의 원활한 진행을 위해서는 필수적으로 필요한 기능이다.

정보 관리(information management)란 학습자원을 제공하기 위하여 정보의 저장·전송·처리를 계획하고, 조직하고, 조정하고 감독하는 기능이다. 즉 학습자가 정보를 쉽게 사용할 수 있도록 관리하는 것으로 정보의 접근성과 활용의 용이성을 목표로 하는 기능이다.

5) 평가 영역

평가(evaluation) 영역은 교수·학습의 과정이나 결과에 대한 적절성과 가치 등을 확인하는 절차를 말한다. 교육에서 평가는 프로젝트나 프로그램의 개선, 과정이나 목표, 효과 등을 결정하고자 하는 데 필요한 자료를 얻는 것을 목표로 한다. 따라서 평가 영역은 교수·학습 상황과 관련된 분석된 자료를 바탕으로 교수·학습의 적절성을 결정하는 과정이라고 할 수 있다. 평가 영역의 하위 요소로는 문제분석, 준거지향 평가, 형성평가, 총괄평가 등이 있다.

문제분석(problem analysis)은 문제도출에 앞서 이루어지는 단계로 정보수집과 의사결정의 전략에 따른 문제의 성질과 요소를 확인하는 것을 말한다.

준거지향평가(criterion referenced measurement)는 정해진 목표를 학습자가 어느 정도 도달했는지를 측정하는 것으로 목표와 관련하여 지식, 태도, 기술, 행동 등의 성취도를 파악하는 것을 말한다.

형성평가(formative evaluation)는 프로그램이 개발되는 과정에서 이루어지는 평가로 결과물의 질을 향상시키고자 하는 것이 목적이다. 형성평가는 수업 전개과정에서 교수자료나 계획된 프로그램이 수업 전개과정에서 어떻게 적용되고 있으며, 적절성이나 효과성에 관한 정보, 문제점으로 대두된 정보 등 다양한 자료를 수집하고 분석하여 이를 수정 보완하기 위하여 실시하는 평가이다. 따라서 형성평가 결과로 나타난 문제점은 반드시 피드백을 통하여 즉각적으로 개선되어야 한다.

총괄평가(summative evaluation)는 프로그램이 완성된 후에 시행되는 평가이다. 따라서 개발이 완성된 교수자료나 프로그램을 활용한 후 그것이 목표도달에 도움이 되는지를 알아보기 위해 실시하는 평가이다. 즉 교수자료나 프로그램을 활용한 후 그 효과성을 평가하여 유용성을 결정하기 위한 평가라고 할 수 있다. 총괄평가는 형성평가에 비해 보다 더 체계적이고 형식적인 절차와 방법을 중시하는 평가이다.

02 교수매체

1. 교수매체의 개념과 기능

1) 교수매체의 개념

매체란 송신자와 수신자 사이에서 정보를 전달하는 수단을 의미하는 말이다. 따라서 교수매체(instructional media)란 교수·학습 과정에서 활용되는 모든 종류의 학습 자료를 포함하는 일체의 교육환경을 지칭하는 말이라고 할 수 있다. 교수매체에서 말하는 '매체'란 영어의 'media'로 이는 'between'과 같은 의미를 지니고 있다. 즉 '무엇과 무엇을 연결해 준다'는 의미를 담고 있다. 즉 매체는 정보전달을 위해 사용되는 교과서, 도표, 텔레비전, 컴퓨터 등과 같은 모든 형태의 의사소통 도구를 말한다.

매체(media)란 무엇과 무엇 사이에서 정보를 연결해 주고 전달해 준다는 의미를 지니고 있다. 따라서 교수매체라는 말은 '교육목표가 효과적인 방법으로 달성되도록 하기 위해 교수자와 학습자, 학습자와 학습자 사이에 필요한 의사소통을 도와주는 다양한 형태의 매개 수단'이라고 정의할 수 있다. 따라서 교수·학습 상황에서 교사는 학습자에게 분명하고 명확하게 메시지가 전달될 수 있도록 매체를 주의 깊게 선택하는 것이 중요하다.

교수매체의 개념은 광의의 개념과 협의의 개념으로 나눌 수 있다. 광의의 개념으로는 학습자에게 지식, 기능, 태도를 습득시킬 때 조건을 제시해

주는 모든 매체를 포함하는 개념이다. 즉 인물이나 사물, 교사, 교과서 등 모든 매체를 포함하여 목표를 달성하기 위해 교수·학습 활동을 계획하고, 설계하고, 실행하고, 평가하는 과정에서 필요한 인적·물적 자원과 이를 체제적으로 활용하기 위한 방법론적인 측면의 개념을 포함한 통합개념으로 본다. 이에 반해 협의의 개념에서는 시각정보나 언어정보를 인식하고 처리하는 데 사용되는 시청각 학습 자료와 이를 위한 기계적인 수단을 매체로 제한하는 개념이다.

오늘날 교수매체라고 하는 개념은 확대된 개념을 도입하여 사용되고 있다. 따라서 교수매체라고 함은 시청각 자료와 기계적인 수단은 물론 교수·학습 활동의 전개를 위해 사용되는 인적 자원과 물적 자원 등을 포함한 개념을 교수매체의 의미로 보고 있다.

2) 교수매체의 기능

교수매체는 교육현장에서 학습의 효율성을 높이는 데 도움을 주기 위함이다. 이와 같이 교수매체는 교육현장에 투입함으로써 학습하고자 하는 내용을 명확하게 하여 메시지를 제시해 주고, 학습에 소요되는 시간을 단축시키며, 학습자의 주의력 집중과 동기를 유발하며, 흥미를 진작시키는 등의 효율적인 수업 진행에 도움을 준다.

일반적으로 교수매체는 매체의 종류와 무관하게 다음과 같은 교육적 기능을 지니고 있다(박인학, 2002).

첫째, 매개적 보조기능이다. 매개적 보조기능이란 가장 보편적이면서도 잘 알려진 기능으로 매체를 사용하는 사람의 기술이나 상황에 따라 크게 좌우될 수 있기 때문에 매체의 활용 방법에 따라 학습효과가 다르게 나타날 수 있다. 또한 교수매체의 주의력을 끄는 특성이 있기 때문에 학습자가 즐겁게 할 수 있도록 도와준다. 매개적 보조기능은 명료한 메시지, 변화 있는 영상의 전개, 각 매체마다의 특수한 효과 등의 사용으로 학습자의 동기를 유발시켜 적극적인 학습태도를 형성시켜 준다.

둘째, 정보 전달기능이다. 정보 전달기능은 교육의 가장 기본적인 형태인 교사와 학습자가 일대일 직접적인 관계로서 주로 언어 및 표정을 통하여 의사를 표현하거나 정보를 전달하고 전달받는 기능을 말한다. 정보 전달기능은 매체가 지닌 여러 가지 장점, 즉 시공간을 초월하고 다감각적으로 정보를 전달할 수 있는 능력 등을 수업상황에서 학습내용과 학습자의 특성에 맞게 효과적으로 이용하는 것이라 할 수 있다.

셋째, 학습경험 구성기능이다. 학습경험 구성기능은 학습자에게 학습경험을 구성해 주는 것을 말한다. 학습자는 교수매체를 통해서 학습할 수도 있지만, 매체 자체를 학습대상으로 삼아 기능적인 경험을 습득하도록 하는 기능이 있다. 따라서 매체는 학습할 내용인 동시에 경험을 구성하는 기능을 갖고 있다.

넷째, 교수기능이다. 교수기능은 매체를 효과적으로 구성하고 활용하여 학습자의 지적 기능을 개발시키는 것을 말한다. 교수기능을 발휘하는 매체로는 컴퓨터, TV, 영화 등 다양한 교수 프로그램을 들 수 있다. 교수기능은 매체를 통해 입수한 정보를 학습자가 재부호화 하는 것과 같은 의미로 사용할 수 있다. 제시된 정보를 학습자가 받아들여 이미 자신의 내부에 형성된 인지구조에 맞게 정보를 해독하고 처리함으로써 자신이 이해할 수 있는 상태로 전환하는 기술을 말한다.

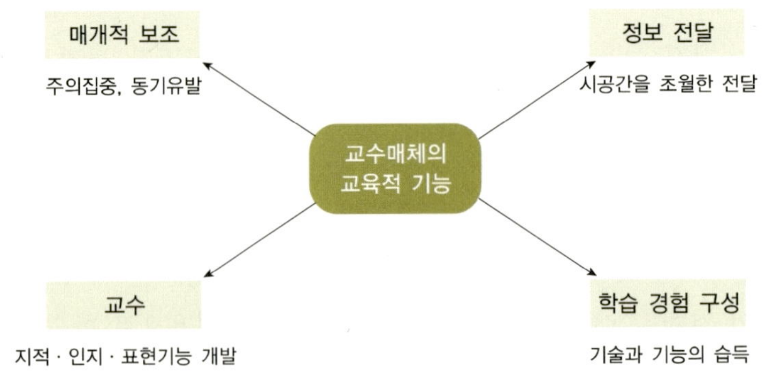

그림 9-2 | 교수매체의 기능

교수매체는 궁극적으로 의사소통을 원활하게 하기 위한 목적으로 도입되어 교수·학습 상황에서 학습자와 교수자 사이에서 전달되어야 하는 메시지가 성공적으로 일어날 수 있도록 중개의 역할을 하는 정보전달의 기능이 교수매체의 일차적인 중요한 역할이라고 할 수 있다.

2. 교수매체의 종류

1) 호반에 의한 교육과정 시각자료 분류

호반(Hoban)은 1937년에 그의 저서 『교육과정 시각화(*Visualizing the curriculum*, 1937)』에서 최초로 여러 종류의 시각적 교재에 대한 교수매체의 분류기준을 제시하면서 시각교재의 체계화를 최초로 시도하였다. 그는 교재가 갖는 구체성, 추상성을 기준으로 시청각자료를 구별하였다. 또한, 호반(Hoban)은 교육의 목적을 인간 경험의 일반화에 두고, 일반화 과정에 있어서 학습경험을 시각화할 필요가 있다고 주장하였다. 그는 경험의 일반화를 위해서 교사는 추상적인 내용을 구체적인 예시를 통해 일반화된 개념을 갖도록 지도해야 하는데, 이를 위해 시각교재의 적절한 사용이 필요하다고 보았다. 따라서 경험을 언어에 결부시키고 추상을 구체에 의하여 뒷받침해주기 위해서 어린이들에게는 경험과 언어를 결부시켜야 하며 이를 위해서는 반구체나 반추상적인 교재가 필요하고, 학습지도의 과정에서도 구체적인 것에서 점차 추상적인 것으로 옮겨가야 한다고 보았다. 가장 구체적인 교육 형태는 실제적 현상을 직접 관찰하는 것이고, 가장 추상적인 교육 형태는 언어에 의존하는 언어중심 학습이다. 구체성에 가까울수록 학습내용이 정확하게 전달되고 지식습득에 효과적이지만, 추상성이 높아질수록 학습내용에 대한 이해도는 점점 낮아진다. 호반(Hoban)은 구체적 단계와 추상적 단계 사이에 다음과 같은 여러 단계를 구분하여 체계화 하였는데 이를 도식화하면 다음과 같다.

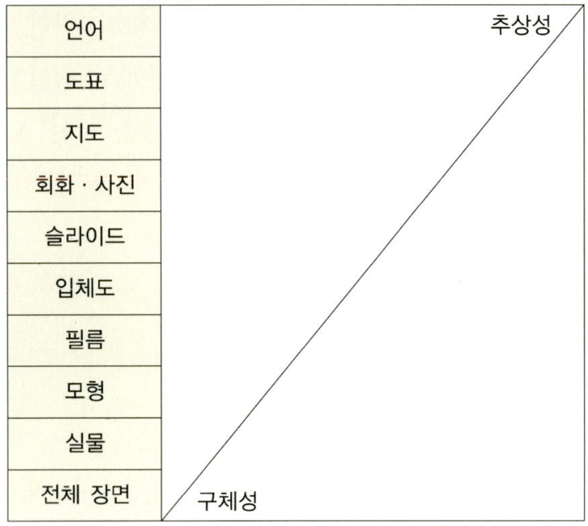

그림 9-3 호반(Hoban)의 교육과정 시각화 이론에 의한 시각자료 분류

2) 데일의 경험의 원추에 의한 분류

데일(Dale)은 호반(Hoban)의 이론을 발전시켜 시청각 매체를 구체성과 추상성에 따라 분류하였다. 데일(Dale)은 그의 저서 『학습 지도에서의 시청각적 교수 방법(*Audio-Visual Method in Teaching*, 1954)』에서 시청각 자료를 '의미를 전달하는 데 있어서 주로 읽기에 의존하지 않는 것들'이라고 규정하고 '경험의 원추(cone of experience)'를 통하여 분류·제시하였다.

데일(Dale)의 경험의 원추를 살펴보면 원추에서 구체성과 추상성의 관련성을 아래로부터 올라갈수록 추상성이 높아지고, 반대로 내려올수록 구체성이 높아지고 있다. 데일(Dale)이 주장하는 시청각 교재의 가치는 구체적인 경험을 추상적인 개념으로 형성시키는 데 있다. 개념의 형성을 언어에만 의존하는 경우 언어 편중주의로 흐르게 되고, 언어 편중주의는 학습의 효과를 떨어뜨린다. 따라서 개념의 형성을 위해서는 풍부한 구체적인 경험과 활동을 기초로 해서 발전시켜야 하며 그러한 구체적인 경험과 활동이 구체적이고 보편적인 개념을 형성하게 된다.

직접적이고 목적적인 경험은 교수·학습활동에 있어서 다양한 경험을 통해 현실의 생생한 경험을 직접 체험하게 되고 이를 통해 실질적인 학습이 이루어진다고 보았으며, 시범, 견학, 전시, TV, 영화나 필름, 녹음 등은 영상적 경험으로 보았다. 언어적 상징에 있어서는 말과 생각, 법칙, 공식, 철학적 격언 등이 여기에 해당되는 것으로 원추의 최고 상위에 위치하는 고도의 추상적 경험으로 보았다. 데일(Dale)의 경험의 원추 이론을 그림으로 나타내면 다음과 같다.

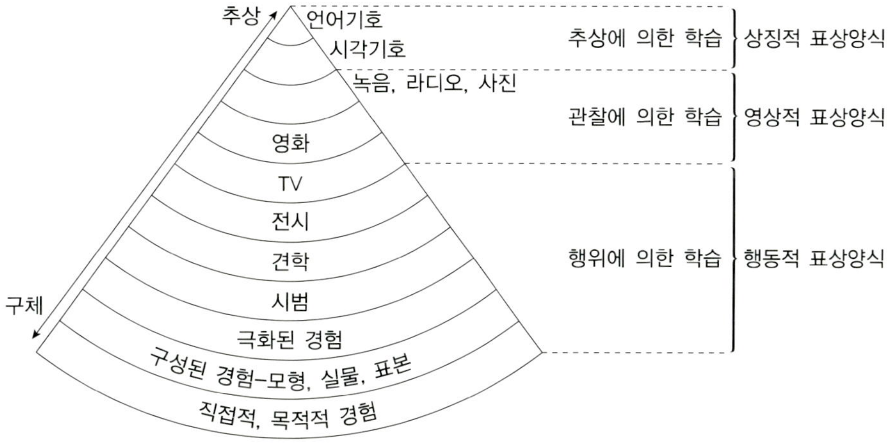

그림 9-4 | 데일의 경험의 원추(Dale, 1969)

3) 상징체계에 따른 분류

상징체계에 따른 분류는 매체가 정보를 제공하는 형태와 감각통로에 따라 구분된다. 이러한 구분에 의하면 시각매체, 청각매체, 시청각매체, 상호작용 매체로 구분된다.

시각매체는 투사매체와 비투사매체로 구분한다. 투사매체는 학습 자료에 광학적 또는 전기적 작용에 의해 학습내용을 스크린에 나타나도록 하는 시각매체이다. 대표적인 투사매체로는 실물환등기, OHP, 슬라이드 등이 있다. 이들 매체를 활용하는 데에는 모두 스크린과 전기를 필요로 한다.

비투사매체는 학습 자료에 광학적 또는 전기적 작용을 거치지 않고 직접 학습에 활용되는 자료로 타 매체의 도움이 없이도 활용이 가능하여 간편하

표 9-1 상징체계에 따른 교수매체의 유형과 특성

구 분		매체의 종류	특 성
시각매체	비투사매체	실물, 표본, 모형, 사진, 그림, 도표, 그래프, 만화, 칠판, 융판, 게시판 등	• 광학적 또는 전기적 투사 방법을 사용하지 않음
	투사매체	실물환등기, OHP, 슬라이드, 필름 등	• 광학적 또는 전기적 투사 방법을 사용함
청각매체		라디오, 녹음기, 오디오, CD, 음반 등	• 청각적인 정보 전달
시청각매체		VTR, 영화, TV, CD-ROM, DVD 등	• 시각과 청각 정보를 동시에 활용
상호작용매체		상호작용 비디오, 쌍방향 TV, 멀티미디어, 컴퓨터 보조수업, 인터넷 등	• 컴퓨터를 기본으로 함 • 학습자와 상호작용을 함

고 경제적인 것이 특징이다. 그러나 학습 내용의 제시 방법이 비교적 단조롭고 시각에만 의존한다는 단점을 지니고 있다.

청각매체는 주로 청각적인 방법을 통해 정보를 전달하는 매체로 라디오, 녹음기, CD 등이 대표적인 것이다. 청각매체는 주변에서 쉽게 구할 수 있고 학습매체로서의 활용이 비교적 간편하며 자료를 개발하고 제작하기도 쉽다는 장점이 있다.

시청각매체는 시각과 청각을 동시에 자극하여 정보를 전달하는 매체로 TV, VTR, 영화 등이 대표적인 매체이다. 시청각 매체는 시각이나 청각 매체보다 다양한 정보 제시가 가능하고, 기록이나 보존이 용이하며, 반복활용이 가능하여 반영구적 사용이 가능하며, 학습상황에 실제상황의 적용이 용이하여 학습자의 학습의욕을 고취시킬 수 있다는 장점을 지니고 있다. 그러나 학습자와의 상호작용이 어렵고, 휴대가 불편하다는 단점을 지니고 있다.

상호작용매체는 교수자와 학습자 간, 학습자와 학습자 간, 또는 시스템과 학습자 간에 상호작용이 일어날 수 있는 매체를 말한다. 일반적으로 컴퓨터를 활용한 멀티미디어나 인터넷을 기반으로 하는 학습에서 이와 같은 상호작용 매체를 활용할 수 있다. 상호작용 매체는 일방적인 정보전달이

아니라 학습자의 참여와 반응을 유도해 낼 수 있고, 학습자의 반응에 따라 상황에 알맞은 피드백을 제공해 줄 수 있다는 장점을 지니고 있다.

3. 교수매체의 특성과 선정

1) 교수매체의 특성

교수매체란 효율적인 방법으로 교육목표에 달성되도록 하기 위해 교수자와 학습자, 학습자와 학습자 사이에 필요한 의사소통을 도와주는 다양한 형태의 매개 수단이다. 이러한 교수매체는 기술적, 내용적, 상황적, 상징적 속성이 있는데, 이들은 서로 밀접한 관계를 맺고 있다. 매체를 구성하는 재료 및 기기의 속성을 기술적 속성이라 하고, 모든 매체가 포함하고 있으면서 전달하는 특정 내용을 내용적 속성이라 한다. 또한 메시지가 전달되는 사회적 환경이 매체의 효과에 영향을 미치는 것을 상황적 속성이라고 하고, 매체에 따라 내용을 전달하기 위해 문자, 음성 등 특정한 상징체계를 사용하는 것을 상징적 속성이라고 한다.

교사가 수업상황에서 사용하는 모든 자료를 교수매체라고 하는데, 수업상황에 도입되는 교수매체는 일반적으로 다음과 같은 몇 가지 특성을 지니고 있다(이규은, 2006).

첫째, 고정성이다. 교수매체는 교수·학습활동에 필요하거나 투입할 자료를 매체를 이용하여 고정적으로 보관하고 관리할 수 있다. 따라서 교수·학습활동과 관련된 어떤 사실이나 일어난 사건, 사물의 특성 등을 기록하고 고정화하여 보존이 가능하며, 보존한 자료는 언제든지 필요에 따라 재현할 수 있다는 특성이 있다.

둘째, 효율성이다. 교수매체는 교수·학습활동에 투입하기 위해 필요한 내용과 필요한 요소를 정선하여 단순화, 체계화하여 재구성한 자료로 학습하려는 내용을 이해하기 쉽게 구성되어 있다. 교수매체를 투입하여 학습내용을 이해하는 데 도움이 되는 것이 아니라면 교수매체는 교수·학습에 투입할 필요를 갖지 못한다. 따라서 교수매체는 보다 쉬운 형태로, 보다 구체적이고 감각적이며, 단순하고 체계적인 형태로 재편성함으로써 학습을 능률적이고 효과적으로 이끈다.

셋째, 조작성이다. 교수매체는 교구를 활용하여 다양한 특성과 상황을 조작하여 만들어낼 수 있다는 특성이 있다. 즉 매체를 이용하여 사물이나 사건의 일어난 상황을 여러 가지 모양이나 형태로 조작이 가능하다. 예를 들면, 운동선수의 동작을 슬로우 동작으로 화면을 조작하여 볼 수 있다거나, 해가 뜨는 모습을 기자재를 조작하여 우리들이 실감나게 움직이는 모습을 볼 수 있도록 한다거나 하는 내용들이 이와 같은 특성을 나타내 준다. 꽃이 개화하는 모습을 우리가 볼 수 있는 것도 이와 같은 교수매체의 조작성의 특성 때문이다. 이와 같이 기자재를 이용하여 인간의 조작행위로 다양한 형태나 모습을 제시할 수 있는 것이 교수매체의 특성이다.

넷째, 공통성이다. 교수매체는 일반적으로 시간의 제약을 받지 않는다. 시간과 공간의 제약을 받는다 하더라도 조작적 특성이나 고정적 특성에 의해 시공간을 초월할 수 있다는 특성을 지니고 있다. 즉 시간과 공간의 벽을 초월하여 동시에 많은 사람들에게 공통된 경험을 줄 수 있다는 것이 매체의 특성이다. 테이프나 필름, 활자 등을 활용하여 시간과 공간을 초월하여 동일한 교육내용을 학습자에게 제공하여 공통적인 경험을 제공할 수 있는데, 이런 특성을 공통성이라고 한다. 따라서 교수매체를 활용하면 동시에 많은 사람들을 대상으로 교육을 할 수 있다.

다섯째, 장기성이다. 교육활동을 통해 학습자가 얻게 되는 기억에는 단기기억과 장기기억이 있다. 일반적으로 대부분의 학습 내용은 단기기억을 통해 장기기억으로 전이되는 것으로 알려져 있다. 이와 같은 학습자의 기억은 교육적 경험을 교수매체를 활용하여 경험하는 것이 그렇지 않은 학습경험에 비해 장기기억으로 전이되는 효과가 훨씬 높다. 학생들의 시청각 교재를 적절하게 효율적으로 사용하면 학습자에게 흥미를 유발시키고 적극적인 참여와 활동으로 인상적인 학습경험을 하게 되며, 장기기억으로 남는 학습을 할 수 있다는 특성을 지니고 있다.

여섯째, 가치성이다. 교수매체의 활용은 올바른 가치 정립과 태도 형성에 도움을 준다. 우리가 무엇인가를 배웠다고 해서 그것이 곧 행동으로 표출되는 것은 아니다. 인지와 태도 형성은 또 다른 측면이 있기 때문이다. 따라서 도덕적 행동이나 덕성을 잘 알고 있으면서도 실천을 못하는 사람들이 많이 있기 때문에 도덕교육에서는 인지보다는 태도 형성과 습관화에 중점을 두고 있는 것이다. 교수매체를 효율적으로 활용하면 이와 같은 가치 형성에 도움을 준다.

2) 교수매체의 선정

적절한 교수매체의 선택은 효과적인 수업을 위해 필수적인 활동이다. 수업상황에서 학습의 효과를 극대화하기 위해서 교수매체를 활용하게 되지만, 적절하지 못한 교수매체의 선택은 오히려 수업상황을 이탈하거나 수업의 흐름을 방해하게 된다. 따라서 교수매체의 선택에 있어서 학습목표에 적합한지, 학습자의 수준에는 맞는지 등 활용에 앞서 신중한 결정이 선행되어야 한다. 수업매체 선정은 교수·학습의 효과에 많은 영향을 미친다. 어떠한 매체를 활용하느냐에 따라서 학습자들의 학습에 대한 흥미가 달라지기 때문이다.

일반적으로 교수매체를 선정함에 있어서는 다음과 같은 몇 가지 관점을 고려하여 선정하여야 한다(이규은, 2006).

첫째, 매체의 적절성이다. 적절성은 선정된 매체가 학습목표 도달에 적절한지를 살펴보는 것이다. 교수매체는 교수·학습의 목표, 내용, 방법, 절차 등에 알맞은 것이어야 한다. 아무리 최첨단의 교수매체나 최신의 자료를 교수매체로 선정하였다 하더라도 그 내용이 학습 내용과 관련성이 없다거나, 전개 방식이 학습활동과 동떨어진 내용이라면 교수매체로 활용할 수 없다. 따라서 교수매체를 선정하는 데 있어서는 반드시 학습목표와의 관련성을 검토하여 적절성을 파악하여야 한다.

둘째, 매체의 곤란도이다. 즉 학습자의 이해수준을 확인해야 한다. 교수매체를 사용하는 데 있어서 곤란도는 학습자의 특성과 관련된 내용으로 학습자의 수준과 발달 단계에 적합한 것인지를 검토하는 내용이다. 즉 수업매체를 사용하려고 할 때 매체가 학습자에게 적합한지를 고려해 보는 것이다. 학습자의 지식과 기능을 고려하여 선정하고 학습자의 일반적인 능력도 고려해야 한다.

셋째, 매체의 경제성이다. 아무리 좋은 교수매체가 있다 하더라도 경제적으로 도입할 수 있는 가격이나 비용이 아니라면 교수매체로 선정할 수 없다. 교수매체의 선정에 앞서 경제적인 측면을 고려하여 선정하되, 이 때 단순히 비용 문제만을 생각할 것이 아니라 이를 넘어서 교육적인 효과성, 효율성 측면도 고려되어야 한다.

넷째, 매체의 활용가능성이다. 우수한 교수매체로서 교수·학습활동에 투입할 교재를 선택하였다고 하더라도 그 교재를 가동할 수 있는 기교재가 없다면 활용은 불가능한 일이다. 따라서 교수매체를 선정할 때에는 교수·학습에 투입할 수 있는 활용 가능한 것인지를 고려하여야 한다. 사전에 활용할 수 있는 기자재에 대한 확인을 필요로 한다.

다섯째, 매체의 양호성이다. 양호성은 교수매체의 보존 상태를 말한다. 잘못 관리된 교수매체는 학습자에게 효율적인 의사소통보다 스트레스를 가중시킬 가능성이 있다. 따라서 교수매체의 상태가 양호하여 활용에 문제가 없는지를 파악하고 교수매체의 양호한 상태의 유지여부를 사전에 파악해야 한다. 화상의 질, 음의 선명도, 색채의 조화 등이 어느 정도 보장되어야 한다.

교수매체의 선정에 있어서 고려하여야 할 점을 충분히 고려하였다고 하더라도 교수매체의 활용이 반드시 성공적이라고 할 수 없다. 왜냐하면 교수-활동에 참여하는 학습자의 특성은 다양하기 때문이다. 따라서 교수매체의 활용에 있어서는 이와 같은 점도 고려되어야 한다.

03 컴퓨터와 교육

1. 컴퓨터의 교육적 활용

컴퓨터는 학습자와 역동적인 상호작용이 가능하고 학습자의 반응에 대하여 즉각적으로 응대하여 학습자의 학습에 대한 동기와 참여를 촉진시키는 중요한 교수매체이다. 뿐만 아니라 많은 학습자들과 동시에 상호작용이 가능하고, 정보의 저장과 조작능력이 그 어떤 매체보다도 뛰어나다. 이와 같은 컴퓨터는 교육현장에서 크게 두 가지 측면에서 활용되어지는데, 하나는 컴퓨터가 교사의 역할을 담당하여 교수·학습을 지원하는 형태의 수업방식인 컴퓨터 보조수업(Computer Assisted Instruction : CAI)이고, 다른 하나는 교수활동의 효율성을 높이기 위하여 교수·학습과 관련된 제반 사항을 관리하고 처리하는 컴퓨터 관리수업(Computer Managed Instruction : CMI)이다.

1) 컴퓨터 보조수업

컴퓨터 보조수업(CAI)은 컴퓨터를 교수매체로 활용하여 컴퓨터가 교사를 대신하여 교수활동을 수행하는 수업을 말한다. 따라서 컴퓨터 보조수업은 교사가 직접 학생과 상호작용하는 대신에 사전에 교육목표 달성을 위해 개발된 컴퓨터 프로그램에 의해 컴퓨터와 학생이 직접 상호작용하는 체제로 운영된다. 이러한 컴퓨터 보조수업은 개인차에 적합한 교육효과를 얻을 수 있고, 교사와 컴퓨터가 수업의 역할분담이 가능하고 학업성취도를 즉각적으로 평가할 수 있다는 장점이 있다. 컴퓨터 보조수업은 다음과 같은 특성을 지니고 있다(유승우 외, 2011).

첫째, 컴퓨터 보조수업은 개별화 학습이 가능하다. 컴퓨터 보조수업에서는 학습자가 이해한 것을 즉각적으로 모니터하여 학습자의 요구에 기초하여 응답해 줌으로써 학습시간을 단축시켜 주고, 개개인에게 필요한 학습을 선택하게 할 수 있어서 학습태도와 학습능력 수준이 같지 않은 개별 학습자를 각각 기대하는 성취수준에 이르게 할 수 있다.

둘째, 컴퓨터 보조수업은 상호작용적(interactive)이다. 즉 상호작용을 촉진한다. 컴퓨터 보조수업에서는 컴퓨터와 학습자 사이에 정보를 교환하는 상호작용이 역동적으로 일어난다. 컴퓨터와의 상호작용은 학습자의 관심을 집중시키고 학습에 적극적인 참여를 유도하며, 학습자의 반응에 따라 학습자의 특성과 능력을 평가 분석하여 학습자에게 적합한 과제를 선정하여 제시할 수 있다.

셋째, 컴퓨터 보조수업은 다양하고 흥미로운 학습 경험을 제공해 줄 수 있다. 컴퓨터 보조수업에서는 내용과 화면제작에서 다양한 기법을 사용하여 위험하거나 비용이 많이 들어 실행이 어려운 학습상황을 제시할 수도 있고 애니메이션(animation)이나 그래픽 등을 이용해서 학습 내용을 재미있게 보여줄 수도 있다.

넷째, 컴퓨터 보조수업은 운영이 편리하며 비용효과(cost-effectiveness)적이다. 컴퓨터 보조수업에서는 운영적인 면에서 편리하고 능률적이기 때문에 다양한 수업환경에서 사용될 수 있으며 개발된 프로그램은 반복 사용될 수 있기 때문에 경제적이다. 또한 컴퓨터 보조수업 프로그램은 개별화 수업이 가능하여 교수자가 없는 곳에서도 수업이 가능할 뿐만 아니라, 필요한 수업내용을 전자매체를 통해서 원거리로도 발송할 수 있으므로 원격교육이 가능하기 때문에 경제적인 면에서도 안전하게 풍부한 내용을 가르칠 수 있다.

2) 컴퓨터 관리수업

컴퓨터 관리수업(CMI)은 컴퓨터가 직접적으로 수업기능을 수행하는 것이 아니라 수업기능을 관리하는 체제를 말한다. 즉 컴퓨터 관리수업은 컴퓨터를 활용해서 교수·학습 활동을 기록·분석하고, 학생들의 수업상황을 분석·지시하며, 학생 개개인의 성적을 관리하는 일 등을 수행한다. 또한 시험을 채점하고, 학생과 교사에게 유용한 학습 자료를 제공하여 컴퓨터를 활용한 수업기능을 관리함으로써 교사가 효율적으로 수업할 수 있도록 지원해주는 역할을 한다. 따라서 컴퓨터 관리수업은 학습자의 학업성취와 학습자원의 가능성에 관한 정보관리를 통해서 수업을 처방하고 관리하는 체제라고 할 수 있다. 컴퓨터 관리수업에서는 다음과 같은 점에 중점을 두어 운영해야 한다(Futrell & Geisert, 1990).

첫째, 명확하고 의미 있는 학습목표를 가지고 수업을 운영한다.
둘째, 효과적이고 효율적인 수업방법을 가지고 수업을 운영한다.
셋째, 학습결과를 정확하게 측정하도록 운영해야 한다.
넷째, 학습과정과 학습결과를 기록하여 학습자에게 올바른 학습을 인도해 주어야 한다.

컴퓨터 관리수업은 교수자의 일상적인 행정업무를 덜어주고, 교수자원을 효율적으로 활용할 수 있도록 지원해 주며, 학습자의 수준이나 필요에 따라 적절한 교수활동을 도와주고 학습상황을 통제하기가 쉽다는 장점을 지니고 있다. 그러나 학습자의 진단과 처방에 전문적인 지식과 노력이 필요하고, 경비가 많이 든다는 점과 컴퓨터 평가만으로는 학습자의 정의적 영역이나 기능적 영역을 평가하는 데 한계가 있다는 점 등이 문제점으로 지적되고 있다.

2. 멀티미디어

1) 멀티미디어의 개념

미디어(media)란 어떤 사실이나 정보를 담아서 한쪽에서 다른 쪽으로 전달하는 역할을 하는 매개체로 지각매체, 표현매체 등이 이에 해당된다. 따라서 멀티미디어(multi-media)란 복합적인 매체 구성으로 텍스트, 사운드, 이미지, 그래픽, 비디오, 애니메이션(만화) 등의 다양한 매체를 두 가지 이상 복합적으로 사용하여 제작하는 것을 말한다. 즉 멀티미디어란 정보의 전달을 위해 컴퓨터를 사용하여 음성, 문자, 그림, 영상 등의 여러 매체들을 만들고 저장하며 전송하는 일을 하나로 통합시킨 장치나 제품 또는 이와 같은 기술을 통합시켜 체계적으로 활용하는 시스템을 말한다.

이와 같은 멀티미디어의 개념은 공학이 발달함에 따라 변화하였다. 멀티미디어라는 용어가 사용되던 초기에는 앞에서도 제기한 바와 같이 정보를 제시하기 위하여 OHP, 슬라이드, 비디오, 음향기기, 영상 관련기기 등과 같은 매체 중에 두 가지 이상의 개별적인 매체를 조합하여 사용하는 것을 의미하였다. 이때 두 가지 이상이라고 하는 개념 속에는 반드시 컴퓨터가 포함되는 것은 아니었다. 즉 OHP 자료를 보면서 음향자료를 동시에 활용하는 것과 같은 것을 멀티미디어라고 할 수 있었다. 그러나 1990년대에 접어들면서 컴퓨터를 선두로 한 디지털(digital) 관련 공학이 발전하게 되었고, 이에 따라 여러 가지 매체에 의한 전달기기들의 통합이 다양화 되면서 멀티미디어의 의미가 변화하였다. 현재 가장 일반적으로 이해되고 있는 교육 분야의 멀티미디어에 대한 정의는 다음과 같은 속성을 포함한다.

첫째, 멀티미디어는 문자정보(text), 정지화상, 그래픽(graphic), 애니메이션(animation), 동영상, 소리 및 음악 등을 포함한 둘 이상의 다양한 형태의 정보제시와 활용을 의미한다.

둘째, 멀티미디어는 학습자(사용자)와 정보간의 상호작용이 수반되어야 한다.

셋째, 컴퓨터를 기반으로 하는 멀티미디어는 학습자들에게 관련정보를 제공하기 위하여 효과적인 활용과 다양한 적용을 위해 컴퓨터를 중심으로 통합되어 체계화된 정보를 제공한다.

넷째, 멀티미디어는 디지털 방식으로 표현되며, 이에 따라 반복사용이 가능할 뿐만 아니라, 반복 사용해도 원본이 훼손되지 않고 영구보존이 가능하다는 특성을 지니고 있다.

2) 하이퍼텍스트와 하이퍼미디어

멀티미디어를 바르게 이해하기 위해서는 멀티미디어의 기본원리인 하이퍼텍스트와 하이퍼미디어에 대한 올바른 개념 정립이 필요하다.

하이퍼텍스트나 하이퍼미디어라고 할 때 '하이퍼(hyper)'라고 하는 단어는 '벗어나서', '건너뛰다'의 의미를 지니고 있다. 이는 하이퍼텍스트나 하이퍼미디어가 새로운 정보로 이동할 수 있는 연결점을 제공하는 것이기 때문에 붙여진 용어이다. 일반적으로 컴퓨터를 사용하다가 내용에서 특정 용어를 마우스로 클릭하면 그 용어에 관련된 페이지를 즉시 옮겨져 이동할 수 있는 비선형 구조를 가진 것이 바로 하이퍼텍스트이다. 이에 비해 하이퍼미디어는 하이퍼텍스트 기능을 적용하여 각 미디어 간에 연결 기능을 추가한 소프트웨어를 하이퍼미디어라고 한다.

웹을 서로 연결하는 하이퍼링크(hyperlink)의 기능을 잘 나타내 주는 것이 바로 하이퍼텍스트이다. 컴퓨터를 사용하면서 웹상에서 단지 마우스만 클릭하면 우리가 원하는 인터넷의 다양한 정보를 검색할 수 있는데, 이것은 하나의 하이퍼(hyper) 문서에 접속하고 나서 그 외의 하이퍼링크가 존재하고 있는가와 하위 하이퍼텍스트가 존재하는가를 마우스의 포인트를 움직여서 마우스 포인터의 변화만으로도 확인할 수 있다. 단 한 번의 마우스 클릭으로 우리는 다양한 문서나 이미지, 동영상 등을 연결할 수 있다. 이러한 연결의 방법을 하이퍼링크라고 한다.

하이퍼미디어는 하이퍼텍스트로부터 유래된 용어로, 하이퍼텍스트 링크 표현을 소리, 동영상, 가상현실 등을 포함한 멀티미디어 개체를 포함하는 개념으로 확장시킨 것이다. 하이퍼텍스트는 텍스트 위주의 문서가 링크로 연결되어 있는 것을 말하며, 하이퍼미디어는 텍스트뿐만 아니라 이미지, 그래픽, 사운드, 동영상 등을 포함한 정보가 링크로 연결되어 있는 것을 의미한다. 이것은 하이퍼텍스트 내에 이미 내재하는 대화 형식보다 더 높은 수준의 사용자 및 네트워크 쌍방향 통신을 제공할 수 있다는 특성이 있다.

하이퍼미디어가 오늘날 더욱 활성화되어 각광을 받는 데는 다음과 같은 이유가 있다.

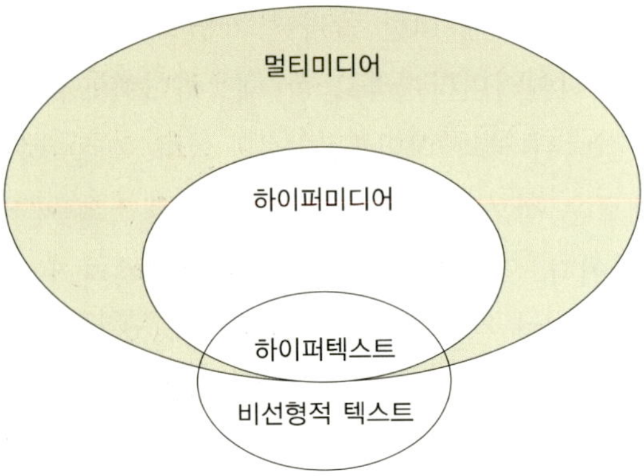

그림 9-5 | 하이퍼텍스트와 하이퍼미디어, 멀티미디어의 관계(이지헌 외, 2007)

첫째, 쌍방향적인 상호작용이 매우 활성화되어 있기 때문이다. 하이퍼미디어는 단순히 일대일(一對 一) 방식의 상호작용을 넘어서 일대 다수(一對 多數)에 이르는 활성화된 상호작용이 가능하다. 하나의 정보가 아닌 다수의 정보를 동시에 담아낼 수 있어 사용자의 다양한 반응과 시도를 이끌어낼 수 있기 때문이다.

둘째, 보다 빠르고 현실적이기 때문이다. 상호작용에 투입되는 매체가 언어를 통한 표현처럼 제한적인 것이 아니라 사진이나 동영상을 직접 보여 줌으로써 현실적이고 실감나는 상호작용이 얼마든지 가능하기 때문이다. 예를 들어 '레오나르도 다 빈치가 그린 그림으로, 어두운 색 옷을 입고 눈썹을 민 여인이 엷은 베일을 쓰고 살며시 웃고 있는 작품'이라는 언어적 설명보다는 모나리자의 그림을 직접 전송해 줌으로써 실감나고 현실적인 신속한 상호작용이 가능하게 된다.

3) 멀티미디어의 특징

멀티미디어는 시스템을 활용해 정보를 얻는 것으로 두 가지 이상의 매체를 동시에 사용하더라도 하나의 시스템으로 매체가 통제되어야 하고, 사용자와 시스템 간에 상호작용이 가능해야 한다. 멀티미디어는 매체의 다중성, 상호작용성, 대용량성, 접근성이라는 측면에서 다음과 같은 특성을 지니고 있다.

첫째, 멀티미디어는 다중매체의 활용으로 현실과 매우 유사하고 풍부한 환경을 제공한다. 언어적 모호성에서 벗어나 현실적 상황을 다중매체를 활용하여 실제적이고 현실감 있게 정보를 제공한다.

둘째, 멀티미디어는 하이퍼링크의 형태로 조직되어 웹과 결합함으로써 사용자 중심의 상호작용(interactive) 환경을 제공하여 매체의 정보량이나 빈도에 차이를 가져온다.

셋째, 멀티미디어는 정보의 수록과 저장에서 대용량성을 갖는다. CD나 DB, DVD 등을 이용하여 많은 정보의 수록과 저장, 보관이 가능하다.

넷째, 즐거움과 편리함을 제공한다. 멀티미디어는 시각이나 청각과 같은 하나의 감각기관을 통한 단일 정보의 수용방식이 아니라, 다감각기관을 동시에 활용하는 다양한 정보의 수용방식으로 사람들에게 편안함과 즐거움을 제공한다.

다섯째, 멀티미디어를 활용한 가상세계의 도입은 비용과 시간, 위험부담을 줄일 수 있게 한다. 실제상황에서 지나치게 모험적이거나 위험적인 요소를 내재하고 있는 상황에는 멀티미디어를 활용한 시뮬레이션을 구축하여 활용함으로써 시간, 비용, 위험을 줄일 수 있다.

이 밖에도 멀티미디어의 장점으로는 멀티미디어를 통한 고화질의 영상과 음향의 제공, 멀티미디어를 활용한 정보의 검색과 색인의 편리성 구축, 하이퍼텍스트나 하이퍼미디어 방식의 비선형적(non-liner)인 정보사용의 가능, 인터넷과 네트워크를 연결한 시공간을 초월한 학습의 가능 등이 있다. 반면에 멀티미디어는 저작도구를 활용한 프로그램 제작에 많은 시간과 노력이 요구되고, 프로그램 제작에 많은 개발 비용이 들며, 프로그램 개발에 전문적인 인적 자원이 요구된다는 점 등이 단점으로 지적되고 있다.

3. 원격교육

1) 원격교육의 개념

원격교육은 시간과 장소가 다른 곳에서 학습이 진행되는 것을 전제로 한다. 원격교육이란 교수자의 직접적인 관리나 감독이 없이도 인쇄매체, 방송매체, 오디오나 비디오 매체 등 다양한 매체를 활용하여 개별지도 체제에 의해 계획하고, 가르치고, 지도하는 모든 수준에서의 다양한 학습 형태를 말한다. 하이니히(Heinich, 1996)는 원격교육이란 "자율학습이 아니며, 교수자와 학습자의 격리가 그들 사이의 통신의 단절을 의미하는 것이 아니다. 원격교육은 전통적인 교실수업에서 제공되는 것과 동등한 교육의 기회를 제공해야 한다"고 하였으며, 권성호(1998)는 "언제, 어디서나 누구에게든지 교육의 기회를 제공하는 학습자중심의 쌍방향 의사소통을 지향하는 교수·학습체제로 일정한 교육목표와 의도를 갖는 계획적인 활동이다"라고 정의하였다.

원격교육의 하위개념을 분류하여 정의하면 다음과 같다(한상길, 2010).

(1) 온라인교육

컴퓨터를 활용한 첨단 원격교육을 온라인교육(Computer Based Training : CBT)이라 지칭하였으며, 인터넷을 통한 교육이 활발해지기 이전의 텍스트 위주의 통신과 메일 등이 활용되었을 시기에 주로 사용된 용어이다. 교육에서 면대면 교육을 오프라인 교육으로 정의하면서 가장 보편적인 형태의 컴퓨터 통신망을 이용한 교육을 온라인 교육이라 포괄하여 정의하였다.

(2) 가상교육

힐츠(Hiltz)가 '가상수업'이라는 단어를 처음 만들어 낸 이후 물리적인 공간이 아닌 가상의 공간에서 같은 시간대 혹은 시간을 초월하여 교육이 이루어지는 형태를 정의한 것이다. 교육공간을 가상(virtual)으로 확대하고 시간과 공간의 제약을 없애고 학습자와 교수자와 정보자와의 효율적인 상호작용이 가능한 기술 기반의 개방형 교육 시스템이며, 원격교육적 차원에서 정의하면 여러 사람들이 원격지에 모여 첨단매체로 교수·학습하는 체계라고 할 수 있다.

(3) 사이버교육

가상교육과 유사개념으로 현실공간과 대비되는 공간에서 어느 누구에게나 언제든지 원할 때 학습이 가능한 열려 있는 공간, 즉 사이버공간에서의 교육을 말한다. 용어의 유래를 살펴볼 때 사이버교육이란 컴퓨터 네트워크상에 만들어진 새로운 물리적 혹은 정보공간에서 이루어지는 교육적 경험으로도 정의하고 있다.

(4) 웹기반교육

웹기반교육(Web Based Training : WBT)은 컴퓨터 기술인 하이퍼텍스트, 메신저, 멀티미디어 등을 특성으로 한 웹을 이용한 새로운 교육방식으로 사이버공간에서 자유자재로 이동하고 정보를 교환하게 하는 통합교육환경을 학습자가 제공받는 것을 일컫는다. 웹기반교육에서의 일반적인 세 가지 제작기능은 학습내용 관리제공, 학습 진도 관리기능, 콘텐츠 제작기능으로 구성된다. 더 나아가서는 인터넷을 통한 데이터의 결합이 가능하며, 원칙적으로 내용을 쉽게 사실적으로 복사할 수 있다.

(5) e-러닝

e-러닝(e-learning)의 'e'를 한편에서는 '전자 혹은 전기(electronic)'로, 다른 한편에서는 '경험(experience)'으로 해석하고 있다. 전자의 e-러닝은 인터넷과 테크놀로지를 이용하여 학습을 수행하는 것으로, 넓게는 CD-ROM을 통한 학습에서부터 인터넷을 통한 학습에 이르기까지 모든 전자적인 매체를 기반으로 한 학습형태를 일컫는다. 후자는 원격교육을 통한 성인학습자들의 대량 유입, 즉 이전의 지식과 경험을 활용하는 능력이 요구되는 지식기반 사회에서 학습자들이 교육의 장으로 들어와 개인적인 경험이나 암묵적 지식을 학습에 유용한 자원으로 활용하는 것을 말한다. 특히 오늘날 전

문지식을 전달하는 데 매우 적당한 것으로 간주되기도 한다.

2) 원격교육의 특성

원격교육은 교수자와 학습자 간의 상호작용이 강조된 교육활동으로 매체를 통하여 교수·학습이 이루어진다. 원격교육의 일반적인 특성에는 다음과 같은 점이 있다(백영균 외, 2011).

(1) 교수자와 학습자 간의 물리적 격리

원격교육은 교수자와 학습자가 시간과 장소가 다른 곳에서 물리적으로 격리된 상태에서 학습이 진행되는 것을 전제로 한다. 따라서 이들은 지리적 거리에 의해서 분리되어 있으며, 교수매체를 통해서 학습자와 교수자 간 의사소통을 한다.

(2) 교수매체의 활용

원격교육의 기초가 되는 것은 학습자가 개별적으로 사용하는 교수매체이다. 교수매체는 인쇄자료, 음향, 영상자료, 컴퓨터 코스웨어 등이 포함된다.

(3) 쌍방향 의사소통

교수자와 학습자 간의 물리적인 격리가 의사소통의 단절을 의미하지는 않는다. 비록, 학습자가 교수자의 도움 없이 자습용 교재로 학습을 하지만 각종 피드백, 면 대 면 출석강의, 전화나 팩스 상담, 컴퓨터 통신을 통한 토론, 음성 또는 화상회의 시스템을 통한 쌍방향 의사소통이 필수적이다.

(4) 다수 대상의 개별학습

다수를 대상으로 하면서도 공학적인 기재를 사용하여 사전에 계획, 준비, 조직된 교재로 개별학습이 이루어진다.

(5) 학습자의 책임감

학습자는 언제, 어디서, 어떻게 학습을 할지 스스로 결정해야 하기 때문에 자신의 학습에 대해 책임감을 갖는다.

(6) 지원조직의 필요

원격교육은 형식적인 학교교육과 달리 각종 교재개발과 학생지원 서비스 등을 위한 물리적 조직과 인적 조직이 필요하다.

3) 원격교육의 장단점

원격교육은 일반적인 학교교육에서 이루어지는 면대 면 교육에 비해 다음과 같은 장단점을 지니고 있다.

첫째, 학습자들이 원하는 시간과 장소에서 원하는 내용을 학습할 수 있다.
둘째, 학습자의 수에 제약을 받지 않고 다수의 학습자를 동시에 학습할 수 있다.
셋째, 최신 정보를 입수할 수 있고, 원거리에 있는 교사나 전문가와도 접촉할 수 있다.
넷째, 가격이나 경비 면에서 경제적이다. 특히 재택수업이 가능하기 때문에 통학으로 인한 시간과 노력을 줄일 수 있다.
다섯째, 네트워크를 연결하여 학습자 간에 생동감 있게 상호작용을 할 수 있고, 협력학습도 가능하다.
여섯째, 각 지역에 흩어져 있는 학습자원을 공유할 수 있다.

이와 같은 장점에도 불구하고 다음과 같은 점이 원격교육의 문제점으로 지적되고 있다.

첫째, 원격교육 시스템을 구축하는 데 따른 초기 비용이 많이 든다.
둘째, 각종 교재개발과 학생지원 서비스를 위한 계속적인 투자가 요구된다.

셋째, 학습의 질을 관리하고 평가하는 데 어려움이 많다.

넷째, 교수매체에 의존하는 의사소통으로 인해 면 대 면 환경과 달리 교수자와 학습자 간에 심리적인 거리감이 발생하고 이로 인한 상호작용과 피드백이 감소하여 학습효과가 감소하는 원인이 될 수 있다.

학습과제

1. 교육공학의 개념에 대해 설명해 봅시다.
2. 교육공학의 다섯 가지 연구영역을 열거하고 예를 들어 말해 봅시다.
3. 교수매체의 개념과 기능을 바탕으로 교수매체의 유형별 특징을 알아봅시다.
4. 컴퓨터, 멀티미디어, 인터넷 등의 교육적 활용에 대해 설명해 봅시다.
5. 전통적 교육과 원격교육의 차이를 구체적인 예를 들어 말해 봅시다.

CHAPTER 10

생활지도 및 상담

개 요

1970년 대 초, 도로의 한 가운데에 경찰관들이 동아줄을 이용해 임시 파출소를 만든 적이 있다. 교통신호위반 등 간단한 기초 질서를 위반한 사람들을 계도하기 위한 임시 파출소인 셈이다. 그 임시파출소의 선 안에 기초 질서를 위반한 사람들을 한동안 모았다가 훈방하는 것이다. 믿기 어렵겠지만 사실이다. 시민들을 위한 기초적인 생활지도의 한 방편인 셈이다.

학교 현장에서 교사들은 자주 이러한 생활 질서에 대한 문제에 부딪친다. 간단한 예절에서부터 심한 학교폭력까지…….

교사들은 고민에 쌓인다. 학교는, 공부만 가르치는 곳이 아니라 학습자들이 인간다운 삶을 살 수 있도록 도와야 하는 아주 조직적인 기관이다. 따라서 이 장에서는 생활지도, 성격, 적응, 및 상담에 대해 고찰하고자 한다.

학습목표

생활지도의 기본방향을 알고, 교사로서 학습자의 일상생활을 지도할 수 있다.
생활지도의 제 영역을 알 수 있다.
제 적응기제에 대해 알고, 학습자의 부적응 문제에 조력을 할 수 있다.
각종 상담이론에 대해 알 수 있다.
사이버 상담에 대해 알고, 학습자에게 활용을 안내할 수 있다.

생활지도는 인류의 역사와 같이 시작되었다고 할 수 있다. 즉 인류는 역사를 통해서 지식과 경험을 가진 사람으로부터 언제나 자문을 요구해 왔다. 원시사회는 부락의 추장이나 노인들이 오늘날의 상담자 역할을 담당했으며, 또한 부모는 자녀들에게 기본적인 생존에 관한 기술을 전달해 왔다. 인류문명의 초기는 철학자나 신이나 종교를 대표하는 승려들이 자문을 하는 기능을 담당해 왔다.

오늘날은 사회 변화의 속도가 과거 어느 때보다 빠르므로 생활지도의 필요성이 강조되는 시기라고 할 수 있다. 사회구조의 변화, 다양한 직업의 세계, 가치관의 변화로 인한 가족구조의 변화 및 가족관계의 붕괴, 다양한 생활양식, 도덕의 붕괴로 인한 사회적 혼란, 인터넷, 모바일, 약물 등의 각종 중독현상 등은 성장하는 아동에게 적응상의 어려움을 겪게 하고 있다.

현실적으로 우리의 교육은 한 인간의 잠재력 개발이나 심리적·정서적 개발과 행복의 추구 등은 등한시되고, 지적인 인간을 길러내는 지식위주의 교육에 집중되어 왔다고 할 수 있다. 당면하고 있는 사회적인 문제를 치유하고 예방하기 위해서는 지덕체(智德體)가 조화된 행복한 삶을 영위할 수 있는 창조적인 인간으로 성장시키기 위한 생활지도가 더욱 더 강화되어야 할 것이다(이재창, 1993).

학교교육은 크게 두 가지의 영역으로 나누어진다. 하나는 아동들에게 역사적으로 축척된 지식이나 기능 및 문화적 유산을 이해시키고 전수하는 교과교육 영역과 다른 하나는 학생 개개인의 사회화나 자기실현을 도와주는 생활지도 영역이다.

교과교육과 생활지도 영역의 활동들은 교육의 장에서는 언제 어디서나 조화롭게 행하여야 된다. 그러나 사회가 발전하여 점차 복잡하게 되고, 과학기술이 급속히 발전하면서 학교 현장에서는 아동들에게 지식과 기술의 전수에 치중하게 되었고 따라서 학생들의 행동 상에 문제가 있을 때만 생활지도의 필요성이 강조되고 있는 실정이다.

다시 말해 아동들을 위한 생활지도는 전인적인 성장과 발달을 위해 기본적인 영역임에도 불구하고 교과 영역에 비해 그 활성화가 쉽지 않다고 하겠다. 전술한 바와 같이 생활지도는 상담이나 심리치료와는 달리 학교 현장에서 모든 아동을 대상으로 하기 때문에 그 예방이 주목적이라 하겠다.

이와 같이 생활지도와 상담의 한계를 구분하기 힘들지만, 문제의 영역과 대상, 접근방법, 전문성 등에 따라 역할분담이 이루어진다. 따라서 이 장에서는 생활지도, 성격과 적응 그리고 상담 등에 대해서 살펴보기로 한다.

01 생활지도

1. 생활지도의 의미

생활지도란 원래 사전적으로는 영어의 가이던스(guidance)를 번역한 용어로서 안내(pilot), 지도(guidance), 지시(direction), 조종(steering) 등의 의미를 가진 말이다. 즉 생활지도란 개인을 돕는 것을 의미하며 학교현장에서는 아동들이 보다 잘 사회를 이해하고 적응하며 궁극적으로서 자신의 문제를 스스로 알고 해결하도록 돕는 교육적 의미를 지니고 있다.

그러나 생활지도가 오늘날 학교 교육에서 차지하는 비중이나 그에 대한 학문적 연구에 비추어 볼 때 이러한 정의는 너무 피상적인 정의이며, 생활지도라 하면, 많은 사람들이 문제학생의 지도, 훈육, 또는 도덕 교육 등을 연상하기도 한다. 그러나 이는 생활지도의 본뜻과는 약간 거리가 있는 말이다.

김충기(1990)는 국내외 여러 학자들의 견해를 종합하여 다음과 같이 정의하고 있다.

첫째, 생활지도란 학생들이 일상생활에서 해결해야 할 여러 가지 문제, 즉 교육적, 가정적, 사회적, 직업적, 신체적, 도덕적, 정서적 문제를 스스로 해결할 수 있도록 도운다.

둘째, 저마다 가지고 있는 흥미, 적성, 능력, 성격 등 인격적 특성과 잠재력을 이해하고 발견하도록 하여 이를 최대한 발전시켜 나가게끔 한다.

셋째, 합리적인 사고와 의사결정을 통하여 현명한 선택과 적응을 위해 조직적이고 체계적인 봉사활동이다.

넷째, 책임감 있는 민주시민의 육성과 자기지도 및 자아실현을 통한 올바르고 행복한 삶의 추구가 가능하도록 지원해 주는 계속적인 과정이다.

따라서 생활지도는 개인이 지니는 성장가능성을 최대한 실현시키고 사회에 현명하게 대응해 나갈 수 있도록 이끌어 주고 도와주는 일이며, 생활지도의 목적은 교육의 목적과 일치한다.

2. 생활지도의 원리

학생들의 생활지도를 할 때 기본적인 관점은 무엇보다도 인간에 대한 이해가 선행되어야 한다. 훈육에 있어서는 일반적인 규제나 처벌을 중시하지만 생활지도에 있어서는 대상자를 단순한 학생으로만 인식할 것이 아니라 인간으로서의 전반적인 이해를 중시해야 할 것이다. 생활지도에서 강조되는 기본적인 원리를 요약하면 다음과 같다.

1) 생활지도는 모든 학생을 대상으로 해야 한다.

교육활동이 모든 학습자를 그 대상으로 하듯이 생활지도 역시 모든 학습자를 대상으로 한다. 일반적으로 비행을 저지른 학생, 그리고 지능이 낮고 공부를 못하는 학생, 신체적으로 결함이 있어서 사회적으로 고립되어 있는 학생들만이 생활지도의 대상자라고 생각하기 쉽다. 그러나 지능이 높고 공부를 잘하며, 신체적으로도 정상적일 뿐만 아니라 사고가 건전하고 사회적으로도 잘 적응할 수 있는 학생도 생활지도의 대상이 된다.

2) 생활지도는 정확한 자료와 객관적인 근거를 바탕으로 행해져야 한다.

생활지도를 함에 있어서 문제를 찾아내고 그 문제의 원인을 규명하고 문제해결을 위한 일련의 조치를 하기 위해서는 적성검사, 흥미검사, 지능검사, 자아개념검사, 진로성숙검사, 학력검사 등을 통한 객관적인 자료에 근거해야 한다. 이는 생활지도의 기초자료로서 상식적인 판단보다 심리학적 접근인 과학적 방법으로 원인을 규명하고 진단해야 한다는 의미이다.

3) 생활지도는 치료보다는 예방에 중점을 두어야 한다.

생활지도는 문제가 발생하기 전의 예방에 치중해야 한다. 어떤 문제가 발생한 후에 그것을 치료한다는 것은 많은 노력과 시간이 필요한 반면, 예방적인 지도는 시간과 노력을 절감할 수 있다. 따라서 치료보다는 예방에 주력하는 것이 현명하다.

4) 생활지도는 처벌보다는 지도가 선행되어야 한다.

전통적인 학생들의 생활지도는 처벌 위주의 지도였으나 앞으로의 생활지도는 학생을 이해하는 방향으로 지도의 실제를 전환하여야 한다. 처벌은 학생들의 잘못된 행동을 일시적으로 중단시키는 효과는 있으나 지속적인 효과를 가져다주는 최선의 방법은 되지 못한다. 그러므로 잘못 인식된 행동은 학습자 자신과 환경에 대한 오해에서 비롯되는 것이므로, 학습자가 스스로를 보다 잘 이해하고 환경에 대한 인식을 바르게 할 수 있도록 도움을 줄 수 있는 지도가 선행되어야 할 것이다.

5) 생활지도는 학생의 자율성과 개성을 존중해야 한다.

생활지도는 단순히 학생들의 당면하는 문제를 해결해 주는 데 그치는 것이 아니라 한걸음 더 나아가 스스로 문제를 해결해 볼 수 있는 경험을 가지도록 하는 데 노력해야 할 것이다.

6) 생활지도는 학생의 전인교육 측면에서 행해져야 한다.

생활지도는 학생의 특수한 발달영역이나 기능 등에만 중점을 둘 것이 아니라 모든 영역, 즉 신체적·지적·정서적·도덕적·사회적 발달영역을 골고루 지도하여야 한다. 전인교육은 짧은 기간 동안에 이루기 어려우므로 보다 중·장기적인 계획을 세우고 실천해야 할 것이다.

3. 생활지도의 필요성과 목표

1) 생활지도의 필요성

현대사회는 그 어느 때보다 문화변천의 속도가 빠른 시대이다. 우리가 경험하는 생활문화의 변화와 다양성은 과거 어느 시대에도 찾아볼 수 없을 만큼 급변하고 있으며, 이러한 변화는 개인의 사회적 적응에 여러 가지 심각한 문제를 제기하고 있다. 따라서 지난날의 사고방식과 행동양식으로는 도저히 해결할 수 없는 문제들이 속출하고 있으며, 이에 따라서 각 개인이나 집단은 보다 창조적이고 자율적인 문제해결력의 필요성을 절실히 느끼고 있는 것이다.

학교는 단순히 문화를 전달하는 것만으로는 변천하는 문화와 사회의 도전을 감당해 낼 수 없게 되었다. 교육이 개인적인 차원에서는 개인의 최대한의 바람직한 성장과 발달을 도우며 사회적인 차원에서는 이상적인 사회와 문화의 창조를 돕는 데 그 의의가 있다고 볼 때, 학교교육은 한정된 교과내용의 지식을 넘어서 개인의 최대한의 자율적 성장과 조화로운 발달을 도와서 책임 있는 민주시민의 한 사람으로서 사회의 개선과 문화 창조에 공헌할 수 있도록 돕지 않으면 안 된다.

이와 같은 교육의 목적과 기능으로 보아서 또한 교육의 사회화라는 입장에서도 아동·학생 개개인의 필요와 문화 및 사회적 필요를 충족시키기 위해서 생활지도는 학습지도에 못지않은 중대한 의의를 지니고 있는 것이다. 그러므로 현대교육에 있어서 생활지도는 필수적인 교육활동으로 간주되고 있다.

2) 생활지도의 목표

생활지도는 학생들의 건전한 성장·발달을 돕기 위한 교육적인 활동으로 '개인을 돕는다'는 의미에는 이의가 없다고 본다. 그러므로 정상적인 학교교육을 통하여 학생들이 현명한 선택과 문제해결과 건전한 적응을 하도록 도움으로써 자기 지도력을 함양하는 데 궁극적인 목표가 있다. 일반적인 목표를 제시하면 다음과 같이 요약할 수 있다(정현숙, 2001).

- 모든 학생으로 하여금 그들 자신을 정확히 이해하도록 돕는다.
- 모든 학생이 가능한 자신의 노력으로써 자기가 가지고 있는 바 능력과 흥미와 기타 여러 자질을 발견하고, 그것을 최대한으로 발전시키도록 돕는다.
- 모든 학생으로 하여금 수시로 당면하는 자신의 문제를 정확히 파악하고 자기 힘으로 해결할 수 있도록 돕는다.
- 급격히 변화하는 복잡 다양한 생활환경 속에서 모든 학생이 현명한 선택과 적응을 할 수 있도록 돕는다.
- 모든 학생으로 하여금 앞으로의 성장과 생활을 위하여 보다 건전하고 성숙된 적응을 할 수 있는 영구적인 기초를 마련하도록 돕는다.
- 모든 학생이 신체적·지적·사회적·정서적인 모든 면에 있어서 잘 조화되고 통합된 인생을 즐길 수 있도록 돕는다.
- 모든 학생으로 하여금 자신이 소속해 있는 사회를 위하여 자기 나름대로의 독특한 공헌을 할 수 있도록 돕는다.

4. 생활지도의 영역과 활동

생활지도는 원래 직업지도에서 시작되었으나 그 영역이 점차 확대되어 학생 개인의 전인적 발달을 지향하고 있으므로 학교에서 수행하는 모든 교육활동에 관심을 가지게 되었다. 그 결과 오늘날 생활지도는 활동내용이 확대되고 그 방법도 다양화되었다.

1) 생활지도의 영역

생활지도의 영역으로 학생조사, 상담활동, 자문활동, 진로계획, 정치, 추수활동, 평가활동 등을 들고 있으며, 김충기(1993)는 교육지도, 직업지도, 성격지도, 건강지도, 사회성지도, 여가선용지도, 도덕지도, 종교지도 등을 생활지도의 문제별 영역으로 다루고 있다.

(1) 학업지도

학업지도는 교육적 측면의 지도로서 신입생을 위한 오리엔테이션 및 학업부진아의 효과적인 학습방법 지도, 학습동기 유발 방법 등을 포함한다. 또한 학업지도는 단지 이와 같은 학력향상을 위한 지도뿐만 아니라 상급학교 진학과 학교생활 적응 문제도 지도한다.

(2) 진로지도

진로지도는 크게 진학지도와 직업지도로 나눈다. 이는 학생의 적성, 능력, 흥미, 주위환경적 조건에 따라 상급학교 진학이나 직업의 선택, 계획, 준비, 적응을 돕는 활동이다. 상급학교에 대한 정보와 직업 세계에 대한 정보 제공, 진학 및 취업을 위한 상담, 개인에 대한 인적 조사, 기능계발, 현장지도, 실습지도, 추후지도 등이 여기에 속한다.

(3) 인성지도

인성지도는 개인이 일상생활에서 잘 적응할 수 있도록 건전한 심리적·

인성적 발달과 조화로운 생활을 할 수 있도록 도움을 주는 것이다. 여기에 포함되는 문제에는 긴장, 불안, 욕구좌절, 무관심 등의 정서적 문제, 대인관계, 사회활동 등과 같은 사회적 문제, 부모, 형제, 친척과의 관계 등 가족관계 문제, 그리고 태도, 흥미, 도덕성 등의 가치관에 관한 문제가 여기에 포함된다.

(4) 건강지도

건강지도에는 신체적 건강과 정신적 건강에 관계되는 문제를 지도하는 활동이다. 이를테면 신체적 장애에 대한 상담, 심한 불안, 노이로제, 정신질환에 대한 이해 및 예방을 위한 정신 위생 및 정신건강 교육이 포함된다. 또한 신체 및 정신적 건강 모두에 관련된 흡연, 음주, 약물 복용에 대한 지도 역시 여기에 속한다.

(5) 여가지도

여가지도는 학교에서 수행하는 교과활동 이외에 개인의 여가를 보람 있게 보내도록 돕는 지도를 말한다. 건전한 여가활동을 통해서 자기 성장을 추진해 나가는 새로운 경험을 가질 수 있도록 지도를 해야 한다.

(6) 사회성지도

사회성지도는 사회의 충실한 구성원으로서 원만한 대인관계, 교우관계, 가족관계의 수립과 유지를 위한 여러 활동들이 여기에 포함된다.

또한 민주시민으로서 성장할 수 있도록 준법정신과 책임감, 그리고 의무 등이 어떤 것인지를 안내하는 데 목적이 있다.

(7) 가족관계지도

부모 또는 형제, 자매들과의 원만한 관계 유지를 비롯한 가정생활에서의 적응문제를 지도하는 것이 가족관계지도이다. 이에 대한 바람직한 지도는 우선 학교와 가정과의 유기적인 관계의 설정에서부터 시작되어야 하며, 정기적인 상담을 통하여 가정에서의 부적응 원인을 찾아내고 이를 치유하고 극복하는 방안들을 체험하게 하는 것이다.

2) 생활지도의 활동

생활지도의 활동은 다음과 같다.

(1) 학생조사 활동

학생조사 활동은 학생이해 활동, 학생평가 활동이라고도 하는데, 학생들의 현재나 미래 활동에 대한 정확한 판단을 목적으로 학생에 관한 정보를 수집하는 과정이다. 따라서 학생조사 활동은 학생의 개별성을 찾아내는 자료를 제공하는 것이다. 이를 통해서 얻어진 정보는 학생의 인지적·정의적 발달을 촉진시키기 위한 교육적 경험을 형성하는 기초가 된다.

(2) 진로정보 활동

진로정보 활동은 정보 활동이라고도 하며, 학생들이 바라고 원하는 각종 정보 및 자료를 제공하여 학생들의 발달과 적응을 돕는 활동이다. 학생들에게 제공되는 정보는 교육정보, 직업정보, 개인 및 사회적 정보로 나눌 수 있다.

(3) 상담 활동

상담 활동은 생활지도 활동의 중핵적인 활동이라 할 수 있다. 상담 활동은 위에서 전개된 객관적인 학생조사 활동과 각종 정보제공 활동을 통하여 획득한 종합적인 자료와 정보를 근거로 하여 상담자와 내담자와의 친밀한 관계 속에서 전문적인 대화가 진행되는 것이 보통이다.

(4) 정치 활동

정치 활동이란 상담의 결과로 학생들을 적재적소에 배치하는 활동이다. 즉 취업지도, 부직알선지도, 진학지도, 진급지도, 교과지도 등에 있어서 자신과 진로를 정확하게 이해하여 자기 자신의 배치를 현명하게 선택하는 데 조력하는 것이다.

(5) 추수 활동

추수 활동 또는 사후지도란 정치 활동의 결과 학생들이 적재적소에서 잘 적응하는가를 보며 부적응에 대한 조력과 보다 나은 적응활동을 위해 재배치하는 조직적인 봉사활동이다. 즉 사후의 점검활동인 것이다. 만약 부적응의 경우라면, 그 원인이 무엇인지 분석하고 확인하여 원만한 적응생활을 할 수 있도록 재배치 혹은 배려하는 것이다.

이 밖의 생활지도 활동에는 교직원을 위한 봉사 활동, 연구 활동을 위한 지원, 그리고 학교·가정·지역사회 간의 유대강화 활동 등이 있다.

02 성격과 적응

1. 성격의 정의

생활지도의 중요한 영역 중의 한 가지가 성격발달에 대한 것이다. 성격이란 환경 속에서 한 개인을 다른 사람과 구별 할 수 있는 일관적인 생활양식을 의미한다. 오늘날 흔히 사용하는 의미로서는 개체의 외현적 행동만을 뜻하는 것이 아니고 비교적 안정된 심리적인 요소를 포함한다.

한 개인이 어떠한 성격의 소유자로 성장하는가에 대한 질문의 답은 쉽지 않으나 상당한 부분은 기질 등의 유전적인 요소의 영향을 받는다고 할 수 있고, 일반적으로 유전과 환경의 상호작용에 의해 발달된다.

따라서 학교 현장에서 교사는 생활지도를 담당하는 중요 인물로서 학생들의 성격 발달이 환경에 의해 적절하지 못한 방향으로 발달하는지를 유념해야 할 것이다. 이를 위해 때때로 교사는 각종 발달을 측정하기 위한 검사도구를 활용하기도하고 개인 면담 등을 통해 학습자의 문제들을 확인해야 할 것이다.

2. 성격의 결정요인

1) 유전적 요인

유전적으로 타고난 성격특질을 기질이라고 하며, 아동의 기질은 타고날 때부터 개인차를 보이며 이는 다른 사람과의 상호작용에 영향을 주기도 한다.

바스와 플로민(Buss & Plomin, 1975)은 기질이란 인생 초기에 나타나는 성격의 총체라고 정의하였으며, 환경적 요인에 의해 변화 할 수 있는 성격 특성은 기질을 정의하는데 제외하였다. 그리고 기질을 정의하는 구성요소로는 정서성, 활동성, 사회성, 그리고 충동성의 4가지 특성으로 분류한 바 있다.

아동의 기질은 '순한 기질', 까다로운 기질' '느린 기질'로 나눌 수 있고, 까다로운 아이는 환경에 까다롭게 반응하여 자주 울고, 잠을 자지 않으며, 보채는 경향이 있는 반면 순한 기질의 아이는 보다 안정적이고 편안해 보인다. 이와 같이 유전적인 요인은 특정한 성격 스타일을 유지하게 하기도 하고 강화시키기도 한다.

2) 환경적 요인

개체의 대부분의 행동은 주변 환경과의 상호작용을 통해 학습된다. 환경은 심리적인 한경과 물리적인 환경 모두를 포함하여 일컫는 말이며, 부모의 양육태도, 형제관계, 언어 등 가정의 제 문화, 또래 관계 등은 심리적 환경으로서 아동의 성격 발달에 중요한 변인이 된다.

부모의 과보호, 일관성 없는 양육태도, 또는 방임, 교사의 잘못된 생활지도 방법 등은 알게 모르게 아동의 공격적 성향이나 의존성을 조장하기도 하며, 특히 유아기에 문제를 가진 아동은 아동기·청년기를 거치면서 비행이나 범죄로 이어질 가능성도 있으므로 유의해야 할 것이다(조윤경·김경혜, 2010).

또한 개개인은 환경과 개인의 욕구와의 사이에서 부조화가 생기면 적응상의 문제를 겪게되고 스트레스를 받게 되며, 이러한 적응상의 문제 역시 개인의 성격과도 밀접한 관계가 있다.

3. 적응과 부적응

현대사회는 갈수록 복잡해지고 그 변화의 속도는 엄청나다. 그 속에서 생활하는 우리는 사회 변화의 속도에 따라가지 못하면 불안해지고 스트레스를 받게 된다. 이에 따라 스트레스를 극복하지 못하여 심각한 적응의 문제를 겪는 사람의 수효도 늘게 된다. 이들 중 상당수는 이러한 상태를 일시적인 것으로 느껴 시간이 지남에 따라 회복하게 된다. 그러나 그 중 일부는 이러한 과정에서 효과적으로 대처하는 능력을 상실하게 되어 지속적인 적응의 문제를 가지게 된다.

학습자들은 학교나 가정에서 교우관계, 성적, 스스로 지각하는 신체적 자아상, 이성문제 혹은 부모와의 갈등 등 수많은 문제를 가지고 있고, 문제를 스스로 해결하지 못해 갈등상태에 빠지기도 하며, 나아가서는 비행의 원인이 되기도 한다. 이러한 적응상의 어려움은 학습자의 마음에 상처를 입히기도 하고, 교사의 도움을 넘어서 의사나 심리치료가의 도움을 받기도 한다.

사람들은 겉으로 나타내는 외모에서뿐 아니라 능력, 흥미, 그리고 일상생활의 여러 가지 일을 처리하는 방식 등에서 차이가 난다. 이와 같이 서로 다르기 때문에 여러 사람이 모여 지내는 사회생활에서 의견차이도 있을 수 있고 예상하지 못했던 일들이 일어나기도 한다. 여기에서 적응과 부적응의 문제가 대두되는 것이다.

이러한 적응과 부적응의 문제에 대해 생각해 보고, 부적응의 바람직한 해결에 대해 알아보고자 한다.

1) 적응

적응이란 원래 생물학에서 유래되어 나온 말이다. 더운 날 체온을 조절하기 위해 땀을 흘려 체온을 발산한다든지, 산업화된 도시에서 흰 나방이 점차 검은 나방으로 변화하여 종족 번식을 용이하게 하는 생물학적인 변화 등을 말한다. 선인장이 뜨거운 사막에서 살아남기 위해 줄기와 잎을 변화시키는 것 등도 모두 여기에 포함된다.

그러나 우리가 여기에서 말하고자 하는 적응은 이러한 생물학적 적응뿐만이 아니다. 인간은 생물학적 적응 이외에 심리적, 사회적 적응을 추구하여 주변 환경과 조화 있는 관계를 유지하려고 노력한다. 그리하여 주어진 환경에 자신을 맞추기도 하고 자신의 욕구충족을 위해 환경을 조작 및 변화시키기도 한다.

따라서 한 개인이 그가 속한 사회에서 계속적으로 자신의 삶을 영위할 수 있고 자신의 욕구, 꿈, 과제를 수행하여 그것이 자신과 가족, 사회에 만족감을 주게 되며, 자기 자신이 편안하고 행복한 감정을 가지게 될 때 우리는 성공적 적응이라 한다.

2) 부적응

적응이 잘 이루어지지 않게 될 때 우리는 이를 '부적응 상태'라 한다. 즉 환경의 요구에 적응할 수 없고 육체적, 심리적 안전에 대해서 위협을 받게 되는 것을 부적응이라 한다. 이런 부적응은 긴장, 불안, 좌절 등의 심리적 상태를 수반하게 된다.

3) 적응 기제

일상생활에서 우리는 여러 가지 문제에 당면한다. 욕구 좌절이나 갈등에 처했을 때 인간은 주변 환경과 조화를 유지하도록 노력한다. 즉 우리의 욕구를 현실적인 가능성에 비추어 신중하게 고려하고, 상황의 한계 내에서 문제를 해결하려 한다.

(1) 합리적 적응 기제

자신에게 주어진 여러 가지 문제를 정확하게 인식하고 장애의 원인을 찾아 이를 극복하며, 사회적으로 승인을 받을 수 있는 범위 내에서 유효적절한 방법을 강구하여 문제를 적극적으로 해결해 나가는 방법이다.

① 문제 해결을 위한 지식과 기술 습득

문제에 부딪친 경우 문제 해결 과정의 장애 요소가 무엇인가를 탐색하여 그에 필요한 지식과 기술을 습득하고 문제 해결의 시도를 반복하여 통찰의 방법을 강구한다.

② 합리적 선택

갈등상태에 빠졌을 경우에는 성취하고 도달해야할 목표의 가치를 신중히 비교하여 우위의 것을 선택하거나, 두 개가 모순될 경우에는 과감히 하나를 버린다.

③ 대체 욕구 탐색

자신의 욕구를 충족하는 것이 좌절 상태에 빠졌을 경우에는 목표의 수준을 조절하거나 그 목표 도달에 용이한 다른 욕구를 생각해 낸다.

(2) 비합리적인 적응 기제

직접적이고 합리적인 적응 방법으로 문제 해결이 불가능한 경우, 문제 해결을 시도하려 하지도 않고 도피적, 방어적, 공격적인 반응으로 그 문제에 적응하려는 경우이다. 이런 방법에서는 감정적, 반사회적, 일시적, 부분적인 적응만이 가능하며 근본적인 문제 해결이 안 된다.

인간이 욕구좌절상태나 곤란한 문제에 직면하여, 현실적이나 합리적인 방법으로 그 문제를 해결할 수 없을 때 무의식적으로 자아를 보호하기 위해 방어기제를 사용하게 된다.

① 합리화

사회적으로 인정받지 못하는 자신의 행동이나 의견에 대해서 사회적으로 인정을 받을 수 있는 이유를 찾으려는 기제이다. 합리화는 대부분의 사람들이 자주 사용하는 것으로 이것이 지나치면 망상에 빠지게 된다. 예를 들어 이솝우화에 나오는 「여우와 포도」에서 여우가 포도를 먹을 수 없을 때 '저 포도는 시다'고 스스로 자위하는 경우이다. 즉 나름대로 합리화하는 것이다.

② 투사

투사란 자신이 수용할 수 없는 불쾌한 사고, 감정, 책임을 타인이나 사물에게 돌림으로써 자신의 갈등의 원인을 외부에 두어서 불안 및 죄의식에서 벗어나려는 행동이다. 예를 들어 새엄마를 미워하는 딸이 새엄마가 나를 미워하고 죽이려 한다는 생각을 갖는 것 등이 있다.

③ 동일시

자신의 행위에 대한 불안과 부족감을 피하기 위해 다른 사람의 바람직한 점을 자기의 것으로 끌어들이는 것이다. 예컨대 자신의 무능력을 피하기 위하여 자신이 존경하는 사람의 성격 특성을 모방하거나, 타인의 성공을 공유함으로써 대리 만족을 하는 경우 등이다.

④ 보상

자신의 성격, 능력, 신체에 대한 열등감을 해소하기 위해 자신의 결함을 다른 것으로 대치시켜 성공함으로써 본래의 열등감으로부터 벗어나려는 행동이다. 예를 들어 키가 작고 약해서 열등감에 빠진 학생이 태권도와 같은 운동을 함으로써 열등감을 보상하는 경우이다.

⑤ 백일몽

현실적으로 만족되지 못한 욕구를 상상적인 행동을 통하여 현실적인 긴장이나 좌절상태에서 벗어나려는 것을 말한다. 예를 들어, 가난한 가정에서 자라난 아이가 부자가 된 것을 상상하는 것 등이 있다. 백일몽은 가끔 사용하는 것은 무방하지만 습관적으로 사용하면 현실을 도피, 부정하게 되고 자신감을 상실하여 무기력하게 된다. 심할 경우는 망상이 유발될 수도 있다.

⑥ 퇴행

현실적으로 만족할 수 없는 위협, 불안, 불만 등으로 곤란한 상황에 처했을 때 자신의 어린 시절에 행하였던 원시적이고 유아적인 행동 수준으로 되돌아가 그것을 해소하려는 방어 기제가 퇴행이다. 즉 문제해결을 위해서 어린아이와 같은 행동을 하는 것이다. 형이 동생의 출생과 더불어 부모의 사랑과 관심을 얻지 못하면 다시 유아기의 행동을 하는 것, 환갑잔치에 다시 만난 초등학교 동창생들이 마치 초등학생처럼 즐거운 행동을 하는 경우 퇴행의 예들이다.

⑦ 억압

갈등을 처리함에 있어 가장 흔히 사용되는 것이다. 사회적으로 용납되지 않는 욕구나 고통스러운 감정 및 욕구, 불안, 기억 등의 불편한 사고를 자신의 의식 세계로부터 무의식 세계로 추방하는 무의식적인 과정이다. 그러나 마음속에서 완전히 사라지는 것이 아니라 억압된 채로 있으면서 인격의 특징, 독특한 취미, 습관, 신념에 영향을 주게 된다. 이것이 심각하게 축적되면 정신병적 증상에까지도 영향을 주게 된다. 억압은 고통스러운 사고나 충동이 의식화되려고 할 때 생기는 불안에 대한 1차적인 방어라 할 수 있다. 이것은 거부와 함께 가장 기본적인 방어기제이다.

적응 기제는 흔히 복합적으로 사용된다. 건강한 사람들도 심한 스트레스를 경험하게 되면 대체로 한 두 번씩 독특한 기제를 사용한다. 그리하여 외부의 위협에서 우리를 보호하고 자존감(self esteem)을 유지하게 된다.

03 상담

1. 상담의 개념

상담이라는 용어는 영어의 'counseling'을 우리말로 옮긴 것이다. counseling이라는 말은 라틴어 'consulere'에서 유래한 것으로 그 의미는 '고려하다', '반성하다', '숙고하다', '조언을 받다' 등의 뜻을 포함하고 있다. 그러나 전문기능으로서의 상담은 학자에 따라 다양하게 정의되고 있다.

이영덕과 정원식(1982)은 상담이란 도움을 필요로 하는 사람과 도움을 줄 수 있는 사람 사이의 개별적인 관계를 통하여 새로운 학습이 이루어지는 과정이라고 정의하였으며, 이장호(1991)도 상담이란 도움을 필요로 하는 사람(내담자)이, 전문적 훈련을 받은 사람(상담자)과의 대면관계에서, 생활과제의 해결과 사고, 행동 및 감정 측면의 인간적 성장을 위해 노력하는 학습과정이라고 정의하였다.

이상의 여러 학자들과 다른 학자들의 상담에 관한 정의를 종합하여 이재창(1993)은 상담이란 전문적인 훈련을 받은 상담자가 도움을 필요로 하는 내담자에게 자신과 주위환경에 대한 이해를 촉진시킴으로써 적응과 발달을 할 수 있도록 행동의 변화를 가져오게 하는 상호작용의 학습과정이라고 정의하였다.

2. 상담의 목표

상담의 목표는 상담자의 문제의식, 가치체계, 역할에 대한 지각과 내담자의 문제와 욕구에 따라 조금씩 다를 수 있다. 그러나 상담의 일반적 목표는 학자들 간에 대체로 일치를 보이고 있다. 즉 상담의 기본적인 목표는 내담자에게 영향을 주어 그 행동을 변화시킴으로써 내담자가 보다 생산적이고 만족스러운 삶을 살아갈 수 있도록 하려는 것이다.

3. 상담의 원리

상담은 전문적인 소양을 갖춘 카운슬러가 내담자를 돕는 과정이므로 카운슬러가 상담을 전개할 때에는 기본적인 원리에 바탕을 두고 시작하게 된다.

첫째, 개별화의 원리이다. 인간은 개인차가 있으므로 카운슬러는 개인의 개성과 욕구를 존중하는 가운데 상담이 전개되어야 한다.

둘째, 의도적 감정표현의 원리이다. 자기 자신의 감정을 솔직하게 표현할 수 있도록 허용적이고 자유로운 분위기와 관계를 조성해 주어야 한다.

셋째, 통제된 정서적 관여의 원리이다. 상담관계에서 상담자와 내담자의 정서적 공감은 중요한 요인이다. 내담자의 감정에 대한 카운슬러의 민감한 반응과 이해하는 적극적 태도는 상담과정에서 중요한 역할을 하게 된다. 따라서 카운슬러는 내담자의 정서변화에 민감하게 반응하여 이해해야 한다.

넷째, 수용의 원리로서 상담자는 내담자에게 따뜻하고 수용적이어야 한다. 내담자를 존중하며 특히 비언어적 태도나 표정으로 전달되어야 한다.

다섯째, 비심판적인 태도의 원리이다. 내담자는 자기의 잘못이나 문제에 대해서 나무라거나 책임을 구하거나 질책하는 것을 두려워한다.

여섯째, 자기결정의 원리이다. 상담은 카운슬러가 내담자의 능력과 가치를 인정하고 스스로의 힘에 의해 문제를 해결해 나갈 수 있다는 신념에서 시작되어야 한다.

일곱째, 비밀보장의 원리이다. 상담자는 상담과정에서 일어난 일이나 알게 된 사실에 대하여 절대비밀을 보장해 주어야 한다. 상담은 기본적으로 내담자가 상담자를 신뢰하는 가운데 이루어진 것이므로 상담자는 내담자의 비밀을 지켜 주어야 할 윤리적 의무가 있다.

4. 상담의 이론

1) 정신분석적 상담

정신분석적 상담은 프로이드(Freud)에 의해 사용된 정신분석적 기법들(즉 자유연상, 꿈과 환상의 분석, 투사기법, 최면요법 등)을 이용하여 내담자을 면접하는 것이다. 이는 문제에 대한 무의식적 심리과정과 동기에 대한 이해를 촉진하고 그 근거를 탐색함으로써 현재의 문제행동을 해결하는 것을 치료의 초점으로 삼고 있다. 상담자는 내담자가 자신의 무의식의 세계를 의식화할 수 있도록 그들의 관념이나 느낌, 환상 등을 우선 거리낌 없이 자유롭게 표현하도록 하는 방법을 사용한다. 이 자유롭게 표현된 관념과 환상 속에는 환자들의 무의식적 동기나 갈등의 소재가 담겨 있으므로, 이것들을 분석적인 기법으로 명료화시켜 내담자가 깨닫도록 하는 것이다.

따라서 정신분석적 상담은 내담자로 하여금 무의식적 갈등을 의식화시켜 자기통찰을 통해 스스로를 이해하고, 개인의 성격구조를 재구성하려는데 그 목적이 있다. 인간은 마음속에 있는 무의식적 갈등이 해소되지 않으면 그것이 긴장상태로 남게 되고, 심한 경우 여러 가지 신체적 심리적 증상을 일으키게 된다.

정신분석적 상담에서는 이러한 무의식적 갈등을 의식화시켜 내담자들이 그들의 문제를 직면하고, 그 원인을 이해하고 스스로 적극적인 해결 방안을 모색하도록 돕는 것이다.

2) 개인심리학적 상담

아들러(Adler) 학파의 상담은 아들러의 '개인심리학'의 원리들에 기초하여 집단에서 개인들의 문제를 다루는 접근방법이다. 아들러는 인간의 생물학적 본능 보다는 사회적인 면을 그리고 무의식적인 면보다는 성격의 의식적인 면을 강조하였다. 개인심리학적 상담목표는 다음과 같다.

첫째, 내담자의 열등감을 잘 다룰 수 있게 하는 것이다.
둘째, 상담을 통해 개인에게 소속감을 얻게 하는 것을 목표로 한다.
셋째, 각 개인의 사회적 관심을 개발시키고자 한다.

상담에서의 개인심리학적 접근은 열등감과 그릇된 생활양식의 발달과정에 대한 이해를 통해, 잘못된 생활목표를 변화시켜서 새로운 생활양식을 구성하게 하고 사회적 관심을 가지도록 하는 것이다.

3) 인간중심 상담

로저스(Rogers)의 '자기이론'을 바탕으로 한 내담자중심 상담이라 불린다. 이 이론은 기본적으로 인간에게는 자신을 바람직한 방향으로 성장 발달시킬 수 있는 잠재력이 있다는 철학에 기초하고 있다.

따라서 인간중심 상담에서의 상담자의 역할은 내담자가 자신의 문제를 해결 할 수 있는 능력이 자신 스스로에게 있다는 것을 이해하고 자아실현의 의지를 가지고 인간적인 성숙을 할 수 있도록 돕는 것이다.

따라서 인간중심 상담과정에서의 상담자의 역할은 허용적이고 상호 신뢰 할 수 있는 분위기를 조성함으로써 내담자가 자신의 문제를 있는 그대로를 표현하도록 격려해 주어야 할 것이다(허혜경·김혜수, 2011).

로저스에 의하면, 인간은 누구나 가치로운 존재이며 스스로 결정할 능력과 권리를 갖고 있다, 나아가서 인간은 본래 성장하고 발전하려는 자연적인 능력을 갖고 있으며 외부세계와의 경험 속에서 자기 고유의 것을 구별해낼 수 있고, 이것이 그의 자아개념이 된다. 그리고 자아는 자신의 존재 및 기능에 대한 인식이 발달함에 따라 형성된다.

따라서 상담자는 개인이 처한 문제 자체에 초점을 두지 않고, 인간 그 자체에 초점을 둔다. 특정한 문제의 해결보다는 개인을 도와서 성장하게 하고, 현재나 장래의 문제에 대해서 통합된 방식으로 유연하게 대처할 수 있도록 해주는 것이다.

내담자는 자기가 타인에게 어떻게 지각되며, 대인관계에서 어떤 영향을 주고 있는가를 배우는 가운데 자유가 확대되고 의사소통이 개선되며, 새로운 생각, 행동방향의 설정이 가능해진다. 그리고 변화는 두려움이 아니라 오히려 바람직한 것으로 여겨지게 된다. 이와 같은 학습결과는 상담 장면 이후 여러 생활 장면에까지 확대되고 영속적인 영향을 미치게 된다.

4) 합리적-정서적 상담

합리적-정서적 상담이론은 엘리스(Elis)에 의해 창시된 이론으로서, 인간의 감정과 문제가 대부분 비합리적인 사고로부터 생겨나는 것이라는 믿음에 기초하고 있다. 합리적-정서적 상담은 내담자로 하여금 그들이 가진 문제들이 어떻게 스스로 만들어졌는지, 그리고 문제의 바탕이 되고 있는 비이성적 관념이 무엇인지 지각하게 한다. 또한 내담자의 비현실적이고 비이성적인 관점을 바꾸기 위해서, 자신과 환경 또는 대인관계를 합리적으로 접근하고 수용하도록 논리적인 판단과 자기주장을 강조한다. 이러한 점에서 엘리스의 이론을 '인지적-합리적-설득적인 접근'이라고 말할 수 있다.

이 이론에서는 인간의 성격발달에 대한 뚜렷한 이론이 나타나 있지 않다. 인간은 합리적일 수도 비합리적일 수도 있고, 개인의 감정이나 심리적 불안은 주로 비논리적이고 비합리적인 사고로부터 기인하는데, 만일 합리적인 능력을 극대화하고 비합리성을 극소화 한다면, 정서적 혹은 정신적 불안을 떨쳐버릴 수 있다는 것이다.

5) 행동수정적 상담

행동수정적 접근은 행동주의 이론에 그 기반을 두고 있으며 실험적 연구에서 밝혀진 학습이론을 상담이나 치료에 응용한 것이다. 행동주의자들은 인간의 행동이 자연현상과 마찬가지로 일정한 법칙이 있다고 가정하고, 이러한 법칙을 밝힘으로써 인간의 행동도 예측, 통제, 수정, 변화시킬 수 있다고 보았다.

따라서 정상행동과 이상행동은 모두 동일한 학습 원리에 의해 학습된다는 점이 기본 개념이며 행동수정적 개입방법들은 보다 새롭고 적응적인 행동을 학습시키고, 부적응 행동과 인지를 없애거나 탈 학습시킨다는 학습이론을 바탕으로 하고 있다.

행동수정적 상담과정에서는 개인에 대한 각종 자료, 즉 개인면접과 집단면접, 다양한 심리검사, 관찰되거나 기록된 정보 등을 통한 내담자의 외부로 드러난 행동 그 자체의 수정이 목적이라 하겠다.

이와 같이 표출된 내담자의 문제 행동들은 상담자에 의해 강화 등의 기법을 통해 수정되어 적응행동은 강화되고 부적응 행동을 소거시켜 보다 바람직한 행동을 학습하게 하는 것이다.

5. 집단상담

1) 개념

적절하게 적응하지 못하는 학습자들에게는 개인상담보다 집단상담이 효과적일 수도 있다. 예를 들면, 특정 상황에 대해 지나친 공포를 가졌거나 죄의식을 보이는 경우, 그들은 그들이 가지고 있는 욕구와 갈등을 사회적으로 수용될 수 없는 방법이 최선인 것처럼 해결할 위험이 있다. 이러한 학습자의 경우에는 비슷한 문제를 가진 학습자끼리 문제들을 공유하게 하여 그 문제의 핵심에 도달하게 할 수 있다.

즉 전문적인 훈련을 받은 상담자와 피상담자가 함께 문제를 공유하고 탐색함으로써 그들의 태도를 수용하고 사회에서 받아들여지는 행동의 범위를 이해하게 하는 일련의 상담과정을 말한다.

집단상담의 가치는 다음과 같다(김윤옥·황선희, 2006).

첫째, 집단상담은 내담자로 하여금 자신의 문제를 탐색하고 이 문제를 다른 사람의 감정, 관심, 경험에 노출시키도록 할 수 있다.

둘째, 집단상담은 많은 사례의 내담자를 접할 수 있으므로 실용적이고 효율적이다.

셋째, 집단상담에 참여한 내담자들은 새로운 행동을 즉각적으로 실천에 옮기므로 그들의 행동에 대한 지지와 피드백을 즉시 받을 수 있는 이점이 있다.

넷째, 집단의 흐름을 관찰하면서 보다 안전한 장면에서 스스로 자기를 노출하게 되므로 심리적 부담감이 적다.

다섯째, 서로의 인간관계에 더욱 더 관심을 가지게 된다.

2) 집단상담의 유형

(1) 성장 중심 집단상담

성장 중심의 집단상담은 문제가 없는 보통의 학습자들로 구성된다. 집단원들은 집단의 구조와 상호작용을 통해 개인적인 가치, 신념, 태도 및 결정을 탐색하고 조사하게 되며 궁극적으로는 자신과 타인을 더욱 더 인식하게 되고 이해하고 수용하게 된다.

집단원들은 자기와 연령이나 환경이 유사한 다른 구성원들의 생각과 감정, 행동을 논의하고 비교하는 기회를 가짐으로써 안전, 자기 확신, 소속감을 증진시키고 수용과 보호, 지지, 격려 등의 느낌을 발전시킨다. 따라서 집단원들은 증진된 자기인식을 통해 생활에 대한 통제력을 가지게 되고 보다 효율적인 생활을 할 수 있다.

집단의 구성원은 자발적으로 지원하는 학생들로 구성되며, 강요된 참여는 오히려 해로운 결과를 가져올 수 있으므로 교사는 유의해야 할 것이다. 일단 참여 의사를 밝히면, 연령, 성별, 이전의 배경, 성격 등과 같은 요인을 고려하면서 예비 면접을 실시한 뒤, 집단상담을 해야 한다.

(2) 문제 중심 집단상담

문제 중심의 집단상담 내담자들은 문제를 지닌 학습자들로서, 현재 개인적인 갈등을 겪고 있거나, 지금 해결되지 않으면 앞으로의 건전한 성장과 발달에 장애가 될 수 있는 과거의 개인적 갈등을 극복하려는 내담자들로 구성된다. 상담자는 이러한 내담자들의 개인적인 갈등과 부족한 점을 치료하는 데 초점을 둔다. 그러므로 문제 중심의 집단은 성장 중심 집단보다 더욱 고도로 조직화·구조화되고 통제되며, 상담자는 잡단 내에서 보다 일관성 있는 태도를 취해야 할 것이다.

따라서 집단의 구성은 일반적으로 그들의 보모나 교사에 의해 의뢰되는 경우가 대부분이다. 이러한 문제 중심의 집단에서는 성장 중심 집단에 비해 서로를 신뢰하게 되는 형성기간이 길고, 내담자들의 불안과 저항이 강하기 때문에 이를 극복하기 위해 더 많은 탐색과 활동이 소요된다.

이 경우 내담자들은 대부분 성격적 결함을 가지고 있기 때문에 상담자는 집단을 구성할 때, 각 내담자의 개인적 특성이나 가족력 등 제반 사항을 철저히 알아 두어 그들의 삶에 영향을 미치는 타인(부모, 교사, 친구 등)과도 면담 할 수 있다. 집단의 크기는 3~6명 정도로서 성장 중심 집단에 비해 소규모로 모임을 진행해야 할 것이며, 이 경우 상담자는 반드시 해당 분야의 전문가여야 한다.

3) 집단상담의 기법

(1) 집단과정을 촉진하는 기술

집단과정을 촉진하는 기술에 대해 이장호(1986)는 다음과 같이 제시하고 있다.

① 감정·행동·인지적 내용의 반영 및 명료화
② 초점자료의 탐색 및 요약
③ 직면적 태도의 촉진
④ 반복적 표현
⑤ 관찰된 정보의 제공
⑥ 생산적인 참여행동의 촉진 격려
⑦ 침묵의 자연스런 처리
⑧ 간결하고 의미 있는 의사소통의 시범
⑨ 해석
⑩ 바람직한 종결의 유도

(2) 바람직하지 않은 집단 기술

① 감정표현의 과잉 강조
② 지나치게 지적이고 권위적인 개입
③ 비난하는 듯한 지적 및 행동탐색을 막는 질문
④ 내담자의 각과 행동의 불일치를 부적절하게 직면시키는 행위
⑤ 상담자 자신의 생각만으로 부적절한 요약을 하거나 무책임하게 화제를 유도하는 것
⑥ 지나친 전문적인 용어의 사용
⑦ 감상적·피상적 격려
⑧ 침묵을 다루는 방식에서 내담자들에게 부담을 주는 방법
⑨ 비언어

6. 사이버 상담

정보화 시대에 따른 뉴미디어 시대의 대두는 오늘날 새로운 문화의 양상을 보여주고 있다. 뉴미디어의 상징인 인터넷은 전 지구로 하나로 묶는 역할을 하였으며 지구촌, 세계화시 바람을 몰고 왔다. 전 세계는 네트워크로 하나가 됨으로써 수많은 정보와 지식들을 수많은 사람들이 공유하게 된 시대가 도래한 것이다.

세계 어느 곳에 가든지 개인 휴대 컴퓨터나 스마트폰, 또는 컴퓨터 부스에서 실시간 정보를 얻을 수 있고, 과거와는 달리 즉각적인 쌍방 통신도 가능하게 되었다. 그리고 우리나라는 「국가정보화백서(2008)」에 의하면, 정보화에 이용될 수 있는 TV 보유율, 컴퓨터 보유율, 인터넷 이용 가입자율 등을 감안하면 정보화 지수가 세계 1위인 정보화 대국이다.

따라서 컴퓨터와 스마트폰 등의 기기가 일반화되면서 상담의 방식도 변화하고 있다. 전통적인 면 대 면 상담이나 전화 상담에 비추어 사이버 상담(Cyber Counseling)이 보편화 되고 있는 추세이다.

사이버 상담은 말 그대로 가상의 공간에서 이루어지는 전문 상담을 말한

다(임은미 외, 2000). 사이버 상담은 내담자의 문제를 해결하고 생각, 감정, 행동상의 성장을 위해 노력하는 상담의 과정을 사이버 공간에서 수행하는 것을 의미한다(한용진 등, 2009). 그러므로 대면상담과 목적은 동일하지만, 그 목적을 위해 사용하는 매체가 다르고, 그 방법상의 특징을 인해 전통적인 상담과 여러 가지 차이가 있다.

1) 사이버 공간의 특징

사이버 공간의 특징은 다음과 같다(한국정보문화센터 편, 1995).

첫째, 세계의 이미지화이다. 컴퓨터 그래픽과 미디어의 발달로 무의식과 상상의 세계 등, 우리가 주관적 시각에서 볼 수 없는 세계를 영상화 시각화하여 객관적으로 볼 수 있다.

둘째, 커뮤니케이션의 동시 공존이다. 언제 어디서나 매체의 종류에 따라 다양한 커뮤니케이션이 가능하다. 사람, 매체, 정보가 동시에 존재하는 양상이다.

셋째, 지각 방식의 이중화이다. 종래에는 우리가 볼 수 있는 것만 보아 왔으나 현실세계와는 달리 가상현실(Virtual reality)을 통해 지각방식이 동시에 성립되므로 인간의 지각과 이해에 엄청난 영향을 미치게 된다.

2) 사이버 상담의 역사

1970년대 말, 상담 영역에 컴퓨터가 들어서기 시작한 이후 온라인 상담, 온라인 진단 등 컴퓨터 통신을 매체로 한 상담 방법들에 대한 연구가 나타나기 시작하였다. 그러나 개인용 컴퓨터의 보급이 미흡한 상태에서 일반화되기는 어려웠다. 1980년~1990년대 들어 컴퓨터가 상담자와 내담자를 연결 해 주는 역할을 본격적으로 하기 시작하였고 많은 내담자들이 컴퓨터를 통해 진단 및 평가를 받는 것이 가능해졌고 상담까지도 받을 수 있게 된 것이다. 1990년대 이후, 컴퓨터 통신과 인터넷을 이용하는 사람의 수가 급증하면서 이에 부응하여 사이버 상담의 서비스 제공도 급격히 증가하게 되었다.

2000년 이후, 개인용 컴퓨터의 보급이 활성화되면서, 다수의 사이버 상담실이 개설되었고, 그 대표적 운영사례는 1991년 사설 BBS로 시작 된 '등대', 1993년에 개설된 '사랑의 전화' 등을 필두로 최근 약 30여개의 상담기관이나 단체가 컴퓨터 통신 또는 인터넷을 통한 상담 서비스를 하고 있다(이윤주, naver 블러거 '신인연법' 참조).

3) 사이버 상담의 특징

사이버 상담의 특징은 다음과 같다(한용진 등, 2009).

(1) 컴퓨터를 이용한 상담

사이버 상담의 외형적 특징으로서는 상담자와 내담자가 실제로 만나서 상담이 이루어지는 것이 아니라 컴퓨터를 매체로 하여 상담자와 내담자가 의사소통을 하게 된다는 점이다. 상담자는 내담자의 문제나 감정, 생각, 행동상의 특징을 단지 컴퓨터 모니터 화면에 올라온 문자나 영상 등을 통해 파악할 수 있다.

(2) 시간적 제약의 극복

면 대 면 상담이나 전화 상담은 상담이 이루어지는 데 있어서 시간적인 제약이 있다. 면 대 면 상담의 경우, 상담자와 내담자가 시간이 맞아야 상담이 가능하지만 사이버 상담의 경우에는 즉시 이루어지는 채팅을 제외하면, 실시간 내담자는 상담실을 방문할 수 있다.

사이트에 올려놓은 다양한 상담사례를 통해 내담자는 그들의 문제들을 실시간 해결할 수 있고, 그 외 도움을 받을 수 있는 다양한 자료나 동영상을 통해 상담자가 근무하지 않는 시간에도 도움을 받을 수 있다.

개인적으로 도움이 필요한 경우에는 E-Mail을 이용하기도 한다.

(3) 공간적 제약의 극복

면 대 면 상담에서는 내담자가 상담실을 방문해야만 한다. 이 경우 내담자는 상담실까지 가는 교통, 거리 등의 물리적 상황을 고려해야하고 더구나 상담자는 상담을 위한 바람직한 물리적 시설을 해야 한다. 그러나 사이버 상담은 가상공간에서 이루어지므로 공간적인 제약이 없다.

(4) 문자중심의 의사소통

사이버 상담은 주로 문자를 통해 내담자의 문제나 감정, 사고 등을 전달한다. 그러나 문자 중심의 의사소통은 전달하려는 내용이 간단하거나 명료할 때에는 사용이 가능하지만, 문제가 모호하거나 미묘한 정서 등이 문제에서는 소통의 어려움이 있다.

(5) 익명성

면 대 면 상담에서는 내담자의 각종 인적 사항이 기록되지만, 사이버 상담에서는 자신의 이름을 드러내지 않는다. 따라서 상담자는 내담자가 스스로 제시하지 않는 한 내담자의 직업, 가족 등의 인적 사항에 접할 수 없다. 또한 내담자의 목소리도 듣지 못하므로 내담자의 한정된 정보만을 가지고 상담을 진행해야 하는 단점이 있다.

4) 사이버 상담의 종류

(1) 실시간 채팅 상담

채팅(Chat Rooms)은 통신망으로 연결된 컴퓨터에서 문자 메시지를 통해 대화를 하는 것을 의미한다. 이러한 채팅은 상담자와 내담자간에 서로 얼굴을 보지는 못하지만 직접 대화하는 듯한 느낌을 받을 수 있다는 이점이 있다.

(2) 이메일 상담

전자우편(E-Mail, Electronic Mail)을 통한 상담으로서, 컴퓨터상의 전자편지를 통해 상담자와 상호작용하는 것을 의미한다. 내담자는 자신의 문제나 갈등을 전자우편을 통해 상담자의 주소에 올려놓으면, 상담자는 그 해결책을 내담자의 전자주소로 발송하여 상호작용하게 된다. 실시간 채팅과는 달리 비교적 자세하게 내담자는 그들의 상황이나 문제들을 문자로써 표현하기도 하고, 또는 첨부파일을 통해 필요한 사진 등의 영상 자료를 상담자에게 제시할 수 있으므로 보다 심도 깊은 상담이 가능하다.

(3) 게시판을 이용한 상담

사이버 상담실의 메뉴에 게시판을 개설하여, 내담자가 자신의 문제를 게시판에 올려놓으면, 상담자 또는 내담자와 유사한 경험을 한 적이 있는 또 다른 내담자가 문제를 공유하여 그 해결책을 제시하는 상담방법을 말한다. 그러나 이 경우, 상담자가 내담자의 문제에 개입할 경우에는 문제가 없지만, 비슷한 문제를 가진 또 다른 내담자가 주관적인 개입을 하게 되면, 부작용을 초래하는 수가 있음을 상담실 운영자는 고려해야 할 것이다.

연구문제

1. 생활지도의 기본방향과 필요성에 대해 약술하시오
2. 생활지도의 제 영역에 대해 설명하시오.
3. 각종 적응기제에 대해 설명하시오.
4. 상담의 이론에 대해 설명하시오.
5. 사이버 상담이란 무엇이며, 인터넷에서 사이버상담의 주소를 검색하시오.
6. 최근 학교 현장에서 체벌에 대한 논의가 활발하다. 체벌문제에 대한 본인의 견해를 피력하시오.

CHAPTER

11

교육행정의 이론적 기초

개 요

교육행정이란 무엇인가? '교육에 관한 행정'인지 아니면 '교육을 위한 행정'인지 개념상의 차이는 무엇일까? 이러한 개념적 이해는 교육행정을 쉽게 접할 수 있게 할 것이다.

그리고 교육행정이론은 시대별로 어떻게 변해왔을까? 교육행정이론의 발달과정은 크게 고전이론, 인간관계론, 행동과학론, 체제이론으로 전개되었다. 또한 통합적 관점에서 교육행정이론을 구분해 보면, 합리적 체제, 자연적 체제, 개방적 체제의 세 가지 관점으로 분류할 수 있다.

학습목표

교육행정의 개념을 알고 정의할 수 있다.
교육행정이론의 발달과정을 알 수 있다.
통합적 관점에서 교육행정이론의 발달과정을 분류할 수 있다.
교육행정과 학교와의 관계 속에서 다양한 유형을 분석할 수 있다.

01 교육행정의 이론적 기초

1. 교육행정의 개념

교육행정의 개념은 교육과 행정의 관계 설정에 따라 다양하게 해석될 수 있다. 일반적으로 교육행정의 개념적 논의는 크게 세 가지 관점에서 이루어지고 있다.

1) 법규해석적 관점

공권설적인 관점으로, 교육행정은 교육정책을 실현하는 수단으로써 법규에 따라 교육업무를 지도·감독하는 것이라 본다. 따라서 '교육에 관한 행정'으로 개념 규정을 할 수 있는 공권적 작용은 교육운영을 중앙집권적이며 관료적인 통제 하에 두기 때문에 교육활동의 자율성과 독창성을 위축시킬 수 있다.

이러한 견해는 교육행정을 교육정책을 실현하는 수단으로써 법규에 따라 교육업무를 지도·감독하는 것이라 본다. 따라서 '교육에 관한 행정'으로 개념 규정을 할 수 있는 공권적 작용은 교육운영을 중앙집권적이며 관료적인 통제 하에 두기 때문에 교육활동의 자주성과 자율성을 침해할 수 있다.

2) 조건정비적 관점

조건정비적 관점은 기능설적인 관점으로, 교육행정은 학교의 교육활동이 가능하도록 도와주고 그것에 봉사하는 활동이라 보는 것이다. 즉 교육행정을 '교육을 위한 행정'으로 교육목표를 효과적으로 달성하기 위한 봉사활동으로 행정의 수단성을 강조하는 입장이다.

캠벨(R. F. Campbell)은 '교육행정을 교수와 학습을 조장하기 위하여 고안된 기관의 경영'으로 행정은 교수학습의 필요에서 발생하는 것으로 교육행정은 수업의 목표를 달성하기 위한 수단이지 목적은 아니라는 것이다.

김종철(1985)은 교육행정을 사회적·공공적·조직적 활동에서 교육을 대상으로 하고 교육목표의 설정, 그 달성을 위한 인적·물적 조건의 정비·확립, 목표 달성을 위한 계획과 결정, 집행과 지도, 통제와 평가 등을 포함하는 일련의 봉사활동을 지칭하며, 학교조직에서의 집단적 협동 행위를 위하여 효과적으로 지원하는 것을 본질로 하는 작용이라 하였다.

이상과 같이 전자는 교육행정에 관한 법규해석적 또는 공법학적 입장이라고 하여 행정의 분류적 내지 종합성을 강조하고 있으며, 후자는 조건정비적 또는 기능학설적인 접근이라고 하여 교육행정의 내용적 또는 독자성을 강조하는 입장이다(강길수, 1983). 이러한 구분은 교육행정이 일반행정과의 관계를 멀리할 수도 없고 그러면서도 타 행정이 물적인 것을 대상으로 하는 것과는 달리 '사람의 교육'을 대상으로 하는 것이라는 특성 때문에 그 독자성은 타 행정보다 상당히 더 요청되는 것이다.

3) 경영설적인 관점

경영설적인 관점에 의하면 교육행정은 교육목표를 달성하기 위하여 필요한 교육조건을 갖추어 교육활동의 전 과정을 합리적으로 경영 관리하는 활동으로 보는 것이다. 이 견해는 경영학의 체제분석이론을 교육행정에 도입하여 교육목표를 달성하기 위한 하나의 조직체를 운영하는 데 있어서 그 체제를 투입(input), 과정(process), 산출(output)로 보고 그 변인들을 중심으로 행정의 지원, 관리활동이 이루어지는 것을 교육행정으로 보는 것이다.

따라서 이러한 교육경영의 입장에서는 어떤 학생을 기르기 위하여 어떤 교육조건을 갖추어 어떻게 교육시킬 것인가에 초점을 둔다. 이때 교육행정은 어떤 학생을 기를 것인가에 목표를 두기 때문에 교육목표, 교육조건, 교육활동은 적절히 조정될 수 있다. 특히 이러한 교육조직 체제에서는 조직책임자들의 학교교육에 대한 민주적 지도성과 아울러 교사들의 협동적인 체제에서는 동적인 집단과정이 교육목표 달성에 대단히 중요한 역할을 한다(정태범, 1989).

민주적 교육행정은 변화의 흐름에 능동적으로 대응하며 나아가 조직과 구성원간의 상호작용의 파트너십 체제가 공유되며 '조직적 협동행위' 또는 '공동목표를 달성함에 필요한 협동적 단체 활동'으로 볼 수 있다. 그러므로 대부분의 교육행정의 연구는 공권설과 기능설을 통합론적인 관점에서 제시하는 통합적 관점도 고려할 수 있다.

그 밖의 행정과정론으로 행정과정(administrational process)은 계획 수립에서 실천·평가에 이르는 행정의 전체 경로를 가리킴과 동시에 이 경로 속에서 이루어지는 행정 작용의 제 구성요소를 의미한다. 따라서 이 정의는 행정의 일반기능이 무엇이며, 행정은 어떠한 순환적인 경로를 밟아 이루어지고 있는가에 초점을 두고 교육행정을 정의하는 관점이다(윤정일 외, 2009).

교육행정(educational administration)과 유사 개념으로 사용하고 있는 교육경영(educational management), 학교행정(school administration)을 살펴보면 다음과 같다. 교육경영은 고도로 불확실하고, 구조화되어 있지 않으며 기획도 되어 있지 않아 하나의 결론을 매듭지어 나가는 경영관리의 과정이라고 할 수 있다. 이에 비해 교육행정 또는 학교행정은 고도의 확실성과 구조화되고 계획된 결정을 달성하기 위한 하나의 경영관리의 과정이다. 따라서 행정은 비교적 객관적 강제성을 띠고 있는 반면에 경영은 비교적 주관적 융통성을 내포하고 있다고 볼 수 있다.

2. 교육행정학의 개념

교육행정의 근간은 교육이 무엇인지에 대한 근본적인 이해와 파악이 있어야 한다. 우선 동양에서의 교육은 지덕체(智德體)를 핵심으로 하는 선(善)과 덕(德)이라 보며, 서양에서의 교육은 '정신적으로 또는 도덕적으로 개발하여 키운다(to develop and cultivate mentally or morally)'라는 의미를 지니고 있다. 따라서 동서양의 고금을 통하여, '선(善)과 덕(德)'의 구체적인 내용은 시대와 국가에 따라서 다를 수 있지만 그것이 교육의 목표임에는 재론의 여지가 없을 것이다. 그러나 이러한 선과 덕을 '깨우치고 이끄는', 즉 가르치는 일과 한편 배우는 행동이 없이는 교육이 이루이지지 않는다. 여기서 우리가 유의해야 할 것은 선과 덕이 아닌 가르침과 배움은 훈련(training)은 될지 몰라도 교육(education)이라고 하기에는 어렵다는 점이다. 그리고 '지식의 체계화 또는 조직화(organized knowledge)'를 하나의 학(science)으로 볼 때, 선과 덕에 관한 지식을 체계화한 것은 (교육)목적론이고 가르침과 배움에 관한 지식의 체계화는 (교육)의 방법론이다.(Anderson, 1991) 그리하여 교육학은 우선 이 둘, 즉 목적론과 방법론을 중심으로 구성되어 왔고 또 앞으로도 이 둘이 교육학의 중심임에는 변함이 없을 것이다.

그런데 교육은 의무 교육화되면서부터 공공성과 무상성, 그리고 전문성이 강조되는 '학교에서의 교육'이 전적으로 대두됨에 따라 학교교육이 교육의 중심 역할을 하게 되었다. 그리하여 학교에는 교육의 목적과 방법에 맞도록, 즉 교육의 목적이 가장 잘 달성되도록 하는 가르침이 되고 배움이 되게끔 이바지해야 한다. 교육행정학은 교육목적을 잘 달성하도록 하는 교육 방법을 지원하는 데에 관한 모든 지식의 체계화로 볼 수 있다. 이것은 곧 교육학에 목적론과 방법론을 중심으로 운영론까지 포함하는 것으로 볼 수 있다.

교육행정학의 중심 개념으로는 조직, 과정, 환경을 들 수 있다. 우선 조직(organization)은 교육행정가의 대표적인 개념으로 조직만으로는 행정이 이루어지는 것은 아니다. 어떤 조직이든 간에 일정한 여러 일로, 즉 과정으로 행해지지 않으면 아니 되기에 과정(process)이 조직 다음의 중요한 개념이 되어야 한다. 운영을 의미하는 과정에는 계획하기, 조직하기, 지시하기, 조정하기 및 통제하기를 근간적 과정으로 보고 있는 것이다. 이 다섯 가지는 원래 과정이라기보다는 행정의 요소라고 하여 나아가서는 행정의 정의라고까지 말하며 중요시되어 오고 있는 것이기도 하다.

다음의 개념은 환경(environment)으로 행정행위는 주로 사람, 시설, 돈 등의 각자 내지 복합적인 일정한 사회적 배경(social setting)이나 환경 또는 상황을 떠나서는 있을 수 없다. 따라서 교육행정은 선·덕이라는 교육목적을 포함하여 조직과 과정과 상황에 관한 모든 지식을 필요로 하는데, 바로 이들 지식의 체계화 내지 조직화가 교육행정학인 것이다.

행정은 실제를 변화시킨다는 점에서 수단적 성격을 갖지만 그러한 변화가 있기 위해서는 세밀하고 힘든 연구·관여·지도성의 실제가 있어야 한다. 나아가 그러한 변화가 있기 위해서는 정치적 행동이 수반되어야 하며 신뢰하는 동시에 비판적으로 반성하는 정신의 틀을 갖추어야 한다.

3. 교육행정의 발달 과정

교육행정의 역사에 대한 이해와 학문적 성격을 규명하기 위하여 교육행정학의 학문적 원류를 고찰해 볼 필요가 있다. 교육행정 이론은 대체로 세 가지 일반적 단계, 즉 고전적 조직이론(1910~1935), 인간관계론(1935~1950), 그리고 행동과학적 접근(1950~)으로 나누어 볼 수 있다(Hoy, 1996).

고전적 조직이론은 과학적 관리와 관료제로 대표된다. 이 이론들의 주요 관심사는 능률(efficiency)이며, 인간은 부차적 존재로서 현행 학교의 과학적 작업분석을 토대로 하는 경영론적 접근과 일맥상통하다고 볼 수 있다.

인간을 중시하는 인간관계론은 제1차적 통제 대상이 조직의 비인간적 요소이며, 통제 방식과 성격은 인간관의 성격에 의해 결정되며, 통제의 궁극적인 목적은 사회적 능률성의 제고로 전환하게 되었다.

현대에 만연된 행동과학적 접근은 공식적 조직과 비공식적 조직에 대한 인식에 균형을 갖게 하였다. 행동과학적 관점은 부분적으로 앞의 두 가지 시각의 종합인 바, 그 분석은 현대 행동과학과 사회과학의 방법을 이용하고 있다. 즉 행동과학은 인간행동에 관한 전문적 지식의 발달, 인간행동 연구를 위한 연구방법의 발달, 조직행위에 있어서 인간들이 추구하는 바로서의 예리한 통찰력을 제공하는 이론적 개념의 발달을 가져온 것이다.

1950년대 이래 행동과학적 단계는 조직 연구의 분야가 점점 논쟁적이고 복잡하게 되어가면서 계속 변화하고 발전하게 되었다. 그 복잡성은 조직과 관리과정에 대한 통합적 접근으로써 세 가지로 구분되는 체제적 관점, 즉 합리적, 자연적, 개방적 체제접근을 들 수 있다(Evers, 1996).

1) 합리적 체제

합리적 체제의 시각은 조직을 특정 목적을 성취하기 위하여 설계된 공식적 도구로 본다. 합리성은 일단의 행위가 미리 결정된 목적을 최대의 효과성을 가지고 성취되도록 조직되고 이행되는 정도이다. 또한 이 접근은 조직에 관한 과학적 관리자들의 고전적 사고에 그 뿌리를 두고 있다. 따라서 조직의 행동은 유목적적이고 규율적이며 합리적인 것으로 파악된다. 합리적 체제 이론가들의 관심사와 개념은 '정보', '효율성', '최적화', '이행', '합리성'과 같은 용어로 전달된다. 뿐만 아니라 조직의 맥락 속에 있는 개인 의사결정자의 한계성이 제기된다. 따라서 공식적 권위, 규칙과 규정, 순종, 목표, 사명, 협동 등의 개념이 합리성의 핵심 요소이다. 합리적 체제의 시각에 서 있는 사람들은 조직행동을 결정하는 것으로 목적과 공식적 구조의 중요성에 초점을 맞추고 있다.

2) 자연적 체제

자연적 체제의 시각은 조직에 대한 합리적 체제의 시각과 대비되는 또 다른 관점을 마련해 주고 있다. 자연적 시각은 1930년대 인간관계적 접근에 뿌리를 두고 있다. 이 시각은 주로 과학적 관리자들과 합리체제 모델의 부적절성에 대한 인식에 대응하여 반작용으로 발전되었다. 합리체제의 지지자들이 조직을 특정 목적을 달성하기 위해 의도적으로 만들어진 구조적 조정으로 인식하는 데 반해, 자연체제의 지지자들은 조직을 기본적으로 특정 상황에 적응하고 또 그 속에서 살아남으려고 노력하는 사회적 집단으로 본다. 이들은 일반적으로 조직의 중요한 속성으로서 목적을 무시하는 것처럼, 이들은 또한 목적을 성취하기 위해 구축된 공식적 구조를 중요하지 않게 생각한다.

3) 개방적 체제

개방적 체제의 시각은 조직행동이 외부의 힘과는 무관한 별개일 수 있다는 비현실적인 가정에 대한 반작용으로 조직이 환경의 영향을 받을 뿐만 아니라 의존하고 있다고 본다. 조직은 환경에서 투입(input)을 받아 이를 변형(transformation)하고 산출(output)한다. 따라서 이러한 시각은 구조와 과정에 관심을 두는 역동적인 체제로서 역할과 관계성에 관심을 갖는다. 생존하기 위해서는 조직은 적응해야 하며, 적응하기 위해서는 조직은 변해야 한다. 따라서 조직과 그 환경의 상호의존성은 결정적으로 중대하다.

이상을 종합해 보면, 합리적 체제 시각을 지지하는 사람들은 조직 행동을 결정하는 것으로 목적과 공식적 구조의 중요성에 초점을 둔 반면, 자연적 체제 분석가들은 다른 모든 사회집단들과 마찬가지로 조직들도 생존이라는 기본목적에 의해 일차적으로 움직인다고 주장한다. 다시 말해서, 합리적 체제 관점은 개인 위에 있는 것으로 구조의 중요성을 강조한 반면, 자연적 체제 시각은 구조 위에 있는 것으로 개인을 강조한다. 다음으로 개방적 체제 시각은 조직이 환경의 영향을 받을 뿐만 아니라 조직이 환경에 의존하고 있다는 것을 인정한다. 오늘날 학교와 같은 조직은 상호의존적 관계로 묶어진 상호 작용하는 인성들로 구성되어 있는 사회체제이다.

4. 교육행정과 학교

교육행정이 학교교육의 주체(목적)인지 아니면 학교교육의 객체(수단)인지로 양분하고, 또 다른 관점에서는 학교가 교육기능을 독점(폐쇄체제)하는지 아니면 사회제도와 공유(개방체제)하는지의 분류 체계를 통해 분석하면 다음과 같다.

1) 학교의 교육 기능 : 독점 대 공유

학교의 대안적 실재를 구성하기 위한 핵심 가정은 우선 학교가 교육기능을 독점하느냐 아니면 환경의 다른 사회제도, 즉 가정, 지역사회 등과 교육기능을 공유하느냐 하는 것이다. 학교가 교육을 독점하는 경우 학교는 비교적 폐쇄체제로서 자급자족할 수 있는 독점사업인 반면 독점이 불가능하다고 볼 경우 학교는 개방체제로 외부환경과 공생관계 혹은 경쟁관계를 갖는다.

학교가 독점체제냐 공유체제냐 하는 가정은 학교교육의 의사결정에 누가 참여할 수 있느냐 하는 참여자의 범위를 결정짓는 잣대가 된다. 물론 이 차원만으로는 상대적으로 누가 또는 어느 집단이 의사결정의 주도권을 가져야 하는가의 결론을 도출할 수 없다. 학교가 교육을 독점할 경우 학생의 교육은 학교의 활동만으로도 충족되는 만큼 학교를 둘러싼 관계의 망은 비교적 단순하여 교육의 의사결정에 참여할 수 있는 자는 교육주체로 국한한다. 이 범주에 속하는 교육의 주체는 교원, 학부모, 학생인데, 이 중 학생은 판단능력이 충분히 발달하지 못한 단계여서 부모가 대리인으로 의사결정을 하기 때문에 교원과 학부모가 주된 참여 주체가 된다.

반면 학교가 외부 사회제도와 교육의 공유체제를 유지한다면 학교는 다양한 교육적 기능을 행사하는 많은 제도 중에서 비중이 큰 제도일 뿐이다. 따라서 학교의 교육기능은 여타 제도와 유기적 관계 속에서 완성되어 나가는 것이므로 학교의 관계망은 복잡하고 그 폭은 커지게 된다. 따라서 학교의 의사결정에 대한 참여의 범위는 교육주체만이 아니라 교육기능을 분담하는 이해관계 집단(interest group)으로 확대된다. 따라서 직·간접적으로 이해관계를 가진 자나 집단은 학교의 의사결정에 참여할 기회를 요구할 수 있다. 여기서 문제는 이해관계가 있고 없고를 구분하는 한계를 명확히 긋기가 어렵다는 점이다(김성열, 1997).

〈교육기능 독점〉
* 의사결정 참여의 범위 : 교육주체(교원 / 학부모 / 학생)

〈교육기능 공유〉
* 의사결정 참여의 범위 : 교육기능 공유 집단

그림 11-1 ┃ 학교의 핵심가정(세로축 : 교육기능의 독점 여부)

2) 교육행정의 관점 : 통제 대 봉사

학교의 대안적 실재를 구성하는 핵심 가정으로 교육행정의 관점을 법에 근거한 지시·감독의 통제로 볼 것인지 아니면 행정의 수단을 강조하는 봉사활동으로 볼 것인지 하는 것이다. 전자를 규제주의라 한다면 후자는 조장주의라 할 수 있다. 앞에서 학교의 개방 또는 폐쇄의 관점이 의사결정에 참여할 자의 범위를 결정짓는 잣대가 된다고 하였는데, 이 통제의 주체는 참여자의 범위가 결정되었을 때 결정의 주도권을 누가 가져야 하며, 결정의 준거를 무엇으로 설정해야 하느냐를 지시해 준다.

규제주의를 취할 경우 학교활동에 행정적인 측면을 지나치게 부각시켜 의사결정의 주도권은 교육행정가로서 중앙 또는 지방교육행정기관의 관료와 학교행정가들이 가지며, 결정의 기준은 교육주체자(교사, 학부모, 학생)의 요구·희망·가치가 아니라 교육에 관한 법규와 교육행정가의 사고, 교육행정의 사무적 행태가 될 것이다.

반면, 조장주의를 취할 경우 교육의 행정적 측면은 학교활동에 있어서 규제가 아니라 교육주체자를 위해 서비스를 제공하는 측면으로 바뀐다. 의사결정의 주도권은 교육행정가들이 아니라 교육 주체자들(교사, 학부모, 학생)에게 있고 그 기준은 교육 주체자들의 요구·희망·가치로서 교육의 목적과 본질적인 측면에 두고 있다.

〈규제주의〉	〈조장주의〉
* 결정기준	* 결정기준
각종 법규와 교육행정가의 사고	교육 주체자(교사, 학부모, 학생)의
교육행정의 사무적 행태	요구 · 희망 · 가치

그림 11-2 학교의 핵심 가정(가로축 : 교육행정의 관점)

3) 교육행정의 개념적 유형

교육의 개방여부와 교육행정의 관점이라는 두 가지 핵심 가정을 결합하면 그림과 같이 학교의 대안적 실제로서 네 가지의 학교 유형으로 구성된다.

첫째, 학교의 교육독점을 전제하고 조장주의 교육행정의 관점을 취할 경우 학교는 '독점-조장주의 패러다임'에 속한다. 현재 우리 학교의 모습이 이 패러다임에 가장 근접하고 있는 상태라 할 수 있다. 교육이라는 서비스는 학교가 전매하고 있으며, 교육행정은 교육을 위한 수단적 관점에서 봉사하고 지원하는 체제를 유지하는 형태이다. 의사결정권은 교육관료나 학교행정가에서 차츰 교사, 학부모, 학생으로 의견 수렴의 정도가 확산되고 있다는 것을 의미한다. 폐쇄적인 학교체제 속에서는 학교를 중심으로 교육체제를 유지하므로 소비자 위주의 교육체제를 구축하기 위해서는 소비자의 선택권을 확대하는 교육행정이 실행되어야 할 것이다.

둘째, 학교가 교육기능을 독점하고 교육에 관해 지시·통제하는 간섭위주의 교육행정을 취할 경우 '독점-규제주의 패러다임'에 속한다. 과거와 현재의 일부 학교의 패러다임으로 학교가 교육을 독점하는 폐쇄적인 형태로 교육행정은 교육활동을 지원해 주는 측면보다는 간섭하고 통제하는 교육에 관한 행정의 모습을 보이고 있다. 교사의 전문성은 상대적으로 위축되고 교육행정가의 의사결정권은 강화되어 학교·학교행정 중심의 경영 형태로 가장 비효율적·비생산적인 학교운영 방식으로 볼 수 있다.

셋째, 행정이 교육을 규제하고 간섭하되 학교의 교육기능을 공유하는 개방체제를 취할 경우 '공유-규제주의 패러다임'에 속한다. 후기 산업사회에서 사회의 급격한 재분화의 결과 교육의 내용, 시기, 장소에 따라 다원적이고 다변화한 교육요구가 나타나며 학교만으로는 이들 요구를 감당해 내기 어렵게 된다. 따라서 가정과 지역사회의 각종 기관과 유기적인 협력 하에 학교가 중심적인 센터 구실을 하면서 사회의 교육자원을 활용한다. 이를 위해서는 과거지향적 관료형태와 법률지향적인 공권설 형태에서 '교육을 위한 행정'의 교단지원중심 체제로 전환해야 할 것이다.

넷째, 학교가 교육의 기능을 여타 사회제도와 공유하면서 교육활동을 지원하고 봉사하는 형태를 취할 경우 '공유-조장주의 패러다임'에 속한다. 여기에서 학교는 개방체제로의 전환으로 자율학습, 개별화 학습의 형태를 지향하여 지역사회가 갖고 있는 제반 교육자원을 효과적으로 활용할 수 있도록 유도하고 조언하는 기능을 한다. 나아가 교육에 대한 본질을 인식하여 '교육을 위한 행정'형태로 교육관료나 교육행정가의 의사결정권이 교사, 학생, 학부모들에게 이양되어 있는 행정의 수단성을 강조하는 입장이다. 이러한 학교는 개방화·세계화의 조류에 힙 입어 많이 논의되고 있는 장기적이면서 실행 가능성이 있는 바람직한 학교형태로 볼 수 있다.

	규제주의 교육행정	조장주의 교육행정
교육기능 독점	독점-규제주의 패러다임	독점-조장주의 패러다임
교육기능 공유	공유-규제주의 패러다임	공유-조장주의 패러다임

그림 11-3 | 교육행정의 개념적 모형

02 교육행정의 방향 모색

기존의 교육행정관에 비추어 볼 때, 최대의 관심사는 학교가 교육 기능을 독점하느냐 아니면 다른 환경과 공유하느냐 하는 관점과 교육행정이 교육의 수단이냐 아니면 목적이냐의 이분론적 접근을 들 수 있다. 다시 말하면 학교의 개방-폐쇄체제 우위론과 교육행정의 규제-조장주의 우위론으로 양분되어 있다는 것이다. 이것은 교육주체자의 역할 수준에서 본다면 학교와 교사는 아동들 때문에 존재하며 교장과 교육행정가는 학생과 교사 때문에 존재한다. 그렇다면 교육행정은 아동의 수업을 지원하기 위한 보조수단으로써 존재해야 할 것이다. 이렇듯 공유된 모든 핵심 사고는 학생을 위한 수업의 질 개선에 있으므로 학생과 수업을 중심에 놓고 보는 사고의 전환이 있어야 할 것이다. 따라서 교육행정에 대한 사고의 전환은 학생 개개인으로부터 모든 공동체에 이르기까지 다중 수준의 체제적인 접근이 요구된다. 그러므로 교육 현대화 관점에서 공유-조장주의 패러다임에 근거한 교육행정의 방향을 모색하고자 한다.

첫째, 행정과업의 관점에서 업무는 대체적으로 수업, 장학, 관리, 행정지원봉사, 학생을 위한 특수봉사로 나누어 볼 수 있다. 학교교육에서 가장 중요한 과업은 수업으로 나머지는 수업을 지원해 주어 학습 성취를 극대화하기 위한 하나의 수단이다. 행정업무가 수업의 보조 수단이지만 또한 수업에 대한 관리, 수업의 효율성을 극대화하기 위한 직·간접적인 지원체제로 볼 수 있다. 현 시점에서 볼 때 교육행정 과업에 대한 관점은 규제주의에서 조장주의로 변해가고 있다. 즉 법규에 근거한 상위자의 지시, 명령의 차원이 아니라 교육주체자들(교사, 학부모, 학생)을 위해 요구·희망·가치에 따라 다양한 서비스를 제공하는 측면으로 바뀌고 있다. 이것은 단편적이고 분석적인 차원에서 총체적이고 종합적인 형태로 과업이 이동하고 있다고 볼 수 있다.

주삼환(1995)은 교사, 행정가, 직원 때로는 학생과 학부모까지 학교운영에 참여시켜 학교교육의 질 관리와 교육 주체자들에게 학교 선택권을 확대 보장하며, 교육의 질을 개선하기 위해 결과보다 과정을 중시해야 한다고 하였다. 따라서 학교는 폐쇄체제에서 개방체제로 전환하여 다양한 학교조직을 운영하고 다른 교육기회와의 상호의존관계를 형성하여 교육 관련자들이 학교운영에 적극 참여하도록 교육체제로의 전환을 시도해야 할 것이다.

또한 교육행정가의 권한 이양과 함께 대두되는 문제는 교사의 책무성을 들 수 있다. 교사는 자신의 전문적 성장을 위해 끊임없이 노력해야 할 것이다. 전문직 종사자로서 자신의 전문성을 신장시키는 일은 교사의 일차적인 책무가 아닐 수 없다. 나아가 학생에 대한 깊은 인간적 관심과 배려는 교육성립의 기본 전제가 되어야 할 것이다.

둘째, 구조적인 관점에서 보면, 교육행정 구조의 변화는 중앙의 관리 통제에서 분권화(decentralization)로의 이양이 세계적인 경향이다. 서구에서는 학교단위 자율경영 책임제가 채택되어 학교 단위에서 인사, 재정 등 실질적인 권한을 행사할 수 있도록 구조적 개혁이 이루어지고 있다. 이러한 권한 이양은 교사와 학생에게 이어져 교사 자율권 확대(teacher empowerment), 학생 자율권 강화(student empowerment)로 나타나고 있다(Beck, 1995). 이것은 교육기능이 독점체제에서 공유체제로 전환되는 것을 의미하며, 나아가 의사결정의 주도권이 기관중심, 행정가 중심에서 교사와 학생, 그리고 학부모 집단으로 점차 참여자의 범위가 확대되어 가고 있음을 알 수 있다. 따라서 모든 사람이 공유하는 민주적인 의사결정은 참여적 의사결정(participatory decision making), 공유적 의사결정(shared decision making)으로 되어야 할 것이다. 자유스럽고 개방적인 분위기 속에서 형식이나 권위적 직위에 제약을 받지 않고 공식적, 비공식적 의사소통이 원활하게 이루어질 때 창의적인 아이디어가 창출되며 구성원들 간의 협력관계도 강화될 것이다. 이제 교육행정은 관료가 하는 것이 아니라 일의 의미(meaning)와 가치(value)를 부여하고 자발적·헌신적으로 참여하는 사람들에 의하여 이루어지는 것이다. 또한 참여 기회의 확대는 기존의 학교체제를 지역사회와 공유하는 개방체제로의 전환이 전제가 되어야 할 것이다.

다음으로 집권주의와 관료주의로부터 탈피하여 실질적 분권화를 통한 현장중심의 교육행정으로 전환되기 위해서는 학교단위에 권한을 대폭 위임하여 교육과정운영권, 교원인사권, 재정권 등을 행사하도록 하며, 개개 학교 특유의 학습환경을 조성할 수 있도록 해야 한다. 또한 학교와 교육청과의 관계를 상호의존적 관계로 재설정하고 교육청의 역할도 지원적 방향으로 새롭게 규정해야 할 것이다. 교육행정가들은 학교변화의 동반자로서 교사와 학부모들을 의사결정에 참여시키고 관계 형성도 관료적인 수직관계에서 전문적인 수평관계로 조정되어야 할 것이다.

이제까지의 교육행정은 학교현장의 교원들이 소외된 채 계층성의 원리에 따라 하향적으로 이루어져 왔다고 해도 과언이 아니다. 교육자치시대가 도래했지만 아직도 일선학교는 아무런 감흥도 변화의 느낌도 없다. 일선학교의 교육자치는 양과 질의 '풍요속의 빈곤' 상태인 것이다. 학교 내의 구성원들을 전인격으로 대우하며 평등주의의 사상이 학교행정의 전 과정에 반영되어야 한다. 교육행정가와 구성원간의 관계는 공식적, 계층적 관계가 아니라 이들 모두는 각자의 위치에서 상대방에게 동등하게 관심을 가져야 한다. 개개인을 직무상의 공식적인 역할보다는 전인격으로 대우함으로써 평등주의적 조직 분위기를 조성해 나가야 한다.

셋째, 기술적인 관점에서 시대적 관심사는 멀티미디어와 네트워크 등의 정보공학의 출현으로 교육조직의 위계성과 지도력에 커다란 전환점을 마련해 주고 있다는 것이다.

교육자원을 효율적으로 활용하고 세계화·개방화의 조류에 힘입어 다양한 정보의 교환으로 상호의존적인 관계를 형성하는 지구촌 시대에는 공유-조장주의 패러다임을 채택할 것이다. 또한 개방체제의 입장에서는 개인에서 지구 공동체까지 다중적 수준의 시스템을 구축하고 다양한 학교형태가 공존하며 동시에 하나의 상징적인 교육행정 모델로 통합되어가는 양상을 보일 것이다.

서지오바니(Sergiovanni)는 교장의 지도력을 궁극적인 가치에 관심을 가진 교환적 지도력(transactional leadership)에서 미래지향적이고 이타적이며 가치와 신념을 지닌 변혁적 지도력(transformational leadership)으로 전환된다고 하였다. 이를 위해서는 교육행정가들이 관료적 행태에서 벗어나 비전제시를 통해 교사들의 태도, 가치에 변화가 올 수 있도록 변환적 지도력을 발휘해야 하며, 또한 권한 위임(empowerment)을 통한 교사들의 동료관계를 기초로 교육의 가치, 의미, 목적을 공유하는 학교공동체를 형성해야 할 것이다(노종희, 1994).

한편 상위 행정기관에서는 학교를 하급기관으로, 그리고 교육행정가들은 교사들을 하급자가 아닌 동료로서 대우하면서 이들을 이해하고 배려해야 한다. 또 교사들이 교육에 헌신할 수 있도록 전문적 교직환경을 조성하는데 최선을 다해야 할 것이다.

정보공학 활용은 교육의 역기능에도 불구하고 상호작용이 가능한 다양한 매체로 이루어진 자료를 제공함으로써 학습을 능동적이게 하고 창의성을 길러줌과 동시에 기존의 교과과정에 일반 교수·학습 과정을 분산·통합하여 다양하고 융통성 있는 학습 전개로 교육의 효과를 높일 수 있을 것이다. 물질과 정신을 통합하는 시각에서 보면 교육행정가와 교사들은 학생들에게 사랑과 돌봄으로 만남의 장을 형성하며, 나아가 교사에게 있어 학생은 자신의 자식처럼 인식되어야 한다.

넷째, 인간자원적 관점에서 가장 중요한 요소는 사람을 들 수 있다. 교육행정가, 교사, 학생, 학부모, 지역 사회인들이 지니고 있는 의미, 가치, 깨달음, 직관, 이미지, 만남, 협동, 느낌, 인사, 지도력, 실천 등은 교육성공의 관건이 된다. 또한 이들의 자발적인 참여와 헌신, 능력 개발과 성장이 교육경영의 혁신의 성패를 좌우한다.

지방화·자치화 시대를 맞아 이제 교육행정은 교육행정가 한사람에 의해서 주도될 수도 없고 또 그렇게 되어서도 아니 된다. 교사, 학부모, 지역사회 인사 등 학교공동체 구성원 모두가 진정한 참된 교육이 무엇인지에 대해 서로 지혜를 모으고 협력을 강화해 나가야 할 것이다. 공동체로서 학교체제를 형성하기 위해서는 상호 공존적이고 협동과 조화의 공유된 가치를 중요하게 생각한다. 학교공동체는 구성원들 간의 관계와 상호의존성에 의해서 사회적으로 구성되므로 구성원들을 하나로 묶어 주고, 또 이들을 공유된 가치, 신념, '우리의 감정(we feeling)'으로 결속시켜야만 한다.

우리의 학교는 학생들의 아름다운 삶을 보장해 줄 수 있어야 한다. 또한 아름다운 생각을 갖게 하고 미래에 대한 꿈을 갖게 하며, 개성이 존중되도록 교육과 교육행정이 바뀌어야 한다. 그런 속에서 창의적이고 생산적인 생각이 창출될 수 있을 것이다.

학습과제

1. 교육행정의 개념을 정의해 봅시다.
2. 교육과 행정은 어떤 관계인지 알아봅시다.
3. 교육행정이론의 발달과정을 알아봅시다.
4. 교육행정을 체제적 관점에서 분류해 봅시다.

CHAPTER

12

교육조직론

개 요

학교조직은 교육조직의 일부분이라 할 수 있다. 학교는 학교교육 목표 달성을 위해 다양한 구성요소들 간의 관계 속에서 형성되어 있다. 학교조직은 관료적 성향과 전문적 성향을 동시에 갖고 있다. 이처럼 학교조직은 일반조직과는 달리 고유한 특성을 지니고 있다. 그리고 학교는 조직 목표 달성을 위하여 학교급별의 특성에 따라 학급담임제와 교과담임제의 이원화체제를 운영하고 있으며, 효율적인 업무 수행을 위해 사무분장조직 등 다양한 제도를 운영하고 있다. 학교운영위원회는 학교에서 유일하게 법정기구로 운영되고 있다.

학습목표

학교교육목표 설정 시 고려해야 할 사항을 알 수 있다.
학교구조의 특성을 알 수 있다.
학급담임제와 교과담임제의 장단점을 알 수 있다.
사무분장조직의 배정원칙을 알 수 있다
학교운영위원의 성격과 기능을 알 수 있다.

교육 체제는 시대적 사회적 산물이며 동시대의 여타 사회 체제와 맞물려 작용하므로 사회적 영향으로부터 결코 자유로울 수 없다. 따라서 21세기의 시대적 상황의 변화는 그대로 교육 체제의 변화를 직접적으로 유도하며, 그것은 학교 체제의 변화와 연계될 수밖에 없다. 학교는 다양한 교육 프로그램을 제공해야 하고, 수요자들에게 질 높은 교육 서비스를 제공하기 위해 단위 학교가 창의적이고 자율적으로 운영되어야 한다.

더구나 학교는 성격상 개방체제로써 외부의 환경으로부터 많은 영향을 받으며, 외부환경과의 상호작용 속에서 존재하고 있다. 이처럼 학교의 외부환경은 학교조직 전반에 영향을 미치고 있기에 적절하게 대처할 수 있는 구조나 관리 형태를 가져야 할 것이다. 학교구조의 배열은 학교의 목표를 효과적이고 효율적으로 달성하기 위해 학교조직 내의 다양한 구성원과 물적 자원을 합리적인 기술에 근거해서 체계적으로 조직화하는 것을 의미한다. 따라서 학교는 교육목표를 달성하기 위하여 다른 모든 조직에서 요구되는 인적 및 물적 자원뿐만 아니라, 보다 구체적인 기술적 요소를 고려해야 한다.

향후 학교는 정보화 시대와 다가치 시대에 적합한 사회적 하위체제로서 융통성 있게 적응하기 위해 비관료화되고, 평생교육의 핵심 체제로서의 위상을 정립하게 될 것이다. 이러한 학교의 기능에 부합되는 학교의 교육목표는 두 축으로 정리될 수 있다. 하나는 학생들의 삶의 질을 제고시키기 위해 정보 소양 능력 및 도덕성 함양, 인성 및 가치관 교육의 내실화이며, 다른 하나는 세계 시민으로서의 자질을 구비하고 국제 경쟁력을 제고시킬 수 있는 교육의 강화이다. 이러한 학교의 교육적 기능과 학교 교육목표를 달성하기 위해 학교 조직 풍토 및 거버넌스(governance) 체제가 재정비되어야 한다. 학교 교육에 관련된 사람들의 다양한 교육적 요구가 민주적으로 반영되고 단위학교 운영 책임자의 자율과 책무성이 강화되고 교육 수요자들의 참여가 확대되는 체제가 확보되어야 한다. 한편 다른 사회체제와 네트워크 되어 있는 열린 학교 체제 속에서 구성원들의 수평적, 민주적 조직 풍토가 구축되어야 효율적이고 능률적인 학교 운영이 가능해질 것이다.

01 교육 목표

우선, 21세기에는 사회 전반적으로 가치의 다원성과 상대성에 대한 인식이 더욱 확산되고 탈가치화와 이념적 해체현상이 심화될 것으로 예상된다. 그에 따라 학교 교육도 획일적인 교육 목표를 지양하고 가치 개방적이고 다원적인 목표 내지 철학을 정립해야 한다. 그리고 주체적이고 창의적인 인간 형성의 학교 교육 목표가 강조되어야 한다. 다양한 정보 중 자신에게 유용한 정보를 취사 선택하고 그것을 효율적으로 활용할 수 있는 정보 소양 능력을 함양해야 할 것이다. 그리고 기존의 지식을 맹목적으로 암기하기 보다는 지식의 탐구 방법을 체득하여 스스로 지식을 조직하고 응용할 수 있는 창의력과 고차적 사고력을 견지하는 인간을 육성하는 학교가 되어야 한다.

또한 자신의 인생을 스스로 책임지고 남에 의해 강요되는 삶이 아닌 주체적으로 판단하고 결정한 것을 행동화하는 인간 육성도 학교 교육의 중요한 목표가 될 것이다. 그와 함께 다원적 가치관과 사고방식을 함양하는 교육의 장이 되어야 한다. 따라서 단위 학교에서 교육 목표를 설정할 때는 다음과 같은 사항을 고려하여야 할 것이다.

1. 학교의 교육목표

1) 교육목표의 적합성

학교 교육목표는 학교가 운영하는 다양한 교육프로그램과 활동의 시발점이 되며, 그 방향을 제시한다는 점에서 매우 중요하다. 이에 많은 학교에서는 학교교육계획서의 서두에 학교 교육목표체계를 제시하고 있다. 설정된 학교 교육목표는 그 내용이 구체적이어야 하며, 하위요소인 경영 중점, 중점사업, 교육지표, 교육방향 등과 일치해야 한다. 따라서 학교 교육목표를 적합하게 설정하는 것은 학교운영의 근간이 된다.

학교 교육목표는 학교가 교육활동을 통해서 최종적으로 학생에게서 일어나기를 기대하는 학생의 지적·정의적·신체적 변화를 의미한다. 그리고 이러한 학교 교육목표는 학교의 중장기 발전방안의 비전, 사명, 목적과 일관성을 가지고 있다. 비전과 사명은 중장기적으로 달성하기 원하는 학생의 특성 변화를 의미하고 학교 교육목표는 당해 연도 학교교육계획(교육과정 계획이라고도 함)을 통해서 도달하기를 원하는 보다 구체적인 도달점을 뜻한다. 따라서 당해 연도 학교 교육목표는 중장기적 비전, 목적, 전략과 체계성이 있어야 한다.

더구나 학교 교육목표는 학생의 지적, 정의적, 신체적 특성의 변화를 포괄하여 진술함으로써 학생의 전인적 성장·발달을 지원할 수 있어야 한다. 어떤 한 영역의 목표에 지나치게 편중하게 되면 학생의 전인적 발달을 약화시킬 수 있다. 이에 학교 교육목표는 상급기관의 교육방침과 학교장의 요구는 물론 학교 공동체 구성원인 교사, 학생, 학부모, 지역사회의 요구와 특성을 반영하여 설정할 필요가 있다. 흔히 상급기관의 교육방침 또는 목표를 약간의 모호한 용어만 바꾸어 학교 교육목표를 진술하거나 학교장의 의도 중심으로 학교 교육목표가 설정되는 경우도 종종 있다. 학교 교육목표는 상급기관의 교육목표 또는 방침, 교육과정상의 요구 등을 중요하게 반영하되 그것을 학교공동체 구성원의 다양한 요구와 특성 및 학생집단의 현재 학습능력 및 수준 등을 고려하여 학교 상황에 부합하도록 재해석하여 학교 교육목표로 발전시켜야 한다.

최근에 강조되는 학교책임경영의 측면에서도 학교 교육목표는 매우 중요하다. 학교책임경영에서는 학교가 교육을 실시할 때 규정에 의한 행정관리의 차원을 넘어서서 경영적 관점에서 접근할 필요가 있다. 경영의 요체는 달성할 목표를 세우고, 이를 달성하기 위한 합리적이고 현실적인 전략(계획)을 세워서 실천하고 그 목표의 달성 여부를 점검하는 것이다.

학교는 교육목표 달성에 필요한 전략을 구체적으로 수립하고 실천해야 하며, 교육목표 달성을 위한 전략은 여러 가지 자원을 어떻게 투입·활용하는가에 대한 것으로 나타난다. 따라서 주요 자원인 인적·물적 자원의 투입과 활용이 학교 교육목표 달성을 위해 적절한지, 또는 학교회계예산의 편성 및 집행이 학교 교육목표 달성을 위해 적절한지를 고려해야 할 것이다.

2) 교육목표의 구체성

학교가 구체적인 학교 교육목표를 세우고 이를 달성하기 위해서는 학교에서 이루어지는 모든 활동들을 어떤 방향으로 구조화할 것인지에 대해 구체화하고 실천해야 한다. 이를 통해 학교가 처한 외부 환경적인 기회요소와 위협요소를 분석하고 내부적으로는 학교가 가지고 있는 강점과 약점을 고려하여 기회요소와 강점은 더욱 강화하고 위협요소와 약점은 최소화해야 한다.

목표를 달성하기 위한 전략에는 여러 가지가 있을 수 있지만 그 중 학교가 처한 환경에 따라 전략을 선택해야 한다. 전략이란 '학교의 목표를 결정하고 이를 달성하기 위해 필요한 일련의 행동을 선택하고 자원을 배분하는 것'을 말한다. 즉 전략이란 학교의 경쟁력을 이용하여 학교 교육목표를 지속적으로 성취하기 위한 통합된 실천 활동(actions)의 집합체들이다. 따라서 이러한 구체적인 전략 수립은 교육목표 달성을 위해 중요한 의미를 갖는다.

또한 실천전략은 학교가 교육목표를 달성하기 위에서 실제로 취한 전략 경영 과정, 수준별 의사결정 결과(프로그램, 프로젝트, 추진일정 등), 학교가 선택한 전략 유형, 그리고 학교가 선택한 사업에 투입한 자원(인적 자원, 돈, 시간, 다양한 물적 자원 등)의 규모 등을 말한다. 실천전략은 학교마다 약간씩 다른 용어와 형태로 표현될 수 있다. 예를 들면, 정책방향 또는 중점 시책, 실천과제 또는 실천계획, 역점사업, 학교장 경영관(또는 경영방침, 학교 운영 방침), 노력중점, 중점과제 또는 중점 추진과제 등 다양한 형태로 제시된다. 또한 학교교육과정 편성·운영과 교육과정운영으로 구분하여 제시되는 경우도 많다.

3) 교육목표의 연계성

학교 교육목표는 학교교육과정의 편성과 운영을 통해서 구현된다. 그렇기 때문에 학교 교육목표 실현을 위한 실천전략의 핵심도 일차적으로는 교육과정 편성과 운영에 그 초점을 두게 된다. 학교의 책무성도, 학교의 자율적 책임경영의 지향점도 결국 교육과정을 어떻게 편성해서 어떻게 운영하느냐에 좌우된다. 교과 운영과 지도는 교육과정 운영의 대부분을 차지한다. 따라서 학교 교육목표가 제대로 구현되기 위해서는 교과 운영과 지도 속에서 학교 교육목표가 반영되고 구현되어야 한다. 더구나 학교교육에서 학교 교육목표-교육과정 편성 및 운영-교과 운영 및 지도가 긴밀한 연계성을 가지고 운영되어야 학교교육의 질이 높아지게 된다.

학교 교육과정 편성과 운영에 학교 교육목표가 반영되어 있다는 것은 두 가지로 구분할 수 있다.

첫째, '교과 교육과정'에서 살펴보면, ① 학교 교육목표가 교과 성취 목표에 반영된다. ② 교과 성취 목표를 달성할 수 있는 다양하고 적절한 수업방법이 적용된다. ③ 교과 성취 목표의 달성을 타당하고 신뢰롭게 평가할 수 있는 평가방법을 적용한다. 단, 학교 교육목표를 달성하는 데 보다 유용하게 도움을 주는 교과목이 있는 경우, 학교는 이 과목을 선택하여 운영할 수도 있다. 또한 이수시간과 단위에 선택범위가 있을 경우 학교 교육목표 실현에 연관성이 높은 교과는 최대 범위를, 연관성이 낮은 교과는 최소 범위를 선택할 수 있다.

둘째, '비교과 교육과정에서는 ① 재량활동, 특별활동 등에서 학교 교육목표를 달성할 수 있는 프로그램을 보다 다양하게 구안·적용한다. ② 학교 교육목표와 잘 연계된 교육과정을 편성하여 운영한다는 것은 그 학교의 교육여건과 조건을 고려하여 체계적이고 특색 있는 학교 교육과정을 편성 운영한다는 것을 의미한다. ③ 특색 있다는 것은 단순히 다른 학교와 다른 교육과정을 운영하는 것이라기보다는 학교마다 처한 조건과 여건을 고려하여 학교 교육목표를 수립하고 이를 달성하고자 그에 맞는 교과, 창의적 체험활동을 적절하게 구성·운영한다는 것을 뜻한다.

구체적으로 학교 교육과정의 편성·운영과 학교 교육목표와의 연계성은 학교교육계획서, 수업지도안 등에서 다음과 같은 점들에 착안하여 확인할 수 있다. 우선 교과교육과정에서 학교 교육목표가 교과교육계획에 반영되었는지의 여부, 학교 교육목표가 교과 성취 목표에 제대로 반영되었는지의 여부, 교과 성취 목표를 달성할 수 있는 다양하고 적절한 수업방법이 적용되었는지의 여부, 교과 성취 목표의 달성을 타당하고 신뢰롭게 평가할 수 있는 평가방법을 적용하고 있는지의 여부, 학교 교육목표를 달성하는데 보다 유용한 도움을 주는 교과목이 있는지의 여부, 학교가 이 과목을 선택하여 운영하는지의 여부, 이수시간과 단위에 선택범위가 있을 경우 학교 교육목표 실현에 연관성이 높은 교과는 최대범위를, 연관성이 낮은 교과는 최소 범위를 선택하여 운영하는지의 여부를 확인할 수 있다. 또한 비교과 교육과정에서는 재량활동, 특별활동 등에서 학교 교육목표를 달성할 수 있는 프로그램을 보다 다양하게 구안, 적용하는지의 여부를 통해 알 수 있을 것이다.

4) 교육목표의 달성도

학교 교육목표는 학교 교육활동의 출발점이며, 학교 교육의 가치를 판단하는 최종 기준이다. 학생들이 학교가 정한 교육목표에 얼마만큼 도달하였는지, 학교가 계획한 것을 얼마만큼 잘 이루었는지 평가하는 것이다. 학교가 교육목표를 제시하고도 학생들이 그 목표에서 어떤 성취를 하였는지 체계적으로 평가하고 관리하지 않으면 학교 교육목표는 유명무실하게 되고 학교가 제공하는 교과지도와 교육 프로그램은 일관성이 없게 된다. 학교는 설정한 교육목표를 달성하려고 전략적으로 접근하고 목표별 성취 정도를 평가하여 학교교육을 계속 수정·보완하여야 한다.

학생들이 교육목표를 달성하였다는 것은 학교가 그 해 교육목표로 정한 지적, 정의적, 신체적 특성과 기능 수준에 학생들이 도달한 것을 말한다. 학생의 학교 교육목표 달성을 확인하기 위해서는 학교교육계획에 학생들이 성취해야 할 교육목표와 성취 기준이 구체적으로 명시되어야 한다. 지적, 정의적, 신체적 측면의 교육목표 별로 구체적인 성취 목표가 제시되어 있어야 하며, 성취목표의 달성 여부를 판단하는 성취 기준도 있어야 한다.

이 밖에 학생의 성취 분석자료, 교육목표 달성을 위한 평가체제 등을 고려할 수 있을 것이다.

02 학교의 조직 구조

학교의 기본적인 조직 구조는 법제적으로 정해져 있으나 교육활동의 수행을 중심으로 하는 실제적인 학교경영에 있어서 그 업무가 요구하는 바, 학교조직을 작성하는 일은 학교행정가의 권한과 책임으로 이루어지는 자유재량의 영역에 속해 있다. 학교가 교육목표 달성을 위해 수행해야 할 업무에는 학생에게 직접 적용하는 교육활동과 그 수행을 위해서 필요한 사무활동 및 그에 대한 원활한 진행을 위한 운영활동이 있다. 교육활동은 보통 학년이나 학급담임 또는 교과담임의 조직에서 이루어지며, 사무활동은 보통 업무분장조직으로 운영활동은 직원회의를 비롯하여 각종 위원회 조직을 형성한다.

1. 학교 구조의 특성

학교는 관료 조직처럼 여러 가지 특징을 지니고 있는 공식적 조직이다. 더구나 Weber의 모형이 가지고 있는 특징을 기반으로 아주 발전된 형태의 관료조직이라 할 수 있다. 특히 교육활동의 효과성은 학교조직의 운영 형태에 따라 좌우된다. 학교 조직에서는 그 조직을 어떻게 구성하느냐, 아울러 그것을 어떻게 운영하며, 구성원으로 하여금 그 조직에 어떻게 참여하게 할 것인지가 학교 조직 운영의 중요한 과제일 것이다. 교육에 대한 책무성이 강조됨에 따라 학교가 사회의 기대에 부응하기 위하여 학교 조직의 효과적인 운영을 고려하지 않을 수 없다.

학교교직의 독자성은 여러 측면에서 찾아볼 수 있다. 교육의 목표, 교육의 과정, 교육의 성과, 조직구성원들의 특성에서도 찾아볼 수 있다.

1) 학교의 교육목적 : 다른 산업체들에서와 같이 분명하게 설정하기가 어렵다. 기업체 같은 곳에서는 명확하게 규정가능하나 학교는 개인의 능력개발이라든지 다음 세대 또는 일의 세계에 대한 준비 등으로 막연해 보이는 목표를 설정할 수밖에 없다.

2) 인적 자원 : 학교는 아이들과 청소년으로 구성되어 있는데, 조작될 수 있는 구성체가 아니다. '학교'에서의 산출 과정이란 다른 사람들과 공통되지 않는 그 사람 특유의 정신적 또는 행동적인 특징, 불가 예측성과 함께 개인적인 관계성 위에서 나타나는 것이다.

3) 운영방식 : 학교에서의 의사결정은 단순히 위계적인 질서 위에서만 이루어지는 것은 아니다. 학교는 다른 어떤 조직에서보다도 어떤 결정이 내려지기 전에 교직원의 의견을 최대한 수렴해야 하는데, 이것은 효과적으로 교육의 목표를 달성하기 위함이다.

4) 산출물 : 산업체에서와 같은 방식으로 측정 될 수 없다. 오히려 아동의 신체적, 정신적, 감정적 발달은 산출의 핵심이며, 그 성패 여부는 결정적이거나 포착하기 어려운 기준에 비추어 평가되어야 한다.

또한 학교조직은 일반조직과는 다른 독특한 측면을 지니고 있다. 첫째, 학교는 전문적 관료제라는 것이다. 학교는 관료조직이지만 고도의 전문적인 교육을 받은 교사들로 구성되어 있다는 점에서 다른 관료제와는 다르다. 이러한 전문적 집단으로서의 교사들에 대한 감독이나 직무수행의 표준을 찾기 힘들고 상당한 재량권이 교사들에게 주어지고 있다. 학교에서의 의사결정은 다른 조직에서보다 훨씬 더 많이 교사들의 참여에 의하여 이루어져, 흔히 관료적 가치와 전문적 가치 사이에 갈등을 유발하기도 한다. 학교조직에서의 관료적 성향과 전문적 성향을 나타내면 <표 12-1>과 같다.

표 12-1 학교조직에서의 관료적 및 관료적 성향

구 분	구체적 내용
관료적 성향	• 교사들은 교장에게 순종하고 존경하며 충성해야 한다. • 학교를 위한 최선의 것이 교육을 위한 최선의 것이다. • 봉급은 경험과 관련되어야 한다. • 교사들의 출퇴근 시간이 엄격하게 지켜지도록 요청된다. • 유능한 교사는 지역사회의 기준에 일치하는 사람이다.
전문적 성향	• 교사는 전문적인 잡지를 열심히 구독한다. • 교사는 주로 자신이 담당하고 있는 교과목에 대한 지식과 그 전달 능력으로 평가되어야 한다. • 주요한 교육적 결정에 대한 궁극적 권위는 전문적인 교사들에 의해 행사되어야 한다.

더구나 학교는 Weber의 모형이 가지고 있는 특징을 기반으로 아주 발전된 형태의 관료조직이라 할 수 있다. 사실 모든 조직은 Weber가 관료제 이론에서 제시한 분업, 전문화, 비정성, 권위의 위계, 규칙과 규정, 경력지향성과 같은 관료제의 고유한 특징을 가지고 있다. Weber의 모형은 각 구성요인들에 있을 수 있는 역기능적인 결과에 충분한 관심을 기울이지 않았고 비공식 조직의 중요성을 소홀히 하였다. 더구나 전문적 기술과 훈련된 복종 간의 갈등을 무시하였고 성차별적이며 그 고유의 병폐를 가지고 있기 때문에 많은 비판을 받아 왔다. 더구나 관료제의 기본 구조는 부적절하고 억압적인 것이라고 주장하는 후기 현대주의의 도전을 받고 있다. 그럼에도 불구하고 대다수의 학교들이 관료적 특징을 가지고 있기 때문에 Weber의 시각은 학교 구조를 고찰하는 의미 있는 개념적 도구를 제공하고 있다.

Weber형 학교구조는 전문화와 관료화가 상호 보완적인 관계에 있는 구조이다. Hall(1962)은 학교에서의 관료화의 정도를 측정한 결과, 조직 구조 유형을 Weber형, 권위주의형, 전문형, 혼돈형 등 네 가지로 제시하였다. 이들 간에는 상호 차이점이 있으며, 교사와 학생 간에도 상이한 결과를 가져다줄 것이다.

또한 Mintzberg(1989)는 조직 구조를 분석보다 종합적이고 개념적인 틀을 제시하였다. 그는 노동을 과업으로 나누고 이 과업들 간의 조정을 이끌어내는 방식으로 설명하고 있다. 조직이 업무를 감독하고 통제하기 위해 사용하는 기본적인 수단에는 상호 조절, 직접 감독, 작업과정의 표준화, 산출의 표준화, 근로자 기능의 표준화 등 다섯 가지의 기본적인 조정 기제가 있다고 보았다. 운영 핵심층(operating core)은 기본적인 업무, 즉 제품·서비스 생산과 직접 관련된 활동을 수행하는 사람들로 구성된다. 학교의 경우 교사들이 운영 핵심층이며, 교수학습이 산출이다.

이처럼, 학교조직의 특성을 다음과 같이 제시할 수 있다.

첫째, 조직이 그 사명을 효과적으로 수행하는 데 책임을 지는 최고 행정가(교육감 등)들로 이루어진 전략적 고위층(strategic apex)이다. 공식적 권위 구조를 통해 운영 핵심층과 전략적 고위층을 연결하는 행정가들이 중간관리층(middle line)이다. 학교의 경우 교장은 중간관리자이며, 직접 감독을 통해 통제와 조정이 이루어지는 조직들에게 중간관리층이 폭넓게 형성되고 있다. 기술구조층(technostructure)은 기획에 대한 책임을 맡고 있는 행정요소이다. 이것은 다른 사람들이 업무를 표준화하고 자신들의 분석기술을 통해 조직이 환경에 적용할 수 있도록 도와주는 분석가들로 구성되어 있다. 학교의 경우 교사의 전문성 개발에 지원 역할을 수행하는 교육과정 전문가 및 장학담당자가 있을 것이다. 끝으로 지원 부서층(support staff)은 작업과 운영체계의 외부에서 간접적으로 조직을 지원하는 위치에 속한 부서를 의미한다. 대부분의 조직들은 그 규모에 관계없이 다섯 가지의 조정 수단을 활용하지만, 각 조직은 그 가운데 특별히 사용하는 한 가지 수단을 가지고 있다. 이러한 사실은 조직의 기본 구조에 중요한 영향을 미친다.

둘째, 조직화된 무질서 경향을 들 수 있다. 이러한 특성은 불분명한 목표, 불확실한 기술, 유동적인 참여 등에서 찾아볼 수 있다. 따라서 의사결정이 모호할 수 있고 목표를 명세화하거나 이들 목표의 실천을 가져오게 하는 기술이 무엇인가를 확인하기 어렵다. 목표와 기술이 불확실하기 때문에 행정의 성공 여부도 모호하다. 말하자면, 조직이 효율적으로 운영되고 있는지 확인하기가 쉽지 않다.

셋째, 순치조직의 특징을 지닌다. 순치적인 조직은 조직에 들어오는 사람들을 통제하지 못하고 조직의 고객도 그 조직에의 참여에 대한 선택의 여지를 갖지 못한다. 따라서 이러한 조직은 고객의 유치를 위해서 경쟁할 필요가 없다.

넷째, 이완조직으로서의 성격을 갖고 있다. 이완조직은 전체를 이루고 있는 각 부분이 느슨하게 연결 또는 결합되어 있어 각 부분들은 정체성과 독립성을 보유하고 있다. 이완조직에 대해 구체적으로 언급하면 다음과 같다. ① 환경변화에 당면하여 생존하기 위해서는 한 조직에서 근본적으로 이질적인 요소들이 공존하는 것을 허용한다. ② 광범위한 환경변화에 대한 민감성을 허용한다. ③ 지역적인 적응을 허용한다. ④ 기발한 해결책의 개발과 유지를 고무한다. ⑤ 다른 부분에 영향을 주지 않는 한 체제의 한 부분이 분리되는 것을 용납한다. ⑥ 그 체제 내의 활동자에게 보다 많은 자유재량과 자기 결정권을 제공한다. ⑦ 부분 간의 조정을 위하여 비교적 소액의 경비를 요구한다.

이완결합의 시각은 관료적 이론들과 구조 이론들을 보완해주고 있다. 이 시각은 관료제 이론의 여러 가지 가정에 의문을 제기하며, 관료제와 구조적 이완성이 특수하게 결합된(제도적 구조가 수업 활동과 분리되어 있는) 곳으로 학교를 묘사하고 있다. 학교의 관료적 요소들과 전문적 요소들이 갈등하는 본질적 경향은 학교 구조와 교사 개개인들에게 적응과 변화를 향한 도전이 되고 있다.

이처럼 학교조직은 교육목적을 달성하는 것을 주목적으로 한다. 학교조직은 다른 기업체나 공장처럼 생산품을 많이 만들어 이윤의 극대화를 추구하는 조직과는 그 성격을 달리한다. 일반조직과는 달리 학교조직의 차별성을 요약 정리하면 다음과 같다.

첫째, 교사와 학생의 교육내용이 상호작용하는 교육활동의 장이다.

둘째, 교사와 학생, 사무직원의 세 집단이 공존하는 사회집단이다. 교사문화와 학생문화뿐 아니라 행정직원의 문화가 병존하는 곳이다. 여기서 그 주체는 교사와 학생이다. 성격상 학생은 미숙한 학습자로서 학부모 및 지역사회의 배경을 업고 있는 집단이고, 교사는 고도의 전문성을 추구하는 집단이며, 사무직원은 행정적 능률성을 추구하는 지원-관리업무를 주로 담당하는 집단이다.

셋째, 고도의 자율성과 창의적인 분위기와 여건 조성의 필요성이 강조되는 집단이다. 교육활동은 고도의 전문적인 지식과 기술을 지닌 교사가 주체가 되어 주도적으로 추진된다. 따라서 전문인으로서의 교직에 종사하는 교사는 교육활동을 전개하는 데 있어 요구되는 자율성과 창의성이 유감없이 발휘될 수 있는 여건 조성을 원한다. 이는 전문직의 생리적인 특성이기도 하다.

넷째, 학교조직의 규범성 내지 도덕적 가치나 규범 등이 적용되고 활용되는 집단이다. 그래서 질서 유지를 위한 권력의 행사나 이에 순응하는 구성원의 참여도 이러한 맥락에서 규정되고 시행된다. 결국 학교 행정조직은 교육조직으로서의 공공성, 전문성, 자율성뿐만 아니라 일반조직으로서의 합리성, 효율성, 생산성을 동시에 추구해야 하는 양면성을 띠고 있다. 하지만 학교의 본질적인 기능이 일차적으로 교육기능을 수행하는 데 있다고 할 때, 학교 행정조직은 교육목표의 다양성을 최대한 보장하고 조장하는 전문적조직의 특성을 구비해야 할 것이다.

2. 학교조직구조의 실제

학교조직 구조는 교장, 교감, 교사와 사무직원 등으로 구성되는데, 이 중 가장 중요한 조직은 학생들을 직접 교육하는 교사를 어떻게 효율적이고 합리적으로 조직하는가 하는 문제이다. 학교운영조직은 그 학교의 교육기능을 발휘하기 위한 것이므로 교원을 적재적소에 배치하여 각각 맡은 바 책임을 완수할 수 있게 하여야 한다.

학교 내외에서 학교조직의 개선과 학교조직의 효율화를 요구하는 주장은 많지만 과연 무엇을 어떻게 하는 것이 효율적으로 학교를 관리하는 것인지에 대한 해답을 제시하는 것은 어려운 실정이다. 학교조직의 효율화를 위한 논의는 다양한 각도에서 고찰할 수 있으나, 학교 경영의 민주화라는 맥락에서 그 방안을 모색해보는 것은 의미가 있을 것이다.

바람직한 학교조직의 운영은 교수·학습 중심체제, 교사-학생 중심체제, 상황 중심체제로 구분하여 볼 수 있다.

우선 교수·학습 중심체제에서는 교육이 가르치는 일과 배우는 일인 교수·학습을 통해서 이루어진다. 따라서 학교경영은 학교의 가장 중요한 기능인 교수와 학습의 효율화를 기하기 위하여 필요한 제반 조건을 조성하고 정비하며 지원하는 지원중심체제가 되어야 한다. 그러므로 교수·학습이 주가 되고 그 외의 학교의 조직은 이러한 활동을 지원하는 역할이 된다.

다음으로 교사-학생 중심체제에서는 학교 경영자가 학교조직 관리를 효과적으로 수행하기 위해서 상부 지향적 자세로부터 교사나 학생을 그 중심에 두는 자세로 탈바꿈하는 것이 중요하다. 따라서 학교 경영자는 교직원이나 학생 각자의 권위 가치에 대한 존경과 신념을 토대로 학교조직을 운영해야 한다.

끝으로 상황 중심체제에서 학교 경영자는 자신의 위치에 대한 정확한 인식이 필요하고 그 지위를 둘러싸고 있는 상황에 대한 정확한 판단이 필요하다.

이상과 같이 학교운영조직의 실제면에서는 두 가지 측면을 생각할 수 있다. 우선을 학생교육을 위한 인적조직이고 다른 하나는 사무관리를 위한 인적 조직이다.

1) 학생교육을 위한 인적조직

학생교육을 위한 인적조직은 학생들의 교육을 직접 담당하기 위하여 여러 가지 인적 조직을 구성할 수 있는데, 여기서는 다음과 같은 대표적인 조직을 제시하고자 한다.

(1) 학급담임제(class teacher system)

학급담임제는 한 사람의 교사가 한 학급의 전 교과 또는 대부분의 교과를 담당하고 학생을 지도하는 조직이다. 일반적으로 초등학교에서 채택되고 있으며, 그에 대한 장단점을 살펴보면 다음과 같다.

첫째, 학습지도면에서 학급담임제는 한 사람의 교사가 많은 교과를 담당하게 되므로 충분한 연구가 되지 못해서 각 교과의 학습이 철저하지 못하게 되기 쉽다. 그러나 각 교과면의 연관이 쉽기 때문에 학습내용이 통합된다는 장점도 있다.

둘째, 생활지도면에서 보면, 학급담임제는 교사가 동일한 학급의 학생을 지도하게 되므로 각 개인의 개성을 파악하고 또 가정환경이나 사회환경에 걸쳐서 철저한 생활지도 내지 진로 및 직업지도를 할 수 있다는 장점을 가지고 있다. 그러나 학생의 입장에서 보면, 한 사람의 교사의 감화력이 커서 개성을 지각하는 기회를 놓치기 쉽다는 단점을 가지고 있다. 특히 학급담임의 소양이 얕은 경우에는 이 폐단이 크게 나타나게 된다. 이와 같은 장단점을 고려해서 초등학교에서도 학급담임제와 교과담임제를 절충하려는 경향도 없지 않다.

(2) 교과담임제(department system)

한 교과 또는 상호간에 관련이 깊은 교과의 몇 개를 각 교사가 담당하고 학생의 지도를 보살피는 조직으로 일반적으로 중·고등학교에서 채택되고 있다. 그에 대한 장단점을 살펴보면 다음과 같다.

첫째, 학습지도의 입장에서 보면, 교과담임제는 각 교사가 전문교과를 지도하게 되므로 학습내용이 깊고 학습이 철저하게 진행된다는 장점을 가지고 있다. 그러나 각 교과목 간의 연계가 불충분하여 학습내용이 통합되기 힘들다는 단점을 가지고 있다.

둘째, 생활지도면에서는 교사의 지도가 특정 시간 내에서만 이루어질 뿐만 아니라 그 지도도 교과의 학습이 주가 되기 때문에 생활지도는 불충분해진다는 결점을 지니고 있다. 그러나 학생의 입장에서는 여러 사람의 교사와 접촉하게 되므로 자기의 개성을 자각하고 신장할 수 있는 기회를 갖게 되는 장점도 있다.

2) 교무운영을 위한 기구조직(사무분장조직)

교무운영조직은 교육과정을 효율적으로 운영하자면 교육과정운영을 간접적으로 뒷받침하여 주기 위한 사무적 처리가 따르게 마련이므로 사무분장기구가 마련되어야 한다. 학교에서 사무분장조직은 학교의 교무를 수행하기 위한 일종의 사무조직이다. 사무분장조직은 학교의 교육과정운영을 지원하는 조직으로서 교장-교감-보직교사(부장교사)-평교사로 이어지는 조직계통을 갖는다. 이 조직은 상하의 위계에 따라 권한이 배분되어 있는 수직적인 관료조직이다.

교무(校務)는 학교경영상 필요한 전반적인 사무로서 학교의 교육목표달성을 위하여 교원과 직원을 중심으로 한 조직구성원들이 수행 하는 교육활동 및 사무활동전반을 지칭하는 것이다. 이를 위한 계선조직은 교장, 교감, 보직교사, 교사와 이들을 지원하는 직원으로 되어있다. 학교경영의 전체 구조 가운데 중추적 역할을 수행하며 학교에서 업무처리를 원활하게 하기 위해 부장교사, 교사, 사무직원 및 기타직원에게 분담되어 있다. 사무분장은 학생관리, 교과지도, 학생생활지도, 학교보건위생, 문서관리, 재무관리, 시설 설비관리 등에 관한 사항을 기준으로 분장할 수 있는데, 관할청이 정하도록 되어 있는 보직교사의 명칭과 교장이 정하는 보직교사의 종류 및 그 업무분장이 조직구성의 기본 틀이 된다.

교사의 사무분장을 위한 배정원칙은 다음과 같이 정리할 수 있다.

첫째, 교무의 내용을 영역별로 분류·정리하여 직무분석에 의한 일의 내용과 양 및 범위, 난이도 등을 확정한 다음 사람을 배치하는 과업위주의 조직이어야 한다.

둘째, 그 사무를 책임 있게 수행할 수 있는 권한을 위임해야 한다.

셋째, 조직은 탄력적이며 간소화해야 한다.

넷째, 학교 사무를 모든 직원에게 공정, 공평하게 배분하여 일부교직원에게 편중되지 않도록 해야 한다.

다섯째, 사무를 배정하는 과정에서 교직원 의사를 존중하고 적재적소에 인력을 배치해야 한다.

사무(교무)분장은 <그림 12-1>과 같이 학교의 특성에 따라 다양하게 구성되어 있다. 이에 따라 학교현장에서는 교무분장을 부단위로 개설하고 이들 보직교사를 부장교사로 지칭하기도 한다.

일반적으로 교장을 정점으로 하여 교감, 보직교사, 교사 및 직원으로 구성되는 교무분장조직은 보직교사의 명칭을 중심으로 교무부·연구부·학생부·국민윤리부·환경부·체육부·진로상담부·정보부·교육지원부 등으로 구분된다. 그리고 43학급 이상의 학교에서 2명의 교감을 배치할 경우 교무담당 교감과 생활지도담당 교감으로 역할을 구분한다.

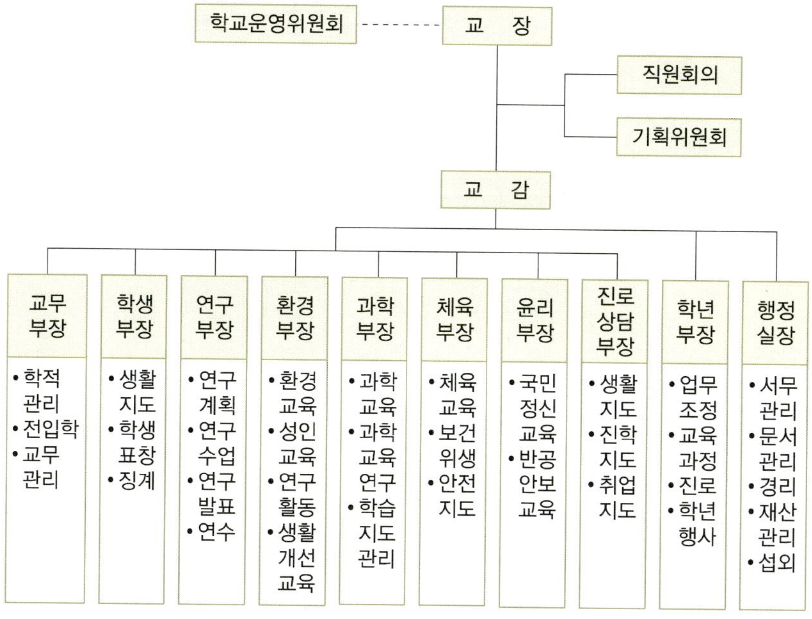

그림 12-1 | **학교사무분장조직(예)**

위와 같은 행정조직 위주의 교무분장조직은 조직이 단순하고 명료하다는 장점이 있으나 다음의 여러 문제점이 발생한다.

첫째, 공문처리 업무가 각 부 업무의 대부분을 차지한다. 학교마다 각 부가 창의적으로 사업을 기획·수행하는 경우보다는 대개 교육청이나 외부 기관의 지시·권장 사항을 수동적으로 이행하는 경우가 많다.

둘째, 각 부의 업무 중 상당 부분은 행정업무에 속한다고 볼 수 있다.

물론, 행정업무 중에 교과교육이나 생활지도 관련업무도 많은 양을 차지하고 있으나 조사 또는 보고업무가 주종을 이루고 있다. 이러한 행정위주의 업무 관행으로 교사 본연의 교육활동에 장애가 초래되고 있다.

셋째, 각 부의 방만한 업무체계로 인해 부서 간 업무량 편차와 개인별 업무 편중이 심하다. 따라서 과감한 부서의 통합·조정이 필요하다. 통합·조정에 따라 유휴인력이 명확하게 산출되면 인력의 효율적 재배치 및 필요 부서 신설과 함께 원로 교사나 병약자에 대한 업무 면제가 가능하게 된다.

넷째, 각 부의 업무 중 상당 부분은 담임 업무와 관련이 많다. 이는 학년 단위로 협의해서 처리할 필요성이 크다는 점을 시사한다.

다섯째, 교과교육활동의 전문성 신장이 이루어지지 않고 있다. 중등의 경우 교과중심으로 하는 체제 개편은 교육적 타당성은 있으나, 현행 보직 교사제도가 근본적으로 바뀌지 않는 한 이의 추진에는 어려움이 있다.

여섯째, 대도시 거대 학교의 전체 학급을 부서별로 일괄 관리 하는데 따르는 비효율성이 크다. 학년별로 관리함으로써 소규모 학교운영의 이점을 최대한 살릴 필요가 있다.

일곱째, 교무행정 업무의 전산화 교무행정 지원 전담인력의 확충이 필요하다. 현재의 서무행정 인력 중 일부가 교무행정을 지원하도록 하는 방안도 현실적으로 고려할 필요가 있다.

여덟째, 학생생활지도가 제대로 이루어지지 못하고 있다.

3) 교직원회 및 교무회의

교직원회의는 자문성격을 띤 교원들의 조직이다. 물론 법령상 교직원회의는 교원들로만 구성되지 않고 직원까지 포함된다는 점에서 완전한 의미의 교원조직으로 볼 수는 없겠으나, 현실적으로는 교원들이 중요한 구성원으로 참여하고 영향력을 행사하고 있는 것이 사실이다. 하지만 현재 법령에서 교직원회의의 법적 성격, 권한과 역할, 기능 등을 자세하게 규정하고 있지 않고 다만 학교운영위원회 교원위원의 대표성을 확보하는 데 그 의의를 두고 있다.

또한 교무회의는 기획위원회의 성격을 띠며 법령상의 근거는 없으나 실제 학교 운영에 있어서 관례적으로 존재하고 있다. 운영 방식은 일반적으로 1주일에 1~2회, 교무실에서 학교장의 주재 또는 교감 및 부장교사들의 진행으로 업무 보고 및 의견 교환이 이루어진다.

교무회의는 학교장의 리더십 행위나 학교 사정에 따라 약간씩 운영 방법의 차이는 있으나 대체로 학년부장을 포함한 사무분장 조직상의 각 부장교사들이 중심이 되는 경우가 많고 부장회의를 거쳐 교무회의의 안건들이 처리되고 있다. 주요 기능으로는 다음과 같다.

- 학교장이 학교운영 및 교무 관련 사항을 협의
- 상부 기관의 공문 등 지시사항의 전달 및 처리 방안에 관한 협의
- 학교행사 및 학사일정 전달, 학생지도 방안 협의
- 기타 교내 현안에 대한 학교장의 자문에 응하는 수준의 기능을 담당

법령상의 교직원회의와 관습상의 임의기구인 교무회의는 그 법적 성격 및 기능은 약간 차이가 있으나, 대체로 학교장의 자문 또는 보조 기구로서의 성격이 강하며 실제적으로는 거의 동일한 형태로 운영되고 있다.

4) 교과 및 학년 협의회

현재 법령상으로 평교사들로만 구성되는 전체 대의기구로서의 교사회는 존재하지 않고, 학년 또는 교과 중심의 협의회가 공식적 또는 비공식적 자생조직 형태로 운영되고 있다. 운영방식은 주로 교과협의회 또는 학년협의회 수준의 교사들의 모임체로 교사의 전문성 신장을 위한 자율연수 차원에서 이루어지고 있다. 각종 협의회는 교내뿐만 아니라, 교육청 단위에서는

학습조직 형태로 다양한 활동을 전개하고 있다.

이외에 학교 내에서 위원회 성격의 별도 자문기구를 구성하여 민주적 의사결정에 직간접적으로 기여하고 있다. 주로 교육과정위원회, 인사위원회, 예산결산위원회, 학업성적 관리위원회, 학생선도위원회 등 다양한 형태로 구성·운영되고 있다.

3. 교육공동체 구축을 위한 학교운영위원회

1) 학교운영위원회의 성격

학교운영위원회는 교육의 주민자치 정신을 구현하고 학교의 자율성 확대를 통한 학교교육의 효과를 극대화하기 위하여 국·공립 및 사립의 초등학교·중학교·고등학교·특수학교에 설치하여 학부모와 교원, 지역인사 등이 참여하는 심의·자문기구이다. 또한 학교운영과 관련된 중요한 의사결정에 학부모, 교원, 지역인사가 참여함으로써 학교 정책결정의 민주성·합리성·효과성을 확보하여 학교 교육목표 달성에 기여하기 위한 집단의사결정 기구이다.

1995년 12월 지방교육자치에 관한 법률의 개정에 따라 설치 근거가 마련된 뒤, 이듬해 각 시·도 의회에서 학교운영위원회에 관한 조례가 제정되면서 국립 초·중등학교에서 전면적으로 실시되었다. 법률적 근거는 초·중등교육법 제31~33조에 규정되어 있다.

초·중등교육법 제31조에서 초·중·고등학교 및 특수학교에 학교운영위원회 설치, 제32조에서 학교운영위원회의 기능 및 심의사항, 그리고 제33조 학교발전기금 조성 등에 관한 사항을 규정하고 있다.

비공개적이고 폐쇄적인 학교 운영을 지양하고 교육 소비자의 요구를 체계적으로 반영함으로써 개방적이고 투명한 학교를 운영할 목적으로 도입되었다. 즉 학교 운영의 자율성을 높이고, 지역의 실정과 특성에 맞는 다양한 교육을 창의적으로 실시하는 데 목적이 있다.

학교운영위원회의 구성·운영에 관한 사항을 규정하고 있던 지방교육자치에 관한 법률 시행령에서는 학교의 장이 학교운영위원회의 심의를 거친 사항을 시행하기 곤란할 때 재심의를 요구할 수 있도록 규정함으로써 학교운영위원회의 성격에 대한 쟁점의 여지를 갖고 있다. 그러나 개정된 초·중등교육법시행령 제60조 제1항 "국·공립학교의 장은 운영위원회의 심의결과를 최대한 존중해야 하며, 그 심의결과와 다르게 시행하고자 하는 경우에는 이를 운영위원회와 관할청에 서면으로 보고하여야 한다"라는 규정에 따라 학교운영위원회가 심의기구임을 분명히 밝히고 있을 뿐만 아니라 학교장은 가능한 학교에서 운영하는 대부분의 사항에 대해서 운영위원회의 심의 및 절차를 거치도록 하였다.

2) 학교운영위원회의 법적 근거

학교운영위원회의 기능에 대하여 종래에는 대통령령 또는 조례에 위임하였으나 현재는 각종 법률로 규정하여 그 위상을 강화 즉 초·중등교육법 및 동법시행령의 제정으로 학교운영위원회 심의의 폭이 확대되었다. 아래는 학교운영위원회와 관련된 법적 근거이다.

(1) 초·중등교육법

① 초·중·고등학교 및 특수학교에 학교운영위원회 설치(제31조)
② 학교운영위원회의 기능 및 심의사항(제32조)
③ 학교발전기금 조성(제33조)

(2) 초·중등교육법시행령

① 학교운영위원회의 구성 원칙(제58조)
② 위원의 선출방법(제59조)
③ 운영위원회 심의(제60조)
④ 시행명령(제61조)
⑤ 조례 등에의 위임(제62조)
⑥ 사립학교운영위원회(제63조)

⑦ 학교발전기금조성방법 및 사용범위(제64조)

(3) 각 시·도 학교운영위원회 설치 운영에 관한 조례

소규모 학교 운영위원회 심의 사항, 위원의 임기, 학교운영위원회의 운영방법 등에 관한 사항 규정

(4) 각 학교의 운영위원회 규정

위원의 수, 자생조직과의 관계, 소위원회의 운영방법 및 절차, 기타 학교운영위원회의 구성 및 운영에 필요한 사항 등이 규정

3) 학교운영위원회의 구성

학교운영위원회는 전국 초·중·고등학교별로 초·중등교육법에 의해 학교의 최고 의사결정기구로서 학교운영위원회가 설치되어 있다. 학교운영위원회 구성은 위원장, 부위원장, 위원으로 구성되어 있으며, 위원장과 부위원장은 학부모나 지역위원이 맡고 있다.

학교운영위원회 조직으로 소위원회 및 산하단체를 들 수 있는데, 소위원회란 안건에 대한 사전조사, 자료수집 및 검토 등을 통하여 운영위원회 안건 심사의 전문성과 효율성을 제고하기 위해 운영위원회 위원들로 구성된다. 소위원회는 심사 사항별로 예산·결산 소위원회, 방과 후 교육활동 소위원회 등과 같이 다양한 종류를 설치할 수 있다.

다음으로 학부모 등으로 구성되는 학교 내의 각종 자생조직인 학부모회, 녹색어머니회, 후원회, 명예교사회 등을 산하단체로 둘 수 있다. 이러한 자생조직은 학교운영위원회와 유기적으로 협력하여야 하며, 그 대표자는 운영위원회의 허가를 얻어 운영위원회에 출석하여 발언할 수 있다.

학교운영위원회의 위원정수 및 구성에 대해 살펴보면, 학교운영위원회는 당해 학교의 교원 대표, 학부모 대표, 지역사회 대표로 구성된다. 학교운영위원회 위원의 정수는 평균 12~13명 내외로 구성되는데, 학부모위원 40~50%, 지역위원(당해 학교가 소재하는 지역을 생활 근거지로 하는 사람들 중에

서 교육행정에 관한 업무를 수행하는 공무원, 기타 학교운영에 이바지하고자 하는 자) 10~30%, 교장을 포함한 교사위원 30~40%로 한다.

표 12-2 학교운영위원회의 위원 정수

학 생	정 원	학부모위원	교원위원	지역위원
200명 미만	5~8명	2~4명	교사 1~2명/교장 1명	1명
200~1,000명	9~12명	4~6명	교사 1~2명/교장 1명	1~3명
1,000이상	13~15명	6~7명	교사 3~5명/교장 1명	2~4명

다음으로 학교운영위원회의 위원 선출을 보면 학교의 장은 운영위원회의 당연직 교원위원이 된다. 학부모 위원은 민주적 대의절차에 따라 선출되는데, 선출은 직접투표, 서신 또는 우편투표, 대위원에 의한 투표 등의 방법이 있다. 당연직 교원위원을 제외한 교원위원은 교원 중에서 선출하되, 교원전체회의에서 무기명 투표로 선출하며, 지역위원은 학부모위원 또는 교원위원의 추천을 받아 학부모위원 및 교원위원이 무기명 투표로 선출한다. 그리고 운영위원회에는 위원장 및 부위원장 각 1인을 두되, 교원위원이 아닌 위원 중에서 무기명 투표로 선출한다.

위원들의 활동은 4월 1일부터 다음연도 3월 말일까지이다. 위원 중 학부모 및 지역위원은 국가공무원법 제33조의 공무원결격사유에 해당하지 않아야 하고, 다른 학교의 위원을 겸할 수 없다. 그리고 위원장과 부위원장의 임기는 1년으로 하되 연임이 가능하다. 위원들의 자격상실 원인으로는 교원위원이 소속을 달리할 때와 학부모위원의 자녀학생이 전학 및 퇴학한 때, 다른 학교의 위원을 겸했거나, 국가공무원법 제33조 각호의 1에 해당한 때, 회의소집 통지를 받고도 사전 연락 없이 3회 연속 회의에 불참한 때, 학부모위원이 제출한 신상자료에서 허위사실이 있는 것이 발견된 때 등이다.

4) 학교운영위원회의 기능

초·중등교육법 제32호에 의거하여 국·공립의 초등학교·중학교·고등학교 및 특수학교에 두는 학교운영위원회는 다음과 같은 기능이 있다.

(1) 교육위원 및 교육감 선출

(2) 학교운영위원회는 다음 각 호의 사항을 심의

① 학교헌장 및 학칙의 제정 또는 개정에 관한 사항
② 학교의 예산안 및 결산에 관한 사항
③ 학교교육과정의 운영방법에 관한 사항
④ 교과용도서 및 교육 자료의 선정에 관한 사항
⑤ 정규학습시간 종료 후 또는 방학기간중의 교육활동 및 수련활동에 관한 사항
⑥ 교육공무원법 제31조 제2항의 규정에 의한 초빙교원의 추천에 관한 사항
⑦ 학교운영지원비의 조성·운용 및 사용에 관한 사항
⑧ 학교급식에 관한 사항
⑨ 대학입학 특별전형 중 학교장 추천에 관한 사항
⑩ 학교운동부의 구성·운영에 관한 사항
⑪ 학교운영에 대한 제안 및 건의 사항
⑫ 기타 대통령령, 특별시·광역시 또는 도의 조례로 정하는 사항

(3) 기타 심의사항

① 학부모들의 공과금 납부의 편리를 위한 자동이체의 방법인 스쿨뱅킹 문제
② 특기·적성 교육 실시에 따른 부담금의 결정
③ 학생들의 학교에서의 청소 부담을 덜기 위한 청소 용역 의뢰
④ 지역의 노인정, 고아원, 재활원과의 자매결연을 통한 봉사활동 운영
⑤ 학교 주변 폭력 방지를 위한 순회지도

⑥ 각종 대외 장학금 유치
⑦ 국제화를 위한 외국학교와의 자매결연
⑧ 지역의 기업체와의 자매결연, 지역사회 교육에 대한 사항과 학부모 및 일반인을 대상으로 한 평생교육 프로그램의 설치 및 운영

(4) 심의 내용 처리

① 학교장의 심의 사항 시행은 심의 후 하되, 긴급사항은 시행 후 위원회에 통지
② 학교장은 심의된 사항 중 시행함에 현저히 곤란한 사유가 있는 경우 통보받는 날로부터 7일 이내에 그 사유를 첨부하여 재심을 요구
③ 학교장은 운영위원회의 심의결과를 최대한 존중해야 하며, 다르게 시행하고자 할 경우 이를 운영위원회와 관할청에 서면으로 보고
④ 운영위원회의 심의를 거치는 경우, 교육활동 및 학교운영에 중대한 차질이 발생할 우려가 있을 경우, 학교장은 초·중등 교육법 32조 각 호의 사항에 대해 운영위원회 심의를 거치지 아니하고 이를 시행할 수 있으며, 이때 그 사유를 지체 없이 운영위원회와 관할청에 서면으로 보고

(5) 건의 사항의 처리

① 위원장은 건의서 접수 시 이를 운영위원회에 회부하여 심사
② 위원회 요구 시 건의를 소개한 위원이 건의 취지를 설명
③ 심의 채택한 건의 중 학교장의 권한에 관한 사항은 의견서를 첨부하여 학교장에게 이송하며, 학교장은 그 처리 결과를 위원회에 보고
④ 위원장은 건의인에게 처리 결과 통지

5) 학교운영위원회의 자세와 의무

학교운영위원은 운영위원회를 통하여 학교의 운영에 참여할 권리가 있다. 하지만 학교운영위원회의 참여는 개인적 지위에서가 아니라 각 분야의

대표라는 공적 지위에 근거한 것이므로 반드시 학교운영위원회를 통하여 이루어져야 한다는 점에 유의하여야 한다.

(1) 학교운영위원회의 자세

첫째, 학교운영위원회는 학교장의 학교경영에 대한 적극적인 동반자임을 알아야 한다. 즉 운영위원은 학교발전을 위하여 학교장에 대한 동반자 의식을 갖추어야 한다. 운영위원은 학교장이 학교발전을 위한 학교운영과 관련한 어려움을 학부모, 교직원, 지역사회와 함께 해결하는 데에 실질적인 역할을 할 수 있도록 뒷받침해 주는 역할을 수행하도록 한다.

둘째, 학교교육에 대한 애정과 이해 그리고 적극적인 참여 자세이다. 운영위원의 일원으로 참여하는 데에는 무엇보다도 자발적이고 적극적인 자세가 중요하다. 운영위원은 학교교육에 대한 애정과 올바른 이해를 가져야 하며, 내 자녀를 위한 이기적인 동기가 아니라 우리 모두의 자녀를 위한 공동체 의식에서 우러나는 관심을 가져야 한다.

셋째, 학교발전을 위해 봉사하는 자세이다. 학교운영위원회는 영리를 목적으로 하는 조직이 아니다. 따라서 운영위원은 학교와 영리를 목적으로 하는 거래를 하거나 그 지위를 남용하여 재산상의 권리 또는 이익을 얻거나 알선해서는 안 된다.

(2) 학교운영위원회의 의무

첫째, 학교운영위원회 위원의 의무이다. 위원은 무보수 봉사직으로 수당을 받지 않는다. 연수 시 교통비 지급, 회의 및 간담회 경비 등은 학교운영지원비 회계에서 책정, 지급할 수 있다. 위원 가운데 학부모위원에게는 중·고·특수학교의 경우 일반 학부모가 부담하는 학교운영지원비 외에는 일체의 비용을 부담지어서는 안 된다.

둘째, 지위남용 금지의무이다. 운영위원은 그 지위를 이용하여 당해 학교와 영리를 목적으로 하는 거래를 하거나, 재산상의 권리, 이익의 취득 또는 알선할 수 없다.

셋째, 운영위원이 하지 말아야 할 사항은 하지 말아야 하는 의무이다.

운영위원이 하지 말아야 할 사항에 대해서 알아보면 학교운영위원회는 어떠한 특정 집단의 이익이나 이해관계에 의해 운영되는 기구가 아니라 우리 주변의 학교를 지역사회의 한 공동체로 발전시키고, 내 자녀만이 아닌 우리 모두의 자녀교육을 위한 기구이다. 따라서 학교운영위원은 특정 집단 또는 개인의 이익이나 이해관계에 관여할 수 없다. 아울러 학교운영위원회 위원은 국가공무원법 제33조의 공무원 결격 사유에 해당되지 아니하여야 하고, 정당의 당원이 아니어야 하며 또한 다른 학교의 운영위원을 겸할 수 없다.

넷째, 회의 참여의 의무이다. 위원은 학교운영위원회가 소집되었을 때 회의에 출석하여 성실히 참여해야 한다. 회의 소집 통지를 받고도 사전 연락 없이 3회 연속하여 회의에 불참할 경우 그 자격을 상실할 수 있다.

다섯째, 민주적인 토론문화에 의한 회의 진행이다. 학교운영위원회 운영결과 민주적인 토론문화에 의한 회의진행 자세가 미흡하므로 운영위원은 민주적인 회의진행요령을 숙지할 필요가 있다. 그리고 회의 발언 시 일방적인 의견보다는 소수의 의견이 발표될 수 있도록 회의 분위기를 조성해야 한다.

6) 학교운영위원회의 과제와 전망

먼저 선출 방식이나 구성과 관련된 문제점에 대해서 살펴보면, 학교운영위원 선거가 교육위원이나 교육감 선거의 예비선거 격으로 전락되어 있고, 교육위원이나 정치인 등과 연결된 사람들이 지배하는 경우가 많다. 또한, 학교와 관련된 이권 사업에 종사하는 사람들이 학교운영위원회에 진출하는 경우가 많고, 지역위원 제도가 교육계 퇴임인사들이 학교운영에 개입하는 통로가 되며, 학부모 위원에는 여성이 많고, 학부모들의 의견이 쉽게 무시된다는 문제점이 있다.

다음으로 운영과 관련된 문제점에 대해서 살펴보면 학교운영이나 교육활동에 대한 소수 교사들의 교육적 견해가 무시되는 경우가 많고, 대부분 다수결 표결처리방식으로 처리하여 민주적인 의사결정이 왜곡된다. 즉 차

선책이라도 구성원의 합의를 도출하려 하지 않고, 무조건 표결로 처리하는 일이 많다. 그리고 학부모나 학생들의 요구라는 명목으로 비교육적인 방침을 결정하거나 추인해줄 뿐만 아니라 교장이나 교사, 학부모의 입장은 관철되나 학생들의 의견이 의제화되기는 어렵다. 즉 학교장이나 교사, 학부모들의 입장에서 학교 문제를 바라보는 경향이 있다는 문제점이 있다.

끝으로 구조적인 문제점에 대해서 살펴보면 학생들은 근본적으로 학교운영위원회 참여가 봉쇄되어 있다. 즉 학생회 대표자들이 있음에도 불구하고, 학생들의 의견을 경청하지 않으려는 분위기가 지배적이다. 또한 학교장이 학교운영에 관한 전권을 갖고 책임을 지도록 되어 있는 제도에서는 학교운영위원회가 민주적인 자치기구가 되기는 어렵고, 구성원 모두 민주적인 토론과 의사결정에 익숙지 않거나 잘 모르고 있다. 즉 학부모는 물론 학교장과 교사들도 민주적인 회의나 집단사고, 타협과 조정에 익숙하지 않다. 그리고 계급적으로 중산층 이상의 학부모들이 학교운영을 지배하도록 하는 문제점이 있는데 이 말은 곧 교육 수준이 낮거나 생활이 어려운 저소득층 학부모의 참여는 현실적으로 거의 불가능하다는 뜻이다. 뿐만 아니라 대부분의 회의가 일과 중에 이루어지기 때문에, 직장인의 참여는 크게 제한될 수밖에 없다.

학습과제

1. 현재 학교조직 구조는 사무분장 조직체계를 따르고 있다. 교육의 본질적 기능을 수행하는 교육조직보다 사무적 업무를 수행하는 지원조직이 더 강조되는 이유는 무엇일까?

2. 학교운영위원회는 단위 학교의 자율성 확대를 통한 학교교육의 효과를 극대화하기 위함이다. 하지만 학교운영위원회의 본질적인 취지에 비추어 볼 때, 그에 따른 문제점과 해결 대안은 없는지 논의하여 보자.

CHAPTER

13

교육문화론

개 요

학교는 일반조직과는 다른 독특한 문화적 속성을 지니고 있다. 학교는 구조적 특성뿐만 아니라 구성원의 성향에서도 다양성을 찾을 수 있다.
학교에서 주체적 역할을 수행하는 교직문화는 시대적 변화 조류에 따라 점진적인 변화를 보이고 있다. 즉 기존의 관료문화→집단문화+실리문화→혁신문화로 이동하고 있는 경향을 알 수 있다. 하지만 교직문화는 일반조직과는 달리 변화를 저해하는 폐쇄성, 비가시성, 이중성, 개인주의 등 많은 요인들이 있다. 기존의 폐쇄적인 학교문화를 개방적인 학교 문화로 변화를 시도할 수 없을까? 학습조직은 교원을 학습하는 문화로 전환시킬 수 있는 대안으로 제시되고 있다.

학습목표

학교조직문화의 특성을 이해할 수 있다.
조직문화와 조직풍토의 차이점을 알 수 있다.
교직문화의 특성을 유형별로 분류하여 설명할 수 있다.
학교에서 변화의 저해요인을 알 수 있다.
학습조직이 무엇이며, 학교 발전을 위한 대안적 방안을 모색할 수 있다.

학교조직은 학교 환경만을 강조하는 수동적인 모습에서 벗어나 학교 구성원들이 보다 역동적으로 정보와 지식을 창출하고 공유하는 새로운 조직문화로 전환되어야 할 것이다. 이러한 자율적인 문화를 형성하기 위해서는 교원들의 인식 변화와 혁신의 노력이 요구되며, 학습행위가 일상화되어 새로운 환경에 적응할 수 있는 조직의 구축이 요구되므로 학교문화를 학습하는 조직문화로 만들어야 할 필요가 있다. 이 장에서는 학교문화의 특성 및 변화 가능성을 진단해 보고, 기존의 학교문화를 변화시키기 위한 일환으로 학교교육의 이상형이라 불리는 학습조직이론을 대안적 관점에서 조명해 보고자 한다.

01 학교조직문화의 특성

'문화'를 한 집단의 공동체에서 당연하다고 가정하는 신념체계나 가치관을 총칭하여 일컫는 말이라고 한다면, '학교문화'란 기존의 학교교육의 틀 속에서 바람직하다고 인정되는 제반 신념체계나 가치체계를 통칭하는 용어라 할 수 있다. 현재 우리나라의 학교문화는 학교특성에 따라 다양하게 나타나고 있다.

조직문화의 속성을 살펴보면 다음과 같다.

첫째, 문화는 조직 간의 차이를 만든다.
둘째, 문화는 조직에 정체감을 제공한다.
셋째, 문화는 집단에 대한 헌신을 촉진한다.
넷째, 문화는 사회체제의 안정성을 증진한다.
다섯째, 문화는 적절한 행동 표준을 제공한다.

또한 조직문화는 공유 가치 및 기본 가정, 규범으로 구성되어 있으며, 조직풍토는 행동에 대한 공유된 인식에 초점을 두고 있다. 강력한 조직문화는 조직효과성을 증진 또는 방해하기도 할 뿐만 아니라, 문화의 효과성은 환경적인 제약조건에 의해 결정된다. 조직문화와 조직풍토의 특성을 비교해 보면 다음과 같다.

표 13-1 조직문화와 조직풍토의 특성 비교

	조직 문화	조직풍토
학문분야	인류학과 사회학	심리학과 사회심리학
연구방법	민속학적 기법, 언어적 분석	조사연구, 다변인 통계
추상성 수준	추상적	구체적
공유지향성	가정과 이념	행동 인식

조직문화에 관한 개념 정의에서 파생하는 문제를 해결하는 한 가지 방법은 상이한 수준에서 문화를 파악하는 것이다. 문화는 규범, 공유된 가치 및 기본 가정 속에서 나타나 있고 이것들은 각기 그 깊이와 추상성의 수준을 달리하고 있다.

문화를 보는 아주 구체적인 시각은 행동규범을 문화의 기본요소로 파악할 때 나타난다. 규범은 일반적으로 경험의 표면 아래서 일어나는 성문화되지 않은 비공식적인 기대이다. 규범은 행동에 직접적인 영향을 미치며 가치나 암묵적인 가정보다는 훨씬 더 가시적이며, 사람들이 조직생활의 문화적 측면을 이해하도록 돕기 위한 하나의 선명한 수단이 된다. 만약 조직의 변화에 관심이 있다면 그 문화의 규범을 알고 이해하는 것이 중요하다(이정선, 2007).

구체적으로 암묵적 가정은 추상적 견해로 인간본성의 본질, 인간관계성의 본질, 진리와 실재의 본질 등을 들 수 있다. 가치는 바람직한 것에 대한 개념으로 개방성, 친밀감, 신뢰이며, 규범은 동료들을 지원하고 학교장을 비난하지 말 것, 자신의 규율 문제를 처리할 것, 학생들에게 과외지도를 처리할 것, 학생들에게 과외지도를 할 수 있을 것, 동료들을 알려고 할 것 등을 들고 있다.

현재 우리나라의 교직문화는 학교특성에 따라 다양하게 나타나고 있다. 따라서 교직문화를 유형화하기 위한 기준으로 개방성-폐쇄성, 자율성-타율성의 차원으로 설정할 수 있다. 외부환경에 대한 교원들의 인식이나 반응에 관한 구분 중에서 개방성은 외부의 환경변화에 능동적으로 적응하고 활용하는 경우이다. 따라서 외부의 환경변화에 민감하고 새로운 수업방법이나 기술을 자율적으로 도입하여 변화모색을 적극적으로 추진한다. 그러나 폐쇄성은 외부의 환경변화에 둔감하고 기존의 관행을 답습하며 학교를 변화시키려는 과정 자체에 소극적이며 부정적이다.

학교내부의 문제해결을 위한 교원의 태도에 관한 구분 중에서 자율성은 문제해결에 자율성과 전문성을 부여하고 해결 방법에 융통성을 갖는다. 창의적인 의사결정을 위한 의견수렴, 하부로의 권한위임, 자율성 보장을 들 수 있다. 타율성은 학교조직에서 공식화와 집권화가 강조되는 문화를 의미한다. 명문화된 규정과 절차에 따라 이루어지기 때문에 교원들의 행동은 극히 제한적이다.

4가지 유형에 따른 교직문화 특징을 제시하면 [그림 13-1]과 같으며, 그에 따른 특징을 설명하면 다음과 같다.

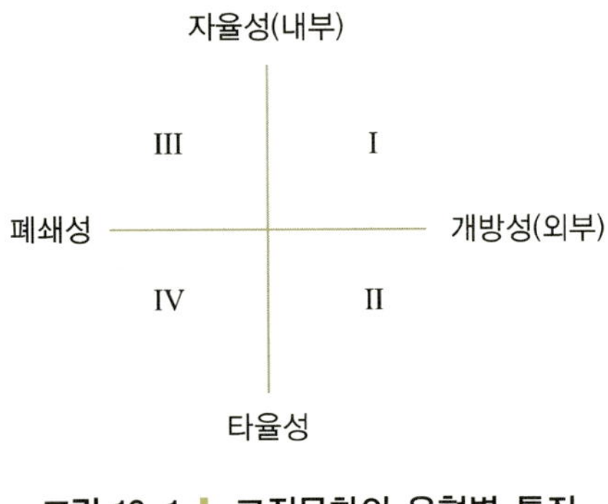

그림 13-1 | 교직문화의 유형별 특징

첫째, I 유형은 혁신문화로써 교원들이 외부의 환경변화에 적극적으로 반응하고 문제 해결과정에 유연성을 보인다. 따라서 외부환경의 변화에 두려움을 갖기보다는 도전의식을 가지고 의욕적으로 교육활동에 참여하며 자기성장을 촉진한다. 이러한 문화 속에서는 학교행정가의 의견과 반대되는 것이라도 교사 상호간에 의사소통이 자유롭게 이루어진다. 학생의 학습효과를 높이기 위해서는 결과가 다소 불확실하더라도 새로운 교수 방법을 적용한다. 자율과 창의에 바탕을 둔 학생중심 교육과정을 정착하기 위해서는 기존의 고정관념에서 탈피하는 것이 가장 시급하다. 가장 이상적인 교직문화상으로 현실여건을 고려해 볼 때 하나의 희망사항으로 여겨진다.

둘째, Ⅱ유형인 실리문화는 조직 외부와 조직 내부의 불일치의 양상을 엿볼 수 있다. 교사들은 외부 환경의 변화에 적극적으로 반응하나 문제 해결과정에 경직성을 보인다. 학교 운영과 편성은 체계적이고 일관된 관리체제를 바탕으로 교육목표 달성만을 강조한다. 일을 처리하는데 가능한 최소한의 투입과 최대한의 산출인 효율성이 중요한 규범으로 작용한다. 따라서 교사들은 학교행정가와 갈등관계를 유지하면서 과업 달성을 위한 실리적인 관계를 유지한다. 결국 인간관계나 주어진 여건보다는 성공여부에 대한 결과를 중요하게 여긴다. 갈등의 연속성 상에서 일어나는 시행착오 과정이기도 하다.

셋째, Ⅲ유형인 집단문화는 교원들이 외부환경의 변화에 폐쇄적이면서 구성원간의 친소관계와 유연성을 강조한다. 외부의 환경변화에 능동적으로 대처하지 못하지만 교사 상호간에 협조적이다. 따라서 관례화된 교육목표에 따라 별다른 비전제시 없이 교원들 간의 결속력을 강조한다. 그러므로 교원들 간에 성과위주의 경쟁보다는 교원들의 자율성이 존중되는 범위 내에서 교원 상호간의 팀워크나 협동이 강조되는 문화가 형성된다. 그래서 교사들은 서로의 개인적 사정이나 어려움을 자신의 일로 받아들이고 관심을 갖는다. 또한 교장이나 교감은 위계적인 상사라기보다는 친근한 직장선배로서 느낀다. 교육의 본질을 망각한 단순한 친소관계는 교육의 질적 저하뿐만 아니라 집단 이기주의를 초래할 수도 있다.

넷째, Ⅳ유형은 관료문화로서 교원들이 외부환경의 변화에 대해 소극적으로 반응하며 문제 해결과정에 경직성을 보인다. 조직구성원인 교장과 교감, 그리고 교사들간에 서열의식이 강조된다. 조직 내부에서는 엄격한 결재과정을 통해서 매우 체계적이고 일관된 관리체계가 형성되며 조직 전체의 통솔과 통제가 이루어진다. 그러므로 업무처리에 관련된 절차나 규정이 세밀하게 정해져 있고 변경하기가 어렵다. 새로운 방법을 모색하기보다는 규정을 철저하게 따르면서 실수 없이 수행하는 것이 강조된다. 따라서 교사들은 자율적으로 교육활동을 전개하기보다는 교장이나 교감의 지시를 받아서 처리한다. 이 유형은 교직문화가 많은 변화를 추구하고 있다고 하지만 학교 현장의 모습을 묘사할 수 있는 대표적인 교직문화상이라 할 수 있다.

위와 같이 교직문화의 유형에 따른 일반적인 사항을 정리하면 다음과 같다.

초·중등 교직문화는 관료문화(Ⅳ유형)→집단문화(Ⅲ유형)+실리문화(Ⅱ유형)→혁신문화(Ⅰ유형)로 점진적으로 이동하는 경향을 보이고 있다. 하지만 대부분 학교에서의 교직문화는 외부의 새로운 환경변화에 소극적이며, 학교교육활동에 주체적으로 참여하지 못하고 타율적이고 의존적인 갈등의 연속에서 전개되고 있다. 학생중심 교육보다는 교원 우월주의 사고개념과 교수·학습의 공조보다는 교수위주의 교육활동의 전개로 창의적인 인간을 육성하지 못하는 오류를 범하고 있다. 이것은 공교육의 부실과 더불어 교원 불신으로 이어지고 있다. 그에 따른 이유를 몇 가지 살펴보고자 한다.

첫째, 학교라는 제도화된 장소를 중심으로 전개되는 폐쇄적인 문화이다. 학교교육하면 먼저 떠오르는 이미지는 학교라는 개념이다. 우리는 흔히 가르치는 일은 학교만의 전유물로 생각해 왔다. 그러나 지금의 교육은 학교만이 유일하게 모든 교육을 책임지고 수행할 수 있다는 고립된 교육의 장에서 가정이나 지역사회와 긴밀한 상호작용 하도록 요구받고 있다. 학교교육은 인간 교육을 도와주는 위치에 서게 될 것이다.

둘째, 교사중심의 시키고 받는 타율적이고 획일적인 사고 문화이다. 교사의 질적 수준은 학교교육의 성패를 좌우하는 결정적인 요체이며, 잘 가르쳐야 잘 배울 수 있다는 학교의 교육적 이미지를 구현하는 중요한 역할을 수행해 왔다. 교사위주의 지식 전수에는 학교장의 경영철학과 상위 수준의 교육행정기관의 규제위주의 운영 방식도 한 몫을 하고 있는 것도 부인할 수 없다. 또한 대학입시라는 막중한 과제에 힘입어 학부모들의 학교교육에 대한 지나친 요구도 무시할 수 없는 일이다.

셋째, 교과서 중심의 주입식교육의 학습문화이다. 교재는 교사가 전달하고자 하는 교육내용을 집약적으로 정리해 놓거나 사례를 첨가시켜 학습자로 하여금 교사의 강의내용을 이해하지 못해도 심리적 위안을 줄 수 있는 매개체 역할을 수행해왔다. 고정된 틀 내에서 획일적으로 이루어지는 학교교육에서 교육과정을 재구성하고 창의적으로 운영하는 데는 다소간 현실적인 제약조건들이 존재하고 있다.

끝으로, 교원의 총체적인 질 관리가 결여된 개인주의 문화이다. 교직은 업무 속성상 상호협업을 필요로 하지 않는 독립적인 경향이 강하다. 교사는 다른 교사의 도움 없이도 학급에 들어가서 학생들을 지도하는 데 별로 지장이 없다. 한 교사가 업무를 제대로 수행하지 못하고 있다는 사실이 다른 교사의 업무 수행에 미치는 영향도 크지 않다는 것이다. 따라서 교사들 간 상호작용이 적고, 그렇다고 다른 교사의 수업을 관찰하기도 어려우며, 교과지도나 생활지도에 대해 의견을 교환하고 정보를 얻을 수 있는 기회가 적다.

02 학교조직 문화의 변화 가능성과 한계

1. 변화의 저해요인

변화에 대한 반응은 사람에 따라 다양하게 나타날 수 있으며, 많은 저항의 대부분은 변화의 영향에 대한 잘못된 인식에서 비롯된다. 변화는 사람들의 행동에 직접적으로 영향을 주지는 않는다. 즉 변화는 태도의 관점에서 해석되어져서 변화에 대한 사람들의 감정과 일치하는 방향으로 행동하게 된다. 그러므로 변화는 각 개인에 따라서 어느 정도 다르게 해석되어지는데 그 이유는 사람마다 각기 다른 인성적 배경을 지니고 있기 때문이다. 하지만 교직문화의 변화에 대한 일반적인 저해요인을 살펴보면 다음과 같다.

1) 폐쇄성

학교조직은 다른 조직과는 달리 변화 속도가 느리기 때문에 그 만큼 폐쇄적인 경향이 강하다. 또한 교원의 문화를 변화시킬 변화촉진자가 상대적으로 빈약하고, 구성원 자체가 보수적이며 변화를 싫어하는 안전 지향적인 경향을 보이고 있다. 교직 사회에서는 교육논리상 경쟁 시스템 자체를 부인하고 있다. 교육 수요자 대부분은 학교교육에 대해 비경쟁적이며 현실지향적인 기관이라는 것으로 인식하고 있음에도 불구하고 기득권을 유지하고 안주하려는 교원집단과는 많은 차이를 보이고 있다.

2) 안정성

학교조직은 온상조직으로 학교경영에 필요한 모든 투입요소가 안정적으로 확보되어 있으며, 생존 자체에 대한 위협이 없으므로 조직의 생존과 발전을 위한 도전의식과 실험정신이 부족하다. 교사교육은 형식적인 일부 단계를 제외하고는 별다른 여과장치 없이 자기연찬에 별다른 의미를 두지 않는다. 교육행정가의 리더십 부재 또한 마찬가지다. 노력한 만큼의 별도의 인센티브가 없기에 현실에 집착하는 경우도 있다.

3) 비가시성

학교조직의 결과요인이 외형상 가시화되기 어렵기 때문에 그 성과의 효율성에 대한 면책을 받고 있다는 것이다. 교육의 질 관리를 위해서는 우선적으로 교원의 평가 시스템을 체계적으로 구비하여 경쟁력을 확보해야 할 것이다 단위학교의 자율성을 존중하되 객관화된 준거에 의거하여 학생의 교육결과에 대한 질 관리도 동시에 이루어져야 할 것이다.

4) 이중성

학교구성원들은 전문적 성향이 두드러지고 있으면서도 다른 한편으로는 승진과 전보를 볼모로 하는 관료적 성향이 강하다는 점에서 변화보다는 전통과 안정을 선호한다는 것이다. 학교조직에서 이루어지는 다양한 과업이나 활동들은 약하게 연결되어 있으며, 단위 부서들은 분리되어 독자적인 역할과 기능을 수행한다. 학교에서 교육과정과 교수방법은 매우 일반적으로 규정되어 있을 뿐이고 실제 교실에서 교사들은 교육내용과 방법에 대한 상당한 재량권을 가진다.

5) 개인주의

개인주의 성향은 학교의 고립적 구조와 전문적 기술문화의 부재에서 비롯되는 것처럼 보인다. 개인이 변화에 저항하는 것은 변화로 인해 현재 누리고 있는 개인의 이익에 대해 위협이 발생하거나 불이익이 발생된다고 예측될 때이다. 이때 개인은 타성에 빠지거나 변화에 무관심하거나 현 상태를 선호하거나 변화 원인에 거부반응을 나타낸다. 교직의 특성상 협업을 필요로 하지 않으며 자기에게 주어진 역할만을 단지 충실히 수행할 뿐이다.

6) 집단 이기주의

집단 이기주의는 집단이나 단체의 이해관계를 고려하여 기득권을 유지하기 위한 전략이기도 하다. 현재 교직사회에서 일어나고 있는 다양한 갈등 요인도 과도기적 성격을 지니고 있다. 개인 또는 집단의 이기주의 성향은 교육의 부실화를 초래 할뿐만 아니라 학생의 학습권을 침해하는 경향도 있다. 교원집단은 교육 독점권에서 탈피하여 학생을 위해 봉사하고 서비스하는 자세가 요구되어진다.

7) 무관심

학교조직이 역동적으로 되기 위해서는 자기개발을 위한 부단한 연찬이 수반되어야 한다. 특히 전문성 향상을 위한 다양한 학습방법을 구사하고, 변화의 저항요인을 극복하기 위해서 변화촉진자는 구체적인 전략과 수단을 동원하지 않으면 안 될 것이다. 평생학습사회에 걸맞게 지속적인 학습을 통한 수업의 질 관리가 지속적으로 요구되어진다.

8) 갈등

우리나라에서는 교장 및 교감과 교사, 교사와 교사 간의 갈등과 불만이 교원문화의 주요 부분을 차지한다. 학교 내 갈등은 교육 당사자가 해결해야 할 중요한 과제이다. 이러한 갈등이 어떻게 해결되는가에 따라 학교의 효과성을 결정시켜주기 때문이다. 따라서 갈등의 원인과 대상에 관한 자료를 기초로 하여 교사교육의 프로그램이 개발될 필요가 있다.

2. 학교문화의 변화 가능성과 한계

한국의 학교문화는 개별성과 전체성을 동시에 지향하는 문화이다. 학생의 전인적 발달에 높은 가치를 두면서도 지적 영역에 대한 교육도 이에 못지않게 중요시 한다든지, 강의식 일제 수업의 형태에 주로 의존하면서도 우수한 소수의 학생 중심으로 수업을 운영하는 것, 교사의 집단적 결속을 강조하면서도 상호간의 협조와 지원의 정도가 그다지 높지 않은 것 등은 이런 문화의 특성을 반영하는 예가 될 수 있을 것이다.

교육공동체적 속성을 학습조직에서 추구하는 학습공동체적 속성으로 과감히 전환시키는 데 교직문화가 결정적인 역할을 담당할 수 있다. 기존의 교직문화가 주로 시키고 받는 타율적인 교육공동체를 효과적으로 이끌어 가기 위해 형성된 문화라고 한다면, 학습조직적 측면에서 바라본 바람직한 교원문화는 지식 정보화 사회를 선도하고 학습자의 자율과 창의를 촉발시키는 자율적 학습공동체 구축에 적합한 교원문화라고 할 수 있다(오영재, 2009).

타율적 교육개념에서 자율적 학습개념으로의 전환은 교원문화의 구조적 변화를 동반할 때 가능하다. 교육이념, 제도, 체제, 방식, 형태 등의 총체적 변화는 이것의 실제적 촉진자요 매개자로 볼 수 있는 교원집단의 인식의 틀과 발상의 전환을 필요조건으로 요구한다. 왜냐하면 교원은 위로부터의 혁신의 실질적 의사결정자요, 아래로부터의 혁신의 촉발자라고 볼 수 있기 때문이다.

교사는 가르치려고 하기 전에 먼저 지속적으로 배우려는 자세도 중요하다. 특히 전문직의 특징은 성장을 위한 학습에 있다. 성장을 위한 부단한 연수를 열망하는 문화를 형성해야 한다. 동료장학, 동료코치가 생활화되는 문화가 기대된다. 또한 자신과 기쁨을 갖는 행정가 문화가 학교 안에서 형성되어야 한다. 지원해주는 기쁨, 엉클어진 것을 풀어주는 기쁨이 행정문화에서 나타나기를 기대한다. 학습을 열망하는 학생 학습문화, 배워서 가르치려는 교사문화, 도와주는 데 보람을 느끼는 행정가 문화가 요구된다.

전통적으로 교사의 절대적인 지식, 권위를 존중하는 우리의 교육체제에서는 학습자 위주의 교육환경 창출이나, 지식의 전달자로서의 교사가 아닌 협력자로서 혹은 조력자로서의 교사의 입장의 탈바꿈은 기존의 전통적인 교육체제의 정서상 당장 수용하기 힘든 경우도 있다.

우리의 학교들은 우리들이 생존하는 문화 속에 내재되어 있으며 그 문화 내의 다양한 가치를 반영하고 있다(허숙, 2001). 학습자들이 실제 생활을 영위하는 사회와 우리 교육현장에서의 교육방법과는 많은 괴리가 있고, 이러한 차이들은 결국 과감한 교육적 방법의 개혁을 필요로 하고 있다. 우리가 교육을 통해서 배출해야 하는 바람직한 인간상은 획일적이고 경쟁적인 교육을 통한 시각을 견지할 수 있는 사람이다.

시대적 상황에 비추어 보았을 때, 기존의 학교교육은 고정관념을 창조적으로 타파하고 무한한 가능성의 세계로 방향전환이 요구되고 있다. 학교교육의 변화양상은 타율-획일에서 자율로, 중앙집중에서 분산화 또는 탈중심화로, 닫힌 교육에서 열린 교육이라는 패러다임의 전환으로 요약될 수 있다. 기존의 학교교육에 대한 패러다임의 한계를 극복하고 새로운 차원의 총체적인 경영혁신 전략이자 조직발전의 기본 요건으로 등장하고 있는 학습조직은 일선 학교의 교육현장에 많은 시사점을 제시하고 있다. 외부에 산재해 있는 무한한 정보를 신속하게 입수 가공하고, 이를 새로운 지식으로 창조하여 모든 구성원이 공유하며, 나아가 학교 현장에 즉시 적용하는 활동을 반복적으로 전개하는 학습조직만이 치열한 경쟁에서 살아남을 수 있을 것이다.

03 학습하는 학교문화의 구축

기존의 타율적인 교육으로 인하여 학교교육에 대한 패러다임이 전환이 요구되는 시점에 학습조직이론은 시스템 사고를 철학적 배경으로 교육 현대화와 비전을 제시할 것으로 기대된다. 이러한 관점에서 볼 때 기존의 학교교육에 대한 대안적 이론으로 등장한 학습조직을 새로운 방향에서 접근하고자 한다.

학습조직 등장의 시대적 배경은 정보화 사회의 도래, 외부환경의 급격한 변화, 조직의 경영전략의 미래지향적 전환, 지식 경제시대의 도래로 요약할 수 있다. 학습조직이란 개념이 부상하게 된 것은 1980년대 기업의 TQM 조류와 맥을 같이하였다. 급속한 사회환경의 변화에 따라 개인에게는 물론 조직차원에서도 지속적인 학습이 요구되고 있다. 특히 조직의 학습은 변화에 대처할 수 있는 조직의 변화 방향을 설정해 준다는 점에서 의의가 있다. 학습조직의 기본적인 개념은 학습이며 학습의 본질을 변화로 보고 그러한 학습이 조직에서도 이루어진다는 것이다. 즉 학습을 통해 조직의 변화를 유도하는 것이다(박광량, 1996).

- 조직의 목적과 과업을 명료화하여 구성원들이 명확하게 인식할 수 있도록 하고, 구성원들 간에 공감대를 형성시켜 학습동기를 유발하고 학

습의 방향성을 갖도록 한다.

- 학습조직에서도 지도자의 역할은 구성원과 조직 전체가 효과적인 학습 능력을 개발할 수 있도록 필요한 여건을 조성해 주어야 한다.
- 실험정신을 촉발하는 문화를 형성하기 위해서는 새로운 지식을 창출하고 활용할 수 있는 능력을 키워야 한다.
- 구성원이 창출하거나 습득한 지식의 공유와 전이 능력을 키운다.
- 팀워크와 협동을 장려한다.
- 구성원들의 훈련과 기술 개발을 강조한다.
- 조직의 구조는 구성원들이 지도력을 공유하고 의사결정에 적극적으로 참여할 수 있도록 위계가 짧고 분권적이며, 작업환경에서 형식화되어 있는 절차가 가능한 적어야 한다.

경험적 연구결과에 의하면 학습능력이 높은 조직은 조직 구조상에서 형식화 점수가 낮은 경향이 있는 것으로 나타났다. 또한 학습조직은 일반적으로 구성원들에 대한 통제가 약하며 약한 위계 구조를 가지고 있어 팀에게 궁극적으로 의사결정권을 부여하고 있는 것으로 보고되고 있다.

1. 학교의 학습조직화 지원방향

학교의 학습조직화를 구축하기 위해서는 사람, 구조, 기술, 과업 등 네 가지 차원의 구성요건이 충족되어야 한다. 학습조직의 핵심요인으로 우선 학습리더의 지도성, 구성원들의 자기개발, 리더와 구성원 간의 신뢰를 강조하는 사람 차원, 끊임없이 학습활동을 전개하는 학습문화, 유연한 조직구조, 참여기회를 제공하는 권한위임 등 구조 차원, 학습을 지원하는 정보인프라, 정보를 활용할 수 있는 역량, 다양한 정보공유체제 등 기술 차원을 들 수 있다. 그리고 학부모와의 협력관계, 체제적 사고, 대화와 토론을 통해 비전을 공유하여 수업의 질 향상과 연계되는 과업 차원 등 네 가지 차원으로 구분할 수 있다.

첫째, 인간 자원적 관점에서 가장 중요한 요소는 사람을 들 수 있다. 교육행정가, 교사, 학생, 학부모, 지역 사회인사들이 지니고 있는 의미, 가치, 깨달음, 직관, 이미지, 만남, 협동, 느낌, 인사, 지도력, 실천 등은 교육성공의 관건이 된다(박수연, 2001). 또한 이들의 자발적인 참여와 헌신, 능력 개발과 성장이 교육경영의 혁신의 성패를 좌우한다.

둘째, 구조적인 관점에서 보면, 학교 구조의 변화는 중앙의 관리 통제에서 분권화로의 이양이 시대적 조류이다. 서구에서는 학교단위 자율경영 책임제가 채택되어 학교 단위에서 인사, 재정 등 실질적인 권한을 행사할 수 있도록 구조적 개혁이 이루어지고 있다(유길한, 2008). 이러한 권한 이양은 교사와 학생에게 이어져 교사 자율권 확대, 학생 자율권 강화로 나타나고 있다. 이것은 교육기능의 독점체제에서 공유체제로 전환되는 것을 의미하며 나아가 의사결정의 주도권이 기관중심, 행정가 중심에서 교사와 학생 그리고 학부모 집단으로 점차 참여자의 범위가 확대되어 가고 있음을 알 수 있다.

셋째, 기술적인 관점에서 시대적 관심사는 멀티미디어와 네트워크 등의 정보공학의 출현으로 교육조직의 위계성과 지도력에 커다란 전환점을 마련해 주고 있다는 것이다. 교육자원을 효율적으로 활용하고 세계화·개방화의 조류에 힘입어 다양한 정보의 교환으로 상호의존적인 관계를 형성하는 지구촌 시대에는 공유-조장주의 패러다임을 채택할 것이다. 또한 개방체제의 입장에서는 개인에서 지구 공동체까지 다중적 수준의 시스템을 구축하고 다양한 학교형태가 공존하며 동시에 하나의 상징적인 학교모델로 통합되어 가는 양상을 보일 것이다.

넷째, 과업의 관점에서 업무는 대체적으로 수업, 장학, 관리, 행정지원봉사, 학생을 위한 특수봉사로 나누어 볼 수 있다. 학교교육에서 가장 중요한 과업은 수업으로 나머지는 수업을 지원해 주어 학습 성취를 극대화하기 위한 하나의 수단이다. 행정업무가 수업의 보조 수단이지만 또한 수업에 대한 관리, 수업의 효율성을 극대화하기 위한 직·간접적인 지원체제로 볼 수 있다.

따라서 학교는 폐쇄체제에서 개방체제로 전환하여 다양한 학교조직을 운영하고, 다른 교육기회와의 상호의존관계를 형성하여 교육 관련자들이 학교운영에 적극 참여하도록 교육체제로의 전환을 시도해야 할 것이다. 지방화·자치화 시대를 맞아 이제 교육행정은 교육행정가 한사람에 의해서 주도될 수 없는 상황이다. 교사, 학부모, 지역사회 인사 등 학교공동체 구성원 모두가 진정한 참된 교육이 무엇인지에 대해 서로 지혜를 모으고 협력을 강화해 나가야 할 것이다.

2. 학습조직화가 학교교육에 주는 시사점

1) 교육과정

정보화 사회의 도래와 함께 정보는 폭발적으로 증가하고 있지만 동시에 지식의 반감기는 급속도로 짧아지고 있다. 교육과정에 포함되는 지식의 생명력이 빠른 속도록 떨어짐에 따라 효용가치는 그만큼 줄어들게 된다. 따라서 교육과정이 과거보다 빠른 시간 안에 개발될 필요성을 제기하며, 개발된 교육과정의 수정 및 보완도 빈번하게 전개함을 강조하는 것이다. 또한 기존의 교육과정을 자율과 창의에 바탕을 둔 참여와 체험식 교육으로 재편함으로써 수업활동 이전에 가졌던 문제의식을 공유하는 학습의 장이 필요하다.

2) 교육내용

지식기반사회에 적응하고 그 요구에 부응하려면 무엇보다도 방법론적인 학습능력, 대인관계 능력, 그리고 매체활용 능력과 같은 핵심기초 능력이 필요하다. 방법론적 학습능력은 지식의 생명주기의 점차적인 감소와 일의 세계와 사회의 수요 변화, 그리고 개인이 책임을 지는 자기 주도적 학습의 중요성이 증가한다. 지식사회에서는 정보의 수집, 분류, 평가의 능력이 무엇보다도 필요하다. 또한 사회 심리적 능력의 중요성은 원만한 관계형성을 위하여 의사소통 능력을 향상시켜 개방적 태도를 지니게 함에 의미를 부여하고 있다.

3) 교육방법

학교교육 부문의 학습조직화가 효과적으로 추진되기 위해서는 교육체계 및 교육과정이 개편됨과 동시에 이를 전달하는 형태나 방법 측면에서도 획기적인 변화가 동시에 수반되고 있다. 특히 학습사회의 도래는 학습하는 방법을 학습해야 하며, 이를 위해서는 자기 주도적인 학습, 팀 단위 학습, 그리고 프로젝트에 기반을 둔 학습방법이 필요하다.

4) 교육조직

학교는 교육부문의 학습조직화가 추진되면서 변혁의 핵심조직으로 정면에 부각될 필요가 있다. 일상적인 업무 수행과정에서 동료교사들과 팀워크를 이루거나 또는 비공식적으로 상호작용 하는 가운데 자연스럽게 이루어지는 학습을 촉발하고 학습 결과를 교사 전체가 공유할 수 있는 구조와 풍토를 조성해야 한다. 따라서 조직 내부에서 학습이 발생하기 위해서는 명령통제 중심의 수직적 조직구조에서 조직 구성원의 자율성이 최대한 보장되는 수평적 팀조직으로 재편할 필요가 있다.

5) 교사의 역할

학습사회로의 진화는 교육과정 참여자의 새로운 역할과 임무를 요구하고 있다. 특히 이러한 발전은 교사와 학습자의 역할에 큰 영향을 줄 것으로 기대된다. 시키고 받는 타율적인 학습형태에서 탈피하여 교사는 지식습득과정에서 정보를 제공하며, 우선적으로 학습자를 책임감 있고 자율적인 학습자가 될 수 있도록 자극하고, 지원하고, 고무하는 조언자의 역할을 담당하여야 한다. 또한 팀별 학습에서 학습을 조직하고 지원하며, 학습자 간, 교사와 학생 간, 교사 상호 간에 정보를 교환하는 역할을 담당하는 중개자가 되어야 한다.

끝으로 학습과정 속에서의 적극적인 학습자, 동반자가 되기 위한 유일한 방법은 교사, 학생 모두에게 지도성을 발휘할 수 있도록 권한을 부여해야 할 것이다. 그리고 교사는 학교가 변화의 핵심부서로서 부각되는 것과 마찬가지로 교사는 학습자의 학습활동을 촉진시키는 학습 컨설턴트의 역할을 수행해야 할 것이다.

우리나라의 학교문화는 학교교육의 주체별로 서로 다른 특성을 보여주기도 하고, 교육주체 사이에 공유되고 있는 특성이 있다. 일반적인 학교조직 문화의 특성은 학업성취를 위한 도구성(수업), 형식성(행정업무), 위계적이고 폐쇄적인 개인주의(인간관계), 심리적 보상주의(평가와 보상), 선택적 순응성(환경변화) 등을 들 수 있다.

학교조직 문화의 새로운 변화 시도는 교직원, 학생, 학부모 모두에게 희망과 믿음을 줄 수 있는 계기가 될 것이다. 단지 학교조직이 행정관리체제라는 고전적 조직 개념에서 탈피하여 학교가 학습하는 학교조직문화로 거듭 태어나는 계기가 필요하다. 이에 학교문화는 학습자의 활동을 적극적으로 지원하는 측면에서 정립될 필요가 있다. 가르치는 교수활동(teaching)은 배우는 활동(learning)의 연계선상에서 이루어져야 한다. 학교에서는 학습자의 기대 사항, 요구, 관심 등을 충족시킬 수 있도록 제반 지원활동이 마련될 때, 학생 만족 교육이 이루어질 수 있다. 따라서 교원을 비롯하여 교육제도 및 정책, 그리고 교육조직은 학습자의 유의미한 학습활동을 지원해주기 위해서 존재한다는 데서 그 정당성을 찾을 수 있다.

학습과제

1. 학교조직의 문화적 특성을 알아봅시다.
2. 조직문화와 조직풍토를 비교 분석하여 차이점을 말해 봅시다.
3. 교직문화의 특성을 유형별로 분류하여 설명하여 봅시다.
4. 학교에서 변화의 저해요인을 말해 봅시다.
5. 학습조직은 무엇이며, 학교조직에 적용 가능한지 진단하여 봅시다.

CHAPTER

14

교육인사행정

개 요

옛말에 인사가 만사라는 말이 있듯이, 사람을 적재적소에 배치하고 활용하는 것이야말로 가장 중요한 일이다. 교원은 양성과 자격 부여, 임용 등 일련의 과정 속에서 이루어지고 있다. 연수의 종류는 크게 자격연수, 직무연수, 특별연수 등으로 구분할 수 있으며 직무연수의 지속화를 통해 교원의 전문성 신장을 유도하고 있다. 휴직은 크게 직권휴직과 청원휴직으로 대별된다. 또한 교원의 징계는 경징계와 중징계로 구분하며, 보수는 학교직급에 무관하게 단일 호봉제를 부여하고 있다.

학습목표

교육인사행정의 개념을 이해할 수 있다.
교육인사행정의 기본 이념을 알 수 있다.
교원의 양성, 자격, 임용제도를 알 수 있다.
교원의 연수 종류를 이해할 수 있다
교원의 휴직과 휴가에 대해 설명할 수 있다.
교원의 징계와 보수에 대해 설명할 수 있다.

01 교육인사행정의 개념

인사행정이란 유능한 인적 자원을 확보·배치하고, 그들의 계속적인 능력계발을 도모하며, 높은 사기와 긍지를 지니고 직무에 최선을 다할 수 있도록 제반 여건을 조성하는 과정이라고 할 수 있다. 더구나 교육인사행정은 '교육조직의 목적을 효과적으로 달성하는 데 필요한 유능한 인재의 채용과, 그들의 계속적인 능력계발 및 사기 양양을 도모하는 일련의 과정'으로 정의할 수 있다. 채용과정에는 인력계획, 모집, 시험, 임용 등이 포함되며, 능력계발에는 현직교육·훈련은 물론 근무성적평정, 승진 및 전직·전보 등이 포함된다.

인사행정의 기본 이념은 다음과 같이 제시할 수 있다.

- 인사행정은 수단이 아니고 목적으로 이루어져야 한다.
- 인사행정은 집단에 기반을 두고 운영되어야 한다.
- 인사행정가는 동료적인 입장에서 행정에 임해야 한다.
- 인사행정은 자기의 능력에 따라 적재적소에 배치해야 한다.

교원인사행정은 주어진 여건과 상황에 따라 엽관주의, 실적주의, 절충주의를 선별적으로 적용하고 있다.

첫째, 엽관주의(Spoils system)는 정당에 대한 공헌도와 충성도에 따라 공직임용을 행하는 것을 말한다. 엽관주의와 정실주의는 오늘날 거의 같은 뜻으로 사용되고 있으나, 정실주의가 엽관주의(정치적 요인을 중시)보다 넓은 개념으로 인식되고 있다. 입법국가시대에 민주정치·정당정치의 발전에 기여하였던 엽관주의는 행정국가 시대에 접어들면서 본래의 의의가 변질되어 많은 병폐를 초래하였다.

엽관주의의 장점으로는 정당정치실현가능, 평등이념실현, 관료주의·공직침체방지, 공무원의 적극적 충성심 확보 등을 들 수 있다. 반면에 단점으로는 계속성·안정성·중립성위협, 예산낭비초래가능성, 행정책임감 저해, 부정부패만연, 행정능률 저하 등을 들 수 있다.

둘째, 실적주의(merit principle)는 공직에의 임용이 개인의 객관적인 능력·자격·실적을 기준으로 이루어지는 제도로서 누구에게나 차별 없이 동등한 기회를 부여하는 인사행정관을 의미한다. 장점으로는 행정능률화 기여, 공평무사한 행정가능, 행정의 안정성, 지속성, 전문성 확보, 직업 공무원제 확보가 용이하다는 점이다. 단점으로는 공직자의 무사안일주의, 소극주의와 형식주의의 팽배로 인한 효율성 저하, 외부 영입에 대한 방어적 분위기 조성을 들 수 있다.

셋째, 절충주의는 엽관주의와 실적주의가 가지고 있는 장단점을 고려하여 절충의 방법을 채택하는 것으로서 실적주의를 기본 이념으로 채택, 사회 변화에 적극적, 신축적 대응 위해 엽관 주의적 요소를 조화시킬 필요가 있다고 여겨진다.

교원인사의 주요 영역으로는 교직에 종사하기를 희망하는 학생을 수급계획에 따라 선발하는 일부터 교원의 양성, 채용, 연수, 승진, 전보, 퇴직을 포함하여 근무조건, 복지후생, 사기진작에 이르기까지의 전 과정을 포괄할 수 있다.

교원인사의 핵심 내용은 업무수행에 필요한 인원을 일정한 자격요건을 갖춘 사람 중에서 선발하여 일정한 일을 하도록 하는 행위이다. 이러한 행위 그 자체는 개인에게는 신분을 설정하는 행위를 의미하고 기관이나 조직에서는 업무수행을 위한 충원을 의미하기에 임용을 뜻하기도 한다. 교원의 임용에는 신규채용, 승진, 승급, 전직, 전보, 겸임, 파견, 강임, 휴직, 직위해제, 정직, 복직, 해임 및 파면 등이 포함된다. 이러한 임용의 용어는 대단히 포괄적인 개념이기 때문에 여기서는 신규임용, 전직, 전보, 승진임용 등에 한정하여 살펴보기로 한다.

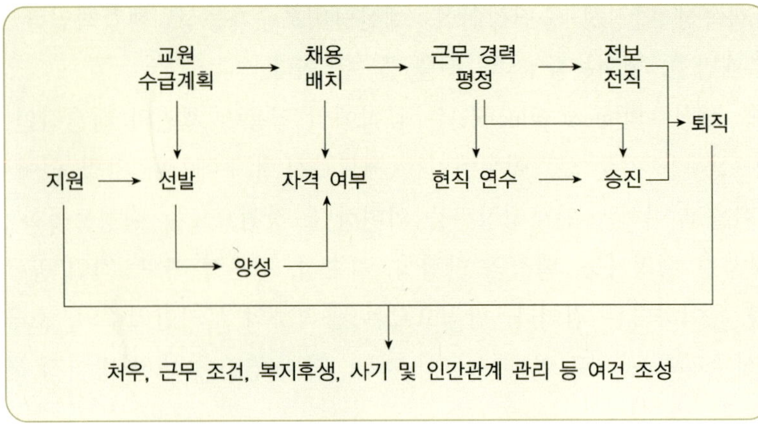

그림 14-1 | 교원인사행정의 영역

02 교원의 신분과 임용

1. 교원의 분류

교육직원이란 각급 학교에서 근무하는 교원은 물론 일반사무직원 및 교육 전문 직원을 총칭하는 말이다. 광의의 교육직원은 교육행정직은 물론 관련 기술직과 별정직, 기능직, 사립학교 교원을 포함하여 지칭한다. 그리고 협의의 교육직원은 국·공립의 각급 학교에 근무하는 교원과 교육전문직을 포함하여 지칭하는 것이다. 또한 국·공립계통의 교육직원은 특정직의 교육공무원, 일반직 공무원, 기타 별정직 공무원으로 분류할 수 있다. 특정직의 교육공무원은 교원과 교육전문직으로 구분된다.

교원에는 초·중등학교의 교장, 교감, 교사, 유치원의 원장, 원감, 교사, 대학의 교수, 부교수, 조교수 등이 포함된다. 교육공무원은 「국가공무원법」과 「교육공무원법」에 의해 규정된 것이므로, 사립학교의 교원은 제외된다. 그러나 사립학교도 공교육기관이므로 사립학교의 교원도 복무, 신분보장, 보수와 그들의 기능 및 자격 등은 초·중등교육법과 교육공무원법에 준하도록 되어 있다.

그리고 교육전문직에는 장학관과 장학사, 교육연구관과 교육연구사가 포함된다. 일반직공무원에는 교육행정직공무원과 기술직공무원이 포함되며, 기타 별정직에는 비서관과 비서, 기능직, 고용직으로 구성되어 있는데 이를 도식화하면 <그림 14-2>와 같다.

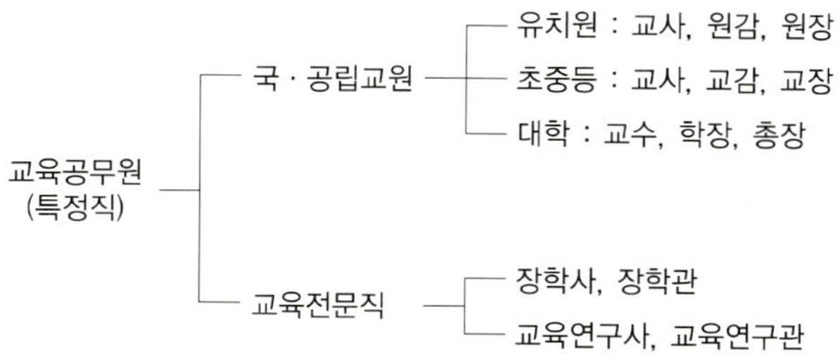

그림 14-2 | 교육공무원의 분류

2. 교원의 자격

교원은 그 직무를 효율적으로 수행하는 데 필요한 자질과 자격을 갖추어야 한다. 자질은 인성적 특성으로 구비해야 할 조건이나 교육과 훈련을 통하여 계발하여야 할 일반적 특질을 의미하는 것이며, 자격은 그 자질이 소정의 기준에 도달되었음을 행정적으로 인정하는 것이라 할 수 있다.

교원자격에 대한 법률적 규정은 초·중등교육법 제21조, 교육공무원법 제3장, 사립학교법 제52조와 이들 법률을 근거로 제정된 관련법령, 즉 교원자격검정령, 동령시행규칙, 교수자격·자질 인정령 등에 의거하고 있다. 우리나라의 경우 교원의 법정자격제도를 채택하고 있으며, 일단 교사자격을 취득하면 그 효력은 종신으로 계속되는 것을 원칙으로 하고 있다.

교원의 자격은 교장, 교감, 수석교사, 정교사(1급, 2급), 준교사, 전문상담교사, 사서교사, 실기교사, 보건 교사(1급, 2급), 특수학교 교사 등으로 구분된다. 초·중등학교에 두는 보직교사와 순회교사, 초등학교에 두는 교과전담교사는 법적으로 규정된 자격이 아니라 일종의 직위이다. 더구나 초·중등교육법 제22조에 의한 산학겸임교사, 명예교사, 강사 등은 정규교사가 아니다. 현행 유치원 및 초·중등교원의 종류와 자격기준은 유아교육법, 초·중등교육법에 규정하고 있으며, 장학사·장학관 및 교육연구사·교육연구관의 자격기준은 교육공무원법에 규정하고 있다. 대학교원과 교육전문직은 자격증을 필요로 하지 않고 임용자격제도를 채택하고 있다.

중등교사의 경우에는 중학교 교사와 고등학교 교사를 구분하지 않고 동일한 기준에 의하여 동일한 자격을 부여하고 있다. 준교사는 교사양성체제가 안정되지 않았던 특별한 경우에 준교사 자격을 수여하였지만 오늘날은 교사양성체제가 안정되어서 준교사 자격을 수여하는 경우는 거의 없다.

교원의 자격검정은 무시험검정과 시험검정으로 구분된다.

무시험검정에 의해 취득하는 경우는 정규 교사 양성대학 졸업자, 대학 또는 전문대학의 교직과정 이수자에게 신규 교사자격을 부여할 때, 재교육을 통해 상급 자격을 부여할 때, 이미 취득된 하나의 자격을 근거로 하여 다른 급 학교의 자격으로 변경하든가 또는 유사한 자격을 인정받을 때, 교원자격검정위원회가 추천에 의거하여 교장 또는 원장의 자격을 인가할 때 등이다.

시험검정은 전형검정과 고시검정으로 구분된다.

교원의 자격증은 교원양성제도의 테두리 속에서 무시험검정으로 이루어지는 것을 원칙으로 하고 있으나, 시험검증에 의한 제도도 마련되어 있다.

3. 교원의 양성

교원이 직무를 수행하는 데에는 높은 수준의 전문적 지식과 기술이 요구된다. 따라서 교원이 되기 전에 질이 높은 교육을 받아야 한다. 이러한 직전교육은 크게 두 가지 유형으로 나눌 수 있다. 그 하나는 목적제인데, 이는 전문적인 교원양성기관에서만 교원을 양성하는 폐쇄적인 입장이다. 다른 하나는 개방제인데, 이는 모든 대학에서 교사를 양성할 수 있도록 개방하는 입장이다. 양자는 모두 장점과 단점을 가지고 있다.

목적제는 일정수준의 질을 유지할 수 있다는 장점이 있으나, 획일성과 통제성을 벗어나지 못한다는 단점이 있다. 반면에 개방제는 교원을 다양성 있게 양성할 수 있다는 장점이 있는 반면에, 교직윤리의식의 결여, 교육에 대한 소극적인 태도, 전문적인 기술의 부족과 같은 단점이 있다. 우리나라에서는 목적제와 개방제의 장점을 절충하는 절충주의 입장에서 교원을 양성하고 있다.

우리나라의 현행 교원양성제도를 살펴보면(윤정일 외, 1992: 363-375), 유치원교원의 경우는 2년제 전문대학과 4년제 유아 교육과에서 양성하고 있으며, 1983년부터는 한국방송통신대학에서도 양성을 담당하고 있다. 초등학교 교원의 경우는 4년제 국립교육대학교에서 양성하고 있으며, 한국교원대학교 제1대학, 이화여자대학교 초등교육과, 각 교육대학원의 초등교육전공에서도 양성하고 있다.

중등학교 교원의 경우는 사범대학과정과 비사범대학 과정의 이원적인 양성체제를 갖추고 있다. 우선 각 대학의 사범대학에서 양성하고 있으며, 사범대학이 아니더라도 사범계학과가 설치되어있는 대학에서 양성하고 있다. 비사범대학 과정에서는 일반대학교육과, 일반대학 교직과정, 교육대학원에서 담당하고 있다. 전문대학 졸업자에게는 실기교사자격증을 대학의 간호학과와 간호계 전문대학에서는 보건교사자격증을 수여하고 있다.

4. 교원의 임용

교원인사의 핵심 내용은 업무수행에 필요한 인원을 일정한 자격요건을 갖춘 사람 중에서 선발하여 일정한 일을 하도록 하는 행위이다. 이러한 행위 그 자체는 개인에게는 신분을 설정하는 행위를 의미하고 기관이나 조직에서는 업무수행을 위한 충원을 의미하기에 임용을 뜻하기도 한다. 교원의 임용에는 신규채용, 승진, 승급, 전직, 전보, 겸임, 파견, 강임, 휴직, 직위해제, 정직, 복직, 해임 및 파면 등이 포함된다.(교육 공무원법 제2조 5항) 교원의 임용방법 및 절차는 초·중등학교 교원, 대학교원, 교육전문직에 따라 다르며, 교육공무원법 제7조에 임용의 원칙으로서 교육공무원의 임용은 그 자격, 재교육성적, 기타 능력의 실증에 의하여 행한다고 되어 있어 자격임용주의 원칙과 실적주의 원칙에 입각해 있음을 알 수 있다. 이러한 임용이라는 용어는 대단히 포괄적인 개념이기 때문에 여기서는 신규임용, 현직연수, 전직, 전보, 승진 등에 한정하여 살펴보기로 한다.

1) 신규임용

신규임용은 자연인의 신분으로부터 공무원관계의 신분을 발생시키는 임용행위로써 공무원의 행위를 형성하는 기본행위라고 할 수 있다. 교사의 신규채용에 있어서는 과거에는 국립 또는 공립의 교육대학, 사범대학 기타 교원양성기관의 수료자를 우선하여 채용하도록 되어 있었으나(교육공무원법 제11조 1항) 사립계 사범대학의 반발 끝에 1990년 10월 헌법재판소가 국·공립양성기관 졸업생의 우선 임용이 국민의 평등권과 직업선택권을 보장하는 헌법에 위배된다고 판결함으로써 1991년부터 국·공·사립양성기관이 동등한 입장에서 공개전형을 통하여 선발하게 되었다. 이러한 공개전형은 우수교원을 확보하는 토대를 마련하였고, 임용기회의 불평등을 시정하는 결과를 낳았다는 긍정적인 측면도 있으나, 우선 교직자로서 갖추어야 할 전반적인 전문성을 평가하기보다는 상대적인 지식평가에 치우침으로써 구체적인 교과내용과 지도방법 및 실기능력 등을 평가하기 어렵다는 점과 임용고시 도입이 교원수급 불균형 문제 시정에 전혀 도움을 주지 못했으며, 결과적으로 교원수급의 정책실패를 개인의 능력문제로 전가시켰다는 점, 그리고 교육대학과 사범대학의 목적대학으로서의 위상 약화와 그로 인한 예비교사들의 사명감 약화 등이 문제점으로 제기되고 있다. 특히 이러한 문제점들은 교사자격증의 권위와 의의를 약화시키는 결과를 초래하였다고 할 수 있다(정태범, 1994).

따라서 앞으로 교사의 신규임용 시에 전문성을 지닌 교직 적격자가 선발될 수 있는 엄격하고 구체적인 선발기준을 개발할 필요가 있을 뿐만 아니라 양성기관의 교육프로그램, 교과 성적 및 실기능력, 현장 실습 및 실무능력, 인성, 교직적성 등을 종합적으로 평가할 수 있는 체제가 요구된다고 하겠다.

표 14-1 교원임용시험 평가방식 변화

구분	2007년	2008~2009년	2012년	
			초등	중등
1차	선택형 필기시험, 대학성적, 가산점	기존 방식에 중등 영어는 듣기평가 포함	교직-논술, 교육과정-서답형	2013년부터 교육학-논술, 전공-서답형
2차	논술, 면접, 실기평가	논술형시험(중등 외국어는 해당 외국어로 실시)	심층면접, 수업안 작성, 수업실연	
3차	없음	교직적성 심층면접 수업실연(중등 외국어는 해당언어로 실시)		
합격자 사정	1, 2차 점수 합산	1, 2, 3차 점수 합산	1차로 일정범위 수 가린 뒤 2, 3차 점수만 합산	
특징	필기시험 중심	수업능력, 인성평가 중심	필기시험 영향력 대폭 줄고 수업능력 평가 강화	

자료 : 교육과학기술부

03 현직 연수

현직 연수는 교직에 종사하면서 직업적 성장을 위한 자율적, 의무적인 교육 및 제반 활동을 의미하며 전문적인 지식과 기술을 습득하기 위한 장기적이고 계속적인 교육이 필요하고 엄격한 자격 기준이 요구된다. 따라서 현직연수는 교직수행의 필수적 사항임에 틀림없다. 현직연수는 특정한 교육 프로그램의 수행이나 임용과 직접적으로 관련하여 제공되는 공식적인 교육·훈련으로 협의의 개념으로 볼 수 있지만, 범위를 확대하여 교직 생활 전 기간 중에 다양한 형태로 제공되는 모든 교육·훈련 등을 현직연수로 볼 수 있다.

현직연수의 목적은 크게 ① 학교 교원 전체 또는 교원 일부집단의 직무

수행 능력을 개선시키려는 목적의 연수, ② 개개인 교사의 직무수행 능력을 개선시키려는 목적의 연수, ③ 승진 또는 승급을 위한 개개인 교사의 사전경험을 확장시키려는 목적의 연수, ④ 개개인 교사의 전문적 지식 및 이해를 증진시키려는 목적의 연수, ⑤ 교사의 개인적 욕구를 충족시키거나 일반교양을 증진시키려는 목적의 연수 등을 들 수 있다.

연수기관의 종류는 교육연수원, 교육행정연수원, 종합교육연수원 및 원격교육연수원 등으로 구분되어진다.

① 교육연수원 : 16개 시·도 교육연수원, 교육과학기술연수원, 한국교원대학교 종합연수원, 교육대학 부설 초등교원연수원, 국·공·사립대학 부설 중등교원연수원 등
② 교육행정연수원 : 서울대학교 부설 교육행정연수원
③ 원격교육연수원 : 대학, 산업대학, 교육대학, 방송통신대학, 교육청, 교육인적자원부장관이 지정하는 기관 및 법인

교육연수원은 「유아교육법」 제7조 및 「초·중등교육법」 제2조에 따른 학교에 근무하는 교원을 연수대상으로 한다. <개정 1996. 3. 11, 1997. 7. 29, 2000. 2. 28, 2008. 2. 19> 이에 반해 교육행정연수원은 각급 학교에 근무하는 교장·교감·원장·원감 및 「교원자격검정령」 제23조의 규정에 의하여 교장·원장의 자격인정을 받은 자를 연수대상으로 한다. <개정 1997. 7. 29, 2000. 2. 28, 2008. 2. 19> 종합교육연수원 및 원격교육연수원은 제1항 및 제2항에 규정된 연수대상자를 연수대상으로 한다. <개정 2000. 2. 28, 2008. 2. 19>

현직연수의 종류는 직무연수, 자격연수, 특별연수로 대별할 수 있으며 주로 기관중심(교육기술과학부, 시·도 교육청 등 국가의 교육행정기관이 주체가 되어 실시하는 연수)의 연수가 이루어지고 있다. 그리고 자체연수는 학교중심연수(교과교육연구회, 학회등)이며, 자율연수는 개인중심연수로 볼 수 있다.

1. 직무연수

직무연수의 내용은 주로 교육의 이론과 방법 및 직무수행에 필요한 능력 배양을 위한 연수로 진행되는 것으로, 각종 교육연수원에서 교사, 교감, 교장 등을 대상으로 학교 직무 및 경영능력 향상을 위한 직무연수를 예로 들 수 있다.

2. 자격연수

자격연수는 교원의 자격을 취득하기 위한 연수로 1·2급 정교사 과정, 전문상담교사과정, 사서교사 과정, 보건교사 과정, 원장 및 교장과정, 원감 및 교감 과정 등으로 구분된다. 즉 상위자격 취득을 위한 연수를 들 수 있다. 참고로 1급 자격연수와 교감 자격연수는 90시간 이상으로, 교장자격취득을 위한 연수는 180시간 이상을 요구하고 있다.

3. 특별연수

국가 또는 지방자치단체가 계획을 수립하여 교육공무원을 국내외의 교육기관 또는 연구기관에서 일정 기간 동안 연수를 받게 하는 것이며, 특별연수에 소요되는 경비를 예산의 범위 안에서 지급이 가능하다.

그 밖에 자율연수는 교원 스스로 전문적인 지식을 얻기 위해 교육을 받는 것을 의미하며, 해외연수는 국제화시대에 적응하기 위한 교육력을 제고하여 선진국의 과학기술정보를 습득하는 데 있다.

끝으로 현직연수의 발전을 위하여 고려되어야 할 주요 방향을 몇 가지 제시하면 다음과 같다.

첫째, 현직연수의 편성·운영에 교사들의 필요와 요구가 적절히 반영되며, 교사들이 참여할 수 있어야 한다. 연수를 계획하는 단계에서는 연수를 받게 될 교사들을 대상으로 하여 연수의 내용, 방법, 강사진 등에 관련하여 사전에 적절한 요구조사를 실시하고 연수를 실시하는 단계에서는 다양한 참여식 연수활동이 이루어지며, 연수가 끝난 후에는 보다 효과적인 향후 연수 계획 수립을 위하여 교사들의 의견을 수집하는 평가활동이 적절하게 마련되어야 한다.

둘째, 현직연수의 주제와 내용이 교사들의 전문적 발달을 도와줄 수 있는 내용, 교사들이 근무하고 있는 학교 현장의 문제나 과제의 해결에 기여할 수 있는 보다 현장중심적이고 구체적인 내용들로 다양하고 조화롭게 선정되어야 할 것이다.

셋째, 현직연수의 운영에 있어서 다양한 교수·학습방법과 교수·학습 자료 및 매체를 활용하며, 특히 참여식 교육방법을 적극 활용하도록 한다. 전통적인 강의 중심의 방법을 탈피하여, 다양한 교수·학습 방법을 활용하고, 성인학습의 원리에 입각하여 참여식·경험식 교육방법을 활용하려는 노력이 확대되고 있음은 바람직한 현상이라 하겠다. 교사들의 연수에 대한 흥미와 참여를 촉진하기 위하여 강의법 이외에도 개인연구 및 발표, 분임토의 및 발표, 사례연구, 사례발표, 워크숍, 시뮬레이션 게임, 실험·실습·실기, 현장 견학·관찰 등의 방법을 연수 주제 및 내용에 맞추어 적절하게 활용할 수 있어야 한다. 다양한 교수·학습 방법을 활용하는 데 있어서 교사들의 개인적인 작업보다는 교사들 간의 협동작업을 통해 공동 성취를 유도·격려할 수 있는 방법, 즉 서로 가르치며 서로 배울 수 있고, 서로 도움을 주고받을 수 있으며, 동료적·집단적인 성취감을 느낄 수 있는 방법도 매우 중요하다.

넷째, 교사의 발달단계를 고려하여 교사가 받게 될 현직연수 과정의 체계화가 요망된다. 일반교사들을 위해서는 ① 기초과정, ② 정착과정, ③ 발전과정, ④ 심화과정, ⑤ 고급과정 등으로 연수과정을 구분하여 제시한다. 이러한 과정을 '필수과정'으로 지정하여 모든 교사들이 교직생활 중에 필수적으로 이수하도록 한다. '필수과정'은 국가 또는 교육청이 경비를 전액 부담하는 것을 원칙으로 한다.

또한 교사들을 대상으로 한 '희망연수 조사(교사들이 희망하는 연수 내용,

시기, 시간 등)'를 토대로 하여 교원들이 원하는 다양한 연수과정을 제공하고, '자율연수' 형태로 교사들이 '선택과정'으로 이수하도록 한다. '선택과정'은 원칙적으로 교원 자비부담으로 이수하도록 하되, 일부 직무연수는 교육청이 경비를 지원하도록 한다.

학교관리직 및 교육전문직에 대한 연수과정은 ① 지도자 기초과정, ② 지도자 정착과정, ③ 지도자 발전과정, ④ 지도자 심화과정으로 구분하여 제공한다. 지도자 기초과정은 기초적인 학교경영 능력과 장학·연구지도 능력을 함양시키는 과정이다. 지도자 정착과정은 학교경영 능력과 장학·연구지도 능력을 정착·발달시키는 과정이다. 지도자 발전과정은 학교의 최고경영자로서 학교경영 능력과 장학·연구지도 능력을 발달시키는 과정이다. 끝으로 지도자 심화과정은 학교 및 교육행정기관의 최고경영자로서 기관 경영능력과 장학·연구지도 능력을 심화·완성시키는 과정이다.

교원의 현직연수과정은 국가 간의 무한경쟁의 시대, 지식과 정보가 국가 발전의 원동력이 되는 시대에 들어서 질적으로 양적으로 우수한 인적 자원을 개발하기 위해서는 무엇보다도 충실한 교육과 우수한 교원의 중요성이 매우 높다. 이를 위하여 교직 전 기간에 걸쳐 Carrer-long Teacher Education이라는 관점에서 체계적인 연수과정이 마련되어야 한다.

04 전직과 전보

1. 전직

전직은 직급은 동일하나 직렬이 달라지는 횡적 이동을 말한다. 교육공무원의 직렬을 장학직, 교육연구직, 교원직, 교육행정직 등으로 구분한다면 다른 직렬과 교류하는 임용행위를 말하는 것으로 교사, 교감 및 교장이 장학사(관)나 연구사(관)로, 장학사가 교감으로, 교장이 장학관 또는 교육장으로 임용되는 것은 동종이 아닌 타 직종으로 이동하는 것이므로 전직이라고 할 수 있다. 전직방법에 대한 특별한 규정은 없고 자격증이 있거나 자격기준에 해당하면 가능한 것이다.

2. 전보

전보는 직렬이나 직급의 변화 없이 근무지 이동 내지 보직을 변경하는 임용행위를 말하는 것으로 동일 직위 내에서의 수평이동을 말한다. 전보는 개인의 측면에서 보면 직무에 대한 구성원 개인의 흥미 변동, 주거지 변동, 동료와의 인간관계 변화 등을 배려하여 줌으로써 생활 안정과 직무 만족을 도모해 주려는 것이라고 할 수 있으며, 조직의 입장에서는 부서간의 인원 수 조정이나 조직 기능의 변화로 인한 자질 여건의 변화에 대응하기 위하여 부서의 기능과 업무의 양에 적절한 사람을 배속 또는 배치시킴으로써 조직의 목적을 활성화시키는데 그 목적이 있다. 즉 전보는 동일 직위 또는 지역에서의 장기근무로 인한 침체를 방지하고 능률적인 직무수행을 기할 수 있도록 교원의 생활근거지 근무 또는 희망 근거지를 최대한 보장하여 사기 진작 및 생활 안정을 도모하게 하는 데 그 의의가 있다.

05 승진

승진이란 직렬 내에서의 수직적 이동, 즉 직위 상승을 말한다. 구체적으로 말해, 책임과 권한의 증가, 위신의 증대, 기능의 확대, 임금의 인상, 기타 근무시간이나 근무 조건의 개선이 수반되는 새로운 상위직으로 임용되는 것을 말한다.

승진은 조직 구성원에게 중요한 욕구 충족의 수단이 되며, 조직의 목표 달성을 위한 효율적인 수단이 된다. 따라서 승진제도는 보다 중요한 직위에 대한 내적 충원이라는 인재 선발과정을 통해 조직의 능력을 최대한 발휘하도록 하는 수단으로써, 또 승진 전의 직위에서 직무를 잘 수행한 사람에 대한 논공행상으로써 구성원들에 대한 포상과 인력 계발, 그리고 조직의 인력 확보라는 다층적인 기능을 가지는 중요한 인사행위인 것이다.

교육공무원의 승진임용에 관한 사항은 정책적 논의를 거쳐 국가공무원법, 교육공무원법, 교육공무원승진규정 등에 규정되었다. 국가공무원법 제40조에 의하면, 공무원의 "계급간 승진 임용은 근무성적평정, 경력평정, 기타 능력의 실증에 의한다"고 규정하고 있으며, 교육공무원법 제13조에는 "교육공무원의 승진임용은 동종의 직무에 종사하는 바로 하위직에 있는 자 중에서 대통령령이 정하는 바에 의하여 경력평정, 재교육성적, 근무성적, 기타 능력의 실증에 의하여 행한다"고 규정하고 있다.

따라서 초·중등교원의 승진임용은 임용권자 또는 임용 제청권자가 경력평정, 근무성적평정, 연수성적평정, 기타 가산점 평정에 의하여 순위를 매기고 자격별로 승진후보자명부를 작성한 후 승진후보자명부의 고순위자순으로 승진예정인원의 3배수 범위 안에서 임용 또는 임용 제청하기로 되어 있다.

교원승진제도의 현황은 2007년 개정 교육공무원승진규정과 2010년 1월에 공포된 교육공무원 승진규정 일부 개정령안을 들 수 있다. 승진대상자는 교육공무원 승진규정이 정하는 바에 따라 교원의 근무성적평정(100점), 경력평정(70점), 연수성적평정(30점), 가산점(13점) 등의 연수성적평정에 의거하여 선발한다.

1. 근무성적 평정(100점)

근무성적 평정은 100점 만점을 기준으로 하며, 교사에 대하여는 매년 12월 31일을 기준으로 하여 해당 교사의 근무실적·근무수행능력 및 근무수행태도에 관하여 근무성적평정과 다면평가를 정기적으로 실시하고 각각의 결과를 합산하는 것이다. 2007년 5월 25일 「교육공무원승진규정」이 새로 개정되어 교사가 교감으로 승진하는 데 반영되는 근무성적 평정점은 2년에서 10년(교감에서 교장으로 승진하는 경우는 3년)으로 늘어났다. 그러나 2010년 승진개정령안에서 다시 수정되어, 최근 5년 이내의 기간 중 유리한

3개년을 선택하여 반영한다. 평정자-확인자의 근무성적은 승진후보자 명부 작성권자가 정한다(당해 학교 교감이 성적평정자, 학교장이 확인). 다면평가자는 근무성적의 확인자(학교장)가 구성. 평가대상자의 근무실적·근무수행능력 및 근무수행태도를 잘 아는 동료교사 중에서 3인 이상으로 구성된다. 결과 합산은 근무성적의 평정자와 확인자(교감, 교장)가 합산한다. 평정의 채점 방식은 근무성적과 다면평가를 합하는 방식이며, 근무성적은 성적평정자의 채점을 100점에서 30%환산하고 확인자의 채점을 100점에서 40%로 환산하여 70점 만점으로 한다. 다음으로 다면평가는 다면평가자의 채점을 30%로 환산하여 30점을 만점으로 한다. 상대평가이기 때문에 수(95점 이상) 30%, 우(90이상~95점 미만) 40%, 미(85~90점) 20%, 양(85점 미만) 10% 분포를 맞춘다. 평정 결과의 공개는 평정대상자의 요구가 있는 때에는 특별한 사정이 없는 한 본인의 최종 합산점을 알려주어야 하고, 근무성적 평정의 결과는 전보·포상 등 인사관리에 반영하여야 한다.

근무성적평정에 관한 2007년 교육공무원승진규정 개정의 주요내용은 다음과 같다.

구분	개정 전 근무성적 평정	개정 후 다면평가 도입	비고
평정방법	교장 50%, 교감 50%	• 교사의 근무실적·근무수행능력 및 근무수행태도에 관해 실시 • 동료교사 중에서 3인 이상으로 다면평가자 구성 • 다면평가자 구성 기준, 절차 등 필요사항은 명부작성권자가 정함	다면평가를 '07년에는 시범 실시하고, '08년부터 시행 ※ '07년에는 근평점을 100점 만점으로 적용
평정점수	80점	100점=근무성적 70점(교장40, 교감30)+다면평가 30점(다면평가자 30)	

구분	개정 전	개정 후	비고
	근무성적 평정	다면평가 도입	
산정기간	2년	*근평 및 다면평가 합산점 10년* 2010년 교육개정령안에서 다시 수정되어, 최근 5년 이내의 기간 중 유리한 3개년을 선택하여 반영한다.	*'10년 명부 작성 시부터 매해 1년씩 확대 ('10년 : '09년+'08년+'07년)* 위 내용은 2010년에 교육개정령안에서 수정됨
평정결과	비공개	본인의 최종 근평 및 다면평가 합산점 공개	'07년부터 시행

2. 경력평정(70점)

경력평정은 연공서열 내지 경력에 기초하여 평정하는 것으로서 직관성을 갖고 있는 평정이다. 경력은 기본경력과 초과경력으로 구분되며, 경력종별, 평정기간을 정확히 구분하여 평정하도록 되어있다. 경력평정은 매년 12월 말에 정기적으로 실시하며, 기본경력은 평정시기로부터 최근 20년간을 평정기간으로 하고, 초과경력은 기본경력 전 5년을 평정기간으로 한다. 평정대상경력은 교육경력, 교육행정경력, 교육연구경력, 기타 경력으로 하되 그 경력의 내용은 가 경력, 나 경력, 다 경력으로 나눈다. 경력평정자는 소속기관의 인사담당관이며, 소속기관장이 확인한다.

구분	개정 전	개정 후	비고
평정 기간 (제8조)	25년 (기본 20년+초과 5년)	20년 (기본 15년+초과 5년)	'08년부터 매해 1년씩 단축
평정 점수 (별표 2)	90점 (기본 : 84점, 74점, 64점)	70점 (기본 : 64점, 60점, 56점)	'07년부터 시행
기간 계산 (제11조 제2항)	15일 이상은 1월로 계산, 15일 미만은 미산입	1월 미만은 일 단위 계산	'09년부터 시행

경력평정에 관한 2007년 교육공무원승진규정 개정의 주요내용은 다음과 같다.

경력평정의 기간이 종전 25년에서 '08년부터 매해 1년씩 단축하여 2011년까지 20년으로 단축되며, 총점이 90점에서 70점으로 축소된다.

3. 연수성적 평정(30점)

교육성적평정과 연구실적평정으로 구분되어 있는데, 다음과 같다.

1) 교육성적평정(직무연수성적 18점+자격연수성적 9점)

교육성적평정은 직무연수성적과 자격연수성적으로 나누어 평정한 후 이를 합산한 성적으로 한다. 직무연수성적의 평정은 당해 직위에서 「교원 등의 연수에 관한 규정」에 의한 연수기관 또는 교육과학기술부장관이 지정한 연수기관에서 10년 이내에 이수한 60시간 이상의 직무연수성적을 제33조 제1항 제1호에 따라 환산한 직무연수환산성적 및 직무연수이수실적(교장·장학관·교육연구관 승진후보자명부작성대상자는 제외한다)을 대상으로 평정한다. 자격연수성적에 대한 평정은 승진대상 직위와 가장 관련이 깊은 자격연수성적 하나만을 평정대상으로 한다.

직무연수성적은 교감승진후보자명부작성대상자를 대상으로 다음과 같이 평정한다.

6점 × 직무연수환산성적 / 직무연수성적만점
+ 6점 × 직무연수 횟수(2회에 한한다)

직무연수성적은 다음 표에 따라 환산한다.

직무연수성적	직무연수환산성적
95점 초과	100점
90점 초과~95점 이하	95점
85점 초과~90점 이하	90점
85점 이하	85점

2) 연구실적평정(연구대회 입상 실적+학위취득 실적)

연구대회입상실적평정은 다음에 해당하는 실적을 대상으로 한다.

가. 국가·공공기관 또는 공공단체가 개최하는 교육에 관한 연구대회로서 교육과학기술부장관이 인정하는 전국규모의 연구대회(이하 "전국규모연구대회"라 한다)에서 입상한 연구실적
나. 특별시·광역시 또는 도(이하 "시·도"라 한다)의 교육청·지방공공기관 및 공공단체 등이 개최하는 교육에 관한 연구대회로서 시·도교육감이 인정하는 시·도규모의 연구대회(이하 "시·도규모연구대회"라 한다)에서 입상한 연구실적

학위취득실적평정은 교육공무원이 당해 직위에서 석사 또는 박사학위를 취득하였을 경우 그 취득학위중 하나를 평정의 대상으로 하고 교육공무원이 전직된 경우에는 전직 이전의 직위중의 학위취득실적을 포함하여 평정한다. 또한 연구실적평정점은 3점을 초과할 수 없다. 연구대회입상실적평정과 석사 및 박사학위 취득실적은 다음 표에 의하여 평정한다.

구분		개정 전		개정 후	
	입상등급	전국규모 연구대회	시·도규모 연구대회	전국규모 연구대회	시·도규모 연구대회
연구대회	1등급	1.00점	0.50점	1.50점	1.00점
	2등급	0.75점	0.375점	1.25점	0.75점
	3등급	0.50점	0.25점	1.00점	0.50점

구분		개정 전	개정 후
학위	박사	직무와 관련 있는 학위 2점 기타의 학위 1점	직무와 관련 있는 학위3점 기타의 학위 1.5점
	석사	직무와 관련 있는 학위 1점 기타의 학위 0.5점	직무와 관련 있는 학위 1.5점 기타의 학위 1점

연수성적평정에 관한 2007년 교육공무원승진규정 개정의 주요내용은 다음과 같다. 연구실적의 경우에는 총점 3점을 유지하되, 연구대회 입상등급별 점수와 학위취득실적 요소별 점수를 아래와 같이 상향 조정하였으며, 개정된 연수성적평정 규정은 '09년부터 시행되고 있다.

구분	개정 전	개정 후	비고
직무연수	• 직무연수성적 계산 −6점×직무연수성적/직무연수성적만점	• 직무연수성적 계산 −6점×직무연수환산성적/직무연수성적만점 • 전직 전에 이수한 직무연수 반영 • 교육성적을 만점의 8할로 평정하는 사례에 교육성적이 없는 경우 포함	'09년부터 시행
연구실적	−	연구대회 입상등급별 점수와 학위취득실적 요소별 점수 상향 조정	

4. 가산점(13점)

가산점 평정은 공통 가산점과 선택 가산점으로 구분하여 평정한다. 공통 가산점의 평정은 다음과 같이 한다.

가. 교육과학기술부장관이 지정한 연구학교의 교원으로 근무한 경력은 월 0.021점 (총합계는 1.25점을 초과할 수 없다)
나. 교육공무원으로 재외국민교육기관에 파견근무한 경력은 월 0.021(총합계는 1.25점을 초과할 수 없다)
다. 연수이수실적이 학점으로 기록·관리되는 경우에는 1학점당 0.01점(이 경우 명부작성권자는 0.08점의 범위 안에서 연도별 상한점을 정할 수 있고, 1점의 범위 안에서 가산점의 총합계를 정할 수 있다)으로 평정한다.

선택가산점은 다음과 같은데, 그 총합계는 10점을 초과할 수 없다.

가. 「도서·벽지교육진흥법」 제2조에 따른 도서벽지에 있는 교육기관 또는 교육행정기관에 근무한 경력이 있는 경우
나. 읍·면·동 지역의 농어촌 중 명부작성권자가 농어촌교육의 진흥을 위하여 특별히 지정한 지역의 학교에 근무한 경력이 있는 경우
다. 그 밖의 교육발전 또는 교육공무원의 전문성 신장 등을 위해 명부작성권자가 필요하다고 인정하는 경력이나 실적이 있는 경우

가산점에 관한 2007년 교육공무원승진규정 개정의 주요내용은 다음과 같다. 가산점은 공통가산점을 총점 3.5점에서 3점으로 축소하였으며, 선택가산점은 종전 15점 범위 내에서 교육감이 항목 및 점수의 기준을 산정하였던 것을 10점의 범위 내에서 세부 항목을 정할 수 있도록 개정하였다. 또한, 가산점 중복인정 기준에 대한 권한을 교육감에게 위임함으로써 가산점 제도가 지역실정에 맞춰 합리적으로 운영될 수 있도록 하였으며, 변경된 가산점 제도는 2009년부터 시행되고 있다.

구분	개정 전	개정 후	비고
공통 가산점	• 총점 3.5점 –재외국민교육기관 파견 경력 : 총 1.25점 –직무연수이수실적 : 연도별 상한점 0.08점 이내	• 총점 3점 –재외국민교육기관 파견 경력 : 총 0.75점 –직무연수이수실적 : 연도별 상한점 0.12점 이내	'09년부터 시행
선택 가산점	• 총점 15점 범위 내에서 교육감이 기준 결정 • 기준은 평정기간이 시작되기 전에 공개	• 총점 10점 범위 내에서 교육감이 기준 결정 • 기준은 평정기간이 시작되기 6개월 전에 공개 • 가산점의 중복인정 기준 권한을 명부작성권자에게 위임	
기간 계산	15일 이상은 1월로 계산, 15일 미만은 미산입	1월 미만은 일 단위 계산	

* 가산점 : 공통가산점(3.5→3점) 및 선택가산점(15→10점) 총점 축소

06 교원의 휴직 및 휴가

1. 교원의 휴직

휴직 중인 자의 처리에서 휴직의 효력은 공무원의 신분은 보유하되. 직무에 종사하지는 못한다. 휴직 연장은 만료 전 15일까지 신청할 경우나 휴직허용기간 범위 내에서 휴직 연장 신청 시에만 가능하다. 또한 휴직자는 동태파악을 위해 6개월마다 소재지와 휴직사유 지속여부를 소속기관장에게 보고해야 한다. 휴직 후 복직할 시 휴직기간 중 휴직사유 소멸 시 30일 이내에 임용권자 또는 임용 제청권자에게 신고하면 지체 없이 복직 조치한다. 또한 휴직기간 만료 시 30일 이내에 복귀신고를 하면 당연 복직 조치한다.

휴직의 종류는 <표 14-2>와 같이 직권휴직과 청원휴직으로 구분할 수

있다. 구체적으로 직권휴직에는 질병휴직, 병역의무, 교원노조 책임자의 휴직 등을 말하며 청원휴직에는 해외유학, 연수, 간병휴직 등이 있다.

표 14-2 휴직의 종류

종류	휴직관련 호와 사유	휴직조건	휴직 기간	승급	경력 평정	봉급	구비서류
직권 휴직	1. 질병휴직 (요양)	• 신체·정신상의 장애로 장기요양	1년 이내	제한	불인정	7할 (결핵성 : 8할)	휴직원 진단서 (공상증명서)
	(공상)	• 공상으로 장기요양	1년 이내	인정	인정	전액지급	
	2. 병역의무 (병역)	• 병역복무를 위한 징집 또는 소집	복무기간	인정	인정	불지급	휴직원 입영증명서
	3. 생사소재 불명(행불)	• 천재지변·전시·사변·기타사유로 생사·소재 불명	3월 이내	제한	불인정	불지급	휴직원 증빙서류
	4. 법정의무 수행(의무)	• 법률의 규정에 의무 수행을 위하여 직무 이탈	복무기간	인정	인정	불지급	휴직원 증빙서류
	11. 교원노조 전임자	• 교원의 노동조합 설립 및 운영 법률	전임기간	인정	인정	불지급	휴직원 증빙서류
청원 휴직	5. 해외유학 (연구·연수)	• 학위취득 목적 해외유학, 1년 이상 외국에서 연구 또는 연수	3년 이내 (3년 연장가능)	인정	인정 (5할)	5할	휴직원 입학허가서 유학계획서
	6. 외국기관 고용	• 국제기구·외국 기관 • 재외국민교육 기관 임시고용	고용기간	인정 (상근 10할 비상근 5할)	인정 (상근 10할 비상근 5할)	불지급	휴직원 고용계약서
	7. 양육휴직	• 자녀(6세 이하의 초등학교 취학 전) 양육이나 여교원이 임신 또는 출산하게 된 때	1년 이내 (여교원 2년 연장 가능)	최초 1년 인정	최초 1년 이내 인정	불지급	휴직원 진단서 주민등록등본

종류	휴직관련 호와 사유	휴직조건	휴직 기간	승급	경력 평정	봉급	구비서류
청원휴직	8. 국내연수 (연수)	• 교육과학기술부 장관이 지정하는 국내 연구기관 • 교육기관 등에서 연수	3년 이내	제한	인정 (5할)	불지급	휴직원 입학허가서
	9. 간병휴직 (간호)	■ 사고·질병으로 장기 요양을 요하는 부모, 배우자, 자녀 또는 배우자의 부모 간호	1년 이내 (재직기간 중 3년 이내)	제한	불인정	불지급	휴직원 진단서 간병확인서
	10. 배우자 동반	• 배우자 외국근무, 또는 제5호에 해당된 때	3년 이내 (3년 연장 가능)	제한	불인정	불지급	휴직원 증빙서류

2. 교원의 휴가

교원의 휴가에는 연가, 병가, 공가, 특별휴가 등으로 구분할 수 있으며, 구체적으로 제시하면 다음과 같다.

1) 연가

연가란 1년 동안에 받을 수 있는 휴가를 말한다. 연가일수는 <표 14-3>과 같이 근속시간에 따라 다르다.

결근, 휴직, 직위해체, 정직일수는 연가일수에 산입한다. 단, 법령상의 의무수행, 공무상 질병 또는 부상으로 인한 휴직은 제외한다. 지참 또는 조퇴 3회는 결근 1일로 간주한다. 근속기간별 연가일수 중에서 미사용 일수에 대하여 예산의 범위 내에서 매년 말에 지급하고 연가에 갈음할 수 있다.

표 14-3 연가일수

재직기간	연가일수
• 3개월 이상~6개월 미만	3일
• 6개월 이상~1년 미만	6일
• 1년 이상~2년 미만	9일
• 2년 이상~3년 미만	12일
• 3년 이상~4년 미만	14일
• 4년 이상~5년 미만	17일
• 5년 이상~6년 미만	20일
• 6년 이상	21일

단, 당해 년도에 결근·휴직·정직·직위해제 사실이 없는 교원으로서 병가를 활용하지 않은 교원과 연가실시 일수가 3일 미만인 교원에 대해서는 다음해 재직기간별 연가일수에 각각 1일(합계 2일)을 가산한다.

2) 병가

질병 또는 부상으로 인하여 직무수행이 불가능하거나 전염으로 인하여 다른 공무원의 건강에 영향을 미칠 우려가 있는 경우에는 병가를 허용한다. 병가기간은 일반적으로 질병 또는 부상의 경우에는 연 2월의 범위 내에서 공무상 질병 또는 부상인 경우에는 연 6월의 범위 내에서 허용할 수 있다. 7일 이상의 병가 시에는 의사의 진단서를 첨부하여야 한다.

일반병가	공무상 병가
• 질병, 부상, 전염병 • 연 60일 범위 안에서 허가	• 공무상 질병 또는 부상 • 연 180일 범위 안에서 허가
• 조퇴·외출은 누계 8시간을 병가 1일로 계산 • 병가일수 7일 이상인 경우 진단서 제출	

3) 공가

공가는 병역법 및 기타 법령에 의한 징병검사, 소집, 검열점호, 동원, 훈련참가, 공무에 관련하여 국회, 법원, 검찰 등 국가기관에 소환된 때, 법률의 규정에 의한 투표참가, 천재지변·교통차단·기타 출근 불능 시에 허용된다. 공가일수는 최소한의 실제 소요 또는 필요기간이다.

4) 특별휴가

특별휴가는 특별한 사유가 있을 때에 허용되며, <표 14-4>와 같다.

① 공무원은 본인이 결혼하거나 그 밖의 경조사가 있을 경우에는 별표 2의 기준에 따른 경조사휴가를 받을 수 있다. <개정 2011. 7. 4>
② 행정기관의 장은 임신 중인 공무원에 대해서는 그 출산 전후를 통하여 90일의 출산휴가를 허가하되, 출산 후의 휴가기간이 45일 이상이 되게 하여야 한다. <개정 2011. 7. 4>
③ 여성공무원은 생리기간 중 휴식과 임신한 경우의 검진을 위하여 매월 1일의 여성보건휴가를 받을 수 있다. 다만, 생리기간 중 휴식을 위한 여성보건휴가는 무급으로 한다. <개정 2011. 7. 4>
④ 생후 1년 미만의 유아를 가진 여성공무원은 1일 1시간의 육아시간을 받을 수 있다. <개정 2011. 7. 4>
⑤ 한국방송통신대학교에 재학 중인 공무원은 「한국방송통신대학교 설치령」에 따른 출석수업에 참석하기 위하여 제15조의 연가 일수를 초과하는 출석수업 기간에 대한 수업휴가를 받을 수 있다. <개정 2011. 7. 4>
⑨ 풍해·수해·화재 등 재해로 인하여 피해를 입은 공무원과 재해지역에서 자원봉사활동을 하려는 공무원은 5일 이내의 재해구호 휴가를 받을 수 있다. <개정 2011. 7. 4>
⑩ 행정기관의 장은 소속 여성공무원이 유산(「모자보건법」 제14조 제1항에 따라 허용되는 경우 외의 인공임신중절에 의한 유산은 제외한다. 이하 같다)하거나 사산한 경우 해당 공무원이 신청하면 다음의 기준에 따

라 유산휴가 또는 사산휴가를 주어야 한다. <개정 2011. 7. 4>

휴가는 근무상황부에 의하여 소속기관장이 정하는 감독자의 휴가명령을 받아서 실시한다. 휴가기간 중의 토요일 또는 공휴일은 그 휴가 일수에 산입하지 아니한다. 다만, 휴가 일수가 30일 이상 계속되는 경우에는 그 휴가 일수에 토요일 또는 공휴일을 산입한다. <전문개정 2011. 7. 4> 이 령에서 정한 휴가 일수를 초과한 휴가는 결근으로 본다. <전문개정 2011. 7. 4>

표 14-4 특별휴가의 종류

구분	대상		일수
결혼	• 본인 • 자녀		5일 1일
출산	• 배우자		5일
입양	• 본인		20일
사망	• 배우자	• 본인 및 배우자의 부모	5일
	• 본인 및 배우자의 조부모·외조부모		2일
	• 자녀	• 그 자녀의 배우자	2일
	• 본인 및 배우자의 형제 자매		1일
출산 휴가	• 임신 중의 여자 공무원		90일
여성보건 휴가	• 여자공무원의 매생리기와 임신한 경우 (단, 생리로 인한 휴가는 무급)		1일(매월)
한국방송통신 대학 수업휴가	• 방송통신대학의 수업에 참석하기 위해 연가일수를 초과하는 수업기간에 대한 수업휴가		초과기간
재해구호 휴가	• 재해·재난 피해 공무원 • 재해·재난 발생지역에서 자원봉사 활동을 희망하는 공무원		5일

07 교원의 징계

1. 교원의 징계

교원의 징계 사유(국가공무원법 제78조 1항)는 국가공무원법 및 동법에 의한 명령에 위반하였을 때, 직무상의 의무위반이나 직무를 태만했을 때, 직무 내외를 불문하고 체면이나 위신을 손상시키는 행위를 했을 때로 구분할 수 있다.

징계사유의 시효는 징계사유 발생일로부터 2년(단, 금품 및 향응수수와 공금횡령의 경우는 5년)으로 규정하고 있다. 법률 제9296호(2008. 12. 31 공포·시행, 2009. 4. 1 시행)에 따라 「공무원징계령」에 신설

징계의 종류는 중징계에 속하는 것으로 파면, 해임, 강임, 정직이 있고 경징계에 속하는 것으로 감봉과 견책 등으로 구체적인 내용은 <표 14-5>와 같다.

표 14-5 교원의 징계 종류

종류(국가공무원법 제79조, 교육공무원징계령 제1조의2)		기간(국가공무원법 제80조)	신분(국가공무원법 제33조)(공무원임용령 제32조)	보수, 퇴직급여 등(국가공무원법 제80조, 공무원보수규정 제14조, 공무원연금법시행령 제55조)
중징계	파면	-	• 공무원 관계로부터 배제 • 5년간 공무원에 임용될 수 없음	• 재직기간 5년 미만자 퇴직 급여액의 1/4, 5년 이상인 자 1/2 감액 지급
	해임	-	• 공무원 관계로부터 배제 • 3년간 공무원에 임용될 수 없음	• 퇴직급여 전액 지급
	강임	-	• 동종의 직무 내에서 하위의 직위에 임명(교수, 하위직이 없는 교사는 제외) • 직무종사 금지(3개월)	• 3개월 2/3 삭감

종류 (국가공무원법 제79조, 교육공무원징계령 제1조의2)		기간 (국가공무원법 제80조)	신분 (국가공무원법 제33조) (공무원임용령 제32조)	보수, 퇴직급여 등 (국가공무원법 제80조, 공무원보수규정 제14조, 공무원연금법시행령 제55조)
중징계	정직	1월~3월	• 신분은 보유하나 직무에 종사 못함 • 18월+정직처분기간 승진제한 • 처분기간 경력평정에서 제외	• 18월+정직처분기간 승급제한 • 보수의 2/3 감액
경징계	감봉	1월~3월	• 12월+감봉처분기간 승진제한	• 12월+감봉처분기간 승급제한 • 보수의 1/3 감액
	견책	-	• 6월간 승진제한	• 6월간 승급제한

※ 현행 공무원의 징계종류 중 '해임'과 '정직' 사이에 '강등'을 신설하는 내용으로 「국가공무원법」이 개정(법률 제9296호, 2008. 12. 31. 공포 · 시행, 강등 관련 개정규정은 2009. 4. 1. 시행)됨에 따라 「공무원징계령」에 '강등'을 신설하였다.

소청심사 및 소송은 교원의 징계처분 및 기타 그 의사에 불리한 처분에 대해 불복이 있을 때 이루어진다. 교원소청심사위원회(교육과학기술부 소속)는 처분이 있음을 안 날로부터 30일 이내에 소청 심사 가능하며, 기타 행정소송은 심사위원회의 결정에 대하여 60일 이내에 소송을 제기할 수 있다.

2. 직위해제

직위해제란, 공무원에게 직위를 계속 유지시킬 수 없다고 인정되는 사유가 있는 경우 직위를 해면하는 행정행위의 일종이다. 이는 복직되지 않으면 직권면직처분을 받게 되는 불이익 처분이다.

직위해제의 사유 및 조치사항은 국가공무원법 제73조의 3에 근거하여 다음의 각 호에 해당한다.

① 직무수행 능력이 부족하거나 근무성적이 극히 나쁜 자

② 파면·해임 또는 정직에 해당하는 징계 의결이 요구 중인 자
③ 형사 사건으로 기소된 자(약식명령이 청구된 자는 제외)

직위해제 사유가 소멸되면 임용권자는 지체 없이 직위를 부여해야 하며, 직무수행 능력이 부족하거나 근무성적이 극히 나쁜 자는 3개월의 범위에서 대기하여야 한다. 대기 명령을 받은 자는 능력 회복이나 근무성적의 향상을 위한 교육훈련 또는 특별한 연구과제의 부여 등의 조치가 필요하다.

직위해제기간 중에 있는 자는 당해 기간 동안 승진임용 및 승급이 불가하며, 봉급은 8할을 지급한다. 만약 징계의결요구 중이거나 형사사건으로 기소되어 직위해제 후 3개월 이후 직위를 부여받지 못할 때에는 봉급의 5할을 지급해야 한다.

3. 면직

면직이란 공무원 관계를 소멸시키는 것이다. 그 종류에는 직권면직, 징계면직, 사망, 의원면직 등이 있다.

1) 직권면직

본인의 의사에 불구하고 면직을 시키는 경우이다. 이에 해당하는 경우는 아래의 각 호와 같다.

① 직제와 정원의 개폐 또는 예산의 감소 등에 따라 폐직(廢職) 또는 과원(過員)이 되었을 때
② 휴직 기간이 끝나거나 휴직 사유가 소멸된 후에도 직무에 복귀하지 아니하거나 직무를 감당할 수 없을 때
③ 직위 해제되어 3개월간의 대기 명령을 받은 자가 그 기간에 능력 또는 근무성적의 향상을 기대하기 어렵다고 인정된 때
④ 전직시험에서 세 번 이상 불합격한 자로서 직무수행 능력이 부족하

다고 인정된 때

⑤ 징병검사·입영 또는 소집의 명령을 받고 정당한 사유 없이 이를 기피하거나 군복무를 위하여 휴직 중에 있는 자가 군복무 중 군무(軍務)를 이탈하였을 때

⑥ 해당 직급에서 직무를 수행하는 데 필요한 자격증의 효력이 없어지거나 면허가 취소되어 담당 직무를 수행할 수 없게 된 때

2) 징계면직

징계위원회의 의결 절차를 거쳐 파면, 해임시키는 경우이다.

3) 사망

사망으로 인한 면직은 사망한 다음 날에 면직 처리된다. 사망자 보고는 발생 7일 이내에 임용권자에게 보고한다.

4) 의원면직

본인의 의사 표시에 의하여 공무원 관계를 소멸시키는 경우이다. 하지만 중징계에 해당하는 경우로 판단되는 경우에는 의원면직을 허가할 수 없다. 의원면직을 제한하는 경우는 아래의 각 호와 같다.

① 비위와 관련하여 형사사건으로 기소 중인 때

② 징계위원회에 중징계의결요구 중인 때

③ 감사원, 검찰, 경찰 및 수사기관에서 비위와 관련하여 조사 또는 수사 중인 때

④ 각급 행정기관의 감사부서 등에서 비위와 관련하여 내사 중인 때

08 교원의 보수

교원의 보수는 구성원의 동기를 유발하고 근무의욕을 고취시키는 가장 중요한 요인 중의 하나는 보상이라고 할 수 있다. 보수를 핵심으로 하는 보상 문제는 인사행정의 지주이며 요체이다. 보수는 피고용인의 근무에 대하여 반대급부로 주어지는 금전적인 대가라 할 수 있다.

현행 교육공무원의 보수는 동등한 학력과 자격 및 경력을 가진 교원의 경우 학교급별, 성별 등의 조건에 관계없이 동일한 보수를 지급하는 것을 원칙으로 하는 단일호봉제를 지향하고 있다.

구체적으로 교원의 보수는 봉급과 기타 각종 수당을 합산한 금액으로 이루어진다. 다만, 연봉제 적용대상공무원은 연봉과 기타 각종 수당을 합산한 금액을 말한다. 봉급은 직무의 곤란성 및 책임의 정도에 따라 직책별로 지급되는 기본급여 또는 직무의 곤란성 및 책임의 정도와 재직 기간 등에 따라 계급(직무등급 또는 직위 포함)별 호봉별로 지급된다. 수당은 직무 여건 및 생활 여건 등에 따라 지급되는 부가급여이다.

교원은 임용될 때에 최초로 획정되는 호봉에 따른 초임금이 봉급액으로서 지급된다. 초·중등교원의 초임호봉은 공무원 보수규정에 따라 경력, 학력 등을 감안하여 기산호봉을 정한다. 교원은 매년 1호봉씩 상위의 호봉으로 승급이 이루어진다.

유치원 초·중고등학교 교원의 봉급 월액은 동 규정 별표 11의 해당 봉급표에 명시된 금액으로 한다. 이 봉급은 별표 1의 공무원별봉급표 구분표에 따라, ① 고등학교 이하의 각급 학교에 근무하는 교원 ② 장학관 및 교육연구관(교육인적자원부, 국사편찬위원회, 국립교육평가원, 중앙교육연수원, 국제교육진흥원, 교원징계재심위원회, 국립특수교육원, 국립대학교에 근무하는 장학관 및 교육연구관 제외), 교육장, 장학사 및 교육연구사(보수규정 5)에게 적용한다. 또한 전문대학 및 대학 교원 등의 봉급 월액은 동 규정 별표 12의 해당 봉급표에 명시된 금액으로 한다. 이 봉급은 별표 1 봉급표 구분에 따라, 별표 11의 봉급표를 적용받지 않는 교육공무원, 통일연수원외교안보연구원, 국방대학교사법연수원, 경찰대학, 국립보건원, 중앙공무원교육원, 기타 공무원, 교육훈련기관의 교수, 부교수, 조교수, 전임강사 및 조교에게도 적용한다.

공무원보수규정 제19조에 의거 보수는 다른 법령에 특별할 규정이 있는 경우를 제외하고는 현금 또는 요구불 예금으로 지급하며, 본인에게 직접 지급하되 출장·항해 기타 부득이한 사유로 인하여 본인에게 직접 지급할 수 없을 때에는 본인이 지정하는 자에게 지급하는 방법을 규정하고 있다. 또한 교육부 및 그 소속기관의 보수지급일은 17일로 하되 지급일이 토요일 또는 공휴일 때에는 그 전일에 지급한다(동 규정 제20조).

교원의 보수계산은 동 규정 제21조~제30조에 의거 하여 신규채용, 승진, 전직, 승급, 감봉, 기타 어떠한 경우의 임용에 있어서도 발령일을 기준으로 그 월액을 일할계산하며, 2년 이상 근속한 공무원의 월중 면직 또는 병역법, 기타 법률이 규정에 의해 의무를 수행하기 위하여 휴직된 때는 면직 또는 휴직된 날이 속하는 달의 봉급 전액을 지급한다. 당해 교원의 연가일수를 초과한 결근일수의 매1일에 대하여 봉급 일액의 3분의 2를 감안하여 지급한다. 또한 연가, 병가, 공가, 특별휴가 및 공무상 질병 휴직기간 중에는 보수의 전액을 지급하지만, 신체정신상 장애의 병휴직은 그 기간 중 봉급의 7할(결핵은 8할)을 지급하며 해외유학 및 1년 이상의 국외연수를 위한 휴직을 한 교원에게는 그 기간 중 봉급의 5할을 지급할 수 있다. 직위해제된 자에 대해서는 봉급의 8할을 지급하며, 최고 호봉(유초중등 교원 40호봉)을 받고 정기승급일 현재로 승급기간(1년)을 초과할 때마다 근가호봉 1호씩 부여하되 10회를 초과할 수 없다.

국가공무원법 제80조에 의하면 파면 및 해임, 정직 처분자, 감봉 처분자, 견책 처분자, 일반사면 및 특별사면된 자, 징계처분 등이 취소된 자(공무원보수규정 제30조)는 법적 조항에 의해 보수를 감하여 지급한다. 이 밖에 신규채용자에 대한 보수규정(공무원보수규정 제22조), 면직 시 보수지급(공무원보수규정 제22조 및 제24조, 공무원수당 등에 관한 규정 제21조), 휴가(연가, 병가, 공가, 특별휴가) 기간의 보수지급(공무원수당 등에 관한 규정 제19조 제6항), 결근기간의 보수지급(공무원수당 등에 관한 규정 제19조 제4항), 호봉정

정자에 대한 보수지급(공무원보수규정 제18조)에 근거하여 봉급을 계산한다.

보수결정의 원칙은 교육공무원법 제 34조에 규정되어 있다. "교육공무원의 보수는 자격 및 경력과 직무의 곤란성 및 책임의 정도에 따라 보수가 지급된다" 자격과 경력에 따라 보수가 결정된다 함은 동등한 학력과 동등한 임금의 직무급의 원칙을 뜻한다.

1. 호봉

1954년 이후 독자적으로 교육공무원 보수규정이 제정·운영되어 오다가 1982년 12월 공무원 보수규정 개정 시 이에 통합되었다. 현행 교원의 보수체계는 자격과 경력에 의한 보수지급을 원칙으로 하는 이른바 단일 호봉제를 채택하고 있다. 그러나 단일 호봉제를 시행하면서 초·중등학교와 전문대학, 그리고 대학교에서 각기 호봉제와 기산호봉, 승급연한, 그리고 봉급 및 수당을 정하는 삼원체계로 형성·운영되고 있다.

공무원 보수규정 제8조에 의하면 신규채용하는 교육공무원의 경우에는 초임호봉을 획정하며, 교원의 초임호봉은 별표15 공무원의 초임호봉에 의해 획정한다고 규정하고 있다. 또한 공무원 보수규정 제9조에 의거 초임호봉의 획정공무원이 재직 중에 다음 각 호에 해당하는 경우에는 호봉을 재획정한다. ① 새로운 경력을 합산해야 할 사유가 발생한 경우 ② 15조 2호의 규정에 의해 승급 제한 기간을 승급 기간에 산입하는 경우 ③ 당해 공무원에게 적용되는 호봉 획정의 방법이 변경되는 경우. 위①의 경우에는 공무원 경력은 경력합산을 신청한 날이 속하는 달의 다음달 1일에, 유사경력은 전력조회가 완료된 날이 속하는 달의 다음달 1일에, ②의 경우는 15조(승급기간의 특례) 2호(징계처분을 받은 자의 승급기간)의 규정에 의한 기간이 경과한 날이 속하는 달의 다음달 1일에 각각 이를 합산하여 재획정한다. 다만, 휴직, 정직 또는 직위해제 중인 자에 대하여는 복직일에 재획정한다.

2. 승급

승급이라 함은 일정한 재직기간의 경과 기타 법령의 규정에 의하여 현재의 호봉보다 높은 호봉을 부여하는 것을 말한다. 공무원 보수규정 제13조의 정기승급에 의하면 교육공무원의 호봉간의 승급에 필요한 기간(이하 '승급기간')은 1년으로 하며, 공무원의 호봉은 매년 1월 1일, 4월 1일, 7월 1일 및 10월 1일자로 승급한다. 위 규정에 불구하고 14조(승급의 제한)의 규정에 의해 승급제한을 받고 있는 공무원은 승급제한기간이 만료된 다음날에 승급한다.

공무원 보수규정 제14조의 승급제한에 의하면 ① 징계 처분직위 해제 또는 휴직(공무상 질병으로 인한 휴직 제외) 중에 있는 자 ② 징계 처분의 집행이 종료된 날로부터 다음의 기간이 경과되지 아니한 자 ㉮ 정직 : 18월 ㉯ 감봉 : 12월 ㉰ 영창근신 또는 견책 : 6월 ③ 법령의 규정에 의한 근무성적평정점이 최하등급에 해당되는 자 또는 군근무성적평정규정에 의한 평정결과가 각 군 참모총장이 정하는 기준에 미달되는 자로서 최초 정기승급예정일로부터 6월이 경과되지 않은 자 ④ 17조 1항(연구직공무원의 승급심사)의 규정에 의한 승급심사에 합격되지 못한 연구관으로서 최초 정기승급예정일로부터 1년이 경과되지 않은 자 ⑤ 군인보수법 8조 2항 후단의 규정에 의하여 복무기간에 해당하는 호봉보다 다액의 호봉을 부여받고 당해 호봉에 상응하는 복무기간에 미달된 자 중 1에 해당하는 자는 당해 기간 동안 승급시킬 수 없다. 위 규정에 의하여 승급 제한 기간 중에 있는 자가 다시 징계 처분이나 기타 사유로 승급을 제한받는 경우의 그 승급제한기간은 승급 제한 기간이 만료된 날로부터 기산한다. 공무원이 징계 처분을 받은 후 당해 계급에서 훈장, 포장, 국무총리 이상의 표창, 모범 공무원 포상 또는 제안의 채택으로 포상을 받은 경우에는 최근에 받은 가장 중한 징계 처분에 한하여 승급제한 기간의 ½을 단축할 수 있다

학습과제

1. 교육인사행정의 개념을 정의해 봅시다.
2. 교원양성에서 목적형과 개방형의 차이점을 말해 봅시다.
3. 교원 연수의 종류를 설명해 봅시다.
4. 교원의 휴직과 휴가의 개념 및 종류를 말해 봅시다.
5. 교육공무원의 징계 종류 중 경징계와 중징계에 대해 말해 봅시다.

참고문헌

강기수(2002). 교육의 역사와 사상. 부산: 세종출판사.

강기수(2004). 인간학적 교사론. 부산: 세종출판사.

강길수(1983). 교육행정의 개념. 교육행정학 연구, 1(1).

고승순(1994). 자아개념 증진 프로그램이 학업성취에 미치는 영향. 성신여자대학교 교육대학원, 석사학위논문.

고영희 외(1995). 성공하는 두뇌만들기. 서울: 웅진출판.

고정희(2000). 초등학교학생의 자아개념과 학습동기가 학교적응에 미치는 영향. 홍익대학교 교육대학원, 석사학위논문.

교육과학기술부(2010). 2010년 학교평가 공통지표 매뉴얼.

교육법전편찬회(2008). 교육법전. 서울: 교학사.

구광현 · 가영희 · 이규형(2007). 교육심리학. 서울: 동문사.

구병두(1996). 학업성취 관련변인. 서울: 양서원.

권낙원 외(2007). 교육학개론. 서울: 정민사.

권대훈(2007). 교육심리학의 이론과 실제. 서울: 학지사.

권형자(1992). 학습동기, 귀인성향, 학습시간과 학업성적과의 관계 및 이 변인들의 후속성취 기대에 미치는 영향. 중앙대학교 대학원, 박사학위논문.

김기석 외(1960). 교육원리. 서울: 교우사.

김기정(1984). 학업성취와 지각된 양육태도가 미치는 효과. 중앙대학교 대학원, 박사학위논문.

김대현 · 김석우(2005). 교육과정 및 교육평가. 서울: 학지사.

김두헌(1975). 가치론. 서울: 박영사.

김봉수(1980). 교육원리. 서울: 창성출판사.

김성열 외(1997). 단위학교에서 'Governance'의 문제와 교육. 교육정치학연구, 4(1).

김성일(1972). 현대교육원리. 서울: 중앙대 출판국.

김아영(1998). 동기이론의 교육현장 적영 연구와 과제. 교육심리연구, 12(1), 105-128.

김연옥(1992). 학습시간, 지능지수, 학습동기 및 지각된 부모의 양육태도가 학업성적에 미치는 영향. 중앙대학교 교육대학원, 석사학위논문.

김영봉 외(2007). 교육심리학. 서울: 서현사.

김용구(1999). 자아개념·학습동기 및 학교적응간의 관계. 홍익대학교 교육대학원, 석사학위논문.

김용기(1965). 현대교육원리. 서울: 고려출판사.

김용래(1993). 학업성적에 대한 기여변인의 영향력 분석. 동국대학교 대학원, 박사학위논문.

김용래(1998). 학업성취도에 대한 자아개념과 불안의 효과에 관한 이론적 분석. 교육연구논총, 3(9), 5-113.

김용숙 외(1983). 교육학개론. 서울: 대방출판사.

김운삼(2001). 자아개념과 정신건강 및 학교태도간의 관계. 홍익대학교 대학원, 박사학위논문.

김운삼·차춘희(2009). 교육심리학. 서울: 파란마음.

김원순(1996). 학습자들의 학교적응과 불안 및 학업 성적간의 관계. 홍익대학교 교육대학원, 석사학위논문.

김인순(1998). 학습동기와 자아개념수준이 중학생의 학업성취에 미치는 영향. 영남대학교 교육대학원, 석사학위논문.

김일태(1993). 불안과 비학문 자아개념이 미술표현에 미치는 영향. 홍익대학교 교육대학원, 석사학위논문.

김재만 역(1972). 교사와 교육의 본질. 서울: 형설출판사.

김재만(1986). 교육학개론. 서울: 형설출판사.

김재춘·부재율·소경희·채선희(2003). 교육과정과 교육평가. 서울: 교육과학사.

김정환(1976). 교육의 본질과 과제. 서울: 박영사.

김정휘·주영숙(1998). 영재학생 식별 편람 : 영재학생을 어떻게 찾아내나. 서

울: 원미사.
김종서 외(1994). 최신 교육학개론. 서울: 교육과학사.
김종서·이영덕·정원식(1995). 교육과정과 교육평가. 서울: 교육과학사.
김주건 외(1994). 현대교육학개론. 서울: 형설출판사.
김주건 외(2006). 교육학의 탐구. 서울: 형설출판사.
김주훈 외(2003). 학교 교육 내실화 방안 연구-좋은 수업 사례에 대한 질적 연구. 열린교육연구, 11.
김창환(2006). 좋은 수업, 좋은 교육이란 무엇인가. 2006 교육철학회, 연차학술대회 자료집.
김천일(1973). 교육원리. 서울: 학문사.
김청자·장선칠(2006). 교육심리학. 서울: 동문사.
김충기(1990). 학교교육, 무엇이 급선무인가. 수도교육 116, 서울특별시교육연구원, 35-43.
김충기(1993). 생활지도. 교육관리기술 한국교육출판 270, 90-99.
김충기 외(2002). 교육학개론. 서울: 동문사.
김태오(1960). 교육학개론. 서울: 을유문화사.
김학수(1996). 현대 교수·학습론. 서울: 교육과학사.
김현지(1997). 자기존중감 및 귀인양식과 불안 수준과의 관계. 서강대학교 교육대학원, 석사학위논문.
김현택(2003). 심리학 이해. 서울: 학지사.
나동진(1999). 교육심리학 : 인지적 접근. 서울: 학지사.
노종희(1994). 초우량 학교 건설을 위한 전략적 리더십. 교육월보.
도광순(1980). 교육원리. 서울: 훈복문화사.
문낙진(1995). 학교·학급경영의 이론과 실제. 서울: 형설출판사.
문용린(1997). EQ가 높으면 성공이 보인다. 서울: 글이랑.
민병수(1991). 학교생활적응과 자아개념이 학업성적에 미치는 영향. 홍익대학교 교육대학원, 석사학위논문.
박광량(1996). 학습조직의 이론과 실제. 서울: 삼성경제연구소.
박덕원(1983). 현대교육원리. 서울: 형설출판사.
박도순 외(1994). 신교육학 개론. 서울: 문음사.

박도순(1999). 정의적 특성에 측정방법. 중앙교육평가원. 정의적 영역 평가의 원리와 실제. 서울: 중앙교육평가원.
박수연(2001). 미래의 학교지도자가 가져야 할 가치관. 교육행정학연구, 19(4).
박아영 외(1999). 자기효능감과 인간행동. 서울: 교육과학사.
박아청(1999). 교육심리학의 이해. 서울: 교육과학사.
박영진(2012). 최신 교육학의 이해. 서울: 동문사.
박영환(1980). 현대교육원리. 서울: 학문사.
박영희(2001). 인문계고등학생의 과오수업비와 학업성취도와의 관계 연구. 동아대학교 대학원, 석사학위 논문.
박인학(2002). 교사를 위한 교재연구 및 지도법의 이해. 서울: 대왕사.
박종렬 외(2007). 교육행정 및 경영. 서울: 형설출판사.
박찬오(1968). 교육기초. 서울: 왕문사.
백순근(1998). 수행평가의 이론과 실제. 서울: 원미사.
백영균 외(2011). 유비쿼터스 시대의 교육방법 및 교육공학. 서울: 학지사.
백영실(1992). 내적동기, 자아개념, 지능의 상호관계 및 이 세 변인들이 학업성적에 미치는 영향. 중앙대학교 대학원, 석사학위논문.
서경혜(2004). 좋은 수업에 대한 관점과 개념: 교사와 학생 면담 연구. 교육과정연구, 22(4).
서명원(1961). 교육원리. 서울: 재동문화사.
서봉연·송명자(1988). 인지발달. 서울: 중앙적성출판부.
서울대학교연구소(1998). 교육학용어사전. 서울: 도서출판 하우.
성병창(1994). 학교조직구조론. 서울: 양서원.
손승남(2005). 교사의 수업 전문성 관점에서 본 교사교육의 발전 방향. 한국교원교육연구, 22(1).
손승남(2006). 좋은 수업의 조건 : 교수론적 관점들. 교육사상연구, 20.
손인수(1981). 한국인의 가치관. 서울: 문음사.
송병순·김억환(1981). 학교와 지역사회. 서울: 세광출판사.
신명희 외(1998). 교육심리학의 이해. 서울: 학지사.
신용국(1989). 한국교육사 연구의 현황. 한국교육사학, 1.
신종순(1997). 자기조절학습에서 정의적 변인의 역할 : 자아와 동기전략을 중심으로. 건국대학교 대학원, 박사학위논문.
신해우 외(1992). 교육학개론. 부산: 동아대학교 출판부.
안 규(1972). 신교육원리. 서울: 학문사.
안경식(1994). 소파 방정환의 아동교육운동과 사상. 서울: 학지사.
안범희(1993). 학교학습심리학. 서울: 하우.
안범희(1996). 개인차와 개성을 고려한 교수·학습 전략. 강원도 교육연구원, 교육연구정보, 26, 55-67.
안병주(1976). 신역사서, 맹자. 서울: 현암사.
안상원 외(1969). 교육원리. 서울: 숭의사.
안상원(1995). 교육사신강. 서울: 형설출판사.
양진건·이항재·한규원(2008). 새로운 교육학 개론. 서울: 교육과학사.
여광응 외(1994). 인지적 행동수정의 통합적 접근. 서울: 양서원.
오병문 외(1966). 교육원리. 서울: 왕문사.
오영재(2009). 한국의 중등학교 문화와 교육정책. 서울: 문음사.
오친석 외(1962). 교육원리. 서울: 현대교육총서출판사.
왕학수(1960). 교육학대요. 서울: 정양사.
우현호 외(1990). 사회학개론. 서울: 진성사.
유길한(2008). 우리나라 학교교육조직의 상호의존성, 갈등, 신뢰, 교육의 질 구조에 대한 모델 개발 연구. 교육행정학연구, 26(2).
유승우·임형택·권충훈·이성주·이순덕·전희정(2011). 교육방법 및 교육공학. 서울: 양서원.
유연옥(2004). 심리학을 변화시킨 40가지 연구. 서울: 학지사.
유형진 외(1982). 교육원리신강. 서울: 형설출판사.
윤정일 외(1996). 교육의 이해. 서울: 학지사.
윤정일 외(2009). 교육행정학원론. 서울: 학지사.
이경섭 외(1983). 교육과정. 서울: 교육과학사.
이경숙(2000). 자기조절학습이 자아효능감 및 학업성취에 미치는 영향. 고려대학교 교육대학원, 석사학위논문.
이경화 외(2004). 창의성 계발과 교육. 서울: 학지사.
이규은(2006). 교육과정과 수업에 대한 이해. 서울: 경안기획.

이돈희(1979). 교육철학개론. 서울: 박영사.

이돈희(1982). John Dewey의 교육사상. 한국철학회 편저, 존 듀이와 프라그마티즘, 서울: 삼일당.

이돈희(1991). 교육철학. 한국방송통신대학.

이성진·김계현(1999). 교육심리학의 새로운 쟁점과 이론. 서울 : 교육과학사.

이영덕(1985). 교육학개론. 서울: 한국방송통신대학.

이영덕·정원식(1982). 생활지도의 원리와 실제. 서울: 교육과학사.

이영자 외(2000). 유아의 정서지능 향상을 위한 프로그램. 서울 : 창지사.

이용남 외(1999). 신교육심리학. 서울: 학지사.

이윤옥·황선회(2006). 아동상담론. 서울: 형설출판사.

이윤주(2011). Daum blog. 이윤주. 신인민법 참조.

이장호(1991). 부정적 사건에 대한 귀인과 통제감이 우울에 미치는 영향. 서울대학교 학생 생활연구소 학생연구, 26(1), 28-39.

이장호(1991). 상담심리학 입문. 서울 : 박영사.

이재창(1993). 청소년의 삶, 고민과 대화. 서울: 청소년대화의광장.

이정선(2007). 학교변화의 방법으로서 학교문화 변화 전략. 교육인류학연구, 10(1).

이지헌 외(2007). 교육학의 이해. 서울: 학지사.

이혜원(2000). 자아개념·학교태도·교사기대지각이 학교학습동기에 미치는 영향. 홍익대학교 대학원, 박사학위논문.

이홍우(1981). 교육학개론. 서울: 교육과학사.

이회진 외(2001). 제7차 교육과정 적용에 따른 수준별 수업자료 개발 연구. 한국교육과정평가원 연구보고 RRC 2001-10.

이희도 외(1983). 현대수업원론. 서울: 교육과학사.

임규혁(1996). 교육심리학. 서울: 학지사.

임선하(1993). 창의적인 사람은 무엇이 다를까. 서울: 하우.

임은미·이영선·김지은(2000). 사이버 진로상담 지침서(이메일 상담을 중심으로). 한국 청소년상담원.

임정훈·한기순·이지연(2008). 교육심리학. 서울: 양서원

임창재(1994). 학습양식을 형성하는 가정환경의 과정변인 탐색. 배화여자대학

교 배화논총, 13, 153-186.
임창재(2005). 교육심리학. 서울: 학지사.
임한영(1977). 존 듀이의 생애와 사상. 서울: 배영사.
장대운(1994). 현대 교육학개론. 서울: 교육과학사.
장선철 · 정찬주 · 이영자 · 설재풍(2009). 교육학개론. 서울: 태영출판사.
장재윤 · 박지영(2007). 창의성의 심리학. 서울: GASAN BOOKS.
장현집 외(2008). 정신건강. 서울: 파란마음.
정명화 · 김신곤 · 권기 · 김준규 · 신경숙(2009). 교육방법 및 교육공학. 서울: 학지사.
정범모(1986). 교육과 교육학. 서울: 배영사.
정영근(1995). 인간과 교육의 이해. 서울: 문음사.
정원식(1989). 현대 교육심리학. 서울: 교육출판사.
정의채(1991). 형이상학. 서울: 성바오로출판사.
정일환(2003). 교육의 기초. 서울: 동문사.
정태범(1989). 교육행정 · 교육경영. 서울: 정민사.
조남두 외(2006). 교육행정론. 서울: 원미사.
조 벽(2006). 조벽 교수의 명강의 노하우 & 노와이. 서울: 해냄.
조윤경 · 김경혜(2010). 아동관찰 및 행동연구. 서울: 공동체
주삼환(1995). 교육경영, 무엇을 혁신할 것인가? 교육월보.
주삼환 외(2009). 교육행정 및 교육경영. 서울: 학지사.
진동섭 외 (2008). 교육행정 및 학교경영의 이해. 서울: 교육과학사.
진쾌현(1990). 교육사상사. 부산: 교육철학연구회.
진쾌현(1990). 교육철학. 부산: 교육철학연구회.
차경수(1984). 현대의 교육사회학. 서울: 학문사.
차춘희(1971). 협력학습이 취학 전 아동의 조망수용능력, 반성적 사고 및 적응에 미치는 영향. 대구가톨릭대학교 대학원, 박사학위논문.
최재희(1971). 역사철학, 서울: 청림사.
최철용 · 이병양 · 정선혜 · 김진호 · 서범석 · 조규태 · 김환남(2009). 교육학개론. 서울: 양서원.
최희선(2004). 학교 · 학급경영. 서울: 형설출판사.

한국전산원(2005). 2004 국가정보화 백서.

한방교 외(2000). 교육의 이해. 서울: 동문사.

한방교 · 윤길근(2002). 실기교육방법론. 서울: 동문사.

한상길(2010). 원격교육론. 서울: 양서원.

한상길 · 김응래 · 박선환 · 박숙희 · 정미경 · 조금주(2009). 교육학개론. 고양: 공동체.

한용진 외(2009). 교육학개론. 서울: 학지사.

함정현 · 오현주(2006). 다중지능을 활용한 유아영어교육. 서울: 동문사.

허 숙 (2001). 초등학교 교실의 문제와 진단. 한국초등교육학회.

허혜경 · 김혜수(2011). 교육학개론, 서울: 창지사.

홍웅선(1989). 한국 교육이 추구하는 인간 특성. 한국정신문화연구원.

황미구(1996). 현실요법 프로그램이 여중생의 내적통제성 및 성취동기에 미치는 효과. 서강대학교 교육대학원, 석사학위논문.

황순필(1998). 고교생이 지각한 교사-학생 인간관계와 자아개념 및 정신건강과의 관계 연구. 연세대학교 대학원, 석사학위논문.

황정규(1993). 학교학습과 교육평가. 서울: 교육과학사.

황지순(2000). 초등학생의 자아개념 및 성격특성과 학업성취도와의 상관관계 :J초등학교 사례연구. 성균관대학교 교육대학원, 석사학위논문.

Atkinson, J. W(1980). Motivational effects on so-called tests of ability and educational achievement. In L. J. Fyans. Jr(ED). *Achievement Motivation. N.Y : Plenum Press*.

Bandura(1997). Self-efficacy : The excercise of control. New York : Freeman.

Bandura, A(1986). *Social foundations of thought and action* : Asocial cognitive theory. Englewood Cliffs, N · J : Prentice Hall.

Bandura, A(1997). Self-efficacy : Toward a unifying theory of behavioral change. *Psychological Review, 84*, 191-215.

Bestor, A(1956). *The restoration of learning*. N.Y. : Alfred A. Knopf. Inco.

Bloom, B. S(1968). *Learning for mastery. Evaluation Comment, 1(2)*. Los Angeles : University of California, Center for the Study of Evaluation of instructional Programs.

Bloom, B. S(1964). *Stability and change in human characteristics*. New York : John Wiley.

Campbell, R. F. et al(1983). *Introduction to Educational Administration*, /boston: Allyn and Bacon.

Carr, E. H(1961). *What is History*, McMillan,

Corno(1986). The metacognitive control components of self-regulated learning. *Contemporary Education Psychology, 11*, 333-346.

Corno, L. & Mandinach, E(1983). The role of cognitive engagement in classroom learning and motivation. *Educational Psychologist*, 18, 88-100.

Dewey, J(1916). Democracy and Education, New York, Macmillan Company,

Dray, W. H(1964). *Philosophy of History*.

Evers, C.W. and Lakomski, G(1996). *Exploring Educational Administration*. PERGAMON.

Gardner. H(1993). *Multiful intelligence: The theory in practice*. N.Y. : Basis Books

Garlington, N. K(1984). *An examination of the relationship among a students self-concept, level of anxiety attitude toward school*. Unpublised doctorl dissertation, Univ. of new Orleans.

Geisert, P. & Futrell, M(1990). *Teachers, computers and curriculum: Microcomputers in the classroom*. Needham Heights, MA : Allyn & Bacon.

Goleman. D(1995). *Emotional Intelligence*. N.Y. : Bantam Books.

Hoy, W. K. & Miskel, C. G(2008). *Educational Administration : Theory, Research, and Pratice*(6th ed.). 김형관 외 역(2003). 교육행정 : 이론, 연구, 실제. 원미사.

Hutchins, R. M(1936). *The higher learning in America*. Conn. : Yale University Press.

Januszewski, A. & Molenda, M(2008). Educational technology : A definition with commentary. New York: Lawrence Erlbaum Associates.

Kneller, G. F(1971). *Introduction to the Philosophy of Education*, 2nd ed., N. Y. : John Wiley & sons, Inc.

MacDonald, J(1965). An example of disciplined curriculum thinking. *Theory Into Practice*, 6 (4), 166-171.

Mayer. R. E.(1981). *The promise of cognitive psychology*. San Fransisco : Freeman

Murry. H. A(1938). *Explorations in personality*. N. Y. : Oxford Univ. Press.

Nash(1966). *Authority and Freedom in Education*, New York, John Wiley & Sons, Inc.,

O'Neil, J(1995). On schools as learning organizations : A conversation with Peter Senge. Educational Leadership, 52(7), 20-23.

Raimy, V. C(1948). Self-reference in counseling interviews, *Jouranl of Consult Psychology*. 23, 129-145.

Russell, B(1969). *History of Western Philosophy*, George Alen & Un Win Ltd.

Sarason, S. B(1995). Somer reactions to what we have learned. Phi Delta Kappan, 77(1), 84-85.

Saylor, G. & Alexander, W. M(1974). *Curriculum planning for school*. New York : Holt, Rinehart, & Winston.

Sears, R. R(1965). *The learning theory of child development*. New York : Harper and Row.

Seels, B. B. & Richey, R, C(1994). Instructional technology : The definition and domains of the field Washington, DC : AECT.

Senge, P. M(2000), A fifth discipline: schools that learn New York : Currency Doubleday.

Shertzer. B. & Stone, S. C(1980). *Fundamentals of guidence*. Boston : Houghton Mifflinco.

Solavey. D. & Mayer. J(1990). Emotional lntelligence. *Imaginztion cognition and personality*, 9, 185-211

Taba, H(1962). *Curriculum development : Theory and practice*. New York :

Harcourt, Brace & World, Inc.

Tony Becher & Stuart Maclure(1978). *Accountability in education*. Windsor, Berks. : NFER Pub.

Tyler, R. W(1949). *Basic principles of curriculum and instruction*. Chicago, IL : University of Chicago Press.

Zimmerman, B. J(1989). A social cognitive view of self-regulated academic learning. *Journal of Educational Psychology, 81(3)*, 329-339.

찾아보기

ㅇ

ㅈ

기타

저자약력

강기수
부산교육대학교 졸업
동아대학교 대학원졸업(교육학박사)
현재 동아대학교 교육학과 교수

김희규
부산교육대학교 졸업
고려대학교 대학원졸업(교육학박사)
현재 신라대학교 교육학과 교수

이규은
공주교육대학교
고려대학교 교육학 석사
인하대학교 교육학 박사
경기도 율곡교육연수원 교육연구사
현재 동서울대학교 교양과 교수

차춘희
이화여자대학교 교육심리학과 학사
부산대학교 교육대학원 교육심리전공 석사
대구가톨릭대학교 대학원 교육학전공 박사
현재 동주대학교 유아교육과 교수

최신 교육학개론

초판 1쇄 발행 / 2012년 9월 5일
초판 4쇄 발행 / 2015년 3월 7일

공저자 / 강기수 · 김희규
이규은 · 차춘희
발행인 / 이 중 수
발행처 / **동 문 사**

서울특별시 서대문구 홍제원 1길 12
(홍제동 137-8)
Tel : 02)736-3718(대), 736-3710, 3720
Fax : 02)736-3719
등록번호 : 제9-17호
가격 : 20,000원

ISBN : 978-89-8251-541-5(93370)
E-mail : dong736@naver.com
www.dongmunsa.com